Einführung in die Textildidaktik

Von

Doris Schmidt

3. unveränderte Auflage

Schneider Verlag Hohengehren

Umschlaggestaltung: Wolfgang H. Ariwald, BDG, 59519 Möhnesee

Gedruckt auf umweltfreundlichem Papier (chlor- und säurefrei hergestellt).

Bibliografische Information Der Deutschen Bibliothek
Die Deutsche Biblithek verzeichnet diese Publikation in der Deutschen Nationalbibliografie; detaillierte bibliografische Daten sind im Internet über **http://dnb.ddb.de** abrufbar.

ISBN: 3-89676-788-7

„Das Werk und seine Teile sind urheberrechtlich geschützt. Jede Verwertung in anderen als den gesetzlich zugelassenen Fällen bedarf der vorherigen schriftlichen Einwilligung des Verlages. Hinweis zu § 52 a UrhG: Weder das Werk noch seine Teile dürfen ohne vorherige schriftliche Einwilligung des Verlages öffentlich zugänglich gemacht werden. Dies gilt auch bei einer entsprechenden Nutzung für Unterrichtszwecke!"

© Schneider Verlag Hohengehren, Baltmannsweiler 2004
  Printed in Germany – Druck & Media, Kronach

Inhalt

ERSTER TEIL:

Wissenschaftssystematischer Standort der Textildidaktik ... 1

1. Textilwissenschaften ... 1
2. Textilpädagogik ... 15
   - Textilerzieherische Institutionen ... 15
   - Textilpädagogische Ziele ... 16
3. Textilwissenschaft ... 19
4. Allgemeine Didaktik ... 20
5. Textildidaktik ... 21
   - Standort der Textildidaktik ... 21
   - Unterrichtstheoretische Textildidaktik ... 22
6. Anmerkungen ... 24

ZWEITER TEIL:

Lernziele und Lerninhalte des Textilunterrichts ... 28

1. Lernziele ... 28
2. Aufgaben des Textilunterrichts ... 31
3. Lernziele des Textilunterrichts ... 34
4. Lerninhalte des Textilunterrichts ... 36
5. Textildidaktische Lernforschung ... 38
6. Anmerkungen ... 43

DRITTER TEIL:

Verfahren des Textilunterrichts ... 45

1. Artikulation und Unterrichtsverfahren ... 45
2. Fertigungsaufgabe ... 48
3. Arbeitsstudie ... 55
   - Arbeitsablaufstudie ... 56
4. Ausdrucksgestaltung ... 64
5. Experiment ... 68
6. Rollenspiel ... 80
7. Fallmethode ... 91
8. Anmerkungen ... 102

VIERTER TEIL:
Organisationsstruktur, Sozialformen und Aktionsformen des Textilunterrichts — 105

1.	Organisationsstruktur des Textilunterrichts	105
2.	Textilunterricht	105
	Basisunterricht und Differenzierter Unterricht	105
	Neigungsgruppen, Leistungsgruppen, Textilförderunterricht und koedukativer Textilunterricht	108
3.	Textilveranstaltungen	110
	Erkundung	110
	Betriebserkundung	111
	Museumserkundung	119
	Ausstellung	128
	Wettbewerb	131
4.	Sozialformen des Textilunterrichts	132
	Klassenunterricht	133
	Einzelarbeit	133
	Hausaufgaben	134
	Partnerarbeit	136
	Gruppenarbeit	137
5.	Aktionsformen des Textilunterrichts	155
6.	Anmerkungen	159

FÜNFTER TEIL:
Vermittlungsformen, Prinzipien und Medien des Textilunterrichts — 163

1.	Vermittlungsformen des Textilunterrichts	163
	Darbietung	163
	Erarbeitung	164
2.	Prinzipien des Textilunterrichts	166
3.	Medien des Textilunterrichts	169
	Medienklassifikation	170
	Lehrprogramme	179
4.	Anmerkungen	191

SECHSTER TEIL:
Didaktisch-Methodische Konzeptionen des Textilunterrichts — 193

1.	Lehrgang	193
2.	Projektorientierter Textilunterricht	204
3.	Anmerkungen	211

SIEBTER TEIL:
Planung, Durchführung und Kontrolle des Textilunterrichts ... 212

1. Planung und Durchführung des Textilunterrichts ... 212
   Textillehrplan ... 212
   Textilarbeitsplan ... 214
   Textilstunde ... 218
2. Kontrolle des Textilunterrichts ... 241
   Didaktische Funktionen der Lernzielkontrolle ... 241
   Formen der Lernzielkontrolle ... 243
   Aufgabentypen für informelle Tests ... 245
   Statistische Verfahren zur Beurteilung textilpraktischer Leistungen ... 267
3. Anmerkungen ... 269

Literaturverzeichnis ... 270
Verzeichnis der Zeitschriften ... 281
Verzeichnis der Handbücher, Lexika, Kollegs ... 281
Verzeichnis der Institute, Verbände, Unternehmen ... 281
Verzeichnis der Abbildungen ... 282
Personenregister ... 285
Sachregister ... 289

Erster Teil:

Wissenschaftssystematischer Standort der Textildidaktik

1. Textilwissenschaften

Eine Textilwissenschaft, welche als Untersuchungsgegenstand die Textilien hat, und ihre Forschungsergebnisse mit wissenschaftlichen Methoden gewinnt, gibt es als solche explizit nicht.

Es ist festzustellen, daß Textilien ein konkretes Phänomen sind, welches nur dadurch genau und vollständig zu beschreiben ist, wenn man es in seine Bestandteile zerlegt. Die Bestimmung des Gesamtphänomens Textilien erfordert eine Herauslösung und nähere Untersuchung seiner Einzelphänomene. Nur durch verschiedene Betrachtungsweisen läßt sich das Gesamtphänomen Textilien wissenschaftlich aufklären.

Mit den Einzelphänomenen des Forschungsgegenstandes Textilien befassen sich mehrere wissenschaftliche Disziplinen. Gemeinsam ist ihnen der Forschungsgegenstand Textilien, sie unterscheiden sich jedoch hinsichtlich ihres erkenntnisleitenden Interesses. Dies wird in der folgenden Übersicht verdeutlicht.

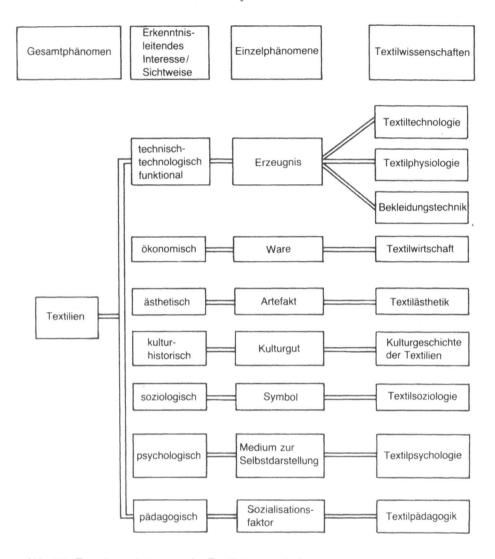

Abb. 1/1: Forschungsinteresse der Textilwissenschaften

Textiltechnologie

Mit Textiltechnologie wird die Wissenschaft, welche sich mit der Umwandlung von Faserstoffen in textile Produkte auseinandersetzt, bezeichnet. Sie unterteilt sich in die Spezialdisziplinen Faserstofflehre oder textile Rohstoffkunde (Naturfasern, Chemiefasern), Textilerzeugung (Spinnerei, Weberei, Wirkerei, Stickerei u. a.), Textilmaschinen (Spinnmaschinen, Färbemaschinen u. a.) und Textilveredlung (Farbstoffchemie, Textilhilfsmittel, Bleicherei, Färberei u. a.). Zu der an Fachhochschulen etablierten Disziplin Textiltechnologie liegen zahlreiche Forschungsergebnisse vor.

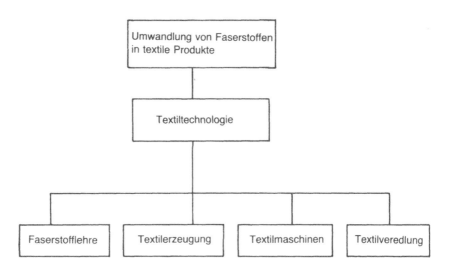

Abb. 1/2: Textiltechnologie

Literaturauswahl zur Textiltechnologie

1. Standardwerke

Böttcher, P. (Hrsg.): Textiltechnik. Leipzig 1977[2]
Schmidt, E.: Textilien. Informationen und Hinweise. Fernstudienlehrgang Arbeitslehre. Studienbrief zum Fachgebiet Haushalt. Tübingen 1982

Einen recht guten Überblick geben auch die vom Arbeitgeberkreis Gesamttextil, Schaumainkai 87, 6000 Frankfurt a. M. herausgegebenen und von dort erhältlichen Ausbildungsmittel-Unterrichtshilfen zur Textiltechnik.

2. Textile Rohstoffkunde

Haudek-Viti: Textilfasern. Heidelberg 1980
Wagner, E.: Die textilen Rohstoffe. Wuppertal-Elberfeld 1969[5]

3. Textilerzeugung

Autorenkollektiv: Textile Herstellungsverfahren. Leipzig 1980[6]
Lubina, G./Böhm, M.: Webereitechnik. Leipzig 1977[3]

4. Textilmaschinen

Autoren-Kollektiv: Webmaschinen. Leipzig 1966

5. Textilveredlung

Peter, M.: Grundlagen der Textilveredlung. Wuppertal-Elberfeld und Stuttgart 1970[10]
Bernard, W.: Bleichen und Färben von Textilien. Berlin 1970

Textilphysiologie

Als interdisziplinäre Wissenschaft versteht sich die Textilphysiologie, an der „Textilchemiker und -techniker, Bekleidungsingenieure, Hautärzte, Hygieniker, Physiker"[1] beteiligt sind; sie befaßt sich mit dem Zusammenhang von Textilien und dem körperlichen Wohlbefinden. Diese Forschungsrichtung wird vom Forschungskuratorium Gesamttextil seit 1967 koordiniert und gefördert und hat zahlreiche Forschungsergebnisse sowohl aus der Grundlagenforschung als auch aus anwendungsorientierten Forschungsvorhaben für die Bereiche Bekleidung und Heimtextilien vorgelegt.

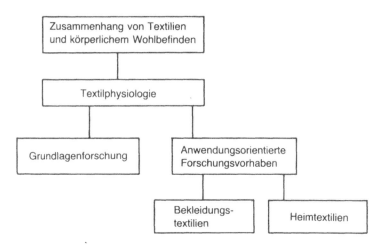

Abb. 1/3: Textilphysiologie

Literaturauswahl zur Textilphysiologie

1. Grundlagenforschung

Bekleidungsphysiologisches Institut Hohenstein e.V.: Bekleidungsphysiologische Eigenschaften von präparierten (speziell ausgerüsteten) Textilien

2. Anwendungsorientierte Forschungsvorhaben

a) Bekleidung

Bekleidungsphysiologisches Institut Hohenstein e.V. zus. mit: Hautklinik der Städt. Krankenanstalten Dortmund: Untersuchungen über die Wechselwirkung verschiedenartiger Textilien mit den Entstehungs- und Beseitigungsmechanismen von Körpergeruch

b) Heimtextilien

Institut für Arbeitsphysiologie der TU München: Untersuchungen über den Einfluß unterschiedlicher Oberbettmaterialien auf das Schlafverhalten und das Bettklima

Weitere Forschungsergebnisse finden sich in:
Gesamttextil (Hrsg.): Körper, Klima, Kleidung. Frankfurt a. M. 1977, S. 27 ff.

Bekleidungstechnik

Die Bekleidungstechnik als Wissenschaft von den Verfahren auf dem Gebiet der Bekleidungsfertigung hat ihren Forschungsschwerpunkt auf den Fertigungstechniken (Zuschneiden, Nähen, Bügeln) und der Bekleidungskonstruktion (Schnittechnik). Sie wird u. a. in der Forschungsgemeinschaft Bekleidungsindustrie e. V. betrieben und gefördert, welche ihre Forschungsergebnisse in einer bekleidungstechnischen Schriftenreihe veröffentlicht.

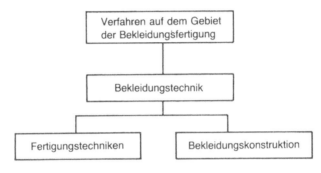

Abb. 1/4: Bekleidungstechnik

Literaturauswahl zur Bekleidungstechnik

Bekleidungstechnische Schriftenreihe der Forschungsgemeinschaft Bekleidungsindustrie e. V. Marburger Str. 3. 1000 Berlin 30:
Band-Nr. 5: Der Nähvorgang als kybernetisches System
Band-Nr. 28: Einführung und Anwendung der elektronischen Schnittplanung

Textilwirtschaft

Textilien sind erstens lebensnotwendige Güter, die wir zur Deckung unseres Grundbedarfs in den Bereichen Kleidung und Wohnung benötigen. Sie gehören zweitens zur Gruppe der wirtschaftlichen Güter, denn Textilien sind nur in begrenztem Ausmaß vorhanden und müssen durch den Menschen in einen gebrauchsfähigen Zustand gebracht werden. Drittens fallen Textilien in den Bereich der dauerhaften Konsumgüter, da sie der unmittelbaren Bedürfnisbefriedigung dienen und längere Zeit benutzt und gebraucht werden können, und sind somit Gebrauchsgüter. Viertens sind Textilien in Form textiler Rohstoffe Produktionsgüter, welche zur Herstellung von textilen Konsumgütern benötigt werden. Fünftens werden Textilien nach ihrem Einsatzbereich in Bekleidungstextilien, Haus- und Heimtextilien und Technische Textilien unterteilt. Bekleidungs-, Haus- und Heimtextilien finden im Konsumbereich ihre Anwendung. „Technische Textilien erfüllen Hilfs- oder Schutzfunktionen bei Konsumartikeln außerhalb üblicher Bekleidung und Heimtextilien sowie bei der Produktion von Gütern und Leistungen."[2]

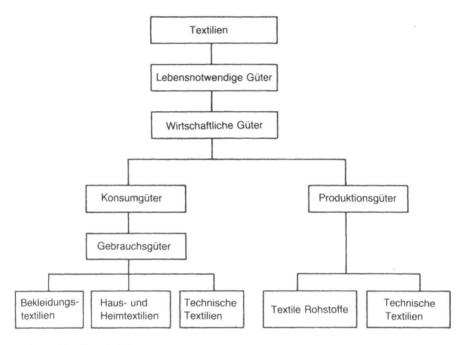

Abb. 1/5: Textilien als Güter

Aufgabe der Textilwirtschaft ist es, das planmäßige Handeln zum Zwecke der Bedarfsdeckung an Textilien zu erforschen. Dieses planmäßige Handeln erfolgt nach dem ökonomischen Prinzip mit den Zielen der Ertragsleistung und der Kostensenkung, wobei im Mittelpunkt zwei voneinander abhängige Vorgänge, die Produktion (Herstellung) und die Konsumtion (Verbrauch) von Textilwaren stehen.
Die Welttextilwirtschaft bzw. die Volkstextilwirtschaft sieht ihre Probleme bevorzugt in gesamttextilwirtschaftlichen Zusammenhängen, und die Betriebstextilwirtschaft befaßt sich sowohl mit der Untersuchung von Textilbetrieben allgemein als auch mit einzelnen Zweigen der Textilwirtschaft. Zur Textilwirtschaft liegt ein umfangreiches Schrifttum vor.

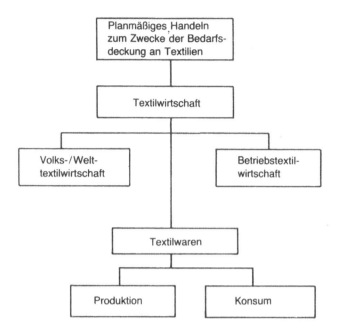

Abb. 1/6: Textilwirtschaft

Literaturauswahl zur Textilwirtschaft

1. Standardwerke

Loy, W. (Hrsg.): Taschenbuch für die Textilindustrie. Berlin 1980
Peters, J.: Handbuch der Bekleidungsindustrie. Schriftenreihe der Textilwirtschaft. Frankfurt 1978

2. Welttextilwirtschaft

Breitenacher, M.: Bisherige und zukünftige Entwicklung des Textilverbrauchs in wichtigen Industrieländern. Schriftenreihe des Info-Instituts für Wirtschaftsforschung Nr. 87. Berlin 1976
Fleming, G.: Strukturwandlungen und die Außenhandelsverflechtungen in der Welttextilwirtschaft, hrsg. v. Institut für Weltwirtschaft an der Universität Kiel. Kiel 1960

3. Betriebstextilwirtschaft

Hirmer, M.-P.: Mode und Risiko. Eine betriebswirtschaftliche Untersuchung. Nürnberg 1968
Nuesch, P.: Marketingpolitik bei der Einführung neuer Textilprodukte, dargestellt am Beispiel der bondierten und laminierten Textilien. St. Gallen 1971

Weitere Literaturhinweise, auch zu betriebstextilwirtschaftlichen Einzelthemen (Absatz, Moderisiko, Mode und Marke, Preisbildung und Preispolitik, Sortiment und Werbung im textilen Sektor) sowie zu einzelnen Zweigen der Textilwirtschaft (Handschuh, Hut, Schuh, Strumpf, Wäsche und Mieder u. a.) sind ausgewiesen in:

Bergler, G.: Bibliographie der Mode und Textilwirtschaft. Schriften der Nürnberger Akademie für Absatzwirtschaft. Essen 1971

Textilästhetik

Die Textilästhetik hat als Teildisziplin der Ästhetik die Aufgabe, sich mit der Gesetzmäßigkeit und Harmonie in der Textilgestaltung auseinanderzusetzen. Textilästhetik kann als Textil- oder Modedesign vor allem an den Fachhochschulen, aber auch an den Staatlichen Hochschulen (Akademien) für bildende Künste bzw. für Gestaltung studiert werden. Sie basiert auf designspezifischen Grundlagen und beinhaltet einen textilspezifischen und einen anwendungsorientierten Teil.[3]

Designspezifische Grundlagen sind Kreativität, Gestaltung und Ästhetik und damit verbunden die Gestaltungsmittel Struktur, Muster, Farbe und Form.

Der textilspezifische Teil setzt sich mit Material, Technik und Betrieb auseinander und damit mit der wechselseitigen Beeinflussung von Material, Technik, Maschine, Gerät und den Gestaltungsmitteln. Er stellt das textile Flächendesign in seinen Mittelpunkt, dessen Aufgabe der Musterentwurf und seine Verwirklichung für die verschiedenen Verfahrenstechniken (Stickerei, Weberei, Färberei etc.) ist.

Im anwendungsorientierten Teil geht es um die Produktentwicklung, die Fertigung und den Markt und damit vordergründig um die Design-Anwendungsbereiche. Bei den Anwendungsbereichen handelt es sich vor allem um die Bekleidungsgestaltung, d.h. um das Bekleidungs- bzw. Mode- oder Kostümdesign, dessen Vielfalt auf den den verschiedensten Gruppen in der Welt eigenen Kleidungsstil (Brauchtumskleidung) zurückzuführen ist.

Abb. 1/7: Textilästhetik

Literaturauswahl zur Textilästhetik

Textilkunst. Informationen für kreatives Gestalten. Hannover. Vierteljährliches Erscheinen

1. Textiles Flächendesign

Bleckwenn, R./Schwarze, B.: Gestaltungslehre. Hamburg 1975²

a) Farbe

Antonoff, R.: Die Farben der Textilien, hrsg. v. Gesamtverband der deutschen Textilveredlungsindustrie e.V.. Frankfurt a.M. o.J.

Arbeitgeberkreis Gesamttextil (Hrsg.): Textiles Gestalten. Farbenlehre. Frankfurt a.M. 1979²

Conrad, M.: Ansätze zu einer textilen Farbenlehre. In: Textilarbeit und Unterricht. Baltmannsweiler 1975. H. 2, S. 75–80
Hartung, R.: Textiles Werken. Band V. Farbe und Gewebe. Das Spiel mit den bildnerischen Mitteln, hrsg. v. E. Röttger. Ravensburg 1971[5]

b) Form

Arbeitgeberkreis Gesamttextil (Hrsg.): Textiles Gestalten. Rapportieren von Musterentwürfen. Frankfurt a.M. 1979[2]
– : Textiles Gestalten. Freies Zeichnen. Frankfurt a.M. 1980[2]
Hartung, R.: Textiles Werken. Band IV. Faden und Gewebe. Das Spiel mit den bildnerischen Mitteln, hrsg. v. E. Röttger. Ravensburg 1972[5]
Köller, I./Kunz-Gross, M.: Form – Muster – Rapport. Baltmannsweiler 1979

c) Ornament

Arbeitgeberkreis Gesamttextil (Hrsg.): Textiles Gestalten. Stilkunde, Stilepochen – Stilarten. Frankfurt a.M. 1979[2]
Riegl, A.: Stilfragen. Grundlegungen zu einer Geschichte der Ornamentik. Berlin 1923[7]
Semper, G.: Die Textilkunst für sich betrachtet und in Beziehung zur Baukunst. Frankfurt a.M. 1860
v. Wersin, W: Das elementare Ornament und seine Gesetzlichkeit. Eine Morphologie des Ornaments von Wolfgang von Wersin. Ravensburg 1953

d) Material, Technik, Gerät

Sandtner, H.: Schöpferische Textilarbeit. Donauwörth 1978
Schreiner, K.: Kreatives Arbeiten mit Textilien. Weben, Sticken, Knüpfen, Batik, Stoffdruck. Köln 1977
Stamm, M./Strohmeier, A.: Beispiele zur Textilgestaltung. Paderborn 1977

2. Textiles Produktdesign

a) Bekleidungs- / Modedesign

Löhrer, U.: Funktionsästhetisches Gestalten im textilen Bereich. In: Dies.: Textilgestaltung Sekundarstufe I. Teil 2: Klasse 6-8. Limburg 1980, S. 18ff.
Meyer-Ehlers, G.: Farben und Proportionen der Kleidung. In: Trümper, H. (Hrsg.), Textilwerken. Handbuch der Kunst- und Werkerziehung. Band II/4. Berlin 1965
Stamm, M./Strohmeier, A.: Kleidung im Wandel der Zeit. In: Dies.: a..a.O., S. 114ff.

b) Design für textile Gebrauchs-/Schmuck-/Spielobjekte

Löhrer, U.: Maschinelle Fertigung im textilen Bereich. In: Dies.: a.a.O., S. 88ff.
–: Der Körper in der Textilgestaltung. In: Dies.: Textilgestaltung. Sekundarstufe I. Teil 1: Klasse 5–6. Limburg 1979, S. 186ff.
Taday, Ch. (Hrsg.): Textiles Gestalten. Lehrbogen für Textilarbeit. Wolfenbüttel o.J., Nr. 61–63
Stamm, M./Strohmeier, A.: Handspielpuppen und Tierfiguren aus textilem Material. In: Dies.: a.a.O., S. 106ff.

Kulturgeschichte der Textilien

„K. (sc. Kultur) ist die Gesamtheit der typischen Lebensformen einer Bevölkerung einschließlich der sie tragenden Geistesverfassung, insbesondere der Wert-Einstellungen."[4] Diese die Kultur bestimmenden Lebensformen umfassen auch die materielle Kultur oder, anders ausgedrückt, die Sachkultur. Objekte der materiellen Kultur sind „Kleidung, Obdach, Werkzeug und Geräte usw."[5] bzw. Ernährung, Behausung und Kleidung. Nach Meinung neuerer Kulturanthropologen darf die materielle Kultur, welche die gegenständlichen Elemente einer Kultur erfaßt, jedoch nicht der immateriellen Kultur, welche die nichtgegenständlichen, die geistigen Elemente einer Kultur umschließt, entgegengesetzt werden, wie dies bei älteren Kulturanthropologen üblich war.[6] Denn nur sinn- und geisteserfüllte materielle Objekte sind der Sachkultur zuzuordnen.[7] Somit ist Sachkultur kein Gegensatz zu einer Geisteskultur, vielmehr setzt Sachkultur Sinn- und Geisterfülltheit voraus. Da Kleidung und Siedlungsform neben Sprache, Nahrungsaufnahme, moralischen Einstellungen und der sozialen Organisation wesentliche Merkmale einer kulturtragenden Gruppe[8] sind, haben sie einen hohen Anteil an deren Sachkultur.

Solche materiellen Objekte, „denen ein Sinngehalt zugeordnet wurde, der nicht aus ihren physischen Eigenschaften abgeleitet oder verstanden werden kann"[9], werden in der Kulturanthropologie auch als Symbole[10] bezeichnet. Charakteristisch für die Symbole ist, daß sie, wie sich aus der obigen Definition herleiten läßt, humane soziale Kulturschöpfungen mit zeitlicher und räumlicher Begrenztheit sind. Diese zeigt sich schon darin, daß innerhalb verschiedener Kulturen und selbst zwischen ein und derselben Kultur demselben Objekt verschiedene Sinngehalte zugeschrieben werden. Diese relative Unabhängigkeit von Form und Sinngehalt läßt sich in Anlehnung an White[11] am Beispiel eines Orientteppichs einsichtig machen, denn dieser kann entweder ein wissenschaftliches Exemplar oder ein Kunstgegenstand oder ein Handelsobjekt oder ein gerichtliches Beweisstück sein und verweist somit auf eine Deutung entweder im archäologischen oder im ästhetischen oder im ökonomischen oder im juristischen Sinn. Auf die symbolische Bedeutung von Kleidung und Raumtextilien machen Willems und Fahrenkamp aufmerksam:

„Kleider schützen vor den Unbilden der Witterung, aber sie ermöglichen es auch, den Krieger, Häuptling, Adligen, Bauern, Priester oder Gelehrten zu identifizieren."[12]

„Schon der Teppich an sich hat für den Orientalen eine symbolische Bedeutung. So bezeichnet er die Grundfläche als Zenim, was Raum bedeutet und die Ewigkeit versinnbildlicht. Die Musterung bezeichnet er mit Zeman, was Zeit bedeutet und das begrenzte Leben symbolisiert. Darüber hinaus haben auch Muster und Ornamentik oft einen tieferen Sinn, verdeutlichen ein Anliegen des Herstellers."[13]

Die Objekte der materiellen Kultur bzw. die Sachkultur bzw. die Symbole werden in der Wissenssoziologie und der Kulturtheorie auch als „Objektivationen"[14] bezeichnet. Fend demonstriert unter anderem am Beispiel Wohnformen, „was mit ‚Objektivationen' gemeint ist: die Vergegenständlichung von Wissen und Fertigkeiten im sinnlich Wahrnehmbaren"[15].

Mit der Erforschung der Kulturgeschichte der Textilien beschäftigen sich Wissenschaftler verschiedener Disziplinen, so Archäologen, Kulturanthropologen, Kulturhistoriker, Kultursoziologen, Ethnologen und Sozialpsychologen. Zur Kulturgeschichte der Textilien, welche die textile Sachkultur unter kulturhistorischem Blickwinkel erforscht und als Aufgabengebiet die geschichtliche Entwicklung der Gesamtheit textilen Kulturguts einer Gemeinschaft oder eines Volkes hat, liegen zahlreiche Forschungsergebnisse vor.

Eine gute Systematisierungshilfe für die Wissenschaft „Kulturgeschichte der Textilien" bietet die Aufgliederung der Forschungsbeiträge nach ihren thematischen Schwerpunkten.

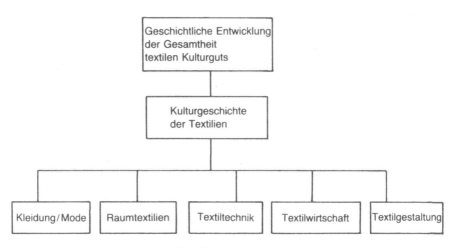

Abb. 1/8: Kulturgeschichte der Textilien

Literaturauswahl zur Kulturgeschichte der Textilien

1. Kleidung

Beck, H.: Mode und Kleidung im Wandel der Zeit. In: Die Scholle. Ansbach 41, 1973, H. 10 S. 659–667.

a) Mode

v. Boehm, M.: Die Mode. Band 1. Eine Kulturgeschichte vom Mittelalter bis zum Barock. Bearb. von Ingrid Loschek. München 1976

–: Die Mode. Band 2. Eine Kulturgeschichte vom Barock bis zum Jugendstil. Bearb. von Ingrid Loschek. München 1976

b) Tracht

Bringemeier, M.: Mode und Tracht. Beiträge zur geistesgeschichtlichen und volkskundlichen Kleidungsforschung, hrsg. von G. Schmitz. Münster 1980

c) Kostüm

Thiel, E. (Bearb.): Geschichte des Kostüms. Die europäische Mode von den Anfängen bis zur Gegenwart. Neugestaltete, überarb. u. erw. Aufl.. Berlin 1980

d) Fußbekleidung

Herzog, M.: Kulturgeschichtliche Beispiele zum Thema Fußbekleidung. In: Dortmunder Reihe. Didaktische Materialien für den Textilunterricht, hrsg. v. L. Immenroth/M. Herzog. H. 2 – Teil I. Schalksmühle 1982

e) Kopfbekleidung

Thimidior: Der Hut und seine Geschichte. Leipzig 1925

f) Handbekleidung

Anwand, O.: Der Handschuh. Berlin 1914

g) Beinbekleidung

o.V.: Strümpfe in Jahrhunderten. Festschrift zum 50jährigen Bestehen der Strumpffabrik Robert Götze Aktiengesellschaft, 1885–1935

2. Raumtextilien

Benett, J. (Hrsg.): Teppiche der Welt. Geschichte, Herstellung und Typologie. München 1981
Fahrenkamp, H.: Gobelins. Bildteppiche und Tappisserien. München 1977

3. Textiltechnik

a) Techniken

Seiler-Baldinger, A.: Die Systematik der textilen Techniken. Basler Beiträge zur Ethnologie. Bd. 14. Basel 1973

b) Geräte

Bohnsack, A.: Spinnen und Weben – Entwicklung von Technik und Arbeit im Textilgewerbe. Reinbeck bei Hamburg 1981

c) Material

v. Falke, O.: Kunstgeschichte der Seidenweberei. Berlin 1913
Lyoner Seiden vom 17. Jahrhundert bis zur Gegenwart. Museum für Kunsthandwerk. Ausstellung der Stadt Frankfurt a.M. mit der Région Rhône = Alpes v. 8. Okt. bis 6. Nov. 1960. Frankfurt a.M. o.J.

4. Textilwirtschaft

a) Handwerk

Immenroth, L.: Zur Geschichte textiler Handwerke. In: Dortmunder Reihe. Didaktische Materialien für den Textilunterricht, hrsg. v. L. Immenroth/M. Herzog. Heft 1. Schalksmühle 1982

b) Industrie

Heidermann, H.: Die Hausindustrie in der bergischen Bandweberei. Göttingen 1960

5. Textilgestaltung

Bridgeman, H./Drury, E.: Geschichte der Textilkunst. Ravensburg 1981
Sandtner, H.: Textilgestalten durch die Jahrhunderte. Bericht zu der Ausstellung des Erziehungswissenschaftlichen Fachbereichs der Universität Augsburg. In: Ans Werk. Darmstadt 14 (1976), H. 2, 15–17

Textilsoziologie

Die Textilsoziologie macht das Feld Textil als ein soziales einsichtig, indem sie den Zusammenhang zwischen Textilkultur und Gesellschaftsstruktur untersucht. Einzelaufgaben der Textilsoziologie sind Untersuchungen über den Zusammenhang zwischen Textilkultur und sozialer Struktur, zwischen Textilkultur und sozialer Schichtung und zwischen Textilkultur und Sozialgeschichte sowie über die soziale Funktion der Textilien.

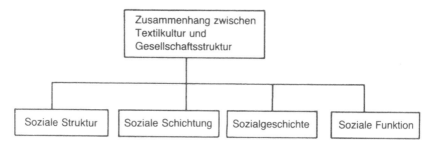

Abb. 1/9: Textilsoziologie

Literaturauswahl zur Textilsoziologie

1. Soziale Struktur

König, R./Schuppisser, P.: Die Mode in der menschlichen Gesellschaft. Zürich 1958

2. Soziale Schichtung

Hilger, G.: Die gesellschaftliche Schichtung im Mittelalter. In: Lüdke, G./Mackensen, L. (Hrsg.), Deutscher Kulturatlas. 2 Bände. Berlin und Leipzig 1928–1938

Nentwig, M.: Hut, Handschuh und Schuh als Rechtssymbole. In: Volkskunst. Zeitschrift für volkstümliche Sachkultur. München 1982, H. 3, 189–191

3 Sozialgeschichte

Eisenbarth, L.: Kleiderordnungen der deutschen Städte zwischen 1350 und 1700. Ein Beitrag zur Geschichte des Bürgertums. Göttingen, Berlin, Frankfurt 1962

Grein, G.: Zur Rolle des Spinnens und der Spinnstube in Hessen. In: Volkskunst. Zeitschrift für volkstümliche Sachkultur. München 1982. H. 3., S. 161–168

4. Soziale Funktion

Wiederkehr-Benz, K.: Sozialpsychologische Funktionen der Kleidermode. Diss.. Zürich 1973

Textilpsychologie

Die Textilpsychologie setzt sich mit dem subjektiven Erleben des einzelnen Menschen in textilspezifischen Situationen auseinander; als wesentliches psychologisches Sachmoment erscheint uns die Auffassung des textilspezifischen Verhaltens resp. des Verhaltens des Menschen in textilspezifischen Situationen, z.B. des Kleiderverhaltens, des Verhaltens beim Konsum von Textilien, des textilspezifischen Freizeitverhaltens oder des Verhaltens in der tätigen Auseinandersetzung mit Textilien, als eines motivierten Verhaltens. Eine erste inhaltliche Gliederung des Gebietes der Textilpsychologie läßt sich nach den Komponenten des motivierten Verhaltens vornehmen, die in Anlehnung an die verhaltenspsychologischen Ausführungen von Seitz/Rieder[16] erfolgt.

Ältere Charakterologien betrachteten menschliches Verhalten ausschließlich unter dem Aspekt von Eigenschaften und erklärten somit menschliches Verhalten aus den zugrundeliegenden Eigenschaften. Neuere persönlichkeitstheoretische Auffassungen beziehen dagegen in die Verhaltensanalyse neben den verhaltensprägenden Merkmalen, die in den Eigenschaften enthalten sind, weitere Komponenten mit ein:

1. Das Motiv des Verhaltens

2. die spezifischen Verhaltensweisen zur Befriedigung dieses Motivs
3. das Ziel, auf das die motivgeladene Verhaltensweise gerichtet ist
4. die spezifischen Reizbedingungen, unter denen die motivgeladene und zielgerichtete Verhaltensweise verwirklicht werden kann.

In den Aufgabenbereich der Textilpsychologie fallen somit:
1. Untersuchungen über die Motive des Verhaltens in textilspezifischen Situationen
   - Bestandsaufnahme textilrelevanter Motive, z.B. beim Kleiderverhalten
   - Genese und Entwicklung textilrelevanter Motive, z.B. beim textilspezifischen Freizeitverhalten
2. Untersuchungen zu den Zielen des textilspezifischen Verhaltens
   - Objekte des Motivs
     - Objekte des Motivs, d.h. Objekte, die zur Befriedigung des Motivs beitragen, z.B. ein teures Kleid zur Befriedigung des Bedürfnisses nach Geltung
     - Beziehung zwischen Objekten des textilspezifischen Verhaltens, z.B. des Verhaltens beim Konsum von Textilien, und dem soziokulturellen Status, den Normen und den Wertvorstellungen des Textilkonsumenten
   - Zwecke des motivierten Verhaltens
     - Zwecke des textilspezifischen Verhaltens, z.B. des Kleiderverhaltens: ein Jugendlicher trägt Jeans, um von der peer-group anerkannt zu werden.
3. Untersuchungen über einzelne textilspezifische Verhaltensweisen
   - Meinungen zu textilspezifischen Verhaltensweisen, z.B. zum Kleiderverhalten
   - persönliche Voraussetzungen für textilspezifische Verhaltensweisen, z.B. für das Verhalten beim Konsum von Textilien
   - Untersuchungen zum Erlernen und Üben textiler Fertigkeiten
     - Zusammenhang zwischen Leistung und Erfolg oder Mißerfolg
     - Führungsstil des Lehrers
     - Übertragung von Übungsgewinnen (Transferlernen)
   - textilspezifische Verhaltensweisen auf verschiedenen Verhaltensebenen
     - kognitiver und motorischer Anteil bei den textilen Fertigkeiten
     - aktive und passive Teilnahme am Kleiderverhalten
   - Begleiterscheinungen textilspezifischer Tätigkeiten
     - psychische Erlebnisse
     - Zusammenhang zwischen den Begleiterscheinungen und späterer Freizeitaktivität im Textilbereich
4. Untersuchungen zu den Situationsbedingungen textilspezifischen Verhaltens
   - personale Bedingungen, z.B. peer-group und Kleiderverhalten
   - apersonale Bedingungen, z.B. freizeitpädagogische Einrichtungen im Textilbereich und textilspezifisches Freizeitverhalten

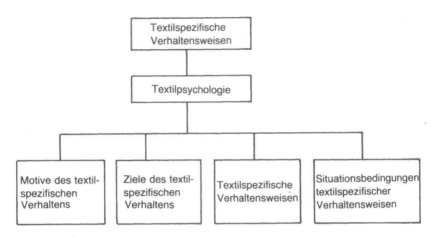

Abb. 1/10: Textilpsychologie

Literaturauswahl zur Textilpsychologie

1. Kleiderverhalten

Wiederkehr-Benz, K.: Sozialpsychologische Funktionen der Kleidermode. Diss. Zürich 1973

2. Freizeitverhalten

EMNID/SVR: Freizeit im Ruhrgebiet. Bielefeld (Tabellenband). Essen 1970
Expertise: Die Bedeutung des textilen Gestaltens in der Freizeit. Psychologisches Institut der Universität Bonn Dr. R. Schmitz-Scherzer. Ausgearbeitet im Auftrag vom Verein Deutscher Handarbeitsgarn-Fabrikanten und Verband Deutscher Tappisseriefabrikanten e. V. o. J.
Spiegel-Umfrage: Freizeitverhalten (Berichtband) 1974 (in „Spiegel" 1975 berichtet)

3. Konsumverhalten

Wegmann, R.: Konsumverhalten junger Mädchen in Bezug auf ihre Kleidung. Eine empirische Untersuchung. In: Textilarbeit und Unterricht. Baltmannsweiler 1975, H. 1, S. 25-28

2. Textilpädagogik

Aufgabe der Textilpädagogik ist es, eine Theorie aller Praxisfelder, in denen der Umgang mit Textilien aus erzieherischen Überlegungen, d. h. zur Verbesserung psychischer Dispositionen[17], organisiert und durchgeführt wird, aufzustellen. Sie hat sich somit zum einen mit Erziehungsinstitutionen, in denen der Umgang mit Textilien stattfindet, auseinanderzusetzen, und zum anderen mit Normen und Zielen in den Situationen der Textilkultur.

Textilerzieherische Institutionen

Textilerziehung findet keinesfalls nur in dem Erziehungsfeld Unterricht und damit in der Erziehungsinstitution Schule statt, sondern auch – allerdings mit unterschiedlicher Zielsetzung – im Kindergarten, in freizeitpädagogischen Einrichtungen (Volkshochschulen, Textilschulen, Werkstätten), in therapeutischen Einrichtungen (Behin-

dertenwerkstätten, Anstalten für Suchtkranke), in Altersheimen, in kirchlichen Institutionen, in kulturpolitischen Institutionen (Museen), in der Institution Familie (überwiegend als Bestandteil der Mädchenerziehung) sowie in der peer-group (Frauengruppen).
Das Aufgabenfeld der Textilpädagogik beschränkt sich somit nicht auf die schulische Textilerziehung, sondern geht weit über diese hinaus, obwohl man aufgrund der nicht vorliegenden Forschungsergebnisse zur Textilpädagogik zu der Annahme verleitet wird. Hier tut sich für die textilpädagogische Forschung ein weites Feld auf, dessen Bedeutung noch nicht erkannt wurde. So eröffnen sich beispielsweise im Zusammenhang mit der explosionsartigen Zunahme von Kreativwerkstätten textilpädagogische Forschungsmöglichkeiten auf dem Gebiet der historischen Textiltechniken [18] oder im Bereich der Motopädagogik[19] oder in der Gerontologie. Solche Forschungsergebnisse aus dem außerschulischen Raum könnten für die Schule fruchtbar gemacht werden, denn im Hinblick auf eine aktive, möglichst lebenslange Freizeitgestaltung ist die Aneignung freizeitwerter Textiltechniken mit den ihnen inneliegenden Gestaltungsprinzipien ein wesentlicher Aspekt des Textilunterrichts.

Textilpädagogische Ziele

Es ist der Verdienst von Herzog, einen ersten wegweisenden, wissenschaftlich fundierten textilpädagogischen Ansatz vorgelegt zu haben[20]. In folgendem stellen wir diesen Ansatz von Herzog, der von ihr auszugsweise referiert wurde [21], in Thesenform vor und führen im Anschluß daran die Bedeutung der Textilerziehung als kulturelle Bildung weiter fort.

1. Textile Kultur ist ein wesentlicher Teil der Sachkultur.
2. Durch Begegnung mit dem textilen Kulturbereich werden kulturelle Maßstäbe gesetzt, die zu einer besseren Bewertung der Gegenwartskultur führen.
3. Anhand der textilen Kultur in den Bereichen Kleidung und Wohnen ist eine elementare und fundamentale Erschließung der gesamten Kulturwelt möglich.
4. Kulturell bilden bedeutet, Kulturwerte erfahren und schöpferisch wiederholen.
5. Der Kulturwert der Textilgestaltung hat seine Bedeutung im sinnerfüllten denkenden Tun, das an historischen Leistungen anknüpft.
6. Nur sinnhafte Nachgestaltung führt zur Aneignung kultureller Sachverhalte und damit zum Aufbau von Werthaltungen. (nach Herzog)

Im Gegensatz zum Tier ist der Mensch lern- und erziehungsbedürftig[22]. Er bedarf der Sozialisation, die Geulen „als Prozeß der Persönlichkeitsgenese in Abhängigkeit von der Umwelt, die wie wir annehmen, stets historisch-gesellschaftlich vermittelt ist"[23], bezeichnet. Ein wichtiger Bestandteil der Sozialisation als gesellschaftsbedingtem Prozeß[24] ist die Integration in das jeweilige kulturelle System, als einem Subsystem der Gesellschaft[25]. Für diesen Integrationsprozeß des Menschen in ein kulturelles System sind die nachstehenden Aussagen, deren Ausführung in Anlehnung an Thurn[26] erfolgt, bedeutsam.
Das Motiv aller Kulturanstrengungen ist die Beherrschung der Natur durch den

Menschen. Erst durch den Fortschritt von Wissenschaft, Technik und Industrie ist die Befreiung des Menschen von der Herrschaft der Natur möglich[27]. Von Bedeutung ist nun, daß der kulturelle Gesamtprozeß in zwei Prozessen verläuft, die einander in besonderer Weise beeinflussen. Der kulturelle Gesamtprozeß beinhaltet zum einen den Prozeß der Naturbeherrschung und zum anderen den Prozeß der Entwicklung der eigenen Kulturfähigkeit. Wird der letztgenannte Prozeß ausgeschaltet, so zieht dies nach sich, daß der Mensch selbst zum Objekt in dem Prozeß der Naturbeherrschung wird.

Da nun zwischen der objektiven Gesamtkultur einer Gesellschaft und dem subjektiven Kulturhaushalt der Menschen dieser Gesellschaft immer eine sowohl qualitative als auch quantitative Differenz besteht, besteht für jeden Menschen als einem kulturisierungsbedürftigen Individuum die Notwendigkeit lebenslanger eigener Kultivierung. Lebenslange eigene Kultivierung oder kulturelle Bildung beinhaltet sowohl die Auseinandersetzung mit den Beständen der Gesamtkultur (Makrokultur) als auch kulturelle Selbstgestaltung (Mikrokultur). Im Rahmen seiner kulturellen Bildung muß der Mensch die symbolischen Formen und Inhalte aller Kulturobjekte erlernen. Je besser ihm dies gelingt, desto größer wird seine persönliche Kulturkompetenz, desto eher ist er in der Lage, sein Leben sinnvoll zu gestalten. Das Fehlen der erforderlichen Kulturkompetenz des einzelnen führt zu einem Absinken seines subjektiven Kulturhaushaltes in Monotonie und zieht unweigerlich ein Veröden der menschlichen Beziehungen nach sich.

Thurn weist darauf hin, daß die Identität des Menschen nur möglich ist, wenn es ihm gelingt, den Dualismus Natur-Kultur in eine Triade Natur-Kultur-Gesellschaft überzuführen, denn „Kultur erhält letztlich ihren Sinn erst dadurch, daß man sie mit anderen Menschen teilt"[28]. Ein apathisches Verhältnis zwischen Kultur und Gesellschaft führt zur Kulturentfremdung und bedeutet für den einzelnen und die Gesellschaft eine Gefahr.

Textilerziehung als kulturelle Bildung muß sowohl die Kompetenz für die textile Makrokultur, welche den objektiven Bestand der Textilkultur einer Gesellschaft beinhaltet, fördern, als auch die Kompetenz für die textile Mikrokultur, welche sich in der subjektiven Kulturfähigkeit in den Bereichen Kleidung und Wohnung widerspiegelt.

Bei der Förderung der Kulturkompetenz für die Bereiche Kleidung und Wohnung als Objekten der materiellen Kultur sind „drei Koordinaten des jeweiligen Welt- und Menschenbildes zu berücksichtigen: die Horizontale der zeitunterworfenen, die Vertikale der überzeitlichen und die Tiefe der geschichtlichen, zeitlich dimensionierten Sinngebung. ...Jede geistige Selbstbehauptung, die individuelle ebenso wie die kollektive, bewegt sich in diesem dreifach dimensionierten Kraftfeld, in der lebensspendenden Bindung an die Erzeuger und Vorbilder der eigenen Welt, in ihrer sinnerfüllenden Verbindlichkeit durch ein überzeitliches Weltbild und in der Verbindung des eigenen Welt- und Menschenbildes mit der zeitbedingten Umwelt zu einem sinnerfüllenden, mitmenschlich bildenden Leben"[29].

Eine persönliche Kulturkompetenz für die Bereiche Kleidung und Wohnung hat somit sowohl einen zivilisatorischen als auch einen kulturellen Anspruch, sie setzt sowohl Kenntnisse, Fertigkeiten und Werthaltungen im Bereich der Textilien als Waren, wie

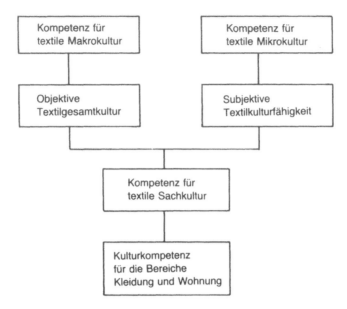

Abb. 1/11: Erwerb der Kompetenz für textile Sachkultur

sie die zeitbedingte Umwelt repräsentiert, als auch im Bereich der Textilien als Kulturgüter, welche die Kulturgeschichte der Textilien erschließt und damit die Bindung an die Erzeuger und Vorbilder der eigenen Welt gewährleistet, voraus. Textilerziehung, im Verständnis von Anbahnen einer Kulturkompetenz für textile Sachkultur, welche den Menschen zum Träger der textilen Sachkultur und nicht zu deren Objekt macht, schließt sowohl ökonomisch-technische als auch historische Inhalte sowie menschliche Sinnaufschließung, Selbstgestaltung und Kulturschöpfung mit ein. Das Verständnis für die Notwendigkeit einer ökonomisch-technischen Bildung in den Bereichen Kleidung und Wohnung ist offensichtlich vorhanden und dokumentiert sich durch die Anbindung des Textilunterrichts an die Arbeitslehre bzw. den Bereich Arbeit-Wirtschaft-Technik in den Lehrplänen zahlreicher Bundesländer. Offensichtlich sind aber die Auswirkungen im Bereich der textilen Sachkultur noch nicht genügend überdacht worden, wenn „geschichtliche Erzeuger und Vorbilder aus dem eigenen Weltbild verdrängt werden"[30]. So führt Ruegg aus: „Die Störung des Verhältnisses zur Geschichte hat für Gruppen ähnliche Auswirkungen in der negativen Bindung an Autoritäten wie die Verdrängung des Vater- oder Mutterbildes in der individuellen Existenz."[31]

Textilerziehung, die den Menschen im Bereich der textilen Sachkultur als einem wesentlichen Bestandteil der materiellen Kultur fördert, ist ein Teilaspekt der Gesamterziehung; sie muß kontinuierlich, mehrperspektivisch und handlungsorientiert erfolgen[32]. In Anlehnung an Brezinkas Definition des Erziehungsbegriffes[33] definieren wir nun Textilerziehung wie folgt:

Unter Textilerziehung verstehen wir die sozialen Handlungen eines Menschen (Erziehers), mit denen er versucht, die Kompetenz eines anderen Menschen (Zu-Erziehenden) für die textile Sachkultur (welche sich aus der Kompetenz für textile Makrokultur und der Kompetenz für textile Mikrokultur zusammensetzt) möglichst dauerhaft zu verbessern und ihn dadurch seiner kulturellen Identität näher zu bringen.

3. Textilwissenschaft

Die Erklärung des Phänomens Textilien ist auf mehrere Wissenschaften angewiesen, die sich hinsichtlich ihres erkenntnisleitenden Interesses unterscheiden. Die Textilwissenschaft, welche sich mit dem Gesamtphänomen der Textilien auseinandersetzt, hat neben der Klärung von Grundfragen die Aufgabe, die Disziplinen, welche sich mit Einzelphänomenen des Forschungsgegenstandes Textilien befassen, zu integrieren, und ist somit eine Integrationswissenschaft.

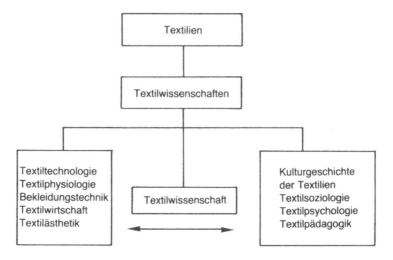

Abb. 1/12: Textilwissenschaft als Integrationswissenschaft

Die Textilwissenschaft befaßt sich allgemein mit dem Forschungsgegenstand „Textilien". Der Begriff Textilien stammt vom Lateinischen „texere" und bedeutet plastisches Zusammensetzen u.a. weben, flechten. Schnegelsberg definiert Textilien: „Textilien sind morphologisch bestimmbare, gestaltete Gefüge aus verspinnbaren, längenbegrenzten Fasern und/oder gezogenen endlosen Fasern, die die Verspinnbarkeit als Eigenschaft aufweisen."[34]

Im Mittelpunkt des allgemeinen Forschungsinteresses einer Textilwissenschaft, welche sich als Integrationswissenschaft versteht, stehen sinnvollerweise weniger die in diesem engen Sinne als „gestaltete Gefüge"[35] definierten Textilien, sondern eher, in einem Verständnis von Textilien im weiten Sinne, der sich mit Textilien umgebende Mensch und damit die Erforschung der Gesetzmäßigkeiten von Lebenssituationen in den Bereichen Kleidung/Mode/Textilien. Aus dieser allgemeinen Aufgabenstellung der Textilwissenschaft ergibt sich ein vielfältiges Spektrum wissenschaftlich zu lösender Aufgaben, die von den einzelnen Teildisziplinen der Textilwissenschaft übernommen werden müssen.

Der interdisziplinäre Charakter der Textilwissenschaft und die weite Verzweigung dieses Gebietes erfordern dringend eine Spezialisierung der Fachleute in einem Teilgebiet der Textilwissenschaft, da nur so die Einbeziehung neuester Forschungsergebnisse, die Verwertung fremdsprachiger Literatur und der Übertrag von Methoden der jeweiligen Teildisziplinen gewährleistet sind.

4. Allgemeine Didaktik

Zur Allgemeinen Didaktik, welche sich als Wissenschaft vom Unterricht versteht, liegen drei grundlegende Modelle[36] vor, das bildungstheoretische, das informationstheoretische und das lerntheoretische Didaktikmodell. Andere Modelle werden an dieser Stelle vernachlässigt, da sie zu abstrakt und praxisfern sind. Curriculare Ansätze[37] werden ebenfalls ausgeschlossen, da diese nur Bestandteil eines Didaktikmodells sind, nämlich der Bestandteil, der sich mit der Erstellung von Lehrplänen (vgl. Kapitel 7) auseinandersetzt.

Bildungstheoretisches Didaktikmodell

Didaktik wird als Bildungslehre verstanden. Das Kriterium für die Auswahl der Lerninhalte ist die jeweilige Definition des Bildungsbegriffs. Dieses bildungstheoretische Didaktikmodell, das zwangsläufig einem Wechsel der Definition von Bildung unterworfen ist, geht auf Weniger[38] als Urheber zurück und wurde von Klafki[39] weiterentwickelt zu einem Ansatz zur kategorialen Didaktik; es basiert auf der geisteswissenschaftlich orientierten Pädagogik Diltheys.

Informationstheoretisches Didaktikmodell

Didaktik wird auf Unterrichtstechnologe reduziert. Im Mittelpunkt steht der Lernprozeß und dessen Effektivität, wobei dieser als ein mechanischer verstanden wird. Die Findung von Lernzielen und Lerninhalten wird aus der wissenschaftlichen Diskussion ausgeschlossen und in einen vorwissenschaftlichen Bereich verwiesen. Das informationstheoretische Modell begünstigt den Programmierten Unterricht. Vertreter dieses Modells sind v. Cube und Frank[40].

Lerntheoretisches Didaktikmodell

Didaktik hat die Organisation aller Lernbedingungen als Aufgabe und versteht sich als eine Theorie von Unterricht, die sowohl die Intentionalität (Lernziele), die Thematik (Lerninhalte), die Methodik (Methodenkonzeptionen, Artikulationsmodelle, Sozialformen, Aktionsformen) und Medienwahl (abhängig von Lernzielen, Lerninhalten) als auch die anthropogenen Voraussetzungen (Wahrung von Traditionen, Berücksichtigung von (wirtschaftlichen) Entwicklungstendenzen) berücksichtigt.

Die drei wichtigsten Grundsätze sind:
1. Interdependenz
Zwischen den wesentlichen vier Elementen des Unterrichts den Zielen, den Inhalten, den Verfahren und den Medien besteht eine Interdependenz.
2. Kontrollierbarkeit
Um Lerneffektivität nachweisbar zu machen, müssen Lenrziele operationalisiert werden.
3. Variabilität
Zugrunde liegt die Überlegung, daß der Lernprozeß nicht in vollem Gange berechenbar ist, und daher im Unterricht Alternativen eingebaut werden müssen.

Das lerntheoretische Didaktikmodell bzw. das Didaktikmodell der Berliner Schule wurde von Heimann begründet und vor allem von Schulz weiterentwickelt[41]. Da die Bezeichnung „lerntheoretisch" die Verbindung zu einer zugrundeliegenden Lerntheorie assoziiert, was für das Berliner Modell nicht zutrifft, wird dieses auch und treffender als unterrichtstheoretisches Didaktikmodell bezeichnet.

5. Textildidaktik

Standort der Textildidaktik

Die Textildidaktik orientiert sich zum einen an der Allgemeinen Didaktik, welche eine Teildisziplin der Erziehungswissenschaft ist, und sich als eine solche mit dem Erziehungsfeld der Institution Schule auseinandersetzt. Sie wird somit von der Schulpädagogik beeinflußt.

Diese Beeinflussung ist jedoch nicht so zu verstehen, daß die Textildidaktik etwa auf deduktivem Wege aus der Allgemeinen Didaktik gewonnen werden kann, da erstens kein einheitliches Didaktikmodell vorliegt und zweitens zwischen der Allgemeinen Didaktik und der Textildidaktik eine Wechselwirkung besteht. So gewinnt zwar die Textildidaktik Elemente aus der Allgemeinen Didaktik, entwickelt aber auch eigenständig didaktische Elemente, von denen wiederum die Allgemeine Didaktik profitiert. Beispielsweise übernimmt die Textildidaktik das didaktische Element der Gliederung des Unterrichts in Phasen oder Stufen, gibt aber andererseits die an einem fach- bzw. fächergruppenspezifischen Unterrichtsverfahren, z.B. dem Experiment, gewonnenen Stufen an die Allgemeine Didaktik zurück.

Die gleiche wechselseitige Beeinflussung wie zwischen Textildidaktik und Allgemeiner Didaktik besteht zwischen der Allgemeinen Textildidaktik, welche als Aufgabengebiet die Theorie aller Gebiete des Textilunterrichts hat, und den Speziellen Textildidaktiken, welche für die Theorie eines eng umgrenzten Gebietes des Textilunterrichts zuständig sind, wobei diese Begrenzung nach Fachinhalten oder aber nach Schularten erfolgen kann. Einerseits muß sich die Anwendbarkeit der Allgemeinen Textildidaktik in den Speziellen Textildidaktiken erweisen, andererseits werden in den Speziellen Textildidaktiken allgemeine fachdidaktische Elemente gewonnen, aus denen die Allgemeine Textildidaktik ihren Nutzen zieht. Ist einerseits z.B. die Arbeitsablaufstudie in der Allgemeinen Textildidaktik als fachspezifisches Unterrichsverfahren enthalten, so muß in einer Speziellen Textildidaktik deren Anwendbarkeit erbracht werden, in diesem Falle in derjenigen, welche die textile Fertigung thematisiert. Andererseits wurde im Gefolge der Besinnung auf kulturgeschichtliche Inhalte des Textilunterrichts in der Speziellen Textildidaktik, welche sich mit kulturgeschichtlichen Fragen auseinandersetzt, das fach- bzw. fächergruppenspezifische Unterrichtsverfahren der Museumserkundung gewonnen und erweist sich nun als allgemeines fachdidaktisches Element.

Die Textildidaktik orientiert sich zum anderen an der Textilpädagogik, welche als eine Disziplin der Textilwissenschaft anzusehen ist und sich als eine solche mit dem Textilunterricht in der Institution Schule auseinandersetzt, und damit auch mit den Inhalten aus den anderen Disziplinen der Textilwissenschaft unter fachpädagogischem Aspekt. Sie ist die Berufswissenschaft des Textillehrers und verweist somit auf Praxisnähe.

Erfreulicherweise liegen neben einem allgemeinen didaktischen Grundriß von Sommerfeld[42] zu den Speziellen Textildidaktiken bereits einige Veröffentlichungen vor, so von Beyer/Kafka zur „Didaktik der Kleidung/Mode" und zur „Didaktik der Wohnung/ des Wohnens"[43], von Immenroth/Herzog zur „Kulturgeschichte der Textilien"[44], von Mosenthin u. a. zur „Didaktik des Textilunterrichts in der Sekundarstufe I"[45] sowie von Bleckwenn ein Ansatz zur „Textilgestaltung in der Grundschule"[46].

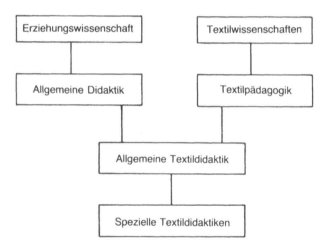

Abb. 1/13: Wissenschaftssystematischer Standort der Textildidaktik

Unterrichtstheoretische Textildidaktik

Die wesentliche Frage, die sich aus der Gegenüberstellung der drei Didaktikmodelle ergibt und für die textilspezifische Unterrichtsforschung von Bedeutung ist, ist die nach dem Verhältnis von Didaktik, welche die Aufgabe hat, Inhaltsfragen zu erforschen, und von Methodik, deren Anliegen die Erforschung pädagogischer Verfahrensweisen ist. So weist Lenzen darauf hin, daß die Wahl eines Verfahrens zur Erfassung unterrichtsmethodischer Strukturierungslinien von der Einschätzung des

Verhältnisses Didaktik und Methodik abhängig ist, denn je nach dieser Einschätzung werden fachspezifische, von didaktischen Konzeptionen unabhängige unterrichtsmethodische Kriterien aufgestellt oder aber die Integration inhaltlich-curricularer und unterrichtsmethodischer Kriterien versucht.[47]

Hinsichtlich des Satzes Klafkis vom Primat der Didaktik im Verhältnis zur Methodik finden sich vor allem in Anlehnung an das Modell der Berliner Schule andere Auffassungen, die die Interdependenz der Unterrichtselemente betonen. So führt Wilkening aus, daß der Einsatz eines Unterrichtsverfahrens nicht nur vom Lerninhalt, sondern auch vom Lernziel abhängt, so vor allem das Erreichen von verhaltens- und verfahrensbezogenen Lernzielen.[48]

Zu der Aussage Klafkis nimmt L. Roth Stellung: Wenn man das Verhältnis Didaktik-Methodik unter curricularem Aspekt betrachtet, so kann man nicht von einem Primat der Didaktik sprechen, weil im Unterricht neben Inhalten auch Verhaltensweisen intendiert werden.[49] Klafki selbst sieht die von der Berliner Schule herausgearbeiteten Prinzipien Interdependenz, Variabilität und Kontrollierbarkeit als wichtige Ergänzung der didaktischen Analyse.[50]

Allerdings drückt er unmißverständlich aus, daß er es als grobe Fehlinterpretation seines Satzes vom Primat der Didaktik i. e. Sinne im Verhältnis zur Methodik ansieht, wenn dieser als Abwertung methodischen Denkens mißverstanden würde.[51]

Das Anliegen der vorliegenden Einführung in die Textildidaktik ist die theoretische Aufarbeitung und Darstellung des Textilunterrichts. Im Mittelpunkt dieser unterrichtstheoretischen Textildidaktik, welche sich an dem lern- bzw. unterrichtstheoretischen Didaktikmodell orientiert, stehen weder Bildung (produktorientierte Didaktik) noch Lernprozeß (prozeßorientierte Didaktik), sondern der Unterricht mit seinen Elementen. Der Textilunterricht hat dabei eine doppelte Funktion, die Erziehung durch textile Sachkultur als einem Erziehungsmittel zur Sozialisation (Bildung), und die Erziehung zur textilen Sachkultur als der Planung und Durchführung von Lernprozessen (Lernen). Dabei bilden beide Intentionen im Textilunterricht eine Einheit, denn eine Loslösung der Didaktik von der Pädagogik reduziert jene auf die Methodik und rückt in die Nähe von Formalismus und Methodenkult.

Gegenstand dieser unterrichtstheoretischen Textildidaktik ist somit der Textilunterricht als geplantes und von Lernzielen bestimmtes Lehr- und Lernfeld der Schule, dessen Faktoren bzw. Elemente keiner hierarchischen Anordnung unterliegen, sondern miteinander in Wechselwirkung stehen. Dies bedeutet, daß nicht wie bei Klafki jede didaktische Entscheidungskette mit der Auswahl und Struktur der Inhalte beginnt[52], sondern daß durch jedes Element des Textilunterrichts eine textildidaktische Entscheidungskette ausgelöst werden kann, so durch die Wahl eines fachspezifischen Unterrichtsverfahrens oder einer fachspezifischen Aktionsform oder durch den Einsatz eines fachspezifischen Mediums.

Da zu den meisten textildidaktischen Problemfeldern keine wissenschaftlichen Untersuchungen vorhanden sind, können die nachstehenden Ausführungen der allgemeinen Forderung der Didaktik, die Handlungsanweisungen für den Unterricht auf die gesicherte Basis einer wissenschaftlichen Unterrichtsforschung zu stellen, nicht genügen, sondern sind auf der hypothetischen Ebene, welche allerdings die Voraussetzung für eine wissenschaftliche Unterrichtsforschung ist, anzusiedeln.

Aufgabe einer unterrichtstheoretischen Textildidaktik ist die Analyse der Organisation aller Lernbedingungen, die sich nach dem Berliner Modell sowohl auf die Voraussetzungen, als auch die Entscheidungen als auch die Kontrolle des Textilunterrichts bezieht und sich damit auf drei Ebenen, die Bedingungsebene, die Entscheidungsebene und die Evaluationsebene, erstreckt, wobei diese Ebenen jeweils durch die Interdependenz ihrer Elemente charakterisiert sind. So besteht auf der Bedingungsebene eine Interdependenz zwischen den gesellschaftlichen und schulischen Rahmenbedingungen und den Akteuren des Unterrichts, auf der Entscheidungsebene zwischen Zielentscheidungen, Inhaltsentscheidungen, methodischen Entscheidungen und Medienwahl sowie auf der Evaluationsebene zwischen den Maßnahmen der Evaluation.

Die vorliegende Einführung in die Textildidaktik legt ihren Schwerpunkt auf die Entscheidungsebene als dem zentralen Feld der Textildidaktik, indem sie sich mit den Lernzielen und Lerninhalten des Textilunterrichts (vgl. S. 28 ff.), mit den Verfahren des Textilunterrichts (vgl. S. 45 ff.), mit der Organisationsstruktur, den Sozialformen und den Aktionsformen des Textilunterrichts (vgl. S. 105 ff.), den Vermittlungsformen, Prinzipien und Medien des Textilunterrichts (vgl. S. 163 ff.) sowie den didaktisch-methodischen Konzeptionen des Textilunterrichts (vgl. S. 193 ff.) auseinandersetzt. Sie berücksichtigt die Evaluationsebene, indem sie die Evaluationsmaßnahmen Planung, Durchführung und Kontrolle des Textilunterrichts (vgl. S. 212 ff.) darstellt und bezieht, wenn auch nicht vollständig, die Entscheidungsebene mit ein, indem sie die Textilwissenschaften (vgl. S. 1 ff.) und die Aufgaben des Textilunterrichts (vgl. S. 31 ff.) als grundlegende schulische und gesellschaftliche Rahmenbedingungen des Textilunterrichts erörtert.

6. Anmerkungen

Textilwissenschaften

[1] Gesamttextil (Hrsg.): Körper, Klima, Kleidung. Frankfurt a.M. 1977, S. 2
[2] Daimler, B.: Technische Textilien. Anwendungsbereiche und Abgrenzung, hrsg. v. Verband der Textilindustrie Westfalen. Schriftenreihe H. 14. München 1974, S. 20
[3] Vgl. Gesamttextil (Hrsg.): Klarer Kurs. Informationen über Berufe in der Textilindustrie. Frankfurt a.M. 1980 und Ders.: Qualifizierende Fortbildung in der Textilindustrie. Frankfurt a.M. o.J.
[4] Mühlmann, W.: Kultur. In: Wörterbuch der Soziologie, hrsg. v. W. Bernsdorf. Stuttgart 1969², S. 598
[5] Mühlmann, a..a.O., S. 598
[6] Vgl. Schoene, W.: Kultur, immaterielle-materielle. In: Lexikon der Soziologie, hrsg. v. W. Fuchs u.a.. Opladen 1978², S. 438
[7] Mühlmann, a.a.O., S. 599
[9] Willems, E.: Symbol. In: Wörterbuch der Soziologie, hrsg. v. W. Bernsdorf, Stuttgart 1969², S. 1138
[10] Vgl. hierzu die Ausführungen von Ruegg, W.: Welt der symbolischen Formen. In: Funk-Kolleg Soziologie. Frankfurt a.M. 1969, S. 233 ff.
[11] Vgl. White, L. nach Willems, a.a.O., S. 1139
[12] Willems, a.a.O., S. 1139
[13] Fahrenkamp, H.: Teppiche. München 1974⁶, S. 23

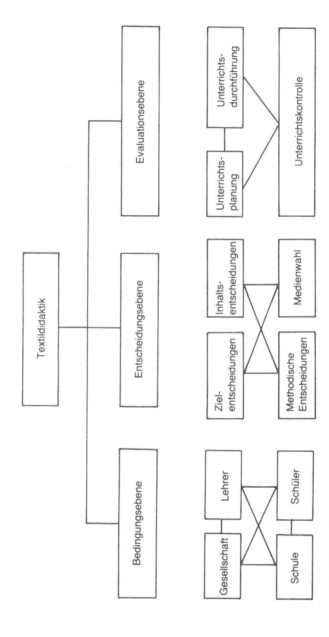

Abb. 1/14: Aufgabenfelder einer unterrichtstheoretischen Textildidaktik

[14] Schütz, A./Luckmann, Th.: Strukturen der Lebenswelt. Neuwied 1975, S. 264 und Fend, H.: Sozialisation durch Literatur. Weinheim und Basel 1979, S. 13
[15] Fend, a.a..O., S. 14
[16] Seitz, W./Rieder, H.: Aufgabengebiete der Sportpsychologie. Schorndorf b. Stuttgart 1972, S. 9 ff.

Textilpädagogik

[17] Vgl. hierzu Brezinka, W.: Grundbegriffe der Erziehungswissenschaft. München 1974, S. 95
[18] Zum Angebot historischer Textiltechniken in Werkstätten s. Kreative Textilkurse in Deutschland. Umfrage der Textilwerkstatt Hannover. Hannover 1981
[19] Vgl. Bach, H.: Motopädagogik bei Geistigbehinderten und Lernbehinderten. In: Heese, G. (Hrsg.), Rehabilitation Behinderter durch Förderung der Motorik. Berlin 1975, S. 116 ff.
[20] Herzog, M.: Prozesse der Enkulturation und Personalisation durch Textilgestaltung im Bereich der Schule. Anthropologisch-psychologische Grundlagen und fachdidaktische Konsequenzen. Unveröff. Diss.. Dortmund 1982
[21] Herzog referierte aus ihrer Dissertation anläßlich der Jahreshauptversammlung 1982 des Fachverbandes Textilunterricht e.V. in Saarbrücken.
[22] Zur Lern- und Erziehungsbedürftigkeit s. vor allem: Mead, M.: Leben in der Südsee.Jugend und Sexualität in primitiven Gesellschaften. München 1965; Roth, H.: Pädagogische Anthropologie. 2 Bände. Hannover 1966; Süßmuth, R.: Erziehungsbedürftigkeit. In: Speck/Wehle (Hrsg.), Handbuch pädagogischer Grundbegriffe. München 1970, S. 405–420
[23] Geulen, G.: Thesen zur Metatheorie der Sozialisation. In: Walter, H. (Hrsg.), Sozialisationsforschung. Bd. 1. Stuttgart 1973, S.187. Geulens Sozialisationsbegriff impliziert die Begriffe „Enkulturation" und „Personalisation", wie es innerhalb der gegenwärtigen Soziologie üblich ist. Vgl.hierzu Heinz, W.: Sozialisation. In: Roth, L. (Hrsg.), Handlexikon zur Erziehungswissenschaft. München 1976, S. 412. Dagegen unterteilen frühere Autoren den Sozialisationsbegriff in Sozialisation (Integration des einzelnen in das soziale System; Übernahme von Wertvorstellungen, Verhaltensmustern, Positionen und Rollen der sozialen Gruppe), Personalisation (Prozeß der individuellen Entfaltung und Gestaltung) und Enkulturation (Integration in die jeweilige Kultur; Tradierung und Aneignung der Kultur; Verinnerlichung von Maßstäben und Symbolen der Kultur), um die spezifische Blickrichtung innerhalb des gesamten Sozialisationsprozesses hervorzuheben, vgl. Wurzbacher, G.: Sozialisation-Enkulturation-Personalisation. In: Wurzbacher, G. (Hrsg.), Der Mensch als soziales und personales Wesen. Stuttgart 1963, S. 1–34 und Weber, E.: Pädagogik. Bd. 1. Donauwörth 1972, S. 37 ff.
[24] Vgl. hierzu Gukenbiehl, H.: Sozialisation als gesellschaftsbedingter und gesellschaftsrelevanter Prozeß. In: Girschner-Woldt, I.u.a. (Hrsg.), Soziologie für Pädagogen. Beiträge zum erziehungswissenschaftlichen Studium. Stuttgart 1973, S. 39 ff.
[25] Parsons unterteilt in seinem strukturell-funktionalen Ansatz das System Gesellschaft in vier Subsysteme und ordnet diesen entsprechende Aufgaben zu:
1. Kulturelles System mit der Hauptfunktion der Normenerhaltung
2. Soziales System mit der Hauptfunktion der Integration
3. Persönlichkeitssystem mit der Hauptfunktion der Zielverwirklichung
4. Verhaltensorganismus mit der Hauptfunktion der Anpassung:
Vgl. hierzu Parsons, T.: Das System moderner Gesellschaften. In: Claessens, D. (Hrsg.), Grundfragen der Soziologie. Bd. 15. München 1976^2, S. 12 ff.; zur Darstellung des soziologischen Funktionalismus s. auch: Bernsdorf, W. (Hrsg.): Wörterbuch der Soziologie. Frankfurt 1972, S. 836–839; Hartmann, H. (Hrsg.): Moderne amerikanische Soziologie. Stuttgart 1973, S. 101–106; Jonas, F.: Geschichte der Soziologie IV. Hamburg 1968, S. 143–179; Steinbeck, B.: Einige Aspekte des Funktionsbegriffes in der positiven Soziologie und in der kritischen Theorie der Gesellschaft. In: Soziale Welt, 15, 1966, 2, S. 97–129
[26] Vgl. Thurn, H.P.: Soziologie der Kultur. Stuttgart 1976, vor allem S. 102 ff.
[27] Vgl. Adorno, Th.: Negative Dialektik. Frankfurt a.M. 1966; zu Adornos Aussagen vgl. auch Rohrmoser, G.: Zeitzeichen. Bilanz einer Ära. Stuttgart-Degerloch 1978, S. 13 ff.

[28] Thurn, a.a.O., S. 106
[29] Ruegg, W.: Soziologie als humanistische Wissenschaft der Zukunftsorientierung. In: Funk-Kolleg Soziologie. Frankfurt a.M. 1969, S. 247
[30] Ruegg, a.a.O., S. 247
[31] Ruegg, a.a.O., S. 248
[32] Zu einem mehrperspektivischen und handlungsorientierten Unterricht s. Schmidt, D.: Ansätze zu einer Didaktik des Textilunterrichts. In: Textilarbeit + Unterricht. Baltmannsweiler 1981, H.4, S. 182 u. 184
[33] Vgl. Brezinka, a.a.O., S. 95

Textilwissenschaft

[34] Schnegelsberg, G.: Identifizierungsmerkmale von Textilien. In: Forum Ware 4. Mannheim 1977, Nr. 3–4, S. 133
[35] Schnegelsberg, G.: Textilgestaltung – Kunst oder Wissenschaft. In: Wirtschaft und Erziehung 25. Wolfenbüttel 1973, S. 219

Allgemeine Didaktik

[36] Zur Beschreibung dieser Didaktikmodelle s. Blankertz, H.: Theorien und Modelle der Didaktik. München 1976 u. Stock, H./Zöpfl, H.: Didaktische Analyse und Grundlagen der Unterrichtsvorbereitung. In: Meißner, O./Zöpfl, H. (Hrsg.), Handbuch der Unterrichtspraxis. Bd. 1 München 1973, S. 53–61
[37] Vgl. Robinsohn, S.: Bildungsreform als Revision des Curriculum. Darmstadt 1971
[38] Vgl. Weniger, E.: Didaktik als Bildungslehre. Teil 1 und 2. Weinheim 1965^8
[39] Vgl. Klafki, W.: Studien zur Bildungstheorie und Didaktik. Weinheim 1970^9
[40] Vgl. v. Cube, F.: Kybernetische Grundlagen des Lernens und Lehrens. Stuttgart 1968^2 und Frank, M.: Kybernetische Grundlagen der Pädagogik. Baden-Baden 1969^2
[41] Vgl. Heimann, P.: Didaktik als Theorie und Lehre. In: Die Deutsche Schule 1962/407 und Heimann, P./Otto, G./Schulz, W.: Unterricht. Analyse und Planung. Hannover 1969^4 und Schulz, W.: Zur Didaktik der Berliner Schule. Düsseldorf 1977

Textildidaktik

[42] Vgl. Sommerfeld, D.: Textiles Werken. Bad Heilbrunn/Obb. 1978, 3., neubearb. Aufl.
[43] Vgl. Beyer, B./Kafka, H.: Textilarbeit (Kleiden und Wohnen). Bad Heilbrunn/Obb. 1977, 2. neubearb. Aufl.
[44] Vgl. Immenroth, L./Herzog, M. (Hrsg.): Dortmunder Reihe. Didaktische Materialien für den Textilunterricht. Schalksmühle 1982 ff.
[45] Vgl. Mosenthin, G./Royl, W.: Textiles Werken in der Sekundarstufe I (Kleiden und Wohnen; Bd. 1). Baltmannsweiler 1982
[46] Vgl. Bleckwenn, R.: Textilgestaltung in der Grundschule. Limburg 1982
[47] Vgl. Lenzen, D.: Vorwort. In: Geissler, H.: Modelle der Unterrichtsmethode. Stuttgart 1977, S. 7.
[48] Vgl. Wilkening, F.: Unterrichtsverfahren im Lernbereich Arbeit und Technik. Mit Beiträgen von Klaus Lindemann und Winfried Schmayl. Ravensburg 1977, S. 11
[49] Vgl. Roth, L.: Effektivität der Unterrichtsmethoden. Hannover 1977, S. 235
[50] Vgl. Klafki, W.: Zu den unterschiedlichen Ansätzen im Bereich der wissenschaftlichen Didaktik. In: Zöpfl, H./Seitz, R. (Hrsg.), Schulpädagogik, Grundlagen – Probleme – Tendenzen. München 1971, S. 34
[51] Vgl. Klafki, W.: Der Satz vom Primat der Didaktik im engeren Sinne im Verhältnis zur Methodik. In: Klafki, W.u.a. (Hrsg.), Funk-Kolleg Erziehungswissenschaft. Bd. 2. Frankfurt a.M. 1970, S. 71
[52] Vgl. Klafki, W.: Methode, Methodik. In: Groothoff, H.H./Stallmann, M. (Hrsg.) Neues Pädagogisches Lexikon. Stuttgart 1971^5, S. 748

Zweiter Teil:

Lernziele und Lerninhalte des Textilunterrichts

1. Lernziele

Unter dem Einfluß der Curriculumforschung, in deren Mittelpunkt der Erwerb von Qualifikationen für Lebenssituationen steht, kam es zu einer lernzielorientierten Unterrichtsplanung, die es dem Lehrer ermöglichen sollte, lernblinde Phasen zu vermeiden und sowohl die Schülerleistungen als auch seinen Unterricht besser zu überprüfen, um jedem Schüler Zielklarheit und die Möglichkeit zur Selbstkontrolle zu verschaffen. Brunnhuber definiert: „Unter Lernziel verstehen wir die Beschreibung des durch Unterricht herbeizuführenden Endverhaltens, das nach dem Lernen beobachtbar gezeigt werden soll."[1] Ein Lernziel besteht aus einer Verhaltens- und Inhaltskomponente, die in der Lernzielbeschreibung zueinander in Beziehung gesetzt werden [Beispiel: Die Schüler sollen die Textilkennzeichnung (Inhalt) kennen (Verhalten)].

Lernzielklassifizierung

Lernziele werden erstens nach ihrem Abstraktionsniveau eingeteilt:
1. Richtziele
Die Richtziele haben den geringsten Grad an Eindeutigkeit und Präzision und sind im Vorspann der Lehrpläne zu finden (Beispiel: Die Schüler sollen Kooperationsfähigkeit und soziale Sensibilität erwerben).
2. Grobziele
Die Grobziele haben einen mittleren Grad an Eindeutigkeit und Präzision. Sie beinhalten eine vage Endverhaltensbeschreibung ohne Angabe des Beurteilungsmaßstabes und sind in den Lehrplänen ausgewiesen(Beispiel: Die Schüler sollen die Eigenschaften der Chemiefasern kennen).
3. Feinziele
Die Feinziele beschreiben das Endverhalten eindeutig, enthalten einen Beurteilungsmaßstab und haben ihren Ort in der Stundenvorbereitung (Beispiel: Die Schüler sollen fehlerfrei zwei Pflegeeigenschaften der Wolle nennen können).

Lernzieloperationalisierung

Die exakte Formulierung der Verhaltenskomponente eines Lernziels (Feinziels), die die Vergleichbarkeit von Leistungen ermöglicht, nennt man Operationalisierung. Anforderungen an die Operationalisierung von Lernzielen sind:
1. Das Schülerverhalten muß eindeutig beschrieben sein.
2. Die Bedingungen, unter denen das Schülerverhalten geäußert werden soll, müssen angegeben werden.

3. Der Beurteilungsmaßstab muß genannt werden.
Zur Operationalisierung von Lernzielen sind Worte geeignet, die wenig Interpretation zulassen. So unterscheidet Mager:

„Worte, die viele Interpretationen zulassen	Worte, die weniger Interpretationen zulassen
wissen	schreiben
verstehen	auswendig hersagen
wirklich verstehen	identifizieren
zu würdigen wissen	unterscheiden
voll und ganz zu würdigen wissen	lösen
die Bedeutung von etwas erfassen	konstruieren
Gefallen finden	aufzählen
glauben	vergleichen
vertrauen	gegenüberstellen"[2]

Die Operationalisierung von Lernzielen steht mit der Evaluation von Unterricht im Zusammenhang. Sie ist die Voraussetzung für die von der Berliner Schule geforderte Kontrollierbarkeit des Unterrichts, denn eine objektive Lernzielkontrolle erfordert präzise formulierte Lernziele. Dies läßt nun nicht den Schluß zu, daß der Unterrichtserfolg identisch mit den objektiven Lernzielkontrollen und nur durch diese meßbar ist. Zum einen sind lediglich Lernziele, die der kognitiven und psychomotorischen Dimension des Menschen zuzuordnen sind, operationalisierbar und objektiv meßbar, Lernziele der sozial-affektiven Dimension dagegen nicht. Eine ausschließliche Lernzielgläubigkeit birgt die Gefahr in sich, und dies trifft für den Textilunterricht speziell für den emotionalen Bereich zu, diese für die Menschwerdung wichtige Dimension zu vernachlässigen. Zum anderen ist auch im kognitiven und psychomotorischen Lernbereich eine vollständige Operationalisierung und Überprüfbarkeit von Lernzielen nicht möglich. Dies gilt im Textilunterricht vor allem für Lernziele mit Langzeitwirkung, welche weder operationalisierbar noch in der Schule kontrollierbar sind, so beispielsweise für die Fähigkeit zu einem autonomen Verbraucherverhalten gegenüber dem textilen Konsumgüterangebot. Die Lernzieloperationalisierung ist für den Textilunterricht im Hinblick auf eine überlegte Planung und objektive Kontrolle des Unterrichts erforderlich und sinnvoll; sie darf jedoch nicht dazu führen, daß andere nicht operationalisierbare und objektiv überprüfbare wichtige Lernziele „vergessen" werden.

Lernzieldimensionierung

Eine zweite Einteilung der Lernziele kann nach der Zuordnung ihrer Verhaltenskomponenten zu einer Verhaltensdimension (Verhaltensbereich) des Menschen vorgenommen werden. So unterscheidet Bloom Lernziele, die der kognitiven, der affektiven und der psychomotorischen Verhaltensdimension des Menschen zuzuordnen sind:

Kognitive Lernziele	Affektive Lernziele	Psychomotorische Lernziele
– Wissen	– Einstellungen	– motorische Fertigkeiten
– Kenntnisse	– Werthaltungen	– sensumotorische Fertigkeiten
– intellektuelle Fähigkeiten	– Interesse	
– Problemlösen	– Bereitschaft	
– Erkenntnisse		

Diese Einteilung der Lernziele nach den Verhaltensdimensionen des Menschen ist eine künstliche, da sie der ganzheitlichen Auffassung vom Menschen nicht entspricht. Sie hat ihre Funktion als Hilfsschema für den Lehrer bei der Findung und Analyse von Lernzielen.

Beispiel:
Die Lernzielbereiche geben Richtungshinweise bei der Suche oder Analyse von Feinzielen für das Grobziel „Die Schüler sollen Stiche in der Vorwärtsbewegung sticken können":
– Kognitiver Lernbereich
„Die Schüler sollen verschiedene Stiche in der Vorwärtsbewegung kennen"
– Affektiver Lernbereich
„Die Schüler sollen am Sticken Interesse haben"
– Psychomotorischer Lernbereich
„Die Schüler sollen zwei Stiche in der Vorwärtsbewegung sticken können".

Lernzielhierarchisierung

Im Mittelpunkt einer dritten Einteilung der Lernziele steht deren Hierarchisierung, die auch mit Lernzieltaxonomie bezeichnet wird. Möller definiert: „Unter Lernzieltaxonomie wird die hierarchische Ordnung aller Lernziele innerhalb eines bestimmten Lernbereichs verstanden, wobei die Hierarchie nach einem einzigen gleichbleibenden Ordnungsgesichtspunkt erstellt wird. Es wird der kognitive, affektive und psychomotorische Lernbereich und somit eine kognitive, affektive und psychomotorische Lernzieltaxonomie unterschieden."[3] Dabei wird die hierarchische Ordnung von Lernzielen nicht nach deren Wert sondern nach deren Schwierigkeitsgrad vorgenommen. Neben anderen[4] liegen von Bloom drei Lernzielhierarchisierungen vor, die er in weitere Unterstufen gliedert[5]:

Kognitive Lernzieltaxonomie	Affektive Lernzieltaxonomie	Psychomotorische Lernzieltaxonomie
6. Beurteilung		
5. Synthese	5. Erfülltsein durch einen Wert oder eine Wertstruktur	5. Naturalisierung
4. Analyse	4. Strukturierter Aufbau eines Wertsystems	4. Handlungsgliederung
3. Anwendung	3. Werten	3. Präzision
2. Verständnis	2. Reagieren	2. Manipulation
1. Kenntnisse	1. Aufmerksam werden; Beachten	1. Imitation

Es ist festzustellen, daß die vorliegenden Hierarchisierungsmodelle für die Unterrichtsarbeit noch nicht genügend entwickelt sind; sie bieten jedoch wie die Lernzieldimensionen eine Suchhilfe bei der Lernzielfindung und Lernzielanalyse und werden, wie Meyer herausstellt, dazu benutzt werden, „um überhaupt ein Gespür für die Über- und Unterordnung von Lernzielen zu erwerben"[6]. Auf eine weitere Nutzbarmachung der vorliegenden Hierarchisierungsmodelle im Bereich der fachdidaktischen Forschung macht ebenfalls Meyer aufmerksam, auf die Entwicklung modifizierter Lernzielhierarchisierungen.[7]

2. Aufgaben des Textilunterrichts

Textilunterricht und Gesellschaft

Durch den sozialen Wandel änderten sich auch die gesellschaftlichen Erwartungen und Aufträge an den Textilunterricht. So hatte in früheren Epochen das Fach in den höheren Töchterschulen die Aufgabe, zu einer sinnvollen Freizeitgestaltung hinzuführen, in den Schulen für die Töchter des breiten Bürgertums die zur Führung eines Haushaltes erforderlichen Fertigkeiten zu vermitteln sowie in den Industrieschulen auf die Berufs- und Arbeitswelt vorzubereiten. Im Mittelpunkt stand die Herstellung und Erhaltung von Textilien und damit die praktische Textilarbeit.[8]

Der Textilunterricht in der gegenwärtigen Zeit hat von der Gesellschaft her drei wichtige Lernbereiche, welche auch in die Lehrpläne der einzelnen Bundesländer aufgenommen worden sind: Konsum, Arbeit/Wirtschaft/Technik und Freizeit.

Konsum

Die Aufgaben des Textilunterrichts werden vor allem vom Wandel im ökonomisch-technischen Bereich (Entwicklung der Chemiefasern, industrielle Produktionsverfahren) beeinflußt. Dieser führte dazu, daß heute Textilien und Kleidung wesentlich mehr konsumiert als produziert werden, bzw. selbst wenn produziert wird, auch wieder auf Halbfertigprodukte (Garne, Stoffe) zurückgegriffen wird. Daher ist eine textile Verbrauchererziehung erforderlich, die den Wandel von der Produktion zum Konsum von Kleidung und Textilien berücksichtigt[9].

Da jedoch, wie Beyer/Kafka ausführen, wirtschaftliche Zusammenhänge in den Bereichen der Kleidung und der Wohnung nicht vordergründig durch praktische Arbeit gewonnen werden können, ist im Lernbereich Konsum eine Verschiebung manuellen Tuns zugunsten theoretischer Reflexion notwendig[10].

Zentrale Themen des Lernbereichs Konsum sind die textile Rohstoff- und Warenkunde (z. B. Stoff-, Garn-, Fasereigenschaften), die Verbraucherschutzmaßnahmen (z. B. Textilkennzeichnungsgesetz, Gütezeichen) sowie die Techniken der Gebrauchswerterhaltung (z. B. Stopfen, Waschen). Die Einbeziehung des Lernbereiches Konsum in den Textilunterricht machte auch eine Umorientierung in der Methodenwahl, so z. B. die Wahl des Unterrichtsverfahrens Experiment, erforderlich.

Arbeit/Wirtschaft/Technik

Der Textilunterricht hat neben einer Verbrauchererziehung einen Beitrag zur Hinführung zur Arbeits- und Wirtschaftswelt zu leisten, welche durch Technisierung gekennzeichnet ist. Die Aufnahme des Lernbereiches Arbeit/Wirtschaft/Technik in den Textilunterricht bzw. dessen Erweiterung über die im Textilunterricht praktizierten flächenbildenden, flächengliedernden und flächenverarbeitenden Techniken mit den entsprechenden Werkzeugen, Werkstoffen und Geräten hinaus, bedeutet die Aufnahme von Themen aus der textilen Verfahrenstechnik, der textilen Fertigungstechnik und der textilen Produktionstechnik.

Zentrale Themen der textilen Verfahrenstechnik für den Textilunterricht sind die Rohstoffgewinnung, die Textilerzeugung bzw. Faden- und Flächenerzeugung (mechanische Verfahrenstechniken) und die Textilveredlung/Textilchemie (chemische Verfahrenstechniken), mit denen Themen aus der Textilgestaltung bzw. des Textildesigns wie Musterentwurf und Verwirklichung für die verschiedenen Verfahrenstechniken (Weberei, Wirkerei, Druckerei etc.) verbunden sind. In den Bereich der textilen Fertigungstechnik fallen vor allem Themen aus der Bekleidungsfertigung (Fertigungstechniken, Bekleidungskonstruktion), mit der wiederum die Bekleidungsgestaltung bzw. das Modedesign (Schnittentwicklung, Gradieren, Modellentwurf, Kollektionsgestaltung) eng verbunden ist. Im Mittelpunkt der textilen Produktionstechnik, bei der die textilen Verfahrens- und Fertigungstechniken unter dem Gesichtspunkt der betrieblichen Produktion gesehen werden, stehen die Themen Textile Fertigungsverfahren (Organisationstypen und Fertigungstypen)[11] und Textilbetriebe (Handwerksbetriebe, Industriebetriebe, Dienstleistungsbetriebe).[12]

Die Aufnahme des Lernbereiches Arbeit/Wirtschaft/Technik in den Textilunterricht zog ebenfalls eine methodische Neuorientierung, beispielsweise die Berücksichtigung des Unterrichtsverfahrens der Arbeitsablaufstudie, nach sich.

Freizeit

Die Notwendigkeit einer schulischen Freizeiterziehung ist unbestritten. Sie ist auf die Fremdbestimmung und Passivität am Arbeitsplatz, auf die Zunahme freier Zeit sowie der Lebenszeit zurückzuführen. Es geht um die sinnvolle aktive Nutzung im Gegensatz zu dem sinnlosen passiven Verbringen der freien Zeit.

Der Anteil der textilen Tätigkeiten an den Freizeitaktivitäten ist beträchtlich. So betrug nach einer EMNID/SVR-Befragung[13] bereits 1970 – und angesichts der explosionsartigen Zunahme von Kursangeboten in Erwachsenenbildungsstätten darf man von einer Zunahme ausgehen – der Anteil der Männer und Frauen, die „Handarbeiten" ausführen, 42 %. „Handarbeiten" kam in dieser Umfrage auf den fünften Rang von dreißig erfragten Freizeitaktivitäten. Die Beliebtheit des „Handarbeitens" als Freizeitaktivität wird durch eine Spiegel-Umfrage 1974[14] unterstrichen, nach der 16 % der repräsentativen Bevölkerungsanteile über 18 Jahre Handarbeiten als ihr Hobby bezeichneten. Bei der Auswertung dieser Umfrage muß miteinbezogen werden, daß bei einer nach Geschlechtern getrennten Befragung der Anteil der weiblichen Bevölkerung, die „Handarbeiten" als Hobby betreibt, deutlich größer wäre. Dies trifft allerdings nicht für den Bereich Knüpfen zu, denn der Anteil der von Männern geknüpften Teppiche beträgt nach der EMNID/SVR-Studie fast 60 %[15].

Der Textilunterricht hat einen wichtigen Beitrag zu einem sinnvollen Freizeitverhalten zu leisten. Die Freizeiterziehung im Textilunterricht erfolgt an erster Stelle durch das Ausüben textiler Tätigkeiten, da das Erleben von Selbstgestaltung im Bereich Kleidung/Mode/Textilien den Grundstein für eine aktive Freizeitgestaltung legt. Hinzu kommen müssen Informationen über das Freizeitverhalten sowie die kritische Auseinandersetzung mit dem Angebot der Freizeitindustrie auf dem textilen Sektor, welche das Selbsttun unterstützen. Der tätige Umgang mit Textilien ist ein wichtiges Medium der Freizeiterziehung, er ist ein präventives Mittel der aktiven sinnorientierten Freizeitgestaltung.

Der Lernbereich Freizeit im Textilunterricht hat einen Einfluß auf die Auswahl der Lerninhalte, indem er die Aufnahme freizeitwerter Textiltechniken in die Lehrpläne fordert, um so die Motivation zu einer „long-life-Selbstgestaltung" im Bereich Kleidung/Mode/Textilien zu wecken und zu erhalten. Freizeitwerte Textiltechniken sollen das Selbsttun, die Muße, das kreative Tätigsein, die Kultivierung eigener Möglichkeiten in der Gestaltung von Kleidung und Wohnung, die Teilnahme an kulturellen Darbietungen im Textilbereich, die Kommunikation im Tätigsein mit anderen sowie einen Ausgleich zur Überintellektualisierung der heutigen Schul- und Arbeitswelt ermöglichen.

Textilunterricht und Erziehung

Wie wir bereits ausführlich erörtert haben (vgl. S. 15 ff.) hat der Textilunterricht als Erziehungsfeld in der Institution Schule einen kulturpädagogischen Auftrag und enthält somit den Lernbereich Kultur. Anhand der textilen Kultur in den Bereichen Kleidung und Wohnung erfolgt eine fundamentale und elementare Erschließung der gesamten Kulturwelt[16]. Diese Erschließung der Kulturwelt ist ein unverzichtbarer Bestandteil der Sozialisation eines Menschen. Im Mittelpunkt des Lernbereichs Kultur steht ein sinnerfülltes, denkendes Tun, das an historische Leistungen anknüpft[17]. Der Lernbereich Kultur umfaßt, wie Immenroth/Herzog ausführen,

„– vielfältige Tätigkeiten, die ihre lange Geschichte als häusliche Arbeiten, Handwerke, Industrieberufe haben,

- Geräte, deren technische Entwicklung ein Bild der Industrialisierung zeichnet und ein Stück Wirtschafts- und Sozialgeschichte aufzeigt,
- Materialien, mit denen die Menschen seit Jahrtausenden umgehen und die von Handel und Wandel und von Erfindergeist künden,
- textile Schöpfungen des Menschen, die von seinen täglichen Bedürfnissen zeugen, von seinem Ausdrucks- und Darstellungsstreben, seinem ästhetischen Wollen und seinem Miteinanderleben."[18]

Die Einbindung des Lernbereichs Kultur in den Textilunterricht erfordert sowohl die Aufnahme kulturhistorischer Inhalte als auch diesem Lernbereich angemessene Methoden, wie beispielsweise die Museumserkundung oder den Einsatz historischer Medien.

Textilpraxis als Lernbereich des Textilunterrichts

Die tätige Auseinandersetzung mit Textilien ist nicht nur Mittel zur Erreichung bestimmter Qualifikationen in den Lernbereichen Konsum, Arbeit/Wirtschaft/Technik, Freizeit und Kultur, sondern selbst ein wichtiger Lerngegenstand, denn „Textile Techniken sind alte elementare Kulturtechniken, die älter als Lesen und Schreiben sind und eine erhebliche Bedeutung für unsere kulturelle Entwicklung"[19] haben. Eine ganzheitliche Auffassung vom Menschen erfordert die Förderung aller menschlichen Anlagen und damit neben der intellektuellen Bildung auch die emotionale, manuelle, sensuelle und sensumotorische Bildung. Der Textilunterricht vermag im besonderen Maße einer ganzheitlichen Bildung des Menschen gerecht zu werden, indem er die Verbindung von körperlicher und geistiger Arbeit, von Denken und Handeln, von Schule und Leben sowie von Konsum und Produktion leistet. Das textilpraktische Tun oder die textilhandwerkliche Tätigkeit ist ein eigenständiger Lernbereich des Textilunterrichts, der auf Praxis verweist.

Der Lernbereich Textilpraxis erfordert die Auswahl von Lerninhalten, welche textilpraktisches Tun, d.h. die tätige Auseinandersetzung mit textilen Techniken, ihren immanenten Gestaltungsgesetzlichkeiten sowie dem textilen Material repräsentieren. Als methodische Maßnahme innerhalb dieses Lernbereichs stellen wir die Ausstellung heraus.

3. Lernziele des Textilunterrichts

Die Schule hat nach Robinsohn[20] die Aufgabe, Qualifikationen zu vermitteln, die Hilfe zur Bewältigung von Lebenssituationen leisten. Lebensbereiche des Menschen in unserer Industriegesellschaft sind Familie, Schule/Arbeitswelt, Freizeit/Spielgruppe und Öffentlichkeit/Umwelt. Die Lernfelder des Textilunterrichts: Konsum, Arbeit/Wirtschaft/Technik, Freizeit, Kultur und Textilpraxis sind diesen Lebensbereichen entnommen. Ein System der Lernziele des Textilunterrichts muß sich sinnvollerweise auf diese Lernfelder beziehen.

Der nachfolgende Systematisierungsversuch der Lernziele des Textilunterrichts erhebt nicht den Anspruch auf Vollständigkeit, Ausgewogenheit oder gar Hierarchisierung, denn dazu bedarf es einer intensiven und umfangreichen, und nicht nur

- **Textilpraktische Fertigkeiten und Eigenschaften**

  welche eine sachgemäße Gebrauchswerterhaltung von Textilien ermöglichen
  welche zu einer allgemeinen technischen Grundbildung beitragen
  welche sich besonders für die textilbezogene Aktivität in der Freizeit eignen
  welche zur Kultivierung der eigenen Möglichkeiten in der Gestaltung der Bereiche Kleidung und Wohnung beitragen
  welche das textilpraktische Tun ermöglichen

- **Textilrelevante Kenntnisse**

  über das Marktangebot an Textilien
  über die textilen Rohstoffe, deren Weiterverarbeitung und die Auswirkungen der Veredlungsverfahren
  über Organisationsformen der textilbezogenen Freizeitgestaltung
  über die Kulturgeschichte der Textilien
  über die Ausübung ausgewählter Textiltechniken (Technik, Gestaltung, Material)

- **Textilbezogene Einsichten**

  in die objektiven Beurteilungskriterien von Textilien
  in die wirtschaftlichen, sozialen und beruflichen Zusammenhänge bei der textilen Produktion
  in die Wechselwirkungen zwischen textilpraktischem Tun, Freizeit und Arbeit
  in den Zusammenhang zwischen der historischen Entwicklung der Textilkultur, der Wirtschafts- und der Sozialgeschichte
  über den Anteil des textilpraktischen Tuns an dem Aufbau der eigenen Kulturkompetenz

- **Textiladäquate Gewohnheiten**

  autonomes Verbraucherverhalten
  technische Kompetenz
  aktive Freizeitgestaltung
  Kulturkompetenz
  lebenslange autonome Tätigkeit

Abb. 2/1: Lernziele des Textilunterrichts

heuristischen Lernzielforschung (vgl. S. 38ff.), sondern hat die Funktion, die im vorangegangenen Kapitel erfolgten Ausführungen zu den Aufgaben des Textilunterrichts in einem ersten Überblick zu konkretisieren. Die in ihr enthaltenen Lernziele sind nach Fertigkeiten, Kenntnissen, Einsichten und Gewohnheiten unterteilt und unterliegen somit zum einen dem in Curricula üblichen System der Lernzielformulierung[21] und sind zum anderen auf die angeführten Lernfelder des Textilunterrichts bezogen.

Die erste Systemeinheit umfaßt je für die einzelnen Lernfelder textilpraktische Fertigkeiten und Eigenschaften, da sich diese bei der Textilpraxis gegenseitig bedingen. Da die zweite und dritte Systemeinheit, in denen textilrelevante Kenntnisse und textilbezogene Einsichten wiederum je für die einzelnen Lernfelder ausgewiesen sind, neben der Textilpraxis auch textiltheoretische Grundlagen beinhalten, müssen diese für den Textilunterricht den einzelnen Schulstufen entsprechend modifiziert werden. Die vierte Systemeinheit enthält textiladäquate Gewohnheiten, da diese als fester Bestand der Lebensführung von gewichtiger Bedeutung sind.

In dem System der Lernziele sind sowohl textilspezifische als auch fächerübergreifende Lernziele enthalten. Dies ist damit zu begründen, daß wir von der Vermutung ausgehen, daß sich Verhaltensweisen, die im Textilunterricht erworben werden, auf andere Situationen übertragen lassen. So erwarten wir, daß das autonome Verbraucherverhalten gegenüber dem textilen Konsumgüterangebot ein allgemeines autonomes Verbraucherverhalten, daß die technische Kompetenz im Bereich der Textiltechnologie eine allgemeine technische Kompetenz, daß die textilbezogene aktive Freizeitgestaltung ein allgemeines aktives Freizeitverhalten, daß die Kulturkompetenz für textile Sachkultur eine allgemeine Kulturkompetenz, und daß die lebenslange autonome textilhandwerkliche Tätigkeit eine lebenslange autonome Tätigkeit in anderen menschlichen Lebensbereichen nach sich ziehen.

4. Lerninhalte des Textilunterrichts

Der Textilunterricht hat durch seine Lernfelder: Konsum, Arbeit/Wirtschaft/Technik, Freizeit, Kultur und Textilpraxis mehrere Ziele. Diese Mehrdimensionalität des Zielbegriffes erfordert einen mehrdimensionalen Inhaltsbegriff. Um die Struktur des Faches herauszuarbeiten und damit eine Auswahl der Lerninhalte zu erleichtern, ist eine Systematisierung der Lerninhalte des Textilunterrichts unter Berücksichtigung der Mehrdimensionalität erforderlich. Diese Systematisierung kann nun nicht nach den angeführten Lernfeldern erfolgen, da die Lerninhalte des Textilunterrichts nach diesen variiert werden können und somit nicht eindeutig zuzuordnen sind; so fällt beispielsweise der Lerninhalt Material, wenn auch mit unterschiedlicher Gewichtung, in alle Lernbereiche des Textilunterrichts[22]. Wesentlich für ein System der Lerninhalte des Textilunterrichts ist, daß es neben seiner didaktischen Begründbarkeit die Struktur des Unterrichtsfaches „Textil" aufzeigt. Zur Strukturbestimmung des Faches „Textil" liegt bisher ein Ansatz von Royl/Mosenthin vor, den wir im folgenden darstellen.

Royl/Mosenthin legen ausgehend von dem didaktischen Integrationsprinzip ein Mehrkomponentenmodell für das Unterrichtsfach „Textil" vor[23], das zur Veranschaulichung einer fachdidaktischen Theorie dient, „die eine Zusammenschau der fachwissenschaftlichen Grundlagen des Textilen Werkens ermöglicht"[24]. Dieses Modell ist dadurch charakterisiert, daß die fünf in Teilbereiche untergliederten Modellkomponenten einen unterschiedlichen Grad an Komplexität aufweisen, der durch die hierarchische Anordnung hervorgehoben wird:

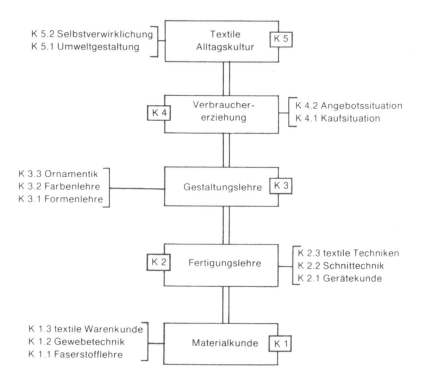

Abb. 2/2: Mehrkomponentenmodell für das Unterrichtsfach „Textil" nach Royl/Mosenthin[25]

Es ist festzustellen, daß eine das Unterrichtsfach „Textil" strukturbestimmende Systematisierung seiner Lerninhalte einer umfassenden didaktischen Analyse bedarf, welche im Zusammenhang mit der geforderten Lernzielforschung (vgl. S. 38 ff.) steht. Dabei ist zu beachten, daß eine Strukturbestimmung des Unterrichtsfaches „Textil", welche einer solchen umfassenden didaktischen Analyse gerecht wird, neben der Fachsystematik bzw. Fachstruktur auch das menschliche Verhalten in textilspezifischen Situationen berücksichtigt. Denn sowohl die Fachsystematik des Textilbereichs als auch die Handlungsfähigkeit im Textilbereich sind als grundlegende Strukturierungsprinzipien des Unterrichtsfaches „Textil" heranzuziehen.

5. Textildidaktische Lernzielforschung

Bei der Findung/Entdeckung/Erhebung von Lernzielen ist zu unterscheiden die Lernzielforschung eines Unterrichtsfaches, welche in den Bereich der didaktischen Grundlagenforschung fällt, und der Lernzielfindung, die dem einzelnen Lehrer im Rahmen seiner Stundenvorbereitung obliegt. Die nachstehenden Ausführungen beziehen sich auf die textildidaktische Lernzielforschung, die Lernzielfindung für die einzelne Textilstunde wird im Zusammenhang mit der Planung und Durchführung des Textilunterrichts (vgl. S. 212 ff.) dargestellt.

In den vorausgegangenen Erörterungen haben wir uns bemüht, Aussagen zu Lernzielen und Lerninhalten des Textilunterrichts auf dem derzeitigen fachdidaktischen Stand, und dies ist kein befriedigender Stand, zu machen. Es ist ein dringendes Anliegen der Textildidaktik, die fachspezifische Lernzielforschung voranzutreiben. Daher gehen wir im folgenden auf die Methoden der Lernzielfindung allgemein ein, stellen dann konkret einen hermeneutisch-vergleichenden Untersuchungsansatz zur Lernzielfindung für den Textilunterricht vor und weisen auf weitere Untersuchungsansätze hin.

Methoden der Lernzielfindung

Zur Findung von Lernzielen gibt es zahlreiche Methoden oder Verfahren[26], wobei diese nicht alle für jedes Fach in gleicher Weise geeignet sind.

Deduktive Verfahren

Bei diesen Verfahren wird versucht, Fachspezifisch allgemeine Lernziele und Fachspezifische Lernziele logisch stringent aus Allgemeinen Lernzielen abzuleiten. Dieser „Normativ-deduktionistische Ansatz" wird vor allem im Konzept von Chr. Möller dargestellt[27]. Allerdings ist es noch nicht gelungen, das Deduktionsproblem zu lösen. So sieht Meyer diese Ableitung als relativ willkürlich an, da in die Deduktionshypothesen immer Zusatzentscheidungen miteingehen[28]. Auch Flechsig vermutet, daß das Ergebnis dieser Ableitungen oft stärker von diesen von Meyer angesprochenen Zusatzentscheidungen bestimmt und beeinflußt wird, als von den Allgemeinen Lernzielen selbst[29]. Der gleichen Ansicht ist Blankertz, nämlich daß aufgrund von Nebenentscheidungen von den gleichen Normvoraussetzungen verschiedene Konzepte abgeleitet werden[30].

Trotz dieser ungelösten Deduktionsproblematik ist das deduktive Verfahren, ist man sich seiner Mängel bewußt, zumindest in Mischform mit induktiven Verfahren in der heutigen Praxis durchaus anwendbar[31].

Induktive Verfahren

Bei den induktiven Verfahren ist die Analyse didaktischen Materials dasjenige, das am häufigsten zur Lernzielerhebung angewandt wird. Hierbei sind vor allem curriculare Lehrpläne, Fachwissenschaften und Fachdidaktiken[32] zu nennen.

(1) Analyse von curricularen Lehrplänen

Die Analyse von curricularen Lehrplänen beschäftigt sich damit, was heute gelehrt wird. „Ehe neue Ziele aufgestellt werden, wird bei diesem Ansatz versucht, systematisch aufzudecken, was geltende Lehrpläne vorgeben und wie sich diese Vorgaben auswirken. Aus diesen Analysen werden Hinweise entnommen, an welcher Stelle Alternativen, 'Verbesserungen', erforderlich sind. Die Beschäftigung mit den vorhandenen Zielen schreibt diese keineswegs fort, vielmehr hilft sie, über das Offenkundige hinaus, Mängel, Widersprüche und fragwürdige Proportionen zu entdecken und regt damit zur Suche neuer Ziele an."[33] Bei der Analyse von curricularen Lehrplänen steht das Herausarbeiten von Defiziten im Vordergrund. Der Nachteil der Lernzielerhebung durch die Analyse curricularer Lehrpläne liegt darin, daß der wissenschaftliche Rückbezug der Lehrpläne zu wenig gesichert ist.

(2) Analyse von Fachwissenschaften

Die Vorteile dieses Verfahrens zur Lernzielerhebung sehen wir mit Zimmermann:
„a) Die Texte sollen den neuesten Stand der wissenschaftlichen Diskussion wiedergeben, damit notwendige Innovationen im Unterricht ausgelöst werden können.
b) Die Texte sollten Einblick in unterschiedliche Methoden und gegensätzliche Positionen gewinnen lassen, damit die Forderung eines wissenschaftspropädeutisch angelegten Unterrichts erfüllt werden kann.
c) Die Texte sollten die wissenschaftstheoretischen bzw. gesellschaftstheoretischen Grundlagen des Faches diskutieren."[34]

Hier wird zwar der wissenschaftliche Rückbezug der Lernziele gesichert, allerdings besteht die Gefahr, die Lehrplandeterminante „Wissenschaft" überzubetonen und die beiden anderen Lehrplandeterminanten „Kind" und „Gesellschaft" zu vernachlässigen. Weiter ist eine solche Analyse stark von der Situation der jeweiligen Fachwissenschaft abhängig, wenn sie beispielsweise, was wohl auch für die Textilwissenschaft zutrifft, „doch noch in den Anfängen ihrer Entwicklung steckt und über keine allerseits anerkannte Klärung ihrer Aufgabenstellung und ihrer Verfahrensweise verfügt".[35]

(3) Analyse von Fachdidaktiken

Die Fachdidaktiken leisten ihren Beitrag vor allem zur Aufstellung von Lernzielen [36] und zu der Struktur eines Curriculum[37]. Da sie ihre Beiträge oft aus der Unterrichtspraxis gewinnen, steht die Lehrplandeterminante „Kind" im Vordergrund. Andererseits muß gesehen werden, daß sie vorwissenschaftlichen Charakter aufweisen, denn es ist „davon auszugehen, daß sich in den Fachdidaktiken das niederschlägt, was von kompetenten Fachlehrern als allgemein gültig, plausibel oder wünschenswert angesehen wird. In diesem Sinne sind Fachdidaktiken der Ausdruck unterrichtlich gewonnener Lehrererfahrung, wobei unsystematisch auch Theorieteile aus Fachwissenschaft und Erziehungswissenschaft herangezogen werden".[38]

Lernzielfindung für den Textilunterricht[39]

Nach unserer Auffassung genügen die oben angeführten und diskutierten Methoden zur Lernzielerhebung für die Lernzielfindung für den Textilunterricht nicht.
So ist beim „Normativ-deduktionistischen Ansatz" das Deduktionsproblem ungelöst. Bei der Lernzielfindung durch die Analyse von curricularen Lehrplänen bleibt der wissenschaftliche Rückbezug der Lernziele ungesichert; dafür werden durch die Analyse der Fachwissenschaften die Lehrplandeterminanten „Kind" und „Gesellschaft" zu wenig berücksichtigt und durch die Analyse von Fachdidaktiken vorwissenschaftliche Aussagen gewonnen.
Zwar wird bei den induktiven Verfahren die Deduktionsproblematik umgangen. „Auf der anderen Seite birgt eben dieser fachbezogene Ansatz die Gefahr in sich, im Horizont der rein fachlichen Reflexion befangen zu bleiben und mit der Ausklammerung der Diskussion der Normenproblematik den fachvorgeordneten gesamtcurricularen Bezugsrahmen der gesellschaftlich und pädagogisch relevanten Lernziele außer acht zu lassen."[40]
Aufgrund der oben zusammengestellten Mängel der diskutierten Verfahren ist für die Lernzielfindung für den Textilunterricht eine Kombination der Verfahren bzw. Ansätze aus verschiedenen Richtungen unabdingbar.
Ein hermeneutisch-vergleichender Ansatz, der durch die Einbeziehung mehrerer Ansätze zum einen Defizite der einzelnen Verfahren bzw. einzelner Ansätze mindert und zum anderen die jeweiligen Vorzüge für die Lernzielfindung miteinbringt, wird im folgenden näher vorgestellt. Dieser hermeneutisch-vergleichende Untersuchungsansatz bedarf der Ergänzung durch weitere Untersuchungsansätze, so z. B. der zeitgeschichtlichen Analyse, der Befragung von Schülern, Eltern und Textillehrern und – für den Textilunterricht sicherlich ergiebig und interessant – der Arbeitsplatzanalyse.
Für die Durchführung eines hermeneutisch-vergleichenden Ansatzes zur Lernzielfindung für den Textilunterricht müßte unserer Meinung nach von folgenden Ansätzen ausgegangen werden:
1. Curriculumtheoretischer Ansatz
2. Bildungstheoretischer Ansatz
3. Wissenschaftstheoretischer Ansatz
4. Bildungspolitischer Ansatz[41].

Es ist nun zu überlegen, welche Aussagen von dem jeweiligen Ansatz getroffen und durch welche Verfahren diese gewonnen werden können.

Curriculumtheoretischer Ansatz

Beim curriculumtheoretischen Ansatz geht es um die Elemente des lernzielorientierten Lehrplans, in unserem Falle um die Findung von Lernzielen/Lerninhalten für den Textilunterricht. Hierzu bietet sich als Verfahren eine Bestandsaufnahme der Textillehrpläne der Bundesländer mit curricularem Ansatz an, um Aussagen zu erhalten über Fachspezifisch allgemeine Lernziele, über Fachspezifische Lernziele, über Lerninhalte, über die Berücksichtigung der Lehrplandeterminanten, über die Aufteilung der Themen/Lernziele auf Klassenstufen, über den Stundenansatz, über die

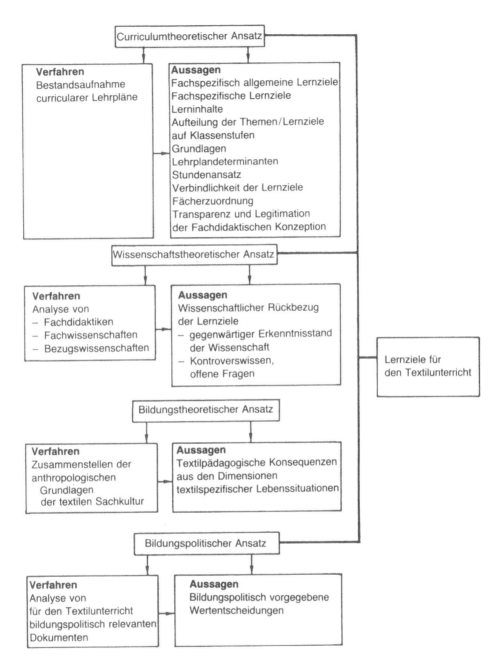

Abb. 2/3: Hermeneutisch-vergleichender Untersuchungsansatz zur Lernzielfindung für den Textilunterricht

Verbindlichkeit der Lernziele, über die Fächerzuordnung und über die Transparenz und Legitimation der getroffenen Entscheidungen.

Bildungstheoretischer Ansatz

Bei den bildungstheoretischen Überlegungen sind die Bildsamkeit des Menschen und damit anthropologische Forschungsergebnisse angesprochen. Demnach müssen in unserem speziellen Fall beim bildungstheoretischen Ansatz Aussagen gemacht werden über die anthropologischen Grundlagen der textilen Sachkultur und die sich daraus ergebenden pädagogischen Konsequenzen aus den Dimensionen textilspezifischer Lebenssituationen.

Wissenschaftstheoretischer Ansatz

Durch die wissenschaftstheoretischen Überlegungen soll der wissenschaftliche Rückbezug der Lernziele/Lerninhalte gesichert werden, indem diese dem gegenwärtigen Erkenntnisstand der Wissenschaften nicht widersprechen und im Sinne der Wissenschaftspluralität auch Kontroverswissen und offene Fragen miteinbeziehen. Hierzu sollen Fachdidaktiken, Fachwissenschaften und Bezugswissenschaften analysiert werden.

Bildungspolitischer Ansatz

Da Schule keine Privatsache, sondern eine Institution des Staates ist, müssen bei der Lernzielfindung für den Textilunterricht bestimmte Vorgaben des Staates im Hinblick auf Werte und Normen berücksichtigt werden, d.h. Lernziele müssen verfassungskonform sein. Das bedeutet, daß durch Analyse von für den Textilunterricht bildungspolitisch relevanten Dokumenten bildungspolitisch vorgegebene Wertentscheidungen zugrundegelegt werden müssen. Hier sind u.a. zu nennen: Aussagen des Bildungsgesamtplans der Bund- und Länderkommission, des Ergänzungsplans zu diesem (Förderung der musisch-kulturellen Bildung), von Gutachten, z.B. der Kommission „Anwalt des Kindes" (Förderung aller Tätigkeitsbereiche des Menschen) und von Gesetzen, z.B. des Schulgesetzes, Landesgesetzes, Grundgesetzes, des Bürgerlichen Gesetzbuches (Persönlichkeitsrecht, Gleichheitsrecht, Elternrecht, unabhängiger Bildungs- und Erziehungsauftrag der Schule).

Lernziele

[1] Brunnhuber, P.: Prinzipien effektiver Unterrichtsgestaltung. Donauwörth 1973⁴, S. 15
[2] Mager, R.: Lernziele und Unterricht. Weinheim und Basel 1974, S. 11
[3] Möller, Ch.: Technik der Lernplanung. Weinheim 1973, S. 158
[4] Vgl. Gagné, R. M.: Die Bedingungen des menschlichen Lernens. Übertr. a. d. Amerk. Hannover 1970; Guilford, J.: A system of psychomotor abilities. Amerk. J. Psycholg. 71. 1958; eine ausführliche Darstellung und Erörterung von Hierarchisierungsmodellen findet sich bei Frey, K.: Theorien des Curriculums. Weinheim 1971, S. 187 ff.
[5] Vgl. Bloom, B. S. nach Meyer, H. L.: Trainungsprogramm zur Lernzielanalyse. Kronberg 1977, 6. erw. Aufl., S. 105, 111 u. 112
[6] Meyer, a. a. O., S. 117
[7] Vgl. Meyer, a. a. O., S. 117; s. auch Krathwohl, D. R.: Der Gebrauch von Taxonomien von Lernzielen in der Curriculumkonstruktion. In: Achtenhagen, F./Meyer, H.L. (Hrsg.), Curriculumrevision – Möglichkeiten und Grenzen. München 1972³, S. 75 ff.

Aufgaben des Textilunterrichts

[8] Vgl. Beyer, B./Kafka, H.: Textilarbeit. Kleiden und Wohnen. Bad Heilbrunn 1977, 2. neubearb. Aufl., S. 11 und 12
[9] Schmidt, D.: Kurzinformation über das Fach Hauswirtschaft/Textiles Werken. In: Pädagogische Hochschule Heidelberg, Institut für Weiterbildung (Hrsg.), Informationsschrift zur Lehrerbildung, Lehrerfortbildung und pädagogischen Weiterbildung. Wintersemester 1982/83. Nr. 24, S. 31
[10] Vgl. Beyer/Kafka, a. a. O., S. 15
[11] Fertigungsverfahren lassen sich unterteilen in: A. Organisationstypen der Fertigung (nach der Organisation) 1. Fließfertigung 2. Werkstattfertigung 3. Gruppenfertigung B. Fertigungstypen (nach der Menge) 1. Einzelfertigung 2. Mehrfachfertigung a) Massenfertigung b) Serienfertigung c) Sortenfertigung; vgl. Wöhe, G.: Einführung in die allgemeine Betriebswirtschaftslehre. Berlin und Frankfurt a. M. 1971, S. 187 ff.
[12] Zur Unterteilung der Textiltechnik und der Textilgestaltung vgl. Gesamttextil (Hrsg.): Klarer Kurs. Informationen über Berufe in der Textilindustrie. Frankfurt a. M. 1980 u. Gesamttextil (Hrsg.): Qualifizierende Fortbildung in der Textilindustrie. Frankfurt a. M. o. J.
[13] Vgl. Expertise: Die Bedeutung des textilen Gestaltens in der Freizeit. Psychologisches Institut der Universität Bonn Dr. R. Schmitz-Scherzer. Ausgearbeitet im Auftrag vom Verein Deutscher Handarbeitsgarn-Fabrikanten und Verband Deutscher Tapisseriefabrikanten e. V. o. J. u. EMNID/SVR: Freizeit im Ruhrgebiet. Bielefeld (Tabellenband). Essen 1970
[14] Vgl. Expertise, a. a. O. u. Spiegel-Umfrage Freizeitverhalten (Berichtband) 1974 (im „Spiegel" 1975 berichtet)
[15] Vgl. Expertise, a. a. O. u. EMNID/SVR, a. a. O.
[16] Vgl. Herzog, S. 16
[17] Vgl. Herzog, S. 16
[18] Immenroth, L./Herzog, M.: Vorwort. In: Immenroth, L./Herzog, M. (Hrsg.), Didaktische Reihe. Didaktische Materialien für den Textilunterricht. H. 1. Zur Geschichte textiler Handwerke. Schalksmühle 1982
[19] Schmidt, D.: a. a. O., S. 31

Lernziele und Lerninhalte des Textilunterrichts

[20] Vgl. Robinsohn, S.B.: Bildungsreform als Revision des Curriculum. Darmstadt 1971
[21] Vgl. Westphalen, K.: Praxisnahe Curriculumentwicklung. Donauwörth 1976⁴ nach Forster, H./Reichel, H. (Hrsg.), Glossar zur Lehrplanentwicklung in Rheinland-Pfalz. Mainz 1977, S. 72

[22] Diese Variierbarkeit der Lerninhalte nach den Aufgabenbereichen des Textilunterrichts stellen auch Beyer/Kafka bei ihrem Entwurf eines Strukturmodells der Aufgabenbereiche des Faches Textilarbeit fest, bei dem sie je für einen Aufgabenbereich Schwerpunktsetzungen vornehmen; vgl. Beyer/Kafka, a.a.O., S. 26 ff.
[23] Vgl. Royl, W./Mosenthin, G.: Zur Theorie des Textilen Werkens. In: Mosenthin, G., Textiles Werken in der Sekundarstufe I (Kleiden und Wohnen; Bd. 1). Baltmannsweiler 1982, S. 34 ff.
[24] Royl/Mosenthin, a.a.O., S. 36
[25] Royl/Mosenthin, a.a.O., S. 37

Textildidaktische Lernzielforschung

[26] Vgl. Forster, H./Reichel, H. (Hrsg.): Glossar zur Lehrplanentwicklung in Rheinland-Pfalz. Mainz 1977, S. 67–71; Frey, K. (Hrsg.): Curriculum-Handbuch. Bd. 2. München/Zürich 1975, S. 179–439; Isenegger, U.: Lernzielerhebung zur Curriculumkonstruktion. Weinheim 1972, S. 69–134; Robinsohn, S.B.: Ein Strukturkonzept für die Curriculumentwicklung. In: Zeitschrift für Pädagogik (1969), S. 631–653; Zimmermann, W.: Von der Curriculumtheorie zur Unterrichtsplanung. Paderborn 1977, S. 152–197
[27] Vgl. Möller, Ch.: Technik der Lernplanung. Weinheim 1973, S. 171–178
[28] Vgl. Meyer, H.L.: Das ungelöste Deduktionsproblem in der Curriculumforschung. In: Achtenhagen, F./Meyer, H.L. (Hrsg.), Curriculumrevision-Möglichkeiten und Grenzen. München 1971², S. 106 u. Meyer, H.L.: Einführung in die Curriculum-Methodologie. München 1972, S. 42 ff.
[29] Vgl. Flechsig, K.H.: Die technologische Wende in der Didaktik. Konstanzer Universitätsreden. Konstanz 1969, S. 27
[30] Vgl. Blankertz, H.: Theorien und Modelle der Didaktik. Weinheim 1975⁹
[31] Vgl. Zimmermann, a.a.O., S. 152
[32] Vgl. Zimmermann, a.a.O., S. 170 ff.
[33] Krumm, V.: Findung von Lernzielen und Lerninhalten durch Evaluation von Lehrplänen und Unterricht – dargestellt am Beispiel einer Untersuchung des Wirtschaftslehreunterrichts. In: Frey, K. (Hrsg.), a.a.O., S. 288
[34] Zimmermann, a.a.O., S. 182
[35] Wienhold, G.: Qualifikationsermittlung mit Hilfe der Linguistik. In: Frey, K. (Hrsg.), a.a.O., S. 238
[36] Vgl. Zimmermann, a.a.O., S. 182
[37] Vgl. Meyer 1977, a.a.O., S. 139
[38] Köhler, U.: Analyse und Auswertung von Fachdidaktiken. In: Frey, K. (Hrsg.), a.a.O., S. 309
[39] Vgl. Schmidt, D.: Lernzielfindung für den sexualkundlichen Sachunterricht im Primarbereich. In: Kluge, N. (Hrsg.), Sexualpädagogische Forschung. Paderborn 1981, S. 89 ff.
[40] Zimmermann, a.a.O., S. 170
[41] Vgl. Forster/Reichel u.a., a.a.O., S. 120 ff.

Dritter Teil:

Verfahren des Textilunterrichts

1. Artikulation und Unterrichtsverfahren

(1) Artikulation

„Wir kennen alle Menschen, die artikuliert bzw. unartikuliert sprechen. Damit ist gemeint, daß sie gegliedert bzw. ungegliedert sprechen. Unter Artikulation im weiten Sinne versteht man eine Gliederung zum Zwecke der Deutlichkeit.
Auch Unterricht kann gegliedert, artikuliert, gestuft, bzw. unartikuliert, ungegliedert, ungestuft sein. Die Begriffe Artikulation und Stufung werden synonym verwendet. Unter Artikulation oder Stufung in engem Sinne versteht man die Gliederung bzw. den Aufbau von Unterricht (vgl. Vogel 1973, S. 9).[1]
Fragen um die Artikulation des Unterrichts fallen in den Bereich der Stufentheorie. Es geht um die Grundfrage, die Klafki im Funkkolleg Erziehungswissenschaft folgendermaßen formuliert: „... läßt sich für alle Unterrichtsprozesse, ..., eine Folge von Phasen oder Stufen ermitteln, deren Einhaltung dem Schüler in optimaler Weise das Erreichen der jeweiligen Lernziele und damit dem Lehrer das Erreichen seiner Lehrziele ermöglicht? (Klafki 1970, S. 141)".[2]
Präzisiert ist somit die Artikulation oder Stufung des Unterrichts eine Gliederung zum Zwecke optimalen Lernens.
Begründer der Stufentheorie ist Herbart, Pädagoge und Vertreter der Assoziationspsychologie. Er geht bei seiner Theorie davon aus, daß jedes Wissenselement sich mit bereits vorhandenen assoziiert. Die Aufgabe des Lehrers besteht daher vor allem darin, neues Wissen so anzubieten, daß es in bereits vorhandenes Wissen eingeordnet werden kann. Herbart nimmt an, daß bei diesem Vorgang bestimmte Stufen durchlaufen werden, und bestimmt auf der Basis dieser Annahme vier Formalstufen (vgl. hierzu Herbart 1806).[3]
Der Formalstufentheorie Herbarts folgten zahlreiche Modelle. Die wesentlichen Kritikpunkte an ihnen sind (vgl. Klafki 1970, S. 142ff.)[4]:
- die mangelnde Berücksichtigung des Unterrichtsstoffes
  Unterschiedlichen Zielsetzungen wie z.B. „Kenntnis der Eigenschaften der Baumwolle" und „Fähigkeit, einen Wandbehang zu gestalten" wird das gleiche Grundschema zugrundegelegt.
- ihre Starrheit, ihr schablonisierender Schematismus
  Es wird nicht berücksichtigt, daß Schüler unterschiedliche Lernprozesse durchlaufen.
- ihr Basieren auf nicht gesicherten Forschungsergebnissen
  Sie orientieren sich an nicht verifizierten Theorien und enthalten ungeprüfte Hypothesen.

Die wesentlichen Anforderungen an ein Stufungsmodell sind nach neuerem Erkenntnisstand (vgl. Klafki 1970, S. 142ff.)[5], daß es
- lernpsychologische Forschungsergebnisse berücksichtigt
- variabel und nicht starr ist
"Stufen können nie als in sich isolierte, in sauberer Trennung aufeinanderfolgende Phasen verstanden werden, ... (Roth, 1973, S. 86)"[6]. So genügt es bespielsweise nicht, die Stufe der Motivation nur an den Anfang der Stunde zu setzen, sie muß sich als Erhaltensmotivation durch die gesamte Unterrichtsstunde ziehen.
- der Verselbständigung der Schüler dient
Es geht nicht um bloßes Nachmachen und rezeptives Verhalten der Schüler, sondern um Schüleraktivität. So darf es sich auch im Bereich der textilen Arbeitsverfahren, die in der Grundschule eingeführt werden, keinesfalls um ein unreflektiertes Einüben von textilen Techniken handeln. Stattdessen sollen deren spezifische Strukturen durch entdeckendes und problemlösendes Lernverhalten erkannt werden, wodurch die Selbständigkeit und Selbsttätigkeit der Schüler gefördert werden. Diese Forderung nach problemlösendem Lernverhalten läßt sich mit den Stufen der Lernhierarchie nach Gagné (vgl. Gagné 1970)[7] begründen, bei denen das Problemlösen die oberste Lernstufe einnimmt. So besteht beispielsweise bei dem Lernziel „Einblick in die Eigenschaften der Wolle" ein deutlicher Unterschied im Lernniveau, ob der Lehrer
- die Eigenschaften der Wolle verbal bekanntgibt (niedrigstes Lernniveau)
- die Eigenschaften der Wolle durch Experimente demonstriert
- die Schüler nach Anweisungen Experimente durchführen läßt
- mit den Schülern die Experimente plant, welche die Schüler dann durchführen (oberstes Lernniveau)."[8]

Die Gliederung der Lernprozesse im Textilunterricht in Stufen, Phasen oder Schritte erfolgt durch den Einsatz mehrerer Artikulations- und Stufungsmodelle, die sowohl lernpsychologischen Ergebnissen als auch fachlogischen Strukturen Rechnung tragen müssen.[9] Denn, da die Artikulation keinen Eigenwert an sich, sondern eine didaktische Funktion hat, muß sie in die Gesamtwirkung von Zielen, Inhalten, Unterrichtsverfahren, Veranstaltungen, didaktisch-methodischen Konzeptionen, Sozialformen und Medien[10] des Textilunterrichts eingebettet sein.[11] Die Stufungsmodelle des Textilunterrichts sind ein wesentlicher Bestandteil der Textildidaktik; sie lassen sich nach den die fachlogischen Strukturen des Textilunterrichts repräsentierenden und lernpsychologische Ergebnisse berücksichtigenden methodischen Elementen den Unterrichtsverfahren (vgl. S. 45ff.), den Veranstaltungen (vgl. S. 110ff.) den didaktisch-methodischen Konzeptionen (vgl. S. 193ff.) und den Sozialformen (vgl. S. 132ff.) des Textilunterrichts untergliedern.

Literatur zur Artikulation

Klafki, W.: Allgemeine Probleme der Unterrichtsmethodik. In: Klafki, W. u.a. (Hrsg.), Funk-Kolleg, Erziehungswissenschaft 2. Frankfurt a.M. 1970, S. 131 ff.
Vogel, A.: Artikulation des Unterrichts. Verlaufsstrukturen und didaktische Funktionen. Workshop Schulpädagogik. Materialien 3. Ravensburg 1976[5]

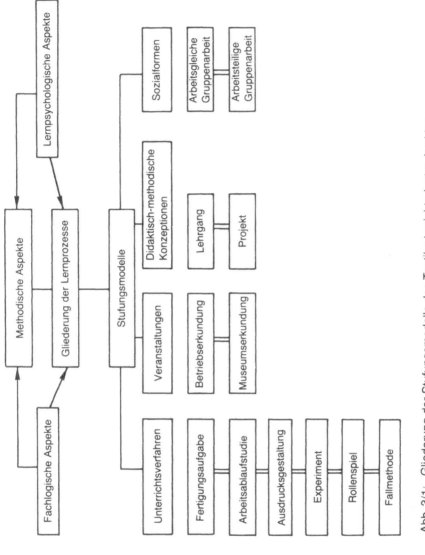

Abb. 3/1: Gliederung der Stufungsmodelle des Textilunterrichts (unter Ausklammerung medialer Aspekte, s. Anmerkung 10)

(2) Unterrichtsverfahren

Mit Verfahren des Textilunterrichts wird ein bestimmter in sich geschlossener Verfahrenstypus des Textilunterrichts mit typischen Verlaufsformen der Lehr- und Lernprozesse bezeichnet, der „durch eine spezifische Lerneffektivität und didaktische Reichweite gekennzeichnet"[12] ist.

In Abgrenzung zum Begriff Methode des Textilunterrichts, welcher eine allgemeindidaktische Kategorie darstellt, indem er alle unterrichtlichen Maßnahmen zur Erreichung des Lernziels subsumiert, wird mit Verfahren des Textilunterrichts ein spezielles Element des Textilunterrichts bezeichnet, das durch seine didaktisch und methodisch bestimmte Ambivalenz die Interdependenz der Elemente des Unterrichts in den Vordergrund stellt, und damit ein wesentlicher Bestandteil einer unterrichtstheoretischen Konzeption des Textilunterrichts ist. Unterrichtsverfahren zeigen sich insofern ambivalent, indem sie einerseits ein methodisches Element des Textilunterrichts sind, welches die Wege zur Erreichung eines Lernziels angibt, andererseits aber auch ein didaktisches Element sind, da sie selbst Bildungswirksamkeit aufweisen.

2. Fertigungsaufgabe

Didaktischer Ort

Die Fertigungsaufgabe als Verfahren des Textilunterrichts hat ihren didaktischen Ort in der Erschließung grundlegender Prinzipien, Probleme und Sachverhalte der textilen Fertigung auf produktivem Wege. Ihre charakteristischen Merkmale sind:
- Motivationserweckung
- produktives Lernen
- Einsatz von Lernhilfen
- Auswertung
- Übung und Anwendung
- exemplarisches Lernen und Transferlernen.

Wesentlich für eine lerneffektive Fertigungsaufgabenstellung ist die Erweckung der Lernmotivation der Schüler, die durch den Einsatz von Motivationshilfen begünstigt wird, bei deren Auswahl folgende Kriterien[13], die über das Unterrichtsverfahren der Fertigungsaufgabe hinaus für den Textilunterricht allgemein Gültigkeit haben, berücksichtigt werden sollten:
- Problemorientiertheit
- Erreichbarkeit
- Durchschaubarkeit
- Wirklichkeit
- Aufbereitung.

Die Motivationshilfe soll direkt zum Problem der Stunde und nicht von diesem weg führen. Sie muß so gewählt sein, daß die Schüler den durch sie repräsentierten Lehrstoff erreichen können, und sie muß dem Leistungsstand der Schüler angemessen sein. Zudem muß sie sich, um für die Schüler durchschaubar zu sein, auf das Wesentliche beschränken, und sie muß der Wirklichkeit entsprechen. Die Aufbereitung der Motivationshilfe sollte so vorgenommen werden, daß sie kindgemäß ausfällt und die Schüler zum Staunen anregt. Dazu gibt es mehrere Möglichkeiten. Um den Schülern eine originale Begegnung zu ermöglichen, wird der Gegenstand in einen Prozeß zurückverwandelt, so beispielsweise das Endprodukt Garn in seine Produktionsstufen. Eine kindgemäße Motivation ist auch der Kontrast, bei dem auffallende Unterschiede herausgestellt werden. Das Primärmotiv des Machens ist vor allem dann gegeben, wenn die Schüler die Möglichkeit zur konkreten Operation erhalten. Die Darstellung von Menschen in Entscheidungssituationen, beispielsweise beim Kauf von Textilien, ermöglicht den Schülern eine eigene Stellungnahme und damit Identifikation. Eine Motivation, die den Wetteifer der Schüler anregt, könnte in einer Aufgabenstellung, bei der einzelne Gruppen miteinander wetteifern, bestehen. Ein lustig blickender Hampelmann, eine schauerliche Geschichte, überdimensionale Gegenstände, ganz kleine oder ganz große, sowie beispielsweise in der geschlossenen Tafel Verstecktes schaffen günstige emotionale Bedingungen für die Lernbereitschaft der Schüler.

Im Mittelpunkt der Fertigungsaufgabe steht das produktive Lernen, das Lernen durch Überwindung von Schwierigkeiten, das einsichtige Lernen, das problemlösende Lernen, das entdeckende Lernen, das erfindende Lernen. Die Schüler lernen durch die Fertigungsaufgabe ein Problem zu erkennen, zu analysieren, zu präzisieren, herauszuarbeiten, zu zerlegen, Lösungsmittel und Lösungswege zu finden sowie ein Problem zu lösen. Bei der Konfrontation mit dem Problem, das in der Fertigungsaufgabe enthalten ist, ist von Bedeutung, daß die Schüler an der Situationsanalyse, welche aus der Material- und Konfliktanalyse besteht und zur Zielanalyse führt[14], beteiligt werden. In der Materialanalyse wird das aus der Motivation gewonnene Problem vom Schüler hinterfragt: Was kann ich für die Lösung dieses Problems schon? Erst durch diese Materialanalyse, in der nach dem bereits Bekannten gefragt wird, wird das eigentliche Problem deutlich bzw. präzisiert. Sie ist die Voraussetzung für die Konfliktanalyse, in der der Schüler fragt: Worin liegt die Schwierigkeit? Er trennt somit Bekanntes von Unbekanntem, wodurch erst das eigentliche Problem herausgearbeitet wird. Das Ergebnis dieser Situationsanalyse führt zur Zielanalyse bzw. zu dem eigentlichen Stundenziel. An diese Situationsanalyse schließt sich eine Hypothesenphase[15] an, in der die Schüler Vermutungen hinsichtlich der Lösung des Problems äußern. Nur eine Einbeziehung der Schüler in die Planungsphase wird einem erfindenden Problemlösungsprozeß, der den Kern der Fertigungsaufgabe ausmacht, gerecht.

Die Medien oder Lernhilfen, welche dem Schüler auf der Basis der Ergebnisse der Lernpsychologie für die einzelnen Lernstufen zur Verfügung gestellt werden, dienen der das produktive Denken fördernden Steuerung der Lernprozesse in der Schule.[16] Sie müssen didaktisch so aufbereitet sein, daß die Schüler weder unter- noch überfordert werden. Das bedeutet zum einen, daß die Schwierigkeiten, welche eine Fertigungsaufgabe in sich hat, vom Lehrer erleichtert oder erschwert werden müssen, wobei als Maßstab echte Erfolge, um die gerungen werden muß, die aber möglich sind, gelten.[17] Zum anderen zieht diese Anforderung aber auch Maßnahmen der inneren Differenzierung nach sich, d.h. es sind didaktisch unterschiedlich aufbereitete Medien je nach Lernniveau den einzelnen Schülern zur Verfügung zu stellen. Schon im Sinne der geforderten Variabilität des Unterrichts ist das Bereithalten von didaktisch auf unterschiedlichem Schwierigkeitsniveau aufbereiteten Lernhilfen sinnvoll.

Die Versuche der Schüler, eine gestellte Fertigungsaufgabe zu lösen, erfordern eine Auswertung. Wichtig ist, daß zum Schluß dieser Auswertung die im Hinblick auf die Aufgabenstellung richtige Lösung oder richtige Lösungen klar herausgestellt werden. Bei der Auswertung der Lösungsversuche ist das Einhalten der Abstraktionsstufen von Bedeutung[18]:
1. Konkrete Operation
2. Graphische Darstellung
3. Verbalisierung
4. Begriffsbildung.

Die durch die Fertigungsaufgabe gewonnenen Einsichten in grundlegende Probleme, Prinzipien und Sachverhalte der textilen Fertigung und damit verbunden Fähigkeiten bedürfen der Übung und Anwendung, die unter Beachtung der Variabilität erfolgen. Da der Lernprozeß bei den Schülern unterschiedlich weit fortgeschritten ist, müssen wiederum durch entsprechende Aufgabenstellungen Maßnahmen der inneren Differenzierung getroffen werden.

In Abgrenzung zum Projektorientierten Unterricht, in dessen Mittelpunkt die Herstellung eines textilen Gegenstandes steht, geht es bei dem fachspezifischen Unterrichtsverfahren der Fertigungsaufgabe um ein Problem oder ein Prinzip der textilen Fertigung, das stellvertretend für andere steht. Durch die Fertigungsaufgabe erfassen die Schüler somit ein textiles Fertigungsproblem oder Fertigungsprinzip von exemplarischer Bedeutung, das des Transfers auf vergleichbare Situationen der textilen Fertigung bedarf.

Lernstufen

Der Lernprozeß bei der Fertigungsaufgabe verläuft in Form eines Problemlösungsprozesses, wie er von H. Roth in seiner pädagogischen Psychologie des Lehrens und Lernens dargestellt wird. Die nachstehende Stufung der Fertigungsaufgabe orientiert sich daher an dem von H. Roth auf der Basis lernpsychologischer Überlegungen und Ergebnisse gewonnenen Artikulationsschema und dessen Stufen[19].

Lernschritte/ Lernstufen	Erläuterung
I. Motivation	Die Lernmotivation der Schüler wird durch die Fertigungsaufgabenstellung erweckt und durch den Einsatz von Motivationshilfen begünstigt.

II. Schwierigkeit	Schüler und Lehrer arbeiten die Schwierigkeit, die in der Fertigungsaufgabe enthalten ist, heraus durch
	1. Situationsanalyse
	   a) Materialanalyse: Was können wir für die Lösung der Fertigungsaufgabe schon?
	   b) Konfliktanalyse: Worin liegt die Schwierigkeit der Fertigungsaufgabe?
	   c) Zielanalyse: Wie heißt das Problem der Fertigungsaufgabe
	2. Hypothesenbildung
	Die Schüler äußern Vermutungen zur Lösung der Fertigungsaufgabe.

III. Lösung	Die Fertigungsaufgabe wird gelöst durch 1. Schülerversuch Die Schüler versuchen die Fertigungsaufgabe mit geeigneten, didaktisch aufbereiteten Lernhilfen selbständig zu lösen. 2. Auswertung Die Schülerversuche zur Lösung der Fertigungsaufgabe werden unter Berücksichtigung des Abstraktionsniveaus ausgewertet. Die richtige oder die richtigen Lösungen werden herausgestellt.
IV. Tun und Ausführen	Die Schüler führen die Fertigungsaufgabe erneut, wenn erforderlich, unter erschwerten Bedingungen aus.

Lernstufen/ Lernschritte	Erläuterung
V. Behalten und Einüben	Die durch die Fertigungsaufgabe gewonnenen Einsichten werden eingeübt und verfestigt.
VI. Bereitstellen, Übertragung, Integration	Das durch die Fertigungsaufgabe Gelernte wird für andere Lernsituationen bereitgestellt, auf Lebenssituationen übertragen und in die Persönlichkeit der Schüler integriert.

Abb. 3/2: Lernstufen der Fertigungsaufgabe

Fertigungsaufgabe am Thema „Von der Faser zum Garn" (4. Schulj.)[20]

(1) Sachliche Hinweise

Fertigungsaufgabe:
Die Schüler sollen aus Wollfasern ein Einfachgarn herstellen.

Kriterien der Fadenbildung:
Das Garn muß
- gedreht
- fortlaufend
- reißfest

sein.

Spinnvorgang:
Die Fasern werden zu einem Faserband geordnet und gestreckt; das Faserband wird zu einem Garn gedreht.

(2) Stufung

I. Motivation

Zur Motivation hängt der Lehrer einen Wandbehang auf, der aus unterschiedlich langen, verschieden farbigen Fäden (Einfachgarnen) besteht, die an einem Ästchen angeknotet sind, und an deren Ende eine Perle hängt. Zudem stellt er drei Berge Krempelband in den drei Grundfarben bereit.

II. Schwierigkeit

Aus den bereitgestellten Motivationshilfen ergibt sich als Problem der Stunde die Fertigungsaufgabe, die Herstellung von Einfachgarn. In der Situationsanalyse erkennen die Schüler, daß das Problem für sie völlig neu ist und sie somit nicht auf bereits Bekanntes zurückgreifen können. Gemeinsam mit dem Lehrer erarbeiten sie die

Problemfrage der Stunde „Wie stellen wir aus dem mitgebrachten Material 'Fäden' für unseren Wandbehang her?" und schreiben diese an die Tafel.
Die Schüler stellen Vermutungen an, welche Kriterien bei der Herstellung von Garnen beachtet werden müssen. Der Lehrer unterstützt, wenn erforderlich, die Hypothesenbildung der Schüler durch entsprechende Impulse:

Kriterien	Impulse
fortlaufend	Vorzeigen eines sehr kurzen Fadens
gedreht und reißfest	Zerreißen eines schwach gedrehten Fadens, so daß die Perle herunterfällt

Die erarbeiteten Kriterien werden an der Tafel fixiert.

III. Lösung

1. Schülerversuch

Die Schüler versuchen in Partnerarbeit aus dem Krempelband Fäden unter Berücksichtigung der erarbeiteten Kriterien herzustellen.

2. Auswertung

Die Auswertung der Partnerarbeit erfolgt unter Berücksichtigung des Abstraktionsniveaus:

a) Konkrete Operation

Die Schüler demonstrieren paarweise (je nach Zeit und Lernergebnis zwei oder mehrere Paare) vor der Klasse ihre Versuchsergebnisse. Diese werden anhand der festgelegten Kriterien beurteilt.

b) Grafische Darstellung

Nach der konkreten Operation wird der Fertigungsvorgang mit Hilfe von vorbereiteten Plakaten: Fasern → Faserband → Garn grafisch dargestellt.

c) Verbalisierung

Anhand der Plakate beschreiben die Schüler den Vorgang des Spinnens: Ordnen, Strecken, Drehen.

d) Begriffsbildung

Nun erfolgt die Bildung der Begriffe „Faser, Faserband, Garn" und „Ordnen, Strekken, Drehen, Spinnen", die durch Impulse des Lehrers unterstützt und durch die Zuordnung vorbereiteter Schriftzüge zu den Plakaten veranschaulicht und vertieft wird.

IV. Tun und Ausführen

Die Schüler versuchen erneut in Partnerarbeit Fäden herzustellen bzw. als Maßnahme der inneren Differenzierung unter erschwerten Bedingungen Fäden herzustellen, z.B. zwei Garne in verschiedenen Farben zusammenzuzwirnen.

V. Behalten und Einüben

Durch Ausfüllen des Arbeitsblattes in Einzelarbeit wird das Gelernte verfestigt und eingeprägt.

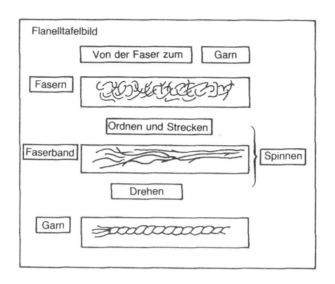

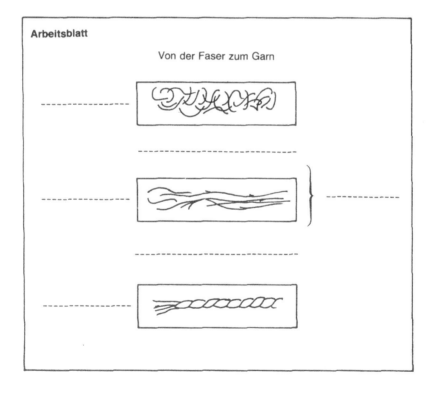

VI. Bereitstellen, Übertragung, Integration
Die Schüler wenden das Gelernte beim Herstellen eines Wandbehangs an.

(3) Ergänzende Hinweise
Die Einführung der Schüler in das Fertigungsprinzip der Fadenbildung erfolgt über eine Fertigungsaufgabe, das Herstellen von Fäden für einen Wandbehang. Diese Fertigungsaufgabe entspricht dem Interesse und dem Leistungsvermögen der Kinder dieser Altersstufe und motiviert sie, das Prinzip der Fadenbildung selbst zu entdecken. Die Motivation der Schüler wird vor allem dadurch erreicht, daß ihnen eine originale Begegnung mit dem Lerninhalt ermöglicht wird, indem das Endprodukt „Garn" in den Prozeß „Herstellen von Garn" zurückverwandelt wird.
Da den Schülern das Problem, die Herstellung von Einfachgarn, völlig neu ist, ist in diesem Fall eine ausführliche Situationsanalyse, in der Bekanntes von Unbekanntem getrennt wird, um das Problem exakt herauszuarbeiten, nicht erforderlich.
Ebenso wird in der Phase des Schülerversuchs auf eine Differenzierung durch Lernhilfen verzichtet, da es sich bei dem Unterrichtsproblem um ein einfaches Fertigungsprinzip handelt, dessen Entdeckung für alle Schüler mit den vorgegebenen Lernhilfen möglich ist.
Die Notwendigkeit, die Abstraktionsstufen einzuhalten, zeigt sich in dem vorliegenden Beispiel darin, daß es für die meisten Schüler eine deutliche Überforderung wäre, den Fertigungsvorgang des Spinnens vor der Klasse vorzuführen und diesen gleichzeitig zu verbalisieren.
Auf der Stufe des Tuns und Ausführens wird die Variabilität beachtet. Da der Lernprozeß bei den Schülern unterschiedlich weit fortgeschritten ist, stellt der Lehrer differenzierte Aufgaben.

3. Arbeitsstudie

Arbeitsstudien sind Methoden des Arbeitsstudiums, welche in der Wirtschaft angewandt werden, um Arbeitsvorgänge mit dem Ziel der Rationalisierung, Wertsteigerung und Verbesserung der Wirtschaftlichkeit von Arbeit zu erforschen. Das Bemühen um Erleichterung und Verbesserung der menschlichen Arbeit wurde anfangs unseres Jahrhunderts in den USA systematisiert und methodisch entwickelt und führte zur eigentlichen Begründung des Arbeitsstudiums durch Taylor. In Deutschland ist der 1924 gegründete Reichsausschuß für Arbeitszeitermittlung, kurz REFA genannt, der Hauptträger des Arbeitsstudiums.
Sommerfeld gliedert das Arbeitsstudium in Anlehnung an Stübler nach folgender Übersicht.[21]

Das Studium der menschlichen Arbeit

Zweck: 1. Arbeitsgestaltung

Art: Arbeitsplatzstudie Arbeitsablaufstudie Bewegungsstudie
Einrichtung, Planung, Arbeitshaltung, -umgebung | Arbeitsverfahren und -methode (zeitliche und räumliche Aufeinanderfolge von Verrichtungen) | Handhabung von Betriebsmitteln, Feingestaltung von Arbeitsplätzen

Zweck: 2. Wirtschaftlichkeit

Art: Zeitstudie Kostenstudie
Verfahrens- und Materialvergleiche, Zeitplanung, Kalkulation der Ausführungszeit | Kostenplanung, Kalkulation der Herstellkosten

Die Forderung Sommerfelds, die Arbeitsstudien als Verfahren für den Textilunterricht zu erschließen, bedarf zum einen einer didaktischen Standortbestimmung dieses Verfahrens und zum anderen auch der Darstellung seiner typischen Verlaufsform im Textilunterricht. Im folgenden wird die Erschließung der Arbeitsstudie als Verfahren für den Textilunterricht am Beispiel der für den Textilunterricht bedeutsamsten Arbeitsstudie, der Arbeitsablaufstudie, aufgezeigt. Die Ausführungen zur Arbeitsablaufstudie lassen mit entsprechenden Modifizierungen einen Übertrag auf die anderen Arbeitsstudien zu.

Literatur zur Arbeitsstudie

Fratzky-Guhr, E.: Arbeitsstudien im Textilbereich. In: Textilarbeit und Unterricht. Hohengehren 1973, H. 6, S. 189–194
Meyer-Ehlers, G.: Textilwerken. Grundlagen und Lehrwege. In: Trümper, H. (Hrsg.), Handbuch der Kunst- und Werkerziehung. Band II/4. Berlin 1971, zweite erw. Aufl., S. 149 ff.
REFA Methodenlehre des Arbeitsstudiums. Darmstadt 1971, Teil 1-3.
Sommerfeld, D.: Textiles Werken. Bad Heilbrunn/Obb. 1978, 3. neubearb. Aufl., S. 124 ff.

Arbeitsablaufstudie

Didaktischer Ort

Die Arbeitsablaufstudie ist ein Verfahren des Textilunterrichts, das besonders geeignet ist, den Schülern einfache und komplexe Arbeitsabläufe im Bereich der handwerklichen und industriellen textilen Fertigung einsichtig zu machen (vgl. hierzu den Lehrgang „Arbeitsablaufstudien", Kap. 6,1.). Ihre charakteristischen Merkmale sind: sind:
– Erforschung des Arbeitsablaufs
– aktive Analyse und Rekonstruktion
– Transparenz textiler Arbeitsabläufe

- Rationalisierung der textilen Fertigung
- Planung, Durchführung und Kontrolle der textilen Fertigung.

Im Mittelpunkt der Arbeitsablaufstudie steht die Erforschung eines einfachen oder komplexen Arbeitsablaufs, welche von den Schülern durchgeführt wird, indem sie an einem realen Objekt die Arbeitsablaufschritte oder Teilvorgänge eines textilen Fertigungsvorgangs durch Analyse und Rekonstruktion herausfinden, je nach Komplexität und Schwierigkeit des Arbeitsablaufs die Arbeitsablaufsschritte grafisch darstellen und beschreiben sowie im Rahmen einer ersten Begriffsbildung Bezeichnungen für den Arbeitsablauf zusammentragen. Für die Durchführung der Arbeitsablaufstudie bietet sich die Partner- oder Gruppenarbeit an, da sich die Schüler bei dieser Sozialform direkt ohne Umwege über den Lehrer mit der Sache, in diesem Fall mit dem Arbeitsablauf eines textilen Fertigungsvorgangs, auseinandersetzen können. Voraussetzung für das Gelingen der Arbeitsablaufstudie ist deren sorgfältige Planung sowie der Einsatz von die Lernvoraussetzungen der Schüler und sachlogischen Strukturen des jeweiligen Arbeitsablaufs berücksichtigenden didaktisch-methodisch aufbereiteten Medien bei der Durchführung der Studie.

Ihren didaktischen Ort hat die Arbeitsablaufstudie zum einen darin, daß sie sowohl die Arbeitsabläufe der flächenbildenden, flächengliedernden und flächenverarbeitenden textilen Techniken als auch der verschiedenen Fertigungsprozesse einsichtig, genau und logisch transparent macht. Zum anderen schafft sie aber auch die Voraussetzungen für eine Rationalisierung und Verbesserung der Arbeitstechnik, des Arbeitsablaufs und des Betriebsmitteleinsatzes in der textilen Fertigung. Im Textilunterricht erfolgt jedoch die Rationalisierung der textilen Fertigung nicht wie in der Industrie mit dem Ziel der Produktionssteigerung und Humanisierung der Arbeit, sondern um den Schülern am konkreten Beispiel eine Einsicht in grundlegende Verfahren der Arbeits- und Wirtschaftswelt von Textilhandwerk und -industrie zu vermitteln, aber auch unter dem allgemeinen Aspekt der Vermittlung einer ökonomischen Arbeitsgestaltung.

Das Unterrichtsverfahren der Arbeitsablaufstudie trägt sowohl lernpsychologischen Forderungen Rechnung, indem es den Schülern entdeckendes, aktives und problemlösendes Lernen ermöglicht, als auch fachlogischen Anforderungen, indem es den Schülern die Fähigkeit vermittelt, Arbeitsabläufe in der textilen Fertigung selbständig zu analysieren, und damit die Schüler zur Planung, Durchführung und Kontrolle der textilen Fertigung als einem Kernanliegen des Textilunterrichts befähigt.

Lernstufen/ Lernschritte	Erläuterung
I. Konfrontation mit einem Arbeitsablauf	Die Schüler werden mit einem Arbeitsablauf der textilen Fertigung konfrontiert und dazu motiviert, diesen zu erforschen.

Lernstufen/ Lernschritte	Erläuterung
II. Planung der Arbeitsablaufstudie	Die Schüler finden das Problem, die Erforschung des Arbeitsablaufs, und formulieren dieses. Sie stellen Vermutungen hinsichtlich des Arbeitsablaufs an und erbringen Vorschläge, wie und mit welchen Mitteln der Arbeitsablauf erforscht werden kann. Mit Hilfe des Lehrers planen die Schüler das Vorgehen bei der Arbeitsablaufstudie.

III. Durchführung der Arbeitsablaufstudie	Die Schüler führen die Arbeitsablaufstudie durch, indem sie
	– an einem realen Objekt die Arbeitsablaufschritte eines textilen Fertigungsvorgangs durch Analyse und Rekonstruktion herausfinden
	– je nach Komplexität des Arbeitsablaufs und Lernvoraussetzungen
	  – die Arbeitsablaufschritte grafisch darstellen
	  – die Arbeitsablaufschritte aufschreiben
	  – den Arbeitsablauf benennen.

IV. Auswertung der Arbeitsablaufstudie	Die Auswertung der Arbeitsablaufstudie erfolgt durch – konkrete Operation und Demonstration der Schüler an einem Demonstrationsmittel – grafische Darstellung der Arbeitsablaufschritte (Tafel, Folie, Plakat) – Verbalisierung der Arbeitsablaufschritte – Begriffsbildung des Arbeitsablaufs.
V. Ausführung des Arbeitsablaufs	Die Schüler führen den durch die Arbeitsablaufstudie herausgefundenen Arbeitsablauf durch.
VI. Vertiefung des Arbeitsablaufs	Die durch die Arbeitsablaufstudie gewonnenen Einsichten werden gefestigt und eingeübt.

Abb. 3/3: Lernstufen der Arbeitsablaufstudie

Arbeitsablaufstudie am Thema „Einführung in den einseitigen Flachknoten" (4. Schulj.)

(1) Sachliche Hinweise

Knotenart:

Einseitiger Flachknoten nach links (andere Bezeichnungen: Raupenknoten, Wellenknoten, Halbknoten)

Fadenarten:

1. Arbeitsfäden
Mit den außen hängenden Arbeitsfäden wird der Knoten gebildet.
2. Einlegefäden (Trägerfäden)
Auf den inneliegenden Einlegefäden sitzen die Knoten.

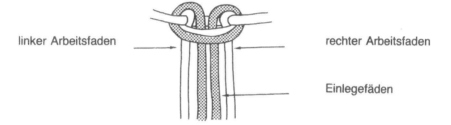

Arbeitsablauf:

1. Der linke Arbeitsfaden wird waagerecht nach rechts über die Einlegefäden gelegt. Es entsteht links eine kleine Schlaufe.

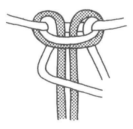

2. Der rechte Arbeitsfaden wird über den linken Arbeitsfaden gelegt, unter den Einlegefäden hindurchgeführt und durch die Schlaufe gezogen.

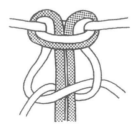

3. Die Arbeitsfäden werden angezogen und der Knoten nach oben geschoben.

Lernvoraussetzungen:
Das Einhängen der Fäden

(2) Stufung

I. Konfrontation mit einem Arbeitsablauf

Zur Motivation zeigt der Lehrer einen Schlüsselanhänger vor, der aus einseitigen Flachknoten nach links gefertigt ist. Die Schüler werden dadurch mit dem Arbeitsablauf des einseitigen Flachknotens nach links konfrontiert und dazu motiviert, diesen zu erlernen, um selbst einen Schlüsselanhänger herstellen zu können.

II. Planung der Arbeitsablaufstudie

Die Schüler formulieren das Problem der Stunde, die Erforschung des Arbeitsablaufs des einseitigen Flachknotens nach links, und schreiben es an die Tafel. Sie erbringen nun Vorschläge zur Durchführung der Arbeitsablaufstudie. Dazu beschreiben sie zuerst einmal das charakteristische Aussehen des Knotens, die Drehung und die Schlingenbildung auf einer Seite, und planen dann mit Unterstützung des Lehrers das Vorgehen bei der Arbeitsablaufstudie:

1. Analyse und Rekonstruktion
– eine vorgefertigte Werkprobe in Partnerarbeit untersuchen
– auf die Anzahl der Fäden achten
– den Fadenverlauf verfolgen
– ein Stück der Werkprobe auflösen und wieder zusammenfügen

2. Grafische Darstellung
- auf einem Arbeitsblatt den Arbeitsablauf zeichnen
3. Verbalisierung
- den gezeichneten Arbeitsablauf auf dem Arbeitsblatt beschreiben
4. Begriffsbildung
- für den Knoten Bezeichnungen finden.

III. Durchführung der Arbeitsablaufstudie

Die Schüler versuchen nun in Partnerarbeit durch Analyse und Rekonstruktion einer Werkprobe den Arbeitsablauf herauszufinden. Um die Inhaltsstruktur des Arbeitsablaufs deutlich herauszustellen, ist die Werkprobe didaktisch aufbereitet worden, indem für die Einlegefäden naturfarbene und für die Arbeitsfäden rote Dochtwolle verwendet wurde. Als Lernhilfe für die grafische Darstellung, die Verbalisierung und Begriffsbildung wird ein Arbeitsblatt eingesetzt.

Arbeitsblatt

1. Die Einlegefäden sind vorgezeichnet. Zeichne mit roter Farbe ein, wie die Arbeitsfäden beim Knüpfen des Knotens verlaufen!

2. Beschreibe neben der Zeichnung, wie Du den Knoten geknüpft hast!

3. Versuche, für den Knoten einen oder auch mehrere Namen zu finden und schreibe sie auf!

IV. Auswertung der Arbeitsablaufstudie

1. Konkrete Operation
An einem großen Modell (z.B. dicke naturfarbene und rote Seile am Kartenständer befestigt) demonstrieren die Schüler den Arbeitsablauf des einseitigen Flachknotens nach links.

2. Grafische Darstellung
Unter Zuhilfenahme ihrer Zeichnung auf dem Arbeitsblatt heften die Schüler drei Plakate, auf denen die Arbeitsablaufschritte grafisch dargestellt sind, in der richtigen Reihenfolge an die Tafel.

3. Verbalisierung
Anhand der Plakate wird die Arbeitsweise des einseitigen Flachknotens nach links verbalisiert, während einer nochmaligen Demonstration von dem jeweiligen Schüler mitgesprochen und an die Tafel geschrieben.

4. Begriffsbildung
Die Begriffsbildung erfolgt auf der Stufe der symbolischen Repräsentation durch das Zusammentragen der Bezeichnungen, welche die Schüler auf ihrem Arbeitsblatt eingetragen haben und wird mit der vom Lehrer oder von einem Schüler dargebotenen und an der Tafel festgehaltenen, sachlich korrekten Bezeichnung abgeschlossen.

Tafelbild

Der einseitige Flachknoten (nach links)

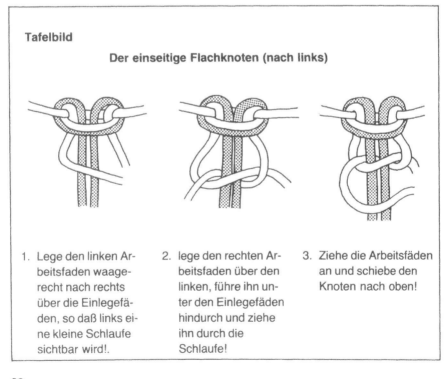

1. Lege den linken Arbeitsfaden waagerecht nach rechts über die Einlegefäden, so daß links eine kleine Schlaufe sichtbar wird!.

2. lege den rechten Arbeitsfaden über den linken, führe ihn unter den Einlegefäden hindurch und ziehe ihn durch die Schlaufe!

3. Ziehe die Arbeitsfäden an und schiebe den Knoten nach oben!

V. Ausführung des Arbeitsablaufs

Die Schüler führen in Einzelarbeit den Arbeitsablauf des einseitigen Flachknotens nach links an einer Arbeitsprobe, die als Schlüsselanhänger verwendet wird, aus. Als Lernhilfen dienen ein durch den Klassenraum gespanntes Seil sowie Ringe für den Schlüsselanhänger, die an dem Seil hängen, und in die die Arbeits- und Einlegefäden bereits eingehängt sind; die Schüler arbeiten an diesen Ringen im Stehen.

VI. Vertiefung des Arbeitsablaufs

Zur Vertiefung des Arbeitsablaufs wird ein Arbeitsblatt eingesetzt, das die Schüler in Einzelarbeit ausfüllen.

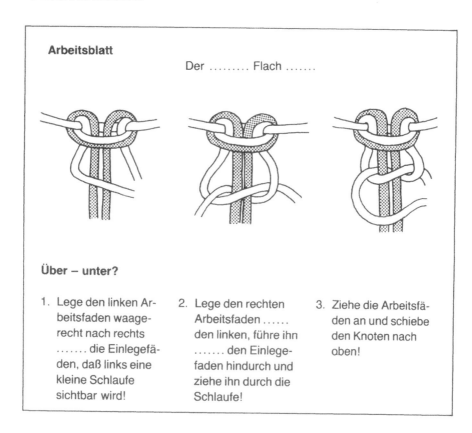

Arbeitsblatt

Der .... Flach ....

Über – unter?

1. Lege den linken Arbeitsfaden waagerecht nach rechts .... die Einlegefäden, daß links eine kleine Schlaufe sichtbar wird!

2. Lege den rechten Arbeitsfaden ...... den linken, führe ihn .... den Einlegefaden hindurch und ziehe ihn durch die Schlaufe!

3. Ziehe die Arbeitsfäden an und schiebe den Knoten nach oben!

(3) Ergänzende Hinweise

Als Motivationshilfe wird ein Schlüsselanhänger aus einseitigen Flachknoten eingesetzt. Diese ist kindgemäß und motiviert die Schüler, den Arbeitsablauf dieses Knotens kennenzulernen. Zudem führt sie direkt zum Problem und ist durchschaubar, was beispielsweise für einen Wandbehang, der aus mehreren Knoten, darunter auch aus dem einseitigen Flachknoten gefertigt ist, nicht zuträfe.

Bei der Problemformulierung „Wie wird der Knoten geknüpft?" erfolgt noch keine

Benennung des Knotens, da die Begriffsbildung sinnvollerweise in der Phase der Auswertung vorgesehen ist.

Die Anforderung an das Abstraktionsvermögen der Schüler ist in der Phase der Durchführung für diese Altersstufe sehr hoch angesetzt; denn sowohl die grafische Darstellung als auch die verbale Beschreibung des Arbeitsablaufs des einseitigen Flachknotens ist schwierig. Es empfiehlt sich daher, eine Differenzierung nach dem Leistungsvermögen der Schüler durchzuführen. Grundanforderung an alle Schüler sind die Analyse und Rekonstruktion des Arbeitsablaufs, als Zusatzanforderungen gelten die grafische Darstellung und die verbale Beschreibung des Arbeitsablaufs.

Die Anforderungen bei der grafischen Darstellung beschränken sich auf die Darstellung des gesamten Arbeitsablaufs, da eine selbständige Zerlegung des Arbeitsablaufs in Arbeitsablaufschritte und deren Darstellung von den Schülern dieser Klasse nicht leistbar ist.

In der Auswertung findet die grafische Darstellung in Form von bereits vorgefertigten Plakaten statt, um eine gute Veranschaulichung des schwierig zu zeichnenden Arbeitsablaufs zu sichern.

Die Schüler führen den Arbeitsablauf im Stehen aus, da so die Schwierigkeit entfällt, die Knüpfarbeit auf einer Unterlage oder mit Schraubzwingen zu befestigen. Das vom Lehrer vorweggenommene Einhängen der Arbeits- und Einlegefäden ermöglicht den Schülern die Konzentration auf das eigentliche Stundenproblem, den Arbeitsablauf. Als Maßnahme der Differenzierung für leistungsstarke Schüler eignet sich die Aufgabenstellung, eine weitere Arbeitsprobe mit dem einseitigen Flachknoten nach rechts zu arbeiten.

4. Ausdrucksgestaltung

Didaktischer Ort

Bei seinem Stufungsmodell der Ausdrucksgestaltung orientiert sich A. Roth an dem Prozeß, der dem Schaffen eines Künstlers zugrundeliegt.[22] Stufen dieses kreativen Prozesses, wie er bei kreativen Personen des Alltags, der Wissenschaft und bei Künstlern verläuft, sind nach Wallas[23] die Präperation (Vorbereitungsphase), in der Informationen gesammelt werden, die Inkubation (Suchphase), in der unbewußt weitergedacht und ungesteuert nach Lösungen gesucht wird, die Illumination (Einsicht- oder Lösungsphase), in der die Lösungsidee auftritt, und die Verifikation (Verwirklichungsphase), in der die Brauchbarkeit der Lösungsidee überprüft und beurteilt und die Lösung ausgearbeitet wird.[24] Die Lernschritte, die A. Roth in seinem Artikulationsmodell aufstellt, entsprechen in auf schulisches Lernen modifizierter Form diesem Prozeß. Das Stufungsmodell der Ausdrucksgestaltung fällt in den Bereich der Binnengliederung des Unterrichts; es eignet sich für den Einsatz bei Gestaltungsaufgaben und schult vor allem das divergente Denken, das in unseren Schulen nur wenig Förderung erfährt. Der Unterschied zur Problemlösung liegt vor allem in der Versuchsphase, welche bei der Problemlösung deutlich problemorientierter und strukturierter (Situationsanalyse) erfolgt als bei der Ausdrucksgestaltung, in der ungestört und unbewußt nach Lösungen gesucht wird.

Ausdrucksgestaltung am Thema „Wir legen mit dem Faden ein Fabeltier"
(4. Schulj.)[27]

(1) Sachliche Hinweise

Die Schüler sollen ein Fabeltier mit der Technik des Fadenlegens nach festgelegten Kriterien gestalten.

Kriterien:

- äußere Form: Linienführung durch Zacken und Ecken
- innere Form: Binnengliederung durch die flächenfüllenden Elemente: Wellen und Schnecken
- Kontraste: groß – klein; flauschig – glatt; dick – dünn; rund – eckig

Abziehverfahren:

Fäden auf Fotokarton legen; ein Stück Stoff (z.B. Rupfen) gleicher Größe einkleistern, auf den mit Fäden belegten Fotokarton legen, andrücken und den Fotokarton abziehen.

(2) Stufung

I. Eindruck

Als Motivation erzählt (liest) der Lehrer folgende Geschichte (vor):

Geschichte

„Peter und Rolf haben sich zum Ballspielen auf dem Sportplatz verabredet. Der Sportplatz liegt sehr ruhig mitten im Wald. Als erster trifft Peter mit seinem Fahrrad ein. Er setzt sich auf den Rasen und wartet auf Rolf.

Plötzlich hört er ein lautes Keuchen. Erschreckt schaut er sich um und sieht ein riesiges Tier auf sich zukommen. „Das Tier sieht ja aus wie ein Drachen", schießt es ihm durch den Kopf. Und tatsächlich, das Tier, das sich durch die Büsche schiebt, hat einen Riesenschwanz und Höcker auf dem langen Körper wie ein Drachen.

Es tritt mit seinen Krallenfüßen riesige Fußstapfen in die Erde. Dabei hat es sein großes Maul weit aufgerissen, läßt die lange Zunge heraushängen und gibt ein pfeifendes, furchterregendes Keuchen von sich.

Angsterfüllt bleibt Peter wie gelähmt sitzen und beobachtet den Drachen, wie dieser langsam seinen unförmigen Körper, der mit ekelerregenden Warzen übersät ist, näherschiebt.

Immer lauter hört Peter das Keuchen, immer näher kommen die schwabbelnden, widerlichen Warzen, das keuchende, aufgerissene Maul, die messerscharfen Krallenfüße, der lange Schwanz und die zackigen, spitzen Höcker auf dem langen Körper des Monstrums.

Peter schreit gellend auf, als ihn der scheußliche Drachen berührt, ... und blickt in das lachende Gesicht von Rolf.

„Du hast aber fest geschlafen", sagt Rolf.

Oder:

Ausgangspunkt für die Kreativitätsförderung in der Schule ist, daß Kreativität eine Grundfähigkeit eines jeden Menschen ist, als solche der pädagogischen Entwicklung und Förderung bedarf und somit der Institution Schule als Aufgabe aufgegeben ist. Der Begriff „Kreativität" (creare = schaffen, erschaffen) wird präzisiert durch die Faktoren „kreativer Prozeß", „kreatives Produkt" und „kreative Persönlichkeit".[25] Für die Förderung von Kreativität als schulischer Aufgabe ist die Ausbildung des Schülers zur kreativen Persönlichkeit von Bedeutung, wobei diese im kreativen Produkt ihren Ausdruck findet. Ein Modell für das erzieherische Handeln ergibt sich aus den Stufen des kreativen Prozesses; der Erfolg dieser erzieherischen Einwirkung zeigt sich in dem kreativen Produkt des Schülers, wobei dieses keinesfalls mit Kunstwerken verglichen werden darf, sondern als Ausdruck individueller und damit subjektiver Kreativität gewertet werden muß. Wesentlich ist in diesem Zusammenhang, daß im Textilunterricht nicht das kreative Gewährenlassen, sondern die dem schulischen Lernen angemessene Förderung der Kreativität im Vordergrund steht, welche auf Beschränkung durch eine klare Aufgabenstellung und auf Lernhilfen verweist.

Lernschritte/ Lernstufen	Erläuterung
I. Eindruck	Der Gestaltende muß Klarheit über einen Sachverhalt haben oder beeindruckt sein von einem Erlebnis oder einer Idee.
II. Erster Gestaltungsversuch	Dann erst unternimmt er einen ersten unbeeinflußten Gestaltungs- bzw. Ausdrucksversuch.
III. Gestaltungsübungen	Der erste Ausdrucksversuch veranlaßt ihn zu gezielten Gestaltungsübungen.
IV. Zweiter Gestaltungsversuch	Diese bilden die Grundlage für einen zweiten verbesserten Ausdrucksversuch.

Abb. 3/4: Lernstufen der Ausdrucksgestaltung[26]

Peter schreit gellend auf, als der scheußliche Drachen über ihn herfällt.
Rolf wartet an diesem Nachmittag vergebens auf Peter. Weder der Drachen noch
Peter wurden jemals wieder gesehen."[28]

II. Erster Gestaltungsversuch

Die Schüler versuchen mit bereitgestellten Materialien (glatte Fäden, Mohairwollfäden, Klebstoff, Schere, Fotokarton) das Fabeltier aus der Geschichte zu legen.

III. Gestaltungsübungen

Gemeinsam mit dem Lehrer werten die Schüler die Gestaltungsversuche aus und gewinnen daraus Gestaltungskriterien, die an der Tafel festgehalten werden.

Tafelbild

Gestaltungskriterien	Gestaltungsversuche
1. **Äußere Form**	1.
a) charakteristische Linienführung durch Zacken und Ecken	a) 2 Bilder: Zacken und Ecken – runde Form
b) Fadenlänge ca. 1,50 m – 2,00 m	b) 2 Bilder: äußere Form aus langem Faden – aus kurzen Fäden
2. **Innere Form**	2.
a) Wellen und Schnecken als flächenfüllende Elemente	a) 2 Bilder: Wellen – Schnecken
b) Fadenlänge mehrere ellenbogenlange Fäden	b) Vergleich: Fadenlänge des Umrisses – der flächenfüllenden Elemente
3. **Kontraste**	3.
a) groß – klein	a) 2 Bilder: große und kleine Schnecken – gleichgroße Schnecken
b) dick – dünn	b) Bild: dicke und dünne Fäden
c) glatt – flauschig	c) Bild: glatte und flauschige Fäden
d) rund – eckig	d) Bild: Zacken und Schnecken

IV. Zweiter Gestaltungsversuch

Die Schüler setzen unter Berücksichtigung der erarbeiteten Gestaltungskriterien ihren ersten Gestaltungsversuch fort oder unternehmen einen neuen Gestaltungsversuch.

(3) Ergänzende Hinweise

Die als Motivation gewählte Geschichte ist so aufbereitet, daß sie zum einen die Schüler emotional anspricht, indem sie ein Gruseln hervorruft, zum anderen aber für den ersten Gestaltungsversuch wichtige Vorgaben enthält. Sie beeindruckt somit die Schüler durch ein Erlebnis und gibt Auskunft über den Sachverhalt. Die Wahl der Motivationshilfe spielt bei diesem Stufungsmodell eine entscheidende Rolle, weil sie den Rahmen, innerhalb dessen die Schüler in ihrer Gestaltungsfähigkeit gefördert werden sollen, festlegt. Bei der Förderung der Ausdrucksgestaltung bieten sich als Motivation auch ein Gedicht, ein Märchen, ein Lied oder die Schilderung einer Landschaft oder einer Jahreszeit an.

Der erste Gestaltungsversuch erfolgt unbeeinflußt, enthält aber durch das bereitgestellte Material, das unter dem didaktischen Gesichtspunkt der Förderung der Gestaltungsfähigkeit ausgewählt ist, eine Beschränkung.

Ebenso dienen die ersten Gestaltungsversuche, die im Hinblick auf die Gestaltungskriterien, welche in der Unterrichtsstunde gelernt und angewendet werden sollen, ausgewertet werden, als Lernhilfen bei der Förderung der Ausdrucksgestaltung. Denn ein Schüler, der sich bei der Gestaltung selbst überlassen bleibt, erfährt keine Förderung seiner Kreativität, welche als Grundfähigkeit des Menschen auf planmäßige Entwicklung und Förderung angewiesen ist.

Diese Förderung wird in dem zweiten Gestaltungsversuch sichtbar, bei dem die Schüler individuell entweder an ihrem Gestaltungsversuch weiter arbeiten, diesen verbessern und fortführen oder aber einen neuen Gestaltungsversuch unternehmen.

5. Experiment

Didaktischer Ort

Im wissenschaftlichen Sinn ist das Experiment eine Methode (Verfahren, Weg), um Hypothesen (Vermutungen) zu überprüfen. Diese Hypothesen werden beim wissenschaftlichen Arbeiten von Forschern aufgestellt und durch Experimente entweder verifiziert (bestätigt) oder falsifiziert (widerlegt). Experimente werden sowohl in den Naturwissenschaften als auch in den Sozialwissenschaften durchgeführt.

Das Experiment als forschend-entwickelndes Unterrichtsverfahren, wie es von Fries/ Rosenberger[29] dargestellt wird, bietet den Schülern die Möglichkeit, textiltechnologische Gesetzmäßigkeiten zu erforschen und naturkausale Zusammenhänge anschaulich zu erfahren. Es hat seinen didaktischen Ort im materialkundlichen Bereich.[30] Abgrenzungskriterium zum „Experimentieren" ist die bewußte Aufstellung von Hypothesen (Beispiel: Vermutungen im Hinblick auf die Färbbarkeit textiler Materialien aufstellen[31] – freies Experimentieren bei der Abbindebatik).

Beim Einsetzen des Experiments im Textilunterricht lassen sich drei Vorgehensweisen unterscheiden:
1. Der Lehrer stellt Hypothesen und die Versuchsanordnung selbst auf und demonstriert das Experiment.
2. Der Lehrer stellt Hypothesen und die Versuchsanordnung auf und läßt die Schüler das Experiment nachvollziehen.
3. Die Schüler stellen die Hypothesen und die Versuchsanordnung auf und führen das Experiment durch.

Am bildungswirksamsten ist die dritte Vorgehensweise, da sie den Schülern die Chance gibt, sich als Forscher zu betätigen. Das Experiment hat dann operativen Charakter, da eine Erkenntnis durch Tun und Denken gewonnen wird. Die Durchführung und Planung des Experiments durch die Schüler wird „forschend – entwickelndes Verfahren" genannt, wobei „forschend" auf die Schüleraktivität und „entwickelnd" auf die Lehrerhilfe verweist.[32]

Lernstufen

Lernschritte/Lernstufen	Erläuterung
A. Neuerarbeitung von Erkenntnissen	
I. Problemgewinnung	
1. Problemgrund	Die Schüler werden in eine echte Erkundungssituation versetzt.
2. Problemfindung	Die Schüler finden das Problem (vs. einer Problemstellung, die vom Lehrer erfolgt). Das Problem wird aus dem Problemgrund herausgeschält. Die Schüler formulieren vage.
3. Problemerkenntnis	Fragen werden gemeinsam ausgewählt und präzise formuliert.
II. Problemlösung	
1. Konkrete Problemlösung	
1.1 Mögliche Problemlösung	Die Schüler stellen Vermutungen an (bilden Hypothesen), erbringen Vorschläge.
1.2 Planung des Lösungsvorhabens	Die Schüler treffen eine Auswahl aus den Vorschlägen und planen mit Hilfe des Lehrers die Versuchsanordnung – Arbeitsmaterial

Lernschritte/Lernstufen	Erläuterung
1.3 Durchführung und Auswertung des Lösungsvorhabens	– Arbeitswege – Aufteilung der Arbeit (z.B. arbeitsteiliger oder arbeitsgleicher Gruppenunterricht). Die Schüler führen das Lösungsvorhaben durch, schreiben eventuell Beobachtungen und Ergebnisse mit. (Gruppen)ergebnisse werden eventuell angeschrieben. (Bei negativer Problemlösung zurück zur entsprechenden Stufe).
1.4 Diskutieren der Problemlösung	Die Schüler berichten von ihren Beobachtungen und Resultaten (Gruppensprecher). Besondere Schwierigkeiten bei der Durchführung werden besprochen.
2. Theoretische Problemlösung	Ergebnisse werden abstrahiert. Prozeß der Abstraktion: 1. Grafische Darstellung 2. Verbalisierung 3. Begriffsbildung, Gesetze, Regeln …
B. Einübung von Erkenntnissen	Die neu erworbenen Erkenntnisse werden gefestigt und vertieft.
C. Anwendung von Erkenntnissen	Die neu erworbenen Erkenntnisse werden angewandt.

Abb. 3/5: Lernstufen des Experiments[33]

Experiment am Thema „Wir vergleichen die ursprünglichen Eigenschaften der Wolle und der Baumwolle" (5. Schulj.)

(1) Sachliche Hinweise

Der Vergleich der beiden wichtigsten Vertreter der Naturfasern findet innerhalb der Unterrichtseinheit „Wir häkeln einen Sommerpulli" im Hinblick auf die zu treffende Materialauswahl und die später erforderliche Gebrauchswerterhaltung statt. Die Eigenschaften der Baumwolle sind bereits bekannt.

Eigenschaften[34]	Baumwolle	Wolle
1. Bekleidungsphysiologische Eigenschaften		
a) Saugfähigkeit	sehr saugfähig	weniger saugfähig
b) Wärmehaltigkeit	weniger wärmehaltig	sehr wärmehaltig
2. Materielle Dauerhaftigkeit		
a) Reißfestigkeit	reißfest	nicht sehr reißfest
b) Scheuerfestigkeit	scheuerfest	weniger scheuerfest
3. Sonstige Trage- und Pflegeeigenschaften		
a) Kochfestigkeit	kochfest	nicht kochfest
b) Hitzebeständigkeit	hitzebeständig	hitzeempfindlich
c) Knitterresistenz	knittert leicht	knittert kaum
d) Dehnbarkeit	wenig dehnbar	sehr dehnbar

(2) Stufung

A. Neuerarbeitung von Erkenntnissen

Die Schüler lernen die wichtigsten Eigenschaften der Wolle kennen.

I. Problemgewinnung

1. Problemgrund

Als Problemgrund und gleichzeitig als Motivation wird der folgende „Brief" an die Schüler ausgeteilt und von einem Schüler vorgelesen.

Brief[35]

Liebe Annette,

letzte Woche habe ich mir ein neues Kleid gekauft – ein Wollkleid. Das habe ich am nächsten Tag gleich in die Schule angezogen, um die anderen auszustechen. Es war mir egal, ob das Kleid durch das lange Sitzen knittern würde, Hauptsache der Sonja fallen vor Neid die Augen raus. Aber so ein Pech – als ich vom Stuhl aufgestanden bin, blieb ich an einem Nagel hängen. Gott sei Dank habe ich gleich gemerkt, daß ein Faden gezogen war, denn sonst wäre dieser vielleicht abgerissen, im Etikett steht jedenfalls nicht, ob Wolle reißfest ist.

Abends konnte ich mich nicht entscheiden, welches Kleid ich zur Gartenparty anziehen sollte: mein Baumwollkleid oder mein neues Wollkleid, denn abends wird es doch recht kühl. Da ich nicht wußte, welches mehr warm hält, nahm ich das neue Kleid.

Kurz nach Beginn der Party stolperte Stefan über meine Füße. Das war ja nicht schlimm, aber leider hatte er ein Tablett voller Getränke in seinen Händen und goß einen großen Teil über den Tisch und – über mein schönes neues Wollkleid. Alle machten Vorschläge, wie man den Fleck am besten entfernen könne und zählten dabei Folgendes auf: Wolle ist kochfest, hitzebeständig (bügelfest), scheuerfest und wird am einfachsten naß mit Klammern aufgehängt, weil sie kaum dehnbar ist. Während dieser Zeit hatte Stefan einen Wollappen für den Tisch geholt und sagte: „Der ist sicherlich sehr saugfähig!" und wischte und wischte..... Mir hat es gereicht. Ich bin nach Hause gefahren und habe mein Wollkleid gekocht, gescheuert, schön naß aufgehängt und werde es gleich noch ganz heiß bügeln. Ich bin selbst einmal gespannt, was dabei herauskommen wird.

Herzliche Grüße

Deine Beate

2. Problemfindung

Die Schüler erkennen anhand des Briefes, daß Beate über die Eigenschaften von Wolle nicht Bescheid gewußt hat. Sie formulieren das Problem „Welche Eigenschaften hat die Wolle?" und halten das Stundenthema an der Tafel fest.

3. Problemerkenntnis

Aus dem Brief suchen die Schüler die Eigenschaften von Wolle, welche Beate nicht bekannt waren, heraus und schreiben diese an die Tafel.

II. Problemlösung

1. Konkrete Problemlösung

1.1 Mögliche Problemlösung

Die Schüler nennen die Eigenschaften der Baumwolle, soweit diese ihnen noch präsent sind, und stellen Vermutungen über die Eigenschaften der Wolle an. Aufgrund der unterschiedlichen Meinungen hierzu erkennen sie, daß es notwendig ist, diese Vermutungen zu überprüfen und erbringen Vorschläge, wie diese überprüft werden können.

1.2 Planung des Lösungsvorhabens

Gemeinsam mit dem Lehrer treffen die Schüler unter Einbeziehung der zur Verfügung stehenden Arbeitsmaterialien eine Auswahl aus diesen Vorschlägen und planen die Versuchsanordnung. Dabei teilen sie die folgenden Versuche auf vier Gruppen auf.

1. **Experiment: Saugfähigkeit**

Arbeitsblatt 1

Materialien

2 gleichgroße Maschenwarenproben aus Wolle und Baumwolle
Meßbecher
Wäschesprenger
Wasser

Versuchsbeschreibung

Besprenge die Maschenwarenproben mit der gleichen Wassermenge!
a) Beobachte die Stoffoberfläche!
b) Reibe das Wasser mit der Handfläche ein und befühle die Stoffober- und -unterseiten der Stoffproben!

Ergebnis

Überprüfe: a) Ist die Wolle sehr saugfähig?
b) Vergleiche mit der Baumwolle!

Was hast Du herausgefunden?

Eigenschaft	Baumwolle	Wolle
saugfähig	......	......

2. Experiment: Wärmehaltigkeit

Arbeitsblatt 2

Materialien

2 Strickjacken oder Pullis aus Baumwolle und Wolle mit möglichst ähnlicher Garn- und Flächenkonstruktion

Versuchsbeschreibung

Ziehe die beiden Kleidungsstücke nacheinander jeweils 5 Minuten an!

Ergebnis

Überprüfe: a) **Hält** die Wolle **warm**?
b) Vergleiche mit der Baumwolle!
Was hast Du herausgefunden?

Eigenschaft	Baumwolle	Wolle
hält warm	......	......

3. Experiment: Reißfestigkeit

Arbeitsblatt 3

Materialien

Mehrere gleichlange Garnstücke aus Baumwolle und Wolle mit möglichst ähnlicher Garnkonstruktion

Versuchsbeschreibung

Zerreiße die Garnstücke mit den Händen!

Ergebnis

Überprüfe: a) Ist die Wolle **reißfest**?
b) Vergleiche mit der Baumwolle!
Was hast Du herausgefunden?

Eigenschaft	Baumwolle	Wolle
reißfest	......	......

4. Experiment: Scheuerfestigkeit

Arbeitsblatt 4

Materialien

2 Gewebeproben aus Wolle und Baumwolle
Bürste
Gefäß mit Wasser

Versuchsbeschreibung

Tauche die Bürste in Wasser und scheuere die Gewebeproben!

Ergebnis

Überprüfe: a) Ist die Wolle **scheuerfest**?
 b) Vergleiche mit der Baumwolle!
Was hast Du herausgefunden?

Eigenschaft	Baumwolle	Wolle
scheuerfest	....	....

5. Experiment: Kochfestigkeit

Arbeitsblatt 5

Materialien

2 Gewebeproben aus Wolle und Baumwolle
Topf
Kochplatte

Versuchsbeschreibung

Koche die beiden Gewebeproben in Wasser!

Ergebnis

Überprüfe: a) Ist die Wolle **kochfest**?
 b) Vergleiche mit der Baumwolle!
Was hast Du herausgefunden?

Eigenschaft	Baumwolle	Wolle
kochfest	....	....

6. Experiment: Hitzebeständigkeit

Arbeitsblatt 6

Materialien

4 Gewebeproben aus Baumwolle und Wolle
Bügelbrett
Bügeleisen

Versuchsbeschreibung

Bügele je 2 Gewebeproben aus Baumwolle und Wolle mit 150° C (2 Punkte) und 200° C (3 Punkte)

Ergebnis

Überprüfe: a) Ist die Wolle **hitzebeständig (bügelfest)**?
          b) Vergleiche mit der Baumwolle!
Was hast Du herausgefunden?

Eigenschaft	**Baumwolle**	**Wolle**
hitzebeständig (bügelfest)	......	......

7. Experiment: Knitterresistenz

Arbeitsblatt 7

Materialien

2 Gewebeproben aus Baumwolle und Wolle

Versuchsbeschreibung

Nimm die Gewebeproben in die Hand, drücke sie einige Sekunden fest zusammen und lege sie zum Ruhen auf den Tisch!

Ergebnis

Überprüfe: a) **Knittert** Wollstoff?
          b) Vergleiche mit der Baumwolle!
Was hast Du herausgefunden?

Eigenschaft	**Baumwolle**	**Wolle**
knittert	......	......

8. Experiment: Dehnbarkeit

Arbeitsblatt 8

Materialien

Mehrere Garnstücke aus Baumwolle und Wolle mit möglichst ähnlicher Garnkonstruktion

Versuchsbeschreibung

Versuche die Garnstücke zu dehnen!

Ergebnis

Überprüfe: a) Ist die Wolle **dehnbar**?
b) Vergleiche mit der Baumwolle!

Eigenschaft	Baumwolle	Wolle
dehnbar	......	......

1.3 Durchführung und Auswertung des Lösungsvorhabens

Die Schüler führen die Versuche in arbeitsteiliger Gruppenarbeit durch. Als Hilfe dienen dabei die Arbeitsblätter, auf denen die Schüler ihre Versuchsergebnisse eintragen.

1.4 Diskutieren der Problemlösung

Die Gruppensprecher berichten über die beim Experimentieren entstandenen Schwierigkeiten, Beobachtungen und Ergebnisse.

1.5 Theoretische Problemlösung

Dabei werden die Versuchsergebnisse der einzelnen Gruppen herumgezeigt, verbalisiert, Begriffe hierzu gebildet und an der Tafel in tabellarischer Form festgehalten.

Tafelbild

Die Eigenschaften der Wolle und Baumwolle

Eigenschaften	Baumwolle	Wolle
knittern	knittert	knittert kaum
reißfest	reißfest	nicht sehr reißfest
hält warm	hält nicht so warm	hält warm
dehnbar	wenig dehnbar	dehnbar
kochfest	kochfest	nicht kochfest
hitzebeständig (bügelfest)	hitzebeständig	nicht hitzebeständig
scheuerfest	scheuerfest	weniger scheuerfest
saugfähig	sehr saugfähig	weniger saugfähig

B. Einübung von Erkenntnissen

Die Kenntnis der Eigenschaften der Wolle und auch der Baumwolle werden zum einen durch den Einsatz eines Arbeitsblattes, das gleichzeitig der Lernzielkontrolle dient, gefestigt, und zum anderen bei der konkreten Materialauswahl für einen Sommerpulli.

Arbeitsblatt[36]

Die Eigenschaften der Wolle und der Baumwolle

Kreuze immer die richtige Aussage an:

1. Beate trägt ihr neues Kleid in der Schule.
   ( ) Das Wollkleid knittert kaum. Die Falten verschwinden nach kurzem Aufhängen (Kleiderbügel).
   ( ) Das Wollkleid ist zerknittert. Die Falten verschwinden erst wieder nach dem Waschen.
   ( ) Das Wollkleid ist zerknittert. Es muß erst heiß gebügelt werden.

2. Soll Beate ihr Kleid kochen oder scheuern?
   ( ) Ja, damit der Fleck durch das Scheuern und Kochen verschwindet.
   ( ) Nein, weil sonst die Wolle zerstört wird, sie filzt.
   ( ) Sie darf das Kleid nur kochen.
   ( ) Sie darf das Kleid nur scheuern.

3. Darf Beate ihr Wollkleid bügeln?
   ( ) Nein, denn durch Bügeln verbrennt die Wolle.
   ( ) Ja, aber nur sehr heiß, damit es schneller geht.
   ( ) Ja, aber nur mit der Bügeleinstellung Wolle und einem feuchten Tuch.

4. Was hätte Stefan nehmen sollen, um die Flüssigkeit aufzusaugen?
   ( ) Ein Geschirrhandtuch aus Wolle
   ( ) Ein Geschirrhandtuch aus Baumwolle
   ( ) Einen Putzlappen aus Wolle

5. Beate hat nach dem Waschen das nasse Kleid
   ( ) mit Klammern aufgehängt, weil Wolle ja nicht dehnbar ist und sich deswegen nicht verziehen kann,
   ( ) auf ein trockenes, saugfähiges Tuch gelegt und trocknen lassen, weil Wolle dehnbar ist und deswegen nicht aufgehängt werden soll, da sie sich verzieht.

6. Ergänze:

Eigenschaften	Baumwolle	Wolle
knittern	knittert	
reißfest	reißfest	
hält warm	hält nicht so warm	
dehnbar	wenig dehnbar	
kochfest	kochfest	
hitzebeständig (bügelfest)	hitzebeständig	
scheuerfest	scheuerfest	
saugfähig	sehr saugfähig	

C. Anwendung von Erkenntnissen

Die neu erworbenen Erkenntnisse im Bereich der Materialkunde, die Eigenschaften von Faserstoffen, werden bei den Eigenschaften anderer Fasern, z. B. der Chemiefasern angewandt. Aber auch die methodischen Erkenntnisse, wie man Experimente plant, durchführt und auswertet, finden in späteren Unterrichtsstunden bei der Überprüfung textiltechnologischer Gesetzmäßigkeiten ihre Anwendung.

(3) Ergänzende Hinweise

Der als Problemgrund (Motivation) eingesetzte Brief spricht das Vergnügen der Schüler an, ermöglicht ihnen eine Identifikation mit der Briefschreiberin und versetzt sie in die Situation zu erkunden, worin das Problem von Beate besteht.

Anhand des Briefes finden sie Beates Problem, das nicht genügende Informiertsein über die Eigenschaften der Wolle.

Die in dem Brief enthaltenen allgemeinen Eigenschaften textiler Rohstoffe dienen als Hilfe bei der Problemerkenntnis und tragen zu einer präzisen Formulierung der zu untersuchenden Fragen, konkret der zu untersuchenden Eigenschaften, bei.

In der Phase der Hypothesenbildung (möglichen Problemlösung) stellen die Schüler fest, daß ihnen die Eigenschaften der Baumwolle größtenteils bekannt sind, die Eigenschaften der Wolle jedoch nicht und trennen so Bekanntes von Unbekanntem (Situationsanalyse). Sie erbringen Vorschläge, wie das Problem (welche Eigenschaften hat die Wolle?) konkret bzw. materiell[37] zu lösen ist, d.h. wie die an der Tafel fixierten allgemeinen Eigenschaften der textilen Rohstoffe für die Wolle überprüft werden können.

Gemeinsam mit dem Lehrer treffen die Schüler aus diesen Vorschlägen eine Auswahl und teilen die Versuche auf Gruppen so auf, daß jede Gruppe zwei Versuche durchzuführen hat. Dabei wird darauf geachtet, daß die Versuche sich vom Zeitaufwand her in etwa gleichen. Die Auswahl der Versuche erfolgt unter Berücksichtigung der zur Verfügung stehenden Arbeitsmaterialien.

Bei der Versuchsdurchführung werden als Lernhilfen Arbeitsblätter eingesetzt, welche die benötigten Materialien, die Versuchsbeschreibung sowie eine Tabelle zum Eintrag der Ergebnisse, enthalten. Diese Arbeitsblätter sind aus ökonomischen Gründen vom Lehrer bereits vor der Unterrichtsstunde erstellt worden. Aus Gründen der Variabilität und der Einbeziehung der Schüler in die Planung können diese Arbeitsblätter für die Überprüfung einzelner Eigenschaften nach Vorschlägen der Schüler auch verändert werden. Genauso wäre denkbar, daß eine Gruppe zu einer Eigenschaft zwei verschiedene Versuche durchführt.

Die Berichte der Gruppensprecher über die Schwierigkeiten, Beobachtungen und Ergebnisse bei der Versuchsdurchführung führen zur Stufe der theoretischen Problemlösung, bei der die Ergebnisse aus der konkreten Problemlösung verinnerlicht werden. Durch einen Prozeß der Abstraktion werden die Operationen (Handlungen) aus der konkreten Problemlösung in die Vorstellung und damit in die theoretische Problemlösung übergeführt.[38] In unserem Fall erfolgt der Prozeß der Abstraktion durch die konkrete Operation (Durchführen der Versuche), durch die anschließende Darstellung der Ergebnisse, bei der die konkreten Ergebnisse herumgezeigt werden, durch die Verbalisierung, durch die Begriffsbildung und durch das Festhalten der Begriffe und Regeln (Eigenschaften) an der Tafel.

6. Rollenspiel

Didaktischer Ort

Das didaktisch angelegte Rollenspiel[39], auf das sich die nachfolgenden Ausführungen beschränken, gehört ebenso wie die Fallmethode (vgl. Kapitel 3,7.) zu den Methoden der Entscheidungsfindung[40]. Ausgangspunkt ist die bildungstheoretische Annahme, daß der Mensch im Gegensatz zum Tier mit Vernunft begabt und ein frei handelndes Wesen ist[41]. Das Tier folgt seinem Instinkt, der Mensch ist in der Lage, seine Entscheidung nach rationalen Kriterien zu treffen, wobei sein rationales Entscheidungsverhalten, wie es die verhaltenswissenschaftliche Entscheidungsforschung aufgestellt hat[42], beschränkt ist. Die Förderung der Entscheidungsfähigkeit als einer Grundfähigkeit des Menschen zielt auf eine erhöhte Rationalität im Entscheidungsverhalten des Menschen. Ziel ist ein interaktives, reflexives und entscheidungsorientiertes Handeln.

Bedingungen für die schulische Förderung der Entscheidungsfähigkeit sind:
1. Schulische Lernprozesse müssen sozial-integrativ sein.
2. Lernprozesse müssen als Entscheidungsprozesse organisiert werden.
3. Techniken und Strategien der Entscheidungsfindung müssen systematisch eingeübt werden.

Im Textilunterricht ist die Förderung der Entscheidungsfähigkeit in den Situationen
– Konsum von Textilien
– Herstellung von Textilien in der Freizeit
– Berufswahl auf dem textilen Sektor

anzusiedeln, da in diesen eine Konfrontation mit Textilien erfolgt und eine diesbezügliche Entscheidung verlangt wird.[43]

Das Rollenspiel basiert auf rollentheoretischen und spieltheoretischen Annahmen. Die Anpassung an die Rolle, wie sie beim traditionellen Rollenverhalten im Vordergrund stand, genügt den gesellschaftlichen Ansprüchen nicht mehr. Denn die Erkenntnis, daß Rollen und Rollenerwartungen dem sozialen Wandel unterliegen, kulturrelativ, von der Umwelt abhängig und damit veränderbar sind, erfordert ein flexibles Rollenverhalten, in dessen Mittelpunkt ein kritisch-distanziertes Rollenverhalten mit der Möglichkeit der individuellen und persönlichen Rollengestaltung steht. Das Spielbedürfnis gehört zu den zehn Grundphänomenen des Menschen, die Portmann in den Mittelpunkt seiner basalen Anthropologie[44] stellt. Der Arbeitsmensch, wie er sich heute darstellt, ist keine selbstverständliche Norm. Im menschlichen Handeln sind überall Elemente des Spielens enthalten. Das Spiel gilt als bezeichnender Zug des kindlichen Charakters. Spieltheoretiker weisen seit langem auf die Bedeutung des Spiels im Lernprozeß des Kindes hin und auf die Chance, das Spiel neben anderen Zwecken (z.B. Erholung, Übung, Diagnose, Therapie) für pädagogische Zwecke nutzbar zu machen[45]. Durch seinen Spielcharakter gewährleistet das Rollenspiel eine im Vergleich zu anderen Unterrichtsverfahren hohe Schüleraktivität.

Wesentliche Merkmale des Rollenspiels[46] sind:
– fiktives Simultionsspiel
– Entscheidungssituationen
– Entscheidung mit mehreren Lösungen
– Personenbezogenheit.

Das Rollenspiel gehört zu den simulationsgebundenen Unterrichtsformen, denn es geht um die Simulation einer Situation, um die Darstellung einer fingierten Wirklichkeit. Es ermöglicht somit den Schülern eine nahezu bis zum Ernstfall reichende Identifiktion, bietet aber gleichzeitig durch das Spiel einen Schonraum, innerhalb dessen die Schüler ohne reale Konsequenzen üben können.
Entscheidungssituationen bzw. Konfliktsituationen aus den Lebensbereichen der Familie, der peer-group, der Freizeit, der Schule, der Arbeitwelt und der Öffentlichkeit bilden den Ausgangspunkt des Rollenspiels, an dessen Ende gegebenenfalls mehrere, von den Schülern getroffene Entscheidungen stehen.
Da die Schüler die Rolle und Argumente einer Person übernehmen, ist das Rollenspiel personenbezogen.
Das Rollenspiel eignet sich für die Binnengliederung des Unterrichts, ist jedoch für die Einführung in einen Sachverhalt nicht geeignet, da für die Diskussion einiges bekannt sein muß. Es hat seinen didaktischen Ort bei der Anwendung gelernten Wissens, wobei dieses Wissen durch das Rollenspiel subjektiviert wird, indem ein objektives Wissen in Abhängigkeit zu den Schülern, die von der eigenen Person aus urteilen, gebracht wird.
Die Bildungswirksamkeit des Rollenspiels liegt vor allem in der kommunikativ-personalen Dimension, welche sowohl die soziale Interaktion als auch die individuelle Entscheidung umschließt. Bei der sozialen Interaktion geht es um die Teilnahme an Interaktions- und Kommunikationsprozessen, für die Krappmann individuelle Grundqualifikationen beschreibt:
– Rollendistanz, eine Fähigkeit, Rollenanforderungen kritisch zu reflektieren
– Empathie, eine auch kognitive Fähigkeit, sich in andere einzufühlen
– Ambiguitätstoleranz, eine Fähigkeit, Widersprüche zwischen den eigenen Bedürfnissen und Erwartungen anderer wahrzunehmen und zu ertragen
– Identitätsdarstellung, eine Fähigkeit, eigene Bedürfnisse zum Ausdruck zu bringen.[47]

Bei der individuellen Entscheidung wird eine selbständige Urteils- und Bewertungsfähigkeit von Alternativen angestrebt.
An Nachteilen des Rollenspiels, die jedoch bis zu einem gewissen Grad vom Lehrer gesteuert werden können, sind zu nennen:
– sinnloses Reden
– Negativrollen
– Nichtspieler.

Rollenspiel am Thema „In der Bekleidungsindustrie verdienen nicht alle gleich viel" (8. Schulj.)

(1) Sachliche Hinweise

Einordnung

Im Rahmen der Unterrichtseinheit „Arbeitsteilung in der Bekleidungsindustrie" sollen die Schüler den Zusammenhang zwischen der beruflichen Qualifikation, der Leistung, den Berufsanforderungen und der Berufsprognose sowie dem Einkommen, der Lebensführung und dem gesellschaftlichen Ansehen erkennen.

Lernstufen

Lernstufen/Lernschritte	Erläuterung
I. Informationsphase	Alle Schüler lesen die **Informationskarte**.
II. Vorbereitungsphase für das Rollenspiel	Die Schüler lösen die Aufgaben zur Informationskarte. Die Rollenspieler lesen ihre **Rollenkarten** und sammeln Argumente für das Rollenspiel.
III. Rollenspielphase	Das Rollenspiel: Die Schüler verfolgen die Diskussion der Rollenspieler, machen sich Notizen und bilden sich eine eigene Meinung.
IV. Diskussionsphase	Diskussion in der Klasse über die Argumente der Rollenspieler.
V. Ergebnisphase	Die Ergebnisse der Diskussion (eine oder mehrere Lösungen) werden zusammengefaßt.
VI. Generalisierungsphase	Alle Schüler lesen die **Ergebnis- und Aufgabenkarte**, die über den speziellen Fall hinaus allgemeine Erkenntnisse vermittelt.
VII. Transferphase	Zur Festigung der allgemeinen Erkenntnisse lösen die Schüler die Aufgaben der Ergebniskarte. Die so gewonnenen Informationen und Erkenntnisse aus dem Rollenspiel ermöglichen die Lösung analoger Fallsituationen.

Abb. 3/6: Lernstufen des Rollenspiels[48]

Ausbildungsberufe der Bekleidungsindustrie

„**Bekleidungsnäher**

Ausbildungsdauer: 1 Jahr

1. Stufe der Stufenausbildung in der Bekleidungsindustrie.

Einfache Näharbeiten werden mit Hilfe von schnellaufenden Industrienähmaschinen ausgeführt, wie z. B. das Anfertigen von Einzelteilen für Bekleidung, etwa Taschen, Kragen, Manschetten oder das Einnähen von Etiketten. Wichtig ist dabei, die Maschinen einwandfrei zu bedienen, damit die Arbeiten an halbautomatischen Knopfloch-, Riegel- und Bügelmaschinen zügig ausgeführt werden können. Einzeltätigkeiten sind: Reihen, Heften, Vornähen, Verstürzen, Umbugen, Versäubern und Säumen.

Blätter zur Berufskunde – Band 1

Bestellziffer: 1-III D 102

Bekleidungsfertiger

Ausbildungsdauer: 1 Jahr

2. Stufe der Stufenausbildung in der Bekleidungsindustrie.

Er stellt die vorgefertigten Teile zur fertigen Kleidung zusammen. Das erfordert qualifizierte Näharbeiten mit Hilfe von Spezialmaschinen, etwa zum Einnähen der Ärmel und des Futters, zum Auf- und Annähen von Bund, Manschetten, Kragen, Taschen. Weitere Aufgaben: Verschlüsse, Blenden und Zwickel einarbeiten, Borten, Spitzen, Applikationen aufsetzen, Ziermotive aufnähen, Ziernähte anbringen. Der Bekleidungsfertiger kann alle Spezialnähmaschinen einschließlich der automatisch arbeitenden bedienen.

Blätter zur Berufskunde – Band 1

Bestellziffer: 1 – III D 102

Bekleidungsschneider

Ausbildungsdauer: 1 Jahr

3. Stufe der Stufenausbildung in der Bekleidungsindustrie, aufbauend auf der 2jährigen Ausbildung zum Bekleidungsfertiger.

Bekleidungsschneider beherrschen die Tätigkeiten der ersten beiden Ausbildungsberufe Bekleidungsnäher und Bekleidungsfertiger. Im Musteratelier entstehen aus der Hand des Bekleidungsschneiders Modelle für die Serienfertigung. Zuschneiden, Zusammenstellen der Zutaten (Stoffe bzw. Stoffteile wie Taschen, Futter, Verschlüsse) und der Materialbündel für den Nähbetrieb gehören zur Arbeitsvorbereitung. Der Bekleidungsschneider führt besonders schwierige Arbeiten aus, übernimmt auch die laufende Kontrolle der Waren, die aus der Näherei kommen, und ist verantwortlich für die Endabnahme.

Blätter zur Berufskunde – Band 1

Bestellziffer: 1 – III D 102"[49]

(2) Stufung

I. Informationsphase

Zu Beginn der Unterrichtsstunde verteilt der Lehrer als Spielleiter die Informationskarten an die Schüler. Jeder Schüler liest in Einzelarbeit seine Informationskarte durch und beantwortet die Fragen auf der Rückseite. Als zusätzliches Informationsmaterial werden den Schülern die entsprechenden Blätter zur Berufskunde (s. Sachliche Hinweise) zur Verfügung gestellt.

Informationskarte

Ute, Sabine und Jutta treffen sich wie jeden Samstag bei Jutta zum Kaffeeklatsch. Alle drei sind in einer Kleiderfabrik beschäftigt.

Ute arbeitet als Bekleidungsnäherin und Sabine als Bekleidungsfertigerin; Jutta ist Bekleidungsschneiderin und für die Endabnahme der Kleidungsstücke verantwortlich.

Ganz stolz erzählt Jutta, daß sie sich einen neuen Wintermantel gekauft habe. Ute und Sabine können sich keinen neuen Wintermantel leisten, da sie weniger verdienen als Jutta.

Die drei sprechen darüber, ob es richtig ist, daß sie unterschiedlich viel verdienen.

Fragen zur Informationskarte

Inwieweit unterscheiden sich die Berufe von Ute, Sabine und Jutta
a) hinsichtlich ihrer Ausbildung?
b) hinsichtlich ihrer beruflichen Tätigkeit?

Fülle bitte die nachstehende Tabelle aus!

	Berufsbezeichnung	Ausbildung	Berufliche Tätigkeit
Ute			
Sabine			
Jutta			

II. Vorbereitungsphase

Die Vorbereitungsphase der Rollenspieler erfolgte in vorarbeitender Einzelarbeit zu Hause. Als Hilfsmittel dienen den Rollenspielern die Rollenkarten.

Rollenkarte Jutta

Ich finde es gerecht, daß ich mehr verdiene, denn ich bin Bekleidungsschneiderin und keine Bekleidungsnäherin oder -fertigerin; ein Fabrikdirektor verdient ja schließlich auch mehr als seine Arbeiter.
Wenn etwas in der Abteilung schief läuft, muß ich die Verantwortung dafür tragen, nicht Ihr.
Zwar arbeiten wir alle den ganzen Tag, wir arbeiten aber nicht das gleiche, da muß es auch in der Bezahlung Unterschiede geben.

Rollenkarte Sabine

Ich finde es ungerecht, daß Du Dir einen neuen Wintermantel leisten kannst, und wir nicht.
Das kommt nur daher, daß Du so viel mehr verdienst als wir.
Ich meine, alle, die gleich viel arbeiten, sollen auch gleich viel verdienen.
Ich arbeite schließlich auch den ganzen Tag wie Du in der Fabrik, daher müßte ich auch das gleiche verdienen, sonst ist es ungerecht.
Denn die Arbeit einer Bekleidungsfertigerin ist genau so wichtig wie die einer Bekleidungsschneiderin.

Rollenkarte Ute

Ich verstehe überhaupt nicht, warum Ihr Euch so aufregt. So was kann man doch gar nicht beurteilen, ob es gerecht ist, daß einer mehr verdient als der andere.
Mancher arbeitet eben langsamer oder schneller, das kann man nicht so genau überprüfen.
Wenn alle gleich viel verdienen würden, würde sich doch kein Mensch mehr anstrengen.
Eigentlich ist es doch Glücksache, ob einer mehr oder weniger verdient als der andere.

III. Rollenspielphase

Im Gesprächsunterricht diskutieren die Rollenspieler über das Problem und versuchen, die Argumente ihrer Rolle überzeugend darzulegen. Während dieser Phase sitzt die Klasse in Kreisform. Die Schüler verfolgen die Diskussion und machen sich

Tabelle

Deine Aufgaben während des Rollenspiels

Notiere Dir die Argumente von Sabine, Ute und Jutta für und gegen ein gleich hohes Einkommen sowie Deine eigenen Gedanken hierzu! Benutze die vorbereitete Tabelle dafür:

	Argumente für ein gleich hohes Einkommen	Argumente gegen ein gleich hohes Einkommen	Eigene Gedanken
Jutta			
Ute			
Sabine			

dabei Notizen zu den Meinungen und Begründungen der einzelnen Personen, die die Rollenspieler vertreten. Hierzu dient eine vorbereitete Tabelle.

IV. Diskussionsphase

Nach der Rollenspielphase diskutieren alle Schüler unter der Diskussionsleitung des Lehrers im Gesprächsunterricht über das Für und Wider der vorgebrachten Argumente. Ziel dieser Phase ist nicht das Anstreben einer Lösung, sondern die sachliche Klärung der einzelnen Argumente. Um die Ergebnissicherung zu erleichtern und zu veranschaulichen, werden die Argumente vom Lehrer stichwortartig an der Tafel festgehalten.

V. Ergebnisphase

In der Ergebnisphase werden die Ergebnisse der Diskussion zusammengefaßt. Als Hilfe dienen dabei die an der Tafel festgehaltenen Argumente der Schüler.

VI. Generalisierungsphase

An alle Schüler werden die Ergebniskarten verteilt. Jeder Schüler liest in verarbeitender Einzelarbeit seine Karte.

Ergebniskarte

Die Menschen, die bei uns zur Arbeit gehen, verdienen nicht alle gleich viel. Dies hat mehrere Gründe. Einmal leisten die Menschen unterschiedlich viel am Arbeitsplatz, d.h. manche arbeiten besser und manche schlechter.

Zum anderen haben sie eine unterschiedliche Ausbildung. Einige sind ungelernte Arbeiterinnen, die sofort nach der Schule arbeiten gehen, ohne etwas zu lernen, um schnell Geld zu verdienen; andere dagegen machen nach der Schule eine Berufsausbildung, sie lernen einen Beruf.

Dann gibt es noch Mädchen, die sich für eine Arbeit anlernen lassen; darunter versteht man, daß der Betrieb, in dem die Mädchen arbeiten, sie in ganz kurzer Zeit einarbeitet; die Mädchen machen also eine Art Kurzlehre durch.

Leider gibt es viel mehr ungelernte und angelernte Arbeiterinnen als Arbeiter, die dadurch auch weniger verdienen.-Neben der Leistung und Ausbildung spielt auch die Art der Arbeit für das Einkommen eine große Rolle. Arbeit, die mehr Anstrengung und Verantwortung verlangt als andere Arbeit, wird besser bezahlt. Denn es ist weniger anstrengend, an einem ruhigen Arbeitsplatz zu arbeiten als in einer Fabrikhalle mit großem Lärm.

Gut bezahlt werden auch die sogenannten Mangelberufe: das sind Berufe, an denen ein Mangel herrscht, die von zu wenig Leuten ausgeübt werden.

VII. Transferphase

Die Aufgaben auf der Rückseite der Aufgabenkarte werden in verarbeitender Einzelarbeit gelöst; dies dient gleichzeitig der Lernzielkontrolle.

Aufgabenkarte

1. Wer verliert in Zeiten der Arbeitslosigkeit zuerst seinen Arbeitsplatz und damit seinen Verdienst?
   Unterstreiche die richtige Antwort:
   a) angelernte
   b) gelernte
   c) ungelernte Arbeiterin
2. Unterstreiche die Begriffe, die Du für die Höhe des Verdienstes für wichtig hältst!
   a) Leistung
   b) Glück
   c) Augenfarbe
   d) Ausbildung
   e) Schönheit
   f) Art der Arbeit
3. Nenne einen Grund, warum Frauen weniger verdienen als Männer!
   . . . .
4. Drei Punkte sind für die Höhe des Verdienstes maßgebend:
   Leistung (1)
   Ausbildung (2)
   Art der Arbeit (3)
   Suche, zu welchen Punkten die folgenden Sätze jeweils passen! Schreibe hinter jeden Satz die entsprechende Zahl!
   Sie arbeitet zuverlässig ....
   Sie ist für ihre Arbeit gut ausgebildet worden ....
   Während ihrer Arbeitszeit muß sie stehen ....
   Sie hat eine Lehre gemacht ....
   Es ist sehr laut in dem Raum, in dem sie arbeitet ....
   Sie macht fast nie einen Fehler bei ihrer Arbeit ....
   Sie arbeitet in einem Mangelberuf ....
   Sie besucht Fortbildungslehrgänge ....
   Sie arbeitet sehr schnell ....

Lösungen zur Aufgabenkarte

1. *Ungelernte Arbeiterin*
2. *Leistung*
   Ausbildung
   Art der Arbeit
3. Frauen haben in der Regel eine schlechtere Ausbildung als Männer.
4. (1)
   (2)
   (3)
   (2)
   (3)
   (1)
   (3)
   (2)
   (1)

(3) Ergänzende Hinweise

Da die Klasse mit der Rollenspielmethode nicht sonderlich vertraut ist, übernimmt der Lehrer die Rolle des Spielleiters. Grundsätzlich kann auch ein Schüler Spielführer sein. Statt der vorarbeitenden Einzelarbeit in der Informationsphase könnte auch die vortragende bzw. erzählende Darbietung gewählt werden. Der Vorteil der gewählten vorarbeitenden Einzelarbeit liegt darin, daß die Schüler die Informationskarte intensiver und ungestörter lesen können. Die Problemstellung auf der Karte entspricht der Lebensnähe der Schüler, da es sich bei dem Kauf um ein Kleidungsstück handelt, das dem unmittelbaren Lebensbereich der Schüler entnommen ist. In dieser Phase werden die Schüler durch einen Impuls, die Problemstellung auf der Informationskarte, zu dem Stundenthema hingeführt und gleichzeitig motiviert, das Rollenspiel durchzuführen. Durch die Wahl der Methode ist demnach der Einstieg bereits gegeben.

Um sich intensiver in die auf der Informationskarte angesprochene Problematik einzuarbeiten, lösen die Schüler die Aufgaben zur Informationskarte. Die Vorbereitung der Rollenspieler erfolgt in vorarbeitender Einzelarbeit zu Hause, damit diese genügend Zeit haben, sich mit ihrer Rolle auseinanderzusetzen. Eine weitere methodische Variante wäre dadurch möglich, daß nicht nur ein Spieler die Rolle übernimmt, sondern eine Gruppe sich jeweils mit einer Rolle identifiziert. Für die Rollenspielphase würde dann ein Schüler ausgewählt, der die Rolle spielen und die von der Gruppe erarbeiteten Argumente vertreten würde. Diese Variante erfordert jedoch eine größere Vertrautheit mit der Rollenspielmethode, so daß sie bei den Lernvoraussetzungen dieser Klasse im Bereich der Rollenspielmethode noch verfrüht wäre.

Innerhalb des Rahmens, der den Rollenspielern durch die Rollenkarte gesteckt ist, können sie ihre Rolle weiter ausbauen. Es ist günstig, von Anfang an die Kreisform zu wählen, um unnötige Störungen durch Umräumen zu meiden.

Die Aufgabe der zuhörenden Schüler ist es, sich eine eigene Meinung zu bilden und weitere Argumente für die nachfolgende Diskussion zu sammeln. Bei größerer Vertrautheit mit der Methode des Rollenspiels könnte auch ein Schüler die Diskussionsleitung übernehmen. Falls die Diskussion nicht von selbst in Gang kommt, hat der Diskussionsleiter die Aufgabe, die Schüler nach ihrer Meinung zu den einzelnen Standpunkten zu fragen und danach, was sie daran für richtig halten oder warum sie die vorgetragene Auffassung nicht teilen können. Er sollte die Schüler möglichst in der Reihenfolge, in der sie sich gemeldet haben, sprechen lassen, es sei denn, jemand will zu dem gerade behandelten Punkt Stellung nehmen. Weiter sollte er darauf achen, daß die Schüler auch auf die Argumente der anderen eingehen und nicht nur die eigene Meinung vertreten. Sind bei einem Teilproblem verschiedene Meinungen erkennbar, sollte der Diskussionsleiter sie gegeneinander stellen.[50]

7. Fallmethode

Didaktischer Ort

Die Fallmethode oder Fallstudie gehört ebenso wie das Rollenspiel zu den Methoden der Entscheidungsfindung. Da die Förderung der Entscheidungsfähigkeit im Textilunterricht bereits beim Rollenspiel erörtert wurde (vgl. S. 81 ff.), wird an dieser Stelle darauf verzichtet.

Die Fallmethode ist ein Verfahren, das aus dem amerikanischen Hochschulbereich stammt. Es wird seit Jahren in Deutschland bei der Managementschulung in der Industrie eingesetzt, so von Engel/Riedmann zur Ausbildung von Führungskräften, wurde dann von Kosiol für betriebswirtschaftliche Hochschulstudien weiterentwickelt und von Heinze im beruflichen Unterricht angewandt.[51] Kaiser[52] modifizierte die Fallstudie als erster für den Unterricht an allgemeinbildenden Schulen, an den sich Wilkening bei seiner Fallmethode, die er für den Lernbereich Arbeit und Technik unter „Berücksichtigung lerntheoretischer und didaktischer Konzepte sowie unterrichtspraktischer Erfahrungen"[53] präzisiert, orientiert.

Wesentliche Merkmale der Fallmethode sind:
- analytisches Verfahren
- konkreter Fall
- entscheidungsbedürftige Situation
- alternative Entscheidungsmöglichkeiten
- eine Entscheidung
- Sachbezogenheit.

Die Fallmethode ist ein analytisches Verfahren, indem sie von einem konkreten Fall, der eine bestimmte Entscheidung erfordert, ausgeht und diesen analysiert. Dieser

Fall muß der konkreten Wirklichkeit entsprechen, er muß überschaubar sein und mehrere Entscheidungen zulassen. Aus den diskutierten Entscheidungsalternativen muß die optimale Lösung ausgewählt und begründet werden. Da der Fallmethode ein konkreter Fall zugrunde liegt, ist sie sachbezogen.
Um die Merkmale der Fallmethode exakter herauszuarbeiten und sie gegenüber dem Rollenspiel abzugrenzen, werden die wichtigsten Unterschiede der beiden Verfahren gegenübergestellt.

Die Fallmethode ist für die Einführung in einen Sachverhalt geeignet, da sie auf Wissenszuwachs angelegt ist. Sie trägt im Textilunterricht sowohl zur theoretischen Wissensvermittlung als auch zur praktischen Lebensbewältigung bei, indem sie einen Einblick in technologisch-funktionale und ökonomische Zusammenhänge und Sachverhalte gewährt; sie hat ihren didaktischen Ort vor allem im Lernbereich Konsum. Indem die Fallmethode im Textilunterricht die Schüler in neuen Situationen

Rollenspiel	Fallmethode
Fiktives Simulationsspiel Probleme werden in lebensähnlichen Situationen durchgespielt	Konfrontation mit einem konkreten Fall Problem wird zur Diskussion gestellt
Alltägliche Geschehnisse und Probleme werden gespielt und gelöst	Wirklichkeit wird analysiert
Personenbezogen Teilnehmer landen inmitten des Spielgeschehens	Sachbezogen Teilnehmer als Beobachter außerhalb der Geschehnisse
Bewertung von Gefühlen und Emotionen	Betonung von Fakten und sachlicher Information
Training in zwischenmenschlicher Beziehung	Training in Problemanalysen und Entscheidungssituationen
Bereich der Binnengliederung des Unterrichts 1–2 Unterrichtsstunden	Bereich der Großgliederung des Unterrichts Mehrere Unterrichtsstunden
Für Einführung nicht geeignet Geringer Wissenszuwachs	Für Einführung geeignet Wissenszuwachs
Mehrere Entscheidungen	Eine Entscheidung

Abb. 3/7: Gegenüberstellung Rollenspiel – Fallmethode[54]

aus den Lebensbereichen Kleidung und Wohnung begründete und sachgerechte Entscheidungen treffen läßt, fördert sie ein rationales Verbraucherverhalten.
Die Effektivität der Fallmethode liegt nicht nur in der Wissensvermittlung begründet, sondern auch und wesentlich in den Anforderungen, die sie an die Schüler hinsichtlich allgemeiner Arbeitstechniken stellt wie:
- Faktenanalyse
- Problemerkenntnis
- Problemlösungsstrategien
- Sammlung und Auswertung von Informationen
- Partnerarbeit, Gruppenarbeit
- Protokollführung
- Interviewtechnik
- selbständige Wissensaneignung
- Vortrag, Gespräch, Diskussion

Varianten der Fallmethode/Fallstudie mit Unterrichtsrelevanz sind[55]:

1. **Case-Study-Method**

   Informationen werden gegeben.
   Der Schwerpunkt liegt auf dem Erkennen des Problems.

2. **Case-Problem-Method**

   Probleme und Informationen werden gegeben.
   Der Schwerpunkt liegt auf dem Finden von Entscheidungsalternativen und der Diskussion der Entscheidung.

3. **Case-Incident-Method**

   Der Fall wird unvollständig und lückenhaft dargestellt.
   Der Schwerpunkt liegt auf der Informationsbeschaffung.

Für den Einsatz der Fallmethode als einer ursprünglichen Methode in der Erwachsenenbildung im Textilunterricht ist wesentlich, daß diese für Schüler modifiziert wird, und dies bedeutet an erster Stelle, daß sie auf einen Zeitaufwand reduziert wird, der dem Lernverhalten von Schülern gerecht wird.

Lernstufen

Lernstufen/Lernschritte	Erläuterung
I. Konfrontation	Die Schüler werden mit einem konkreten Fall, der eine entscheidungsbedürftige Situation enthält, konfrontiert.
II. Analyse	Der Fall wird von den Schülern analysiert.
1. Materialanalyse	Die Schüler hinterfragen den Fall nach bereits Bekanntem und präzisieren somit das Problem: Was wissen wir schon?
2. Konfliktanalyse	Die Schüler trennen Bekanntes von Unbekanntem, Wesentliches von Unwesentlichem und charakterisieren das eigentliche Problem: Was müssen wir noch wissen?
III. Information	Die Schüler informieren sich über die Teilprobleme, die dem Fall zugrundeliegen, näher.
1. Feststellen notwendiger Informationen	Die Schüler erarbeiten, welche Informationen notwendig sind, und auf welchem Wege diese eingeholt werden können.
2. Sammeln von Informationen	Die Schüler holen notwendige Informationen ein, welche die Voraussetzung für eine optimale Entscheidung bilden.
IV. Entwicklung von Entscheidungsalternativen Entwicklung der Entscheidungsalternativen	Auf der Basis der eingeholten Informationen entwickeln die Schüler Entscheidungsalternativen. Für jede Entscheidungsalternative werden Vorteile, Nachteile und Konsequenzen erarbeitet.
2. Verteidigen der Entscheidungsalternativen	Die Schüler tragen die Vor- und Nachteile jeder Entscheidungsalternativen vor der Klasse vor und begründen die Entscheidung je für eine Entscheidungsalternative.
V. Entscheidung	Die Schüler wählen aus den entwickelten und verteidigten Entscheidungsalternativen eine Entscheidung aus und begründen ihre Wahl.

Abb. 3/8: Lernstufen der Fallmethode[56]

Fallmethode am Thema „Monika möchte sich eine Sommerbluse nähen"
(8. Schulj.)

(1) Sachliche Hinweise

Innerhalb der Unterrichtseinheit „Wir nähen eine Sommerbluse" müssen die Schüler in der Planungsphase eine Materialauswahl treffen. Damit die Schüler für die Bedeutung der Materialauswahl sensibilisiert werden und ihnen zudem das notwendige Fachwissen dazu vermittelt wird, werden sie mit einem Fall konfrontiert, der eine begründete Entscheidung zwischen mehreren zur Verfügung stehenden Stoffen aus verschiedenen Fasermaterialien erfordert.

Fasermaterialien:
- Baumwolle
- Baumwolle pflegeleicht
- Polyester
- Baumwolle/Polyester

(2) Stufung

I. Konfrontation

Die Fallgeschichte

Monika, eine Schülerin der 8. Klasse, hat in der Schule Nähen gelernt. Da ihr das Nähen Spaß macht, möchte sie sich in ihrer Freizeit zu Hause eine Sommerbluse nähen.

Sie hat feste Preisvorstellungen darüber, was der Stoff für die Bluse kosten darf, denn sie verdient noch nicht und ist auf ihr Taschengeld angewiesen. Auch über die Gebrauchseigenschaften des Blusenstoffs hat sie feste Vorstellungen, da sie in der Schule gelernt hat, welche Bedeutung die Eigenschaften des Fasermaterials für den Gebrauchswert eines Textils haben.

Monika geht in das Stoffgeschäft, das am Ende der Straße, in der sie wohnt, liegt, um den Stoff für ihre Bluse zu kaufen. Sie wird gleich von einer freundlichen Verkäuferin bedient und trägt ihren Kaufwunsch vor. Die Verkäuferin legt ihr in der gewünschten Preisklasse Stoffe aus Baumwolle, pflegeleichter Baumwolle, Polyester und Baumwolle/Polyester vor.

II. Analyse

1. *Materialanalyse*

Die Schüler präzisieren das Problem, indem sie den Fall nach Bekanntem hinterfragen:
a) Bedarf:
   Monika benötigt Stoff für eine Sommerbluse.
b) Preis:
   Die Stoffe, welche die Verkäuferin vorlegt, fallen in die von Monika gewünschte Preisklasse.
c) Angebot:
   Baumwolle
   Baumwolle pflegeleicht
   Polyester
   Baumwolle/Polyester
d) Funktion:
   Der Blusenstoff soll saugfähig, strapazierfähig, knitterarm und leicht zu pflegen sein.

2. *Konfliktanalyse*

Indem die Schüler Bekanntes von Unbekanntem und Wesentliches von Unwesentlichem trennen, arbeiten sie das eigentliche Problem heraus:
– Welches Fasermaterial entspricht am ehesten der Funktion?
– Wie kann sich Monika über die Eigenschaften der Faserstoffe informieren?
Die Ergebnisse der Analyse werden im Unterrichtsgespräch erarbeitet und an der Tafel festgehalten.

III. Information

1. *Feststellen notwendiger Informationen*

Im erarbeitenden Unterrichtsgespräch werden folgende Informationen für notwendig erachtet und an der Tafel notiert:
– **Information 1:** Informationen über die Eigenschaften der angebotenen Faserstoffe aus Fachbüchern, warenkundlichen Tabellen etc.
– **Information 2:** Informationen über die Eigenschaften der angebotenen Faserstoffe durch Versuche
– **Information 3:** Informationen über die Pflegeeigenschaften der angebotenen Faserstoffe durch Auswertung der Textilkennzeichnung in Textilwaren

Es wird nun geklärt, welches Informationsmaterial von den Schülern selbst beschafft werden kann (z.B. ausgezeichnete Textilwaren), bzw. vom Lehrer zur Verfügung gestellt werden muß (z.B. Fachliteratur). Weiter erfolgt eine Einigung darüber, welche Informationsaufgaben auf einzelne Arbeitsgruppen verteilt werden (z.B. Information über je die Eigenschaften eines Fasermaterials aus Fachbüchern) und welche Informationsaufgaben gemeinsam gelöst werden sollen (z.B. Zusammenstellen der Versuche).

2. *Sammeln von Informationen*

Die Schüler holen die nachstehenden, für notwendig erachteten Informationen ein.

Information 1
Information aus Fachbüchern, warenkundlichen Tabellen etc.

Eigenschaften	Baumwolle	Baumwolle pflegeleicht	Polyester	Baumwolle/ Polyester
Saugfähigkeit	sehr saug-fähig	wenig saug-fähig	wenig saug-fähig	ausreichend saugfähig
Reißfestigkeit	reißfest	wenig reißfest	sehr reißfest	reißfest
Knitterfestigkeit	knittert leicht	knittert wenig	knittert wenig	knittert wenig
Kochfestigkeit	weiß: 95°C kochfest bunt: 60°C nicht kochfest	60°C nicht kochfest	60°C nicht kochfest	60°C nicht kochfest
Bügelfestigkeit	200°C (3 Punkte) bügeln erforderlich	150°C (2 Punkte) nahezu bügelfrei	150°C (2 Punkte) bügelfrei	150°C (2 Punkte) nahezu bügelfrei

Information 2

Information durch Versuche (vgl. S. 73 ff.)

Eigenschaften	Materialien	Versuchsbeschreibung
Saugfähigkeit	4 gleich große Gewebeproben aus den genannten Faserstoffen Meßbecher Wäschesprenger Wasser	Besprenge die Gewebeproben mit der gleichen Wassermenge: a) Beobachte die Stoffoberfläche! b) Reibe das Wasser mit der Handfläche ein und befühle die Stoffober- und -unterseiten der Gewebeproben!
Reißfestigkeit	Mehrere gleichlange Garnstücke aus den genannten Faserstoffen mit möglichst ähnlicher Garnkonstruktion	Zerreiße die Garnstücke mit den Händen!
Knitterfestigkeit	4 Gewebeproben aus den genannten Faserstoffen	Nimm die Gewebeproben in die Hand, drücke sie einige Sekunden fest zusammen und lege sie zum Ruhen auf den Tisch!
Kochfestigkeit	4 Gewebeproben aus den genannten Faserstoffen Topf Kochplatte	Koche die Gewebeproben in Wasser!
Bügelfestigkeit	8 Gewebeproben aus den genannten Faserstoffen Bügelbrett Bügeleisen	Bügle je 4 Gewebeproben der 4 Faserstoffe mit 150°C (2 Punkte) und 200°C (3 Punkte)!

Zu den Ergebnissen s. **Information 1.**

Information 3

Information durch Auswertung der Textilkennzeichnung in Textilwaren

Faserstoffe	Gesetzliche Textilkennzeichnung	Freiwillige Textilkennzeichnung		
	Rohstoffgehaltsangabe	Waschtemperatur	Bügeltemperatur	Warenzeichen
Baumwolle	100% Baumwolle	[95] weiß [60] bunt	(Bügeleisen)	Naturfaser Baumwolle Reine Baumwolle
Baumwolle pflegeleicht	100% Baumwolle	[30]	(Bügeleisen)	Cottonova Supercotton Quikoton
Polyester	100% Polyester	[60] oder [30]	(Bügeleisen) oder (Bügeleisen)	Terylene, Dacron, Terlenka, Trevira, Diolen, Vestan, Avitron, Tergal, Rhoa-Tex-Polyester
Baumwolle/ Polyester	z.B. 65 % Polyester 35 % Baumwolle	[60]	(Bügeleisen)	

Tafelbild			
Vergleich der Eigenschaften der Faserstoffe			
Faserstoff	Vorteile	Nachteile	Konsequenzen
Baumwolle	ist sehr saugfähig und ist reißfest	knittert leicht und muß oft gebügelt werden	Baumwolle ist strapazierfähig und nimmt den Schweiß gut auf, knittert aber leicht und bedarf eines hohen Pflegeaufwandes
Baumwolle pflegeleicht	knittert wenig und ist pflegeleicht	ist wenig saugfähig und reißfest	Baumwolle pflegeleicht knittert zwar wenig und bedarf eines geringen Pflegeaufwandes, ist aber wenig strapazierfähig und nimmt Schweiß schlecht auf
Polyester	knittert wenig und ist sehr pflegeleicht und reißfest	ist wenig saugfähig	Polyester knittert kaum, ist sehr pflegeleicht und besitzt eine gute Strapazierfähigkeit, aber eine geringe Schweißaufnahmefähigkeit
Baumwolle/ Polyester	knittert wenig, ist pflegeleicht, reißfest und ausreichend saugfähig		Baumwolle/Polyester ist knitterarm, pflegeleicht und strapazierfähig und weist eine ausreichende Schweißaufnahmefähigkeit auf

IV. Entwicklung von Entscheidungsalternativen

1. Entwickeln der Entscheidungsalternativen

Die Schüler erarbeiten nun die Vor- und Nachteile der aus den eingeholten Informationen gewonnenen Eigenschaften der Fasermaterialien sowie für jede Entscheidungsalternative die Konsequenzen.

Da Baumwolle pflegeleicht offensichtlich aufgrund ihrer schlechten Schweißaufnahme- und Strapazierfähigkeit für eine Sommerbluse wenig geeignet ist, entfällt sie von vornherein als Entscheidungsalternative.

2. Verteidigen der Entscheidungsalternative

Für die als Entscheidungsalternative verbleibenden Fasermaterialien werden drei Gruppen gebildet. Jeweils eine Gruppe übernimmt es, die Vor- und Nachteile eines Fasermaterials im Hinblick auf die für Monikas Sommerbluse erforderlichen Gebrauchseigenschaften darzustellen und eine begründete Entscheidung vorzutragen.

V. Entscheidung

Im Anschluß daran wählen die Schüler die optimale Lösung für Monika aus. Der überwiegende Teil der Schüler entscheidet sich für das Mischgewebe Baumwolle/ Polyester und begründet diese Entscheidung damit, daß das Mischgewebe die in der Analyse erarbeiteten wünschenswerten Gebrauchseigenschaften Strapazierfähigkeit, Pflegeleichtigkeit und Knitterresistenz im vollen Maße besitzt und zudem eine ausreichende Saugfähigkeit aufweist.

(3) Ergänzende Hinweise

Der gewählte Fall fällt in den Interessenbereich der Schüler und bietet ihnen die Möglichkeit zur Identifikation, da sie ja selbst vor der entscheidungsbedürftigen Situation stehen, die Materialauswahl für eine Sommerbluse zu treffen. Durch die Eingrenzung der Materialien, die für die Auswahl zur Verfügung stehen, entspricht der Fall dem Kriterium der Übersichtlichkeit.

Für eine Klasse, die bereits mit der Fallmethode vertraut ist, wäre eine Ausweitung des Falles insofern denkbar, daß keine Materialbegrenzung erfolgt. Dies würde das Sammeln weiterer Informationen nach sich ziehen:
- Informationen über das Warenangebot von Stoffversandhäusern durch Auswertung von Katalogen
- Informationen über das Warenangebot an Stoffen und deren Preise durch Erkunden von Fachgeschäften.

8. Anmerkungen

Artikulation und Unterrichtsverfahren

[1] Vgl. Vogel, A.: Artikulation des Unterrichts. Verlaufsstrukturen und didaktische Funktionen. Workshop Schulpädagogik. Materialien 3. Ravensburg 1976[5], S. 9
[2] Klafki, W.: Allgemeine Probleme der Unterrichtsmethodik. In: Klafki, W. u.a. (Hrsg.), Funk-Kolleg Erziehungswissenschaft. Bd. 2. Frankfurt a.M. 1970, S. 141
[3] Vgl. Herbart, J.F.: Allgemeine Pädagogik. In: Holstein, H. (Hrsg.), J. Fr. Herbart, Allgemeine Pädagogik. Bochum o.J. (Abdruck der Ausgabe von 1806)
[4] Vgl. Klafki, a.a.O., S. 142ff.
[5] Vgl. Klafki, a.a.O., S. 142ff.
[6] Roth, H.: Pädagogische Psychologie des Lehrens und Lernens. Hannover 1976[15], S. 86
[7] Vgl. Gagné, R.M.: Die Bedingungen des menschlichen Lernens. Übertr. a.d. Amerik., Hannover 1970
[8] Schmidt, D.: Die Artikulation des Textilunterrichts in der Grundschule. In: Textilarbeit und Unterricht. Baltmannsweiler 1982, Heft 4, S. 147–148
[9] Vgl. Vogel. a.a.O., S. 37
[10] Die Stufung nach medialen Gesichtspunkten wird an dieser Stelle vernachlässigt, da diese bei dem derzeitigen mediendidaktischen Forschungsstand des Textilunterrichts nicht geleistet werden kann. Vgl. hierzu auch die Ausführungen S. 169
[11] Vgl. Vogel, a.a.O., S. 50
[12] Wilkening, F.: Unterrichtsverfahren im Lernbereich Arbeit und Technik. Mit Beiträgen von Klaus Lindemann und Winfried Schmayl. Ravensburg 1977, S. 14

Fertigungsaufgabe

[13] Vgl. zur Motivation Aebli, H.: Psychologische Didaktik. Stuttgart 1966[2]; Brunnhuber, P.: Prinzipien effektiver Unterrichtsgestaltung. Donauwörth 1973[4]; Roth, H.: Pädagogische Psychologie des Lehrens und Lernens. Hannover 1976[15], S. 86; Schiefele, H.: Motivation im Unterricht. München 1963[2]; Skowronek, H.: Lernen und Lernfähigkeit. München 1970[2]
[14] Vgl. Brunnhuber, a.a.O., S. 35 u. 36
[15] Vgl. Brunnhuber, a.a.O., S. 36
[16] Vgl. Roth, H., a.a.O., S. 227ff.
[17] Vgl. Roth, H., a.a.O., S. 246
[18] Vgl. Roth, H., a.a.O., S. 264
[19] Vgl. Roth, H., a.a.O., S. 223–226
[20] Eine detaillierte Stundendarstellung findet sich in: Schmidt, D.: Die Artikulation des Textilunterrichts in der Grundschule. In: Textilarbeit und Unterricht. Baltmannsweiler 1982, Heft 4, S. 148–154

Arbeitsablaufstudie

[21] Vgl. Stübler, E.: Einführung in das Arbeitsstudium der Hauswirtschaft. Berlin 1969[2], S. 13 nach Sommerfeld, D.: Textiles Werken. Bad Heilbrunn/Obb. 1978, 3. neubearb. Aufl., S. 126

Ausdrucksgestaltung

[22] Vgl. Roth, A.: Die Elemente der Unterrichtsmethode. München 1973[3], S. 100
[23] Vgl. Wallas, G.: In: Seiffge-Krenke, J.: Probleme und Ergebnisse der Kreativitätsforschung. Bern, Stuttgart, Wien 1974, S. 16ff.
[24] Vgl. hierzu auch die Stufungsmodelle von Dewey und Rossmann in: Mühle, G./Schell, Chr. (Hrsg.), Kreativität und Schule. München 1971[2], S. 148 u. 150–151; zu den Stufen des kreativen Prozesses s. auch Bleckwenn, R.: Spezielle Möglichkeiten der Kreativitätsförderung im Fach Textilgestaltung. In: Bleckwenn, R. (Hrsg.), Kreatives textiles Gestalten.

Kreativitätsfördernde Textilgestaltung mit Kindern von 6-10. Ravensburg 1981, S. 25 ff.; El-Gebali-Rüter, T.: Kreativitätsförderung im Textilunterricht. In: Textilarbeit und Unterricht. Baltmannsweiler 1981, Heft 5, S. 198/199; Geburek, H.: Kreativitätsförderung im Fach Textilgestaltung - Theoretische Grundlagen. In: Bleckwenn, R. (Hrsg.), a.a.O., S. 18/19

[25] Vgl. Guilford, J.P.: Kreativität (1950). In: Mühle, G./Schell, Chr. (Hrsg.), Kreativität und Schule. München 1973³; Landau, E.: Psychologie der Kreativität. München, Basel 1971²; Lowenfeld, V.: Vom Wesen schöpferischen Gestaltens. Frankfurt a.M. 1960; Mühle, G./Schell, Chr. (Hrsg.), a.a.O.; Schiffler, H.: Fragen zur Kreativität. Workshop Schulpädagogik. Materialien 6. Ravensburg 1973; weitere Literaturangaben finden sich bei Schiffler.

[26] Vgl. Roth, A., a.a.O., S. 101

[27] Eine detaillierte Stundendarstellung findet sich in: Schmidt, D.: Die Artikulation des Textilunterrichts in der Grundschule. In: Textilarbeit und Unterricht. Baltmannsweiler 1982, Heft 4, S. 154 ff.

[28] Schmidt, D., a.a.O., S. 158

Experiment

[29] Vgl. Fries, E./Rosenberger, R.: Forschender Unterricht. Ein Beitrag zur Didaktik und Methodik des mathematischen und naturwissenschaftlichen Unterrichts in allgemeinbildenden Schulen, mit besonderer Berücksichtigung der Sekundarstufen. Frankfurt a.M. 1976⁴; vgl. auch die Stufung für den auf Schülerversuch aufbauenden Naturlehreunterricht von Eisenhut, G./Seilnacht, F.: Fachbereich Physik/Chemie. In: Meißner, O./Zöpfl, H. (Hrsg.), Handbuch der Unterrichtspraxis. München 1974, Band 3, S. 145-167; zum Verlauf des technischen Experiments, s. Manthei, W.: Das Experiment im Polytechnischen Unterricht. In: Polytechnische Bildung und Erziehung 1968, 8/9, S. 331-334; eine Darstellung des Verlaufs des technischen Experimentes findet sich bei Wilkening, F.: Unterrichtsverfahren im Lernbereich Arbeit und Technik. Mit Beiträgen von Klaus Lindemann und Winfried Schmayl. Ravensburg 1977, S. 69-86

[30] Vgl. hierzu Schmidt, E.: Materialkundliche Experimente und Untersuchungen im Textilunterricht. In: Textilarbeit und Unterricht. Baltmannsweiler 1981, Heft 4, S. 163-173

[31] Ein Unterrichtsmodell, das unter der Beratung von E. Schmidt entstanden ist, wird zu diesem Thema unter Berücksichtigung des Verfahrens nach Fries/Rosenberger vorgestellt von Bernhard, G.: Entdeckendes Lernen im Textilen Werken in der Grundschule, dargestellt an einem Unterrichtsmodell aus dem Lehrgang Färben im 3. Schuljahr. In: Textilarbeit und Unterricht. Baltmannsweiler 1980, Heft 4, S. 99-123

[32] Vgl. Fries/Rosenberger, a.a.O., S. 7-18

[33] Vgl. Fries/Rosenberger, a.a.O., S. 18 ff.

[34] Zur Unterteilung der Eigenschaften vgl. Schmidt, E.: Textilien. Informationen und Hinweise. Fernstudienlehrgang Arbeitslehre. Studienbrief zum Fachgebiet Haushalt. Tübingen 1982, S. 7-10

[35] Der als Problemgrund eingesetzte Brief ist mit geringfügigen Änderungen einer Lehrdarstellung entnommen von Röder, R.: Die Eigenschaften der Wolle. Speyer 1977. Diese Lehrdarstellung ist im Rahmen der 2. Phase der Lehrerausbildung im Fachseminar Textiles Gestalten am Studienseminar Speyer (Leitung D. Schmidt) entstanden.

[36] Das Arbeitsblatt wurde für eine Lehrdarstellung erstellt von Röder, a.a.O.

[37] Vgl. Fries/Rosenberger, a.a.O., S. 28

[38] Vgl. Fries/Rosenberger, a.a.O., S. 37

Rollenspiel

[39] Varianten des Rollenspiels sind: 1. Das spontane Rollenspiel 2. Die szenische Kurzdarstellung 3. Das didaktisch-angeleitete Rollenspiel, bei dem Konfliktfälle und Entscheidungssituationen durchgespielt werden 4. Das Soziodrama, in dem Konflikte innerhalb einer Gruppe (z.B. Ausländer) dramatisch „durchleuchtet" werden 5. Das Psychodrama als Verfahrens-

weise zur Therapie psychisch Gestörter; vgl. hierzu Kaiser, F.-J.: Entscheidungstraining. Methoden der Entscheidungsfindung. Bad Heilbrunn/Obb. 1976, 2. erw. u. verb. Aufl., S. 95: zum Rollenspiel s. auch Farber, K./Wittmann, B. (Hrsg.): Rollenspiele zur Wirtschaftslehre. Dortmund 1972 und 1974; Kochan, B. (Hrsg.): Rollenspiel als Methode sprachlichen und sozialen Lernens. Kronberg 1976; Lehmann, J. (Hrsg.): Simulations- und Planspiele in der Schule. Bad Heilbrunn/Obb. 1977; Seltmann, L.: Hat Handwerk noch goldenen Boden? Dortmund 1972; Ders.: Lohnt sich eine Ausbildung für Mädchen? Dortmund 1974; Ders.: Soll Ute auf Raten kaufen? Dortmund 1974; Taylor, J.L./Walford, R.: Simulationsspiele im Unterricht. Eine Einführung in die didaktischen Möglichkeiten von Simulations-, Plan- und Rollenspielen mit sechs praktischen Beiträgen. Ravensburg 1974; Wendlandt, W.: Rollenspiel in Erziehung und Unterricht. München 1977

[40] Vgl. Kaiser, a.a.O.
[41] Vgl. Kant, I.: Immanuel Kant über Pädagogik. In: Groothoff, H.-H. (Hrsg.), Immanuel Kant. Ausgewählte Schriften zur Pädagogik und ihre Begründung. Besorgt von Groothoff, H.-H. unter Mitarbeit von Reimers, E. Paderborn 1963
[42] Vgl. Kaiser, a.a.O., S. 23
[43] Vgl. Beyer, B./Kafka, H.: Textilarbeit (Kleiden und Wohnen). Bad Heilbrunn 1977, 2. neubearb. Aufl., S. 125
[44] Vgl. Portmann, A.: Entläßt die Natur den Menschen? Gesammelte Aufsätze zur Biologie und Anthropologie. München 1970
[45] Eine gute Zusammenfassung zu den Spieltheorien und zur Spielpädagogik findet sich bei Kluge, N.: Spielen und Erfahren: der Zusammenhang von Spielerlebnis und Lernprozeß. Bad Heilbrunn/Obb. 1981
[46] Zur Gegenüberstellung der wesentlichen Unterschiede des Rollenspiels und der Fallmethode vgl. S. 92
[47] Vgl. Krappmann, L.: Neuere Rollenkonzepte als Erklärungsmöglichkeit für Sozialisationsprozesse. In: betrifft: erziehung (1971) Heft 3, S. 27–34
[48] Farber, K./Hense, F.: Mietwohnung-Eigentumswohnung. Lehrerbegleitheft. In: Farber, K./Wittmann, B. (Hrsg.) Rollenspiele zur Wirtschaftslehre. Dortmund 1974, S. 6
[49] Gesamttextil (Hrsg.): Klarer Kurs. Informationen über Berufe in der Textilindustrie. Frankfurt a.M. 1980, S. 10
[50] Vgl. Farber/Hense, a.a.O., Diskussionsleiterkarte

Fallmethode

[51] Vgl. Wilkening, F.: Unterrichtsverfahren im Lernbereich Arbeit und Technik. Mit Beiträgen von Klaus Lindemann und Winfried Schmayl. Ravensburg 1977, S. 123–125; Engel, P./Riedmann, W.: Die neuen Managementtechniken in Fällen. München 1971; Kosiol, E.: Die Behandlung praktischer Fälle im betriebswirtschaftlichen Hochschulunterricht (Case Method). Berlin 1957; Heinze, K.: Anwendung der Fallmethode im beruflichen Unterricht. Berlin (Ost) 1968
[52] Kaiser, F.-J.: Entscheidungstraining. Die Methoden der Entscheidungsfindung. Bad Heilbrunn/Obb. 1976, 2. erw. u. verb. Aufl., S. 60ff. u. S. 138ff.; s. auch Dörge, F.-W./Steffens, H.: Augen auf beim Schuheinkauf. Fallstudien zur Verbraucherbildung 1. Ravensburg 1974 und Steffens, H./Thielemann, H.D./Thomas, S.: Motorisierung auf Raten? Ravensburg 1975
[53] Wilkening, a.a.O., S. 125
[54] Diese Gegenüberstellung wurde anläßlich einer Lehrerfortbildungsveranstaltung des SIL Speyer, die von F.-J. Kaiser und D. Schmidt geleitet wurde, erarbeitet.
[55] Vgl. Kaiser, a.a.O., S. 54/55
[56] Vgl. Wilkening, a.a.O., S. 123ff.

Vierter Teil:

Organisationsstruktur, Sozialformen und Aktionsformen des Textilunterrichts

1. Organisationsstruktur des Textilunterrichts

Schulische Textilerziehung findet sowohl im eigentlichen Textilunterricht als auch in diesen ergänzenden Textilveranstaltungen und damit am Lernort Schule sowie an Lernorten außerhalb der Schule statt. Die Textilveranstaltungen außerhalb der Schule sind ebenfalls Bestandteil einer Textildidaktik als einer Theorie des Textilunterrichts, da sie von der Schule veranstaltet werden. (s. Abb. 4/1)

2. Textilunterricht

Der Textilunterricht setzt sich aus dem verbindlichen Unterricht, dem Fundamentum oder den Grundformen des Unterrichts, und dem wahlfreien Unterricht, dem Additum oder den Zusatzformen des Unterrichts zusammen.

Basisunterricht und Differenzierter Unterricht

Bei dem verbindlichen Unterricht ist zu unterscheiden zwischen dem Basisunterricht, an dem alle Schüler einer Lerngruppe teilnehmen, und dem Differenzierten Unterricht, bei dem die Schüler nach verschiedenen Gesichtspunkten differenziert werden. Mit Differenzierung in der Schule werden alle schulorganisatorischen, didaktischen und methodischen Maßnahmen bezeichnet, durch welche einerseits Lernziele und Unterrichtsmethoden der Leistungsfähigkeit und der Leistungsbereitschaft der Schüler individuell und gruppenweise angepaßt werden, und durch welche andererseits im Lernangebot die Neigungen und besonderen Bedürfnisse der Schüler berücksichtigt werden. Zu unterscheiden sind die Formen der äußeren Differenzierung, die von den Behörden (z. B. dreigliedriges Schulsystem) und der Schule (z. B. Förderunterricht) durchgeführt werden, und die Formen der inneren Differenzierung, die der Lehrer innerhalb seiner Klasse oder Lerngruppe wählt.

Durch diese innere Differenzierung, die vom Lehrer erfolgt, soll vor allem eine optimale Förderung aller Begabungspotenzen, eine Steigerung der Lernleistung und -fähigkeit, eine Förderung der Lernbereitschaft und Chancengleichheit erreicht werden. Zu beachten sind dabei die unterschiedliche Lernausgangslage, das unterschiedliche Leistungsvermögen und das unterschiedliche Lerntempo der Schüler. Nach diesen Kriterien richten sich Schwierigkeit oder Umfang verschiedener Aufga-

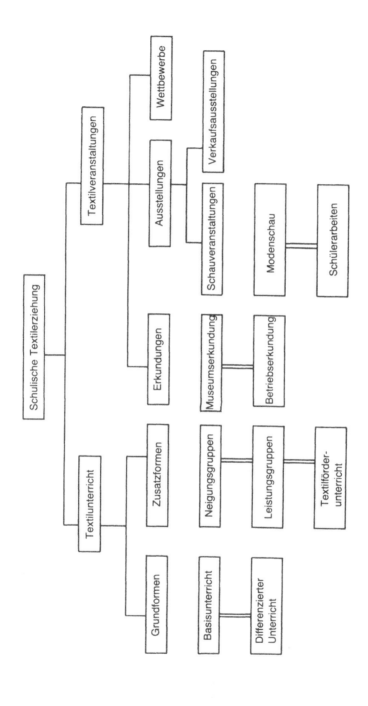

Abb. 4/1: Organisationsstruktur der schulischen Textilerziehung

benstellungen, Medien oder Lernmethoden. Vorteile der inneren Differenzierung sind:
- Der soziale Verband bleibt erhalten.
- Eine Durchlässigkeit ist gewährleistet.
- Fixierungen kann leichter begegnet werden (Gruppenmitglieder können leichter ausgetauscht werden).
- Die Stundenplangestaltung wird nicht beeinträchtigt.

Eine differenzierte Übersicht zu den Strukturformen der inneren Differenzierung legt u. a. Bönsch[1] vor:

1. Differenzierung nach Arbeitsweisen

Den verschiedenen Gruppen oder Schülern werden zum gleichen Thema verschiedene Arbeitsmittel zur Verfügung gestellt, welche ein unterschiedliches Vorgehen nach sich ziehen.

1. Beispiel: Gewebebindungen

1. Gruppe: Darstellen von Gewebebindungen aus der Fachliteratur mit Hilfe von Flechtblättern
2. Gruppe: Grafische Darstellung von Stoffproben
3. Gruppe: Versuch, Gewebebindungen mit einem Webrahmen herzustellen

2. Beispiel: Flächengliederung durch Materialdruck

1. Gruppe: Kordeldruck
2. Gruppe: Korkdruck, Drucken mit Metallringen
3. Gruppe: Drucken mit Streichholzschachteln und Büroklammern
4. Gruppe: Zwiebeldruck, Kartoffeldruck

2. Differenzierung nach dem stofflichen Umfang

Innerhalb einer vorgegebenen Zeit bewältigen die Schüler ein unterschiedliches Pensum.

1. Beispiel: Stricken einer Katze mit linken Maschen

Katzenbaby – Katzenkind – Katzenvater

2. Beispiel: Häkeln eines Schals mit Stäbchen

Schal für Kleinkind – kurzer Schal – langer Schal

3. Differenzierung nach Schwierigkeitsgraden

Die Schüler erfüllen eine themengleiche Aufgabe, aber mit unterschiedlichem Schwierigkeitsgrad.

1. Beispiel: Weben einer Tasche

Leinwandbindung – Abwandlungen: Panama-, Querrips-, Längsripsbindung

2. Beispiel: Stricken eines Pullovers

Rechte Maschen – rechte und linke Maschen – Muster

4. Differenzierung aus sozialen Motiven

Im Vordergrund stehen Zusammenarbeit und Hilfestellung für schwächere Schüler sowie vorbereitende Arbeiten einzelner Schüler oder Gruppen für die Behandlung von Unterrichtsinhalten im Klassenverband.

1. Beispiel: Zickzackstich

Nach der Einführung des Zickzackstichs werden Abwandlungen (Verkleinern, Verbreitern, Vergrößern) geübt.
Ein Schüler, welcher die Abwandlungen bereits beherrscht, hilft einem schwächeren Schüler beim Erlernen des Zickzackstichs.

2. Beispiel: Erkunden des Marktangebotes an Garnen

Eine Schülergruppe führt Preisvergleiche zum Marktangebot an Garnen in verschiedenen Geschäften durch.

5. Differenzierung aus methodischen Gründen

Der Lehrer wählt den individuell unterschiedlichen Lernvoraussetzungen seiner Schüler entsprechend unterschiedliche methodische Maßnahmen aus.

1. Beispiel: Maschinennähen

1. Gruppe: Üben mit Pfaff-Nähblättern unter intensiver Anleitung des Lehrers
2. Gruppe: Entwickeln von und Üben mit eigenen Nähblättern ohne Anleitung des Lehrers.

2. Beispiel: Unterrichtsprogramm „Zuschneiden einer einfachen Bluse"

Das Unterrichtsprogramm paßt sich den individuell unterschiedlichen Lernvoraussetzungen völlig an.

6. Differenzierung aus sachlichen Gründen

Die Textilpraxis erfordert eine individuelle Bearbeitung der Lerninhalte. Es ist nicht möglich, daß alle Schüler zur gleichen Zeit fertig sind. Auch hier sind Zusatzaufgaben erforderlich.

Neigungsgruppen, Leistungsgruppen, Textilförderunterricht und Koedukativer Textilunterricht

Die Bildung von Neigungs- und Leistungsgruppen sowie der Textilförderunterricht und der Koedukative Textilunterricht sind Maßnahmen, welche die äußere Differenzierung des Unterrichts betreffen.

(1) Neigungsgruppen

Die Neigungsgruppe oder die Arbeitsgemeinschaft ist ein zusätzliches freiwilliges Textilangebot der Schule, das vor allem für die Textilpraxis relevant ist. Bei den Neigungsgruppen sind zu unterscheiden Neigungsgruppen, welche sich innerhalb eines Textilbereichs verbessern wollen, und Neigungsgruppen, welche einen neuen Textilbereich (z. B. historische Textiltechniken) erlernen möchten. Der Vorteil der Neigungsgruppe besteht darin, daß sie Schülerinteressen berücksichtigt, was im

Textilunterricht im Hinblick auf die Erziehung zu einer sinnvollen aktiven Freizeitgestaltung von gewichtiger Bedeutung ist, und ein hohes Maß an Schülermitbestimmung und -verantwortung ermöglicht. Nachteile sind vor allem in der hohen Fluktuation der Schüler, dem Absinken auf ein Bastelkursniveau sowie ungünstigen organisatorischen Voraussetzungen (Nachmittagsunterricht, schlechte Verkehrsverbindungen) zu sehen. Zudem erfordert die Führung einer Neigungsgruppe vom Textillehrer ein Fertigkeitsniveau und Vermittlungsfähigkeiten über das in der Ausbildung vermittelte Maß hinaus und verweist auf eine vertiefte didaktische und textilwissenschaftliche Ausbildung.

(2) Leistungsgruppen

Der Textilunterricht erfolgt nicht in gesellschaftlicher Isolation, sondern steht in Verbindung mit anderen Institutionen, welche sich mit Textilien auseinandersetzen (Werkstätten, Industriebetriebe, Museen). Die Bildung von Leistungsgruppen hat die Aufgabe, zu diesen Institutionen hinzuführen, sie dient vor allem der Suche und Förderung von textilen Talenten. Ziel der Leistungsgruppen ist nicht eine allgemeine hohe Kompetenz in den Bereichen Kleidung und Wohnung, sondern eine hohe Leistungsfähigkeit in einem Textilhandwerk mit seinen ihm zugehörigen Dimensionen der Fertigung, der Gestaltung, des Materials, der Wirtschaft und der Kultur.

(3) Textilförderunterricht

Auf die Bedeutung des psychomotorischen Lernbereichs wird in der Motopädagogik nachdrücklich hingewiesen[2]. Störungen in der Feinmotorik haben Auswirkungen auf die Gesamtentwicklung und führen zu Schulproblemen. Die Förderung der Feinmotorik ist nicht nur eine behindertenspezifische Maßnahme, sondern auch eine Maßnahme zur Vermeidung von Lernbehinderung. Ihre Bedeutung liegt nicht in einer bloßen Förderung der Feinmotorik, sondern über diese hinaus in einer Förderung der physio-psychisch-sozialen Gesamtentwicklung. Aufgabe des Textilförderunterrichts ist die Förderung körperlich und motorisch, vor allem feinmotorisch benachteiligter Kinder mit Koordinationsstörungen. Determinanten des feinmotorischen Leistungsvermögens, welche auch durch gezielte unterrichtliche Maßnahmen kaum beeinflußbar sind, sind Konstitution, Familie, Umwelt und andere; dagegen ist die Determinante Koordination förderbar. Neben allgemeinen, die Koordinationsleistung fördernden Textilarbeiten müßten spezielle Textiltechniken mit entsprechender Wirkung (z.B. Weben[3]) im Textilförderunterricht angeboten werden.

Als Legitimierung für den Textilförderunterricht sind sowohl die erschreckende Zunahme von Schülern anzuführen, die in ihrer Feinmotorik und in ihren Koordinationsleistungen gestört sind, was mit entsprechenden Auswirkungen auf ihr Gesamtverhalten verbunden ist, als auch die in textiltherapeutischen Einrichtungen gewonnenen guten Erfolge. In diesem Zusammenhang wäre eine didaktische Aufarbeitung des Textilförderunterrichts unter Zuhilfenahme der Ergebnisse textiltherapeutischer Einrichtungen dringend erforderlich. Dieselbe Forderung nach didaktischer Aufarbeitung gilt für den Textilunterricht in der Sonderschule, auf dessen Bedeutung in einigen Aufsätzen[4] hingewiesen wird.

(4) Koedukativer Textilunterricht

Lag früher der Bildungsauftrag des Textilunterrichts unbestritten darin, daß die Mädchen auf ihre spätere Rolle als Hausfrau und Mutter vorbereitet werden sollten, so ist dieser aufgrund der veränderten Rollenerwartungen von Frau und Mann im Wege der Neustrukturierung des Familien- und Berufslebens und des damit verbundenen veränderten Verhaltens von diesen in den Lebensbereichen Kleidung und Wohnung nicht mehr haltbar. Denn die Geschlechtsrollen unterliegen dem Wandel, sind kulturrelativ und damit von der Umwelt abhängig. Es ist eine deutliche Tendenz zu verzeichnen, daß die umweltbedingten Geschlechtsunterschiede immer mehr zurückgehen. „In der Tat ist die Annäherung der Geschlechtsunterschiede das gesicherteste Faktum auf diesem Gebiet überhaupt."[5]

Die Vermittlung von Kompetenz in den Lebensbereichen Kleidung und Wohnung muß von Anfang an im Zusammenhang einer offenen Anthropologie der Geschlechter stehen. So weist der Entwicklungspsychologe Nickel auf die Gefahr hin, welche eine Festlegung auf veraltete Klischees von weiblichen und männlichen Rollen mit sich bringt: „Auch im Erwachsenenalter bildet die Fehlanpassung an das Geschlechtsstereotyp eine der wesentlichen Ursachen für Verhaltensstörungen oder psychomatische Erkrankungen, und zwar in allen Gesellschaftssystemen, selbst in sogenannten Primitivkulturen. Gegenwärtig ist die Gefahr in unserer Gesellschaft besonders groß. Der in den letzten Jahren erfolgte verhältnismäßig rasche Wandel des Rollenbildes von Mann und Frau steht oft für den Einzelnen in einer kaum zu bewältigenden Diskrepanz zum tradierten Rollenstereotyp. Diese Diskrepanz und die daraus erwachsende Unsicherheit und Gefahr der Fehlanpassung muß umso größer werden, je stärker in unserer Erziehung weiterhin die bisherigen Geschlechtsstereotype bewußt oder unbewußt anerkannt und von den Kindern internalisiert werden."[6]

Für verantwortliche Pädagogen, welche ihren Schülerinnen und Schülern Hilfen zur individuellen Bewältigung von Lebenssituationen in den Bereichen Kleidung und Wohnung geben wollen, um ihnen zu ermöglichen, ihre höchstpersönliche Rolle in diesen Lebensbereichen in Schule, Familie, Beruf, Gesellschaft und Umwelt zu wählen, ist ein Koedukativer Textilunterricht unerläßlich. Die Praxis des Koedukativen Textilunterrichts, wie sie in anderen Unterrichtsfächern eine Selbstverständlichkeit ist, setzt sich in den meisten Bundesländern und Schulen in zunehmendem Maße durch.

3. Textilveranstaltungen

Erkundung

Charakteristisch für die Erkundung ist deren Polarität zwischen der Konfrontation mit der außerschulischen Wirklichkeit einerseits und der systematischen Vorbereitung und kritischen Auswertung in der Schule andererseits.[7] Erkunden bedeutet nach Klafki: „unter bestimmten Fragestellungen in methodisch-durchdachter Form in einem bestimmten Wirklichkeitsbereich (...) Informationen einzuholen, um anschließend mit Hilfe der so gewonnenen Informationen jene Ausgangsfragen zu beantworten und die Teilantworten zu einem (kleineren oder größeren) Erkenntniszusammenhang weiterentwickeln zu können."[8]

Die Erkundung eröffnet exemplarische Einblicke in die außerschulische Wirklichkeit. Ihre Formen reichen von einfachen Erkundungsaufgaben bis zu komplexen Erkundungsformen wie Betriebs- und Museumserkundung. Einfache Erkundungsaufgaben im Textilunterricht sind z. B.:
- Bekleidungs- und Wohntextilien im häuslichen Wohnbereich
- örtliches bzw. regionales Marktangebot an Textilien in Fachgeschäften, Boutiquen, Warenhäusern und Discountläden
- Industrie- und Dienstleistungsangebote an Ausbesserungs- und Pflegemöglichkeiten von Textilien
- Angebot an heimatlichen Handwerks- und Industriebetrieben
- regionales kulturpolitisches Angebot an Ausstellungen, Werkstätten, Textilschulen, Volkshochschulen und kirchlichen Stätten im textilen Sektor
- regionales Angebot an Textilberufen.

Betriebserkundung

Didaktischer Ort

Die Betriebserkundung ist ein Unterrichtsverfahren, durch welches die Schüler einen sichtbaren Einblick in die Wirtschafts- und Arbeitswelt erhalten. Sie ist eine Methode, die geeignet ist, den Lernbereich Arbeit/Wirtschaft/Technik im Textilunterricht aufzuschließen.

Bei den zu erkundenden Textilbetrieben sind zu unterscheiden:
1. Textile Handwerksbetriebe
2. Textile Industriebetriebe
    - Textilerzeugende Industrie
    - Textilmaschinenindustrie
    - Chemiefaser-/Farbstoff- und Textilhilfsmittelindustrie
    - Bekleidungsindustrie
3. Textile Dienstleistungsbetriebe
    - Textileinzelhandel- Textilgroßhandel
    - Textilversand
    - Verbraucherberatungsstätte
    - Wäscherei
    - Chemische Reinigung
    - Redaktion von Modezeitschriften

Charakteristische Merkmale der Betriebserkundung sind:
- Begegnung mit der Wirklichkeit
- Handlungsorientiertheit
- Aspektcharakter und exemplarisches Lernen
- didaktisch-methodische Aufbereitung

(1) Begegnung mit der Wirklichkeit

Die Betriebserkundung ermöglicht dem Schüler die reale Begegnung mit der Wirtschafts- und Arbeitswelt im Textilbereich. Sie ist ein Verfahren, den Schülern Erkundungsgegenstände des Bereichs Textilbetrieb, welche im Unterricht nicht abbildbar sind , sichtbar zu machen.

(2) Handlungsorientiertheit

Das Verfahren der Betriebserkundung fördert das Anliegen eines handlungsorientierten Textilunterrichts, die Schüler „den Zusammenhang zwischen körperlicher und geistiger Arbeit, zwischen Denken und Handeln, zwischen Schule und Leben sowie zwischen Konsum und Produktion"[9] erfahren zu lassen.

(3) Aspektcharakter und exemplarisches Lernen

Die Betriebserkundung im Textilunterricht, welche als Untersuchungsgegenstand den Textilbetrieb hat, hilft mit bei:
1. der Grundinformation über die Wirtschaft
2. der Vermittlung technischer Elementarbildung
3. der Klärung sozio-ökonomischer Zusammenhänge
4. der kritischen Berufswahlentscheidung[10].

Angesichts der Fülle und Vielfalt von Informationen, die ein Textilbetrieb zu bieten hat, ist es notwendig, sich bei einer Erkundung auf einen Teil davon zu beschränken, und eine Schwerpunktsetzung vorzunehmen. Bei der Schwerpunktsetzung sind zu unterscheiden die
– aspekthafte Betriebserkundung
– teilaspekthafte Betriebserkundung
– komplexe Betriebserkundung.

Bei der aspekthaften Betriebserkundung erfolgt die Schwerpunktsetzung sinnvollerweise nach den vier Aspekten, welche den o. a. Lernbereichen des Betriebs entsprechen. Die teilaspekthafte Betriebserkundung legt ihren Schwerpunkt auf Teilgebiete innerhalb eines Aspektes. Steht jedoch die Komplexität des Betriebes und damit der Einblick in die Interdependenz ökonomischer, technologischer, sozialer und berufskundlicher Aspekte im Vordergrund, hat die komplexe Betriebserkundung, welche alle Aspekte umfaßt, ihre didaktische Berechtigung. Die Schwerpunktsetzung je nach Komplexität (alle Aspekte), nach Aspekt oder nach Teilgebieten eines Aspektes ist didaktisch begründet vorzunehmen und somit vom jeweiligen Lernziel und Lerninhalt abhängig. Die vier Aspekte der Betriebserkundung[11] lassen sich für die Erkundung von Textilbetrieben wie folgt kennzeichnen:

1. Technisch-technologischer Aspekt

Betriebserkundungen unter technisch-technologischem Aspekt haben den Textilbetrieb als technisch-organisatorisches Gebilde zum Untersuchungsgegenstand und vermitteln Einblicke in
– Geräte und Maschinen in der Textilproduktion
– Textile Verfahrenstechniken

- Textile Fertigungstechniken
- Textile Fertigungsvorbereitung (Planung, Design, Konstruktion)
- Textile Fertigungsverfahren
- Rationalisierung und Automatisierung in der Textilproduktion.

2. Ökonomischer Aspekt

Betriebserkundungen unter ökonomischem Aspekt untersuchen den Textilbetrieb als Wirtschaftssystem.

a) Unter dem mikroökonomischen (betriebswirtschaftlichen) Teilaspekt untersuchen sie den Betrieb als ökonomisches Gebilde und vermitteln Einblicke in
   - Faktoren der textilen Produktion (Arbeit, Werkstoffe, Betriebsmittel)
   - Einsatz der Faktoren der textilen Produktion nach dem ökonomischen Prinzip
   - Kosten der Textilproduktion
   - Aufbau und Organisation des Textilbetriebs
   - Funktionen des Textilbetriebs
   - Standort des Textilbetriebs
   - Güter- und Geldkreislauf (Bedarfsdeckung an Textilien im privaten Haushalt – Textilproduktion im Betrieb)

b) Unter dem makroökonomischen (volkswirtschaftlichen) Teilaspekt untersuchen sie den Betrieb im Wirtschaftskreislauf und vermitteln Einblicke in
   - Textile Produktionsstufen (Fasermaterial, Garn, Textiles Flächengebilde, Veredlung, teil- und fertigkonfektioniertes Stück)
   - Wirtschaftsbranchen (Textilveredlungsindustrie, Chemiefaserindustrie u.a.)
   - Regionale Strukturen.

3. Sozialer Aspekt

Betriebserkundungen unter sozialem Aspekt haben den Textilbetrieb als soziales Gebilde zum Untersuchungsgegenstand und vermitteln Einblicke in
- Hierarchie und Konflikte im Textilbetrieb
- Auswirkungen der arbeitsteiligen Textilproduktion auf den einzelnen
- Einflüsse und Anforderungen am Arbeitsplatz im Textilbereich
- Arbeitsschutz, Arbeitssicherheit und Unfallverhütung am Arbeitsplatz im Textilbereich
- Entlohnung im Textilbereich (Lohnformen, Lohnfindung, Tarifpolitik)
- Sozialpolitik im Textilbetrieb
- den Textilbetrieb als Teil der Gesamtgesellschaft

4. Berufskundlicher Aspekt

Betriebserkundungen unter berufskundlichem Aspekt sind schwerpunktmäßig auf die im Textilbetrieb mitwirkenden Berufe und Berufsgruppen bezogen. Sie vermitteln Einblicke in
- Arbeitsplätze und Berufsfelder im Textilbereich
- Zusammenhang zwischen der arbeitsteiligen Textilproduktion und der Vielfalt an Textilberufen

- Veränderung der beruflichen Anforderungen und Tätigkeiten im Textilbereich durch den wirtschaftlichen, technischen und sozialen Wandel
- Textilberufsbezogene Ausbildung, Fortbildung, Berufsbildung, Mobilität.

Die Betriebserkundung vermittelt den Schülern exemplarische Einsichten und bedarf der Ergänzung durch andere Unterrichtsverfahren (vgl. Lehrgang, S. 193).

(4) Didaktisch-methodische Aufbereitung

Die Betriebserkundung ist durch didaktisch begründete Erkundungsaufträge mit gezielten Fragestellungen und Beobachtungsaufgaben bestimmt. Sie muß gründlich vorbereitet sein, nach einem zeitlich und örtlich genau festgelegten Plan verlaufen und den Schülern ein Finden, Untersuchen und Erkunden ermöglichen. Die Zielorientiertheit der Betriebserkundung ist eine wesentliche Voraussetzung der Lerneffektivität dieses Unterrichtsverfahrens.

Die Betriebserkundung muß sowohl die Interessen des Betriebes als auch die schulischen Lernziele berücksichtigen. Letzteres wird dadurch gewährleistet, daß die Schüler gezielte Arbeitsaufträge durchführen und deren Ergebnisse im nachbereitenden Unterricht einer kritischen Reflexion unterziehen. Die Arbeitsaufträge werden meist nicht von der ganzen Klasse durchgeführt, sondern auf Gruppen aufgeteilt. Grundformen der Betriebserkundung sind:
- „Ganze Klasse
- Gruppen mit gleichem Erkundungsauftrag
- Gruppen mit verschiedenem Erkundungsauftrag
- Ganze Klasse beginnt, teilt sich dann in Gruppen"[12].

Die Betriebserkundung gehört zu den schulischen Pflichtveranstaltungen. Abweichend von den bisher dargestellten Unterrichtsverfahren sind jedoch zusätzlich gesetzliche Vorschriften zu beachten, die allerdings nicht einheitlich für alle Bundesländer gültig sind, sondern in die Kompetenz der jeweiligen Landesregierung fallen.

Literatur zur Betriebserkundung (Bekleidungsindustrie)

Rüter, T.: Einführung in den Bereich industrieller Produktion als Aufgabe des Textilunterrichts. In: Textilarbeit + Unterricht. Esslingen 1973, H. 1, S. 23–29

Organisationsschema und Lernstufen

Organisationsschema / Lernschritte / Lernstufen	Erläuterung

I. Planung	Der Lehrer nimmt die Schwerpunktsetzung vor
	– komplexe Betriebserkundung
	– aspekthafte Betriebserkundung
	– teilaspekthafte Betriebserkundung.
	
	Der Lehrer stellt die Grobziele unter Berücksichtigung
	– der Lehrplanvorgabe
	– des ausgewählten Betriebs
	– der Vorinformation über den Erkundungsbereich
	   – Fachverbände der Textilindustrie[13]
	   – Landesverbände der Textilindustrie[13]
	   – Handwerkskammern
	   – Branchen-Fernsprechbuch
	auf.

II. Abstimmung 1. Lehrer im Betrieb	1. Der Lehrer stimmt sich mit dem Betrieb ab, indem er – Kontakt mit der Betriebsleitung aufnimmt und dieser die Absichten der Erkundung mitteilt – sich Zusatzinformationen beschafft (Informationsmaterial des Betriebs, Fragebogen an den Betrieb) – eine Betriebsbegehung durchführt und einzelne Erkundungsbereiche auswählt – den Erkundungsgang mit Erkundungsplätzen und Haltepunkten festlegt – Gefahrenquellen erfragt und Rechtsfragen klärt – die Einführung durch einen Betriebsvertreter abspricht – den geplanten Verlauf abspricht – Anzahl und Größe der Gruppen festlegt – den Zeitbedarf abschätzt.

Organisationsschema / Lernschritte / Lernstufen	Erläuterung
2. Lehrer in der Schule	2. Der Lehrer stimmt sich mit der Schule ab, indem er – evtl. Kollegen beteiligt – organisatorische Belange (Stundenplan, Vertretung) klärt (Rücksprachen mit der Schulleitung, dem Klassenlehrer, den betroffenen Kollegen).
III. Vorbereitung	

1. Lehrer	Der Lehrer bereitet sich vor durch die
	– Sachliche Analyse
	– Didaktische Analyse
	– Aufstellung von Feinzielen
	– Bestimmung der Erkundungsform
	  – ganze Klasse
	  – Gruppen mit gleichem Erkundungsauftrag
	  – Gruppen mit verschiedenem Erkundungsauftrag
	  – ganze Klasse beginnt, teilt sich dann in Gruppen
	– Medienwahl (Protokollbögen, evtl. Tonbänder, Fotoapparate)
	– Organisation (Anfahrtswege, Verkehrsverbindungen).

2. Betrieb	Der Betrieb bereitet sich vor, indem er – geeignete Mitarbeiter zur Beteiligung aussucht – diese über die Schwerpunktsetzung informiert – gegenüber diesen die pädagogische Zielstellung herausstellt – diese an die festgelegten Erkundungsplätze einteilt – die Einführung durch einen Betriebsvertreter vorbereitet – Zeitablauf und Erkundungsweg festlegt – evtl. Sicherheitsvorkehrungen (Unfallschutz) trifft.

Organisationsschema / Lernschritte / Lernstufen	Erläuterung
3. Schüler	Die Schüler bereiten sich vor durch – Information über den Betrieb durch den Lehrer – Information über die Schwerpunktsetzung der Betriebserkundung durch den Lehrer – Aufstellen von Fragekatalogen für die einzelnen Erkundungsbereiche und -plätze – evtl. Erwerb erforderlicher Kenntnisse und Fertigkeiten durch Lehrgänge oder Übungen – Klärung oder Aneignung von Arbeitsweisen: Stichwortprotokoll, Interviewtechnik, Tonbandaufzeichnung, Anfertigung von Schemaskizzen (z. B. Anordnung des Fließbandes).
IV. Durchführung	
1. Betrieb	Der Betrieb beteiligt sich an der Durchführung – durch Begrüßung und Einführung – durch Führung zu den Erkundungsbereichen und -plätzen – durch Vorstellen der zuständigen Mitarbeiter – durch Beantwortung von Schülerfragen anhand der Fragebögen – durch gemeinsame Aussprache am Ende der Erkundung mit Zusatzfragemöglichkeit.
2. Lehrer	Der Lehrer beteiligt sich an der Durchführung, indem er – die Gruppeneinteilung organisiert – die Schlußaussprache leitet (= 1. Lernzielkontrolle)
3. Schüler	Die Schüler führen ihre Erkundungsaufträge unter Zuhilfenahme von Protokollbögen, evtl. Tonbändern und Fotoapparaten durch.

Organisationsschema / Lernschritte / Lernstufen	Erläuterung
V. Auswertung	Die Betriebserkundung wird im Unterricht ausgewertet durch – Rund- oder Kreisgespräch über die Betriebserkundung – Verfassen, Vortragen und Diskutieren der Erkundungsergebnisse in Gruppenberichten – Darstellen der Fakten und Sicherung der Ergebnisse durch Erstellen von Übersichten, Tabellen, Schaubildern und Schemata (= 2. Lernzielkontrolle) – Transfer des Gelernten.

Abb. 4/2: Organisationsschema und Lernstufen der Betriebserkundung[14]

Lernort Betrieb

Weitere Verfahren der pädagogischen Nutzung des Betriebes sind die Betriebsbesichtigung und das Betriebspraktikum.

(1) Betriebsbesichtigung

Die Betriebserkundung unterscheidet sich durch ihre Zielorientiertheit von der Betriebsbesichtigung, deren Lernergebnis eher ein zufälliges ist, und die bei den Schülern einen mehr oder weniger diffusen Gesamteindruck hinterläßt.

(2) Betriebspraktikum

Im Betriebspraktikum absolviert der Schüler in einem Betrieb ein in der Regel 14-tägiges Betriebspraktikum und erfährt so über längere Zeit an einem Lernort außerhalb der Schule die Ernstsituation der Berufswelt. Er erhält durch dieses Verfahren die Möglichkeit, im Hinblick auf seine Berufsentscheidung am Lernort Betrieb Erfahrungen zu sammeln. Das Betriebspraktikum ist sowohl Aufgabe der Schulpädagogik als auch der Betriebspädagogik.

Innerhalb der Institution Schule fällt es in den Zuständigkeitsbereich der Berufskunde und ihrer didaktischen Absichten, hat jedoch mit dem Textilunterricht insofern Berührungspunkte, daß das Praktikum unter anderem auch in Betrieben der Textil- und Bekleidungsindustrie stattfindet, welche ja einen bedeutenden Zweig der Konsumgüterindustrie darstellen.

Voraussetzung für das Betriebspraktikum ist die schriftliche Einwilligung der Erziehungsberechtigten. Das Betriebspraktikum fälllt in den Bereich der freiwilligen Schulveranstaltungen; die Schüler, welche sich am Betriebspraktikum nicht beteiligen wollen, nehmen am Regelunterricht in der Schule teil.

Museumserkundung

Didaktischer Ort

Die Museumserkundung ist ein Unterrichtsverfahren, welches dem Schüler die Lebenssituationen anderer erschließt. Sie hat im Textilunterricht ihren didaktischen Ort vordergründig im Lernbereich Kultur, aber auch aufgrund der Mehrdimensionalität der Lernbereiche des Museums in den übrigen Lernbereichen Technik, Material, Geräte, Produktion, Konsum und Gestaltung.
Charakteristische Merkmale der Museumserkundung sind:
- Wirklichkeitserfahrung
- Sozialisationsbezug
- Objekt- und Tätigkeitsaspekt
- Mehrdimensionalität der Lernbereiche
- didaktisch-methodische Aufbereitung

(1) Wirklichkeitserfahrung

Museale Objekte ermöglichen die Erschließung der Lebenssituationen anderer, indem sie beispielhaft die Wirklichkeit erschließen. Ihre Wirklichkeitsdimension liegt zum einen in ihrer materiellen Wirklichkeit – museale Objekte sind gegenständlich erfahrbar und interpretierbar – und zum anderen in ihrer Situationsbezogenheit – museale Objekte tragen zur Verbindung der eigenen gegenwärtigen Wirklichkeit der Schüler und sozial, zeitlich und räumlich entfernter Wirklichkeit bei.[15]

(2) Sozialisationsbezug

Der erzieherische Auftrag der Museumserkundung liegt vor allem darin, die Schüler hinsichtlich ihrer Eingliederung in das kulturelle System bzw. ihrer Enkulturation zu fördern. Weschenfelder/Zacharias weisen darauf hin, daß es um „entscheidende zu entwickelnde Qualifikationen und Kompetenzen der Kinder und Jugendlichen geht, die in der Sozialisation erworben werden müßten"[16], Sozialisationsbezüge des Museums sind sowohl Freizeit als auch Umwelt, denn das Museum ist sowohl ein Kulturangebot für die Freizeitgestaltung als auch ein Ort in einer konkreten (regionalen) Umwelt und Bestandteil der Lebenswelt der Schüler.[17]

(3) Objekt- und Tätigkeitsaspekt

Oberstes Lernziel der Museumserkundung ist die regelmäßige Nutzung des Museums durch die Schüler als Kulturort neben Kino, Bibliotheken, Theater etc.. Der Bildungswert des Museums liegt einmal in den Objekten und der in ihnen veranschaulichten Inhalte des Museums selbst, aber auch und wesentlich in den Tätigkeiten bzw. Funktionen des Museums.[18]
Charakteristika der Objekte sind:
- „Anschaulichkeit
- Authenzität
- Informationsgehalt/Inhaltlichkeit
- Offenheit"[19].

Tätigkeiten des Museums sind:
- „Sammeln und Suchen"
- „Bewahren und Erhalten"
- „Forschen und Ordnen"
- „Präsentieren, Vermitteln, Bilden"[20].

Diese Tätigkeiten oder Funktionen oder Aufgaben übernimmt das Museum stellvertretend für die gesamte Gesellschaft. „Dieser spezifische Umgang mit dem Wissen und der materiellen und ideellen Produktion des Menschen im Rahmen von Kulturtätigkeit, Veredlungstätigkeit, ausgehend von den Vorgaben der Natur ist das Potential des Museums, das es für pädagogische Prozesse zu erschließen gilt".[21] Die genannten Tätigkeiten haben nun neben den Objekten insofern Bildungswert, indem sie nicht nur „förderungswürdigen inhaltlichen museumsimmanenten Lernzielen"[22], sondern auch „der Forderung nach Ausbildung von Kompetenzen für gegenwärtige und zukünftige Lebenssituationen für den Alltag"[23] entsprechen. Von Bedeutung ist dabei, daß museumsspezifische Inhalte (Objektebene) und Tätigkeiten (Tätigkeitsebene) im gleichen Lernprozeß erworben werden.

Die Lebensbezüge der Tätigkeiten des Museums legen Weschenfelder/Zacharias wie folgt dar:[24]

1. Sammeln und Suchen sind alltägliche Tätigkeiten. Ihr pädagogischer Wert und Lebensbezug liegt in der aktiven Aneignung von Umwelt und Wissen. Darüber hinaus ist Sammeln ein Kommunikationsbereich, wenn es entweder unter einer überindividuellen Zielsetzung oder aber in Gruppen erfolgt.
2. Bewahren und Erhalten führen zu einer allgemeinen verantwortlichen Haltung gegenüber der Umwelt. Diese Tätigkeiten weisen an Lebensbezügen auf **erstens** das „Bewahren als Substanzerhalt"[25], beispielsweise das Bewahren ökologischer Systeme, **zweitens** das „Erhalten, Sichern und Bewahren als Aktionsformen und kulturelle Produktivkraft"[26], welches eine gesamtgesellschaftliche Aufgabe ist, in Richtung Öffentlichkeitsarbeit verweist und ein Betroffen- und Beteiligtsein voraussetzt, z.B. beim Bau einer Fabrik und **drittens** das „Bewahren als kulturhistorische Spekulation"[27], bei dem der Sammlerwert und der zukünftige Dokumentationswert im Vordergrund stehen.
3. Der Lebensbezug der Tätigkeiten Forschen und Ordnen erweist sich darin, daß Forschen ein Qualitätsmerkmal von Lernvorgängen ist. Das entdeckende, problemlösende, aktive Lernen, das den Tätigkeiten Forschen und Ordnen entspricht, fördert die Selbständigkeit und die Selbsttätigkeit der Schüler und nimmt innerhalb der Lernhierarchie die oberste Stufe ein.
4. Präsentieren, Vermitteln und Bilden sind Museumstätigkeiten, durch welche sich das Museum als „demokratischer Dienstleistungsbetrieb"[28] ausweist. Der Lebensbezug dieser Tätigkeiten wird dadurch erreicht, daß die Objekte im Hinblick auf die Adressatengruppe Schüler didaktisch aufbereitet werden müssen. Da Kinder andere Ansprüche an Objekte und auch andere Aneignungsformen wie Reflexion und Aktion, Entdecken und Überprüfen haben, müssen zu den Objekten zusätzliche Informationen, Medien, Texte etc. bereitgestellt werden. Dies ist vor allem notwendig, um ihnen soziale und historische Bezüge der Objekte erkenntlich zu machen sowie deren primäre Funktion. Im Idealfall münden diese

Tätigkeiten in einer eigenen Ausstellung der Schüler, denn es entspricht der Adressatengruppe Schüler, Selbstproduziertes präsentieren zu wollen.
Um der „Konkurrenz durch sekundäre Medienwirklichkeit"[29] (z. B. Fernsehen) zu begegnen, sind „Angebote echter Gegenständlichkeit, Betonung der sinnlichen Dimension und Authenzität zugunsten der vielschichtigen Erlebnisintensivierung, Veränderung rezeptiver passiver Aneignung in aktive handlungsorientierte Aneignung von Inhalten"[30] erforderlich und damit dementsprechende didaktische Aufbereitungen.

(4) Mehrdimensionalität der Lernbereiche

Der materielle Bestand eines Museums legt dessen Lernbereiche fest. Für den Textilunterricht sind die nachstehenden Lernbereiche des Museums[31] relevant:

1. Historischer Lernbereich

Beim historischen Lernen im Textilunterricht geht es um die historische Dimension der Bereiche Kleidung und Wohnung, z. B. um die
- Entwicklung von Bekleidungsstücken
- Entwicklung von textilen Techniken und den dazugehörigen Geräten
- Kleidung einer bestimmten Epoche.

2. Ästhetischer und gegenständlicher Lernbereich

Ästhetisches und gegenständliches Lernen ereignet sich grundsätzlich bei allen musealen Lernsituationen, da sich Objekte des Museums immer ästhetisch und gegenständlich präsentieren. Weschenfelder/Zacharias betonen in diesem Zusammenhang, daß es im Umgang mit Ästhetik für Jugendliche und Kinder vor allem um das Bewußtmachen der Bedeutung des Gebrauchswertes von Objekten und Tätigkeiten geht, um die Kinder nicht in Wunsch- und Phantasiewelten zu führen, sondern um ihnen ein Hineinwachsen in soziale Realitäten zu ermöglichen.[32]
Beispiele für die ästhetische Dimension und Gegenstandsdimension sind
- Ausstellungen volkstümlicher oder kunsthandwerklicher Textilkunst
- Ausstellungen zeitgenössischer Textilkünstler
- Ornamentik von Orientteppichen.

3. Technologisch-ökonomischer Lernbereich

Im Mittelpunkt stehen textiltechnische Vorgänge und textiltechnologische Verfahren mit ihren ökonomischen Bezügen. Die technologisch-ökonomische Dimension repräsentieren Themen wie
- Prozesse der Textilveredlung
- Gewinnung und Verarbeitung textiler Rohstoffe
- Verfahren der textilen Flächenherstellung.

4. Sozialer Lernbereich

Die Museumserkundung fördert soziales Lernen. Damit ist nicht ein inhaltsloses soziales Lernen gemeint, sondern die konkrete Einbeziehung der sozialen Dimension bei dem jeweiligen o. a. Lernbereich, z. B.

- Zusammenhang zwischen der Erfindung von Textilmaschinen und der Gesellschaftsstruktur
- Zusammenhang zwischen der Kleidermode einer bestimmten Epoche oder Region und der gesellschaftlichen Situation der Frau.

(5) Didaktisch-methodische Aufbereitung

Didaktisch begründete Anlässe, eine Museumserkundung im Textilunterricht durchzuführen, sind dann gegeben, wenn eine Textilausstellung stattfindet, deren ausstellungsimmanentes Lernziel dem Textillehrplan grundsätzlich entspricht und vorzüglich, wenn sich die Museumserkundung organisch in eine Unterrichtseinheit, sei es am Anfang, um Motivation und Problembewußtsein zu wecken, oder in der Mitte, um Schwierigkeiten überwinden zu helfen, oder am Schluß zur Vertiefung und als Transfer einfügt. Im didaktisch günstigsten Fall ist das Lernziel, das durch die Museumserkundung im Textilunterricht angestrebt wird, sowohl museumsimmanent, denn sonst wäre die Erkundung überflüssig, als auch lehrplanimmanent und dem Schüler gemäß problemorientiert.

Grundformen der Museumserkundung analog zur Betriebserkundung sind:
- „Ganze Klasse
- Gruppen mit gleichem Erkundungsauftrag
- Gruppen mit verschiedenem Erkundungsauftrag
- Ganze Klasse beginnt, teilt sich dann in Gruppen"[33].

Meist werden die Arbeitsaufträge nicht von der ganzen Klasse, sondern gruppenweise durchgeführt.

Die didaktisch-methodische Grundkonzeption der Museumserkundung ist das aktive, entdeckende, problemorientierte Lernen versus einem Konsumieren der Museumsobjekte[34]. Diese wird durch das Bearbeiten von Arbeitsaufträgen oder Unterrichtsprogrammen gewährleistet, welche vom Lehrer unter Berücksichtigung der Lehrplanvorgabe, der Objekte und der Tätigkeiten des Museums sowie von das entdeckende Lernen fördernden Aufgabenstellungen aufgestellt werden.

Aus den nachstehenden, entdeckendes Lernen fördernden Aufgabenstellungen und Medien[35] ist vom Lehrer eine punktuelle Auswahl in Abhängigkeit von der Zielsetzung und dem Museumsbestand zu treffen.

1. Aufgabenstellungen
- Fragen beantworten
- Beschreibungen vornehmen
- Vergleiche anstellen
- Fehler feststellen
- Beobachtungen durchführen
- Lückentexte ergänzen
- Zettelspiele durchführen
  - Suchspiele
  - Detektivspiele
  - Forschungsspiele
  - Quizspiele

2. Medien
- Arbeitsbögen/Unterrichtsprogramme
- Lageplan
- Markierungen der ausgesuchten Exponate
- Schriften des Museums
  - Kurzinformationen
  - Kataloge
  - Literatur
- Lückentexte
- Zettelspiele
- Fragebögen

- Befragungen durchführen
- Texte analysieren
- praktische Arbeitsaufträge erfüllen
  - textile Techniken nachvollziehen
  - Skizzen anfertigen
  - Ausschnitte nachzeichnen
  - mit Schablonen arbeiten
- Photographieren
- Diaserien auswerten
- Bastelbögen anwenden

- Material für die praktischen Arbeitsaufträge
- Photoapparate
- Diaserien
- Bastelblätter

Organisationsschema und Lernstufen

Organisationsschema / Lernschritte / Lernstufen	Erläuterung

I. Planung	Der Lehrer stellt die Grobziele unter Berücksichtigung
	- der Lehrplanvorgabe[36]
	- des ausgewählten Museums und der Vorinformationen über das Museum
	  - Museumsführer[37]
	  - regionale Gesamtführer
	  - Informationen der Verkehrsämter
	  - kulturelle Monatsführer von Städten/Gemeinden
	  - Reiseführer/Städteführer
	  - Ausstellungskalender in Fachzeitschriften[38], Zeitungen
	  - Verkehrsämter
	auf.

II. Abstimmung	
1. Lehrer im Museum	Falls erforderlich, stimmt sich der Lehrer mit dem Museum ab, indem er - Kontakt mit Mitarbeitern des Museums (Museumspädagoge, Custos) aufnimmt, und diesen die Absichten der Erkundung mitteilt - sich Zusatzinformationen beschafft - Museumsprospekte

Organisationsschema / Lernschritte / Lernstufen	Erläuterung
	– Arbeitsbögen für Schüler, Lehrerbegleithefte – Kataloge – Lageplan – Literatur – an einer Museumsführung teilnimmt oder einen Rundgang macht und einzelne Objekte (Museumsinhalte) auswählt – den Erkundungsgang mit Erkundungsplätzen und Objekten festlegt – Anzahl und Größe der Gruppen festlegt – den Zeitbedarf abschätzt.
2. Lehrer in der Schule	Der Lehrer stimmt sich mit der Schule ab, indem er – evtl. Kollegen beteiligt – organisatorische Belange (Stundenplan, Vertretung) klärt (Rücksprachen mit der Schulleitung, dem Klassenlehrer, den betroffenen Kollegen).
III. Vorbereitung	

1. Lehrer	Der Lehrer bereitet sich vor durch
	– Sachliche Analyse
	– Didaktische Analyse
	– Aufstellung von Feinzielen
	– Bestimmung der Erkundungsform:
	  – ganze Klasse
	  – Gruppen mit gleichem Erkundungsauftrag
	  – Gruppen mit verschiedenem Erkundungsauftrag
	  – ganze Klasse beginnt, teilt sich dann in Gruppen
	– Aufstellung von Arbeitsaufträgen/Unterrichtsprogrammen oder Übernahme bzw. Modifizierung von Schülerarbeitsbögen des Museums
	– Medienwahl
	– Organisation (Anfahrtswege, Verkehrsverbindungen, Markierungen an Exponaten, Lageplan).

Organisationsschema / Lernschritte / Lernstufen	Erläuterung
2. Schüler	Die Schüler bereiten sich vor durch – Information über das Museum durch den Lehrer, durch Prospekte – Information über die Ziele der Museumserkundung durch den Lehrer – evtl. Besprechen der Arbeitsaufträge, bei arbeitsteiliger Gruppenarbeit in jedem Fall – evtl. Erwerb erforderlicher Kenntnisse und Fertigkeiten durch Lehrgänge oder Übungen (Filme, Dias, etc.) – Klärung oder Aneignung von Arbeitsweisen: Lesen eines Lageplans, Bearbeiten von Lückentexten, Zettelspiele, Stichwortprotokoll.
IV. Durchführung	
1. Museum	Das Museum beteiligt sich gegebenenfalls an der Durchführung – durch Begrüßung – durch Beantwortung von Schülerfragen – durch Ausgabe von Schülerarbeitsbögen.
2. Lehrer	Der Lehrer beteiligt sich an der Durchführung, indem er – die Gruppeneinteilung organisiert – beratend zur Verfügung steht.
3. Schüler	Die Schüler führen ihre Arbeitsaufträge mit den entsprechenden Medien durch.
V. Auswertung	Die Museumserkundung wird im Unterricht ausgewertet durch – Rund- oder Kreisgespräch über die Museumserkundung – Vortragen und Diskutieren der Ergebnisse der Arbeitsaufträge – Darstellen der Fakten und Sichern der Ergebnisse durch Erstellen von Übersichten, Tabellen, grafischen Darstellungen – Transfer des Gelernten.

Abb. 4/3: Organisationsschema und Lernstufen der Museumserkundung (vgl. S. 115 ff.)

Lernort Museum

Formen der pädagogischen Nutzung des Museums sind neben der Museumserkundung auch die Museumsbesichtigung, der Besuch des Museums in der Schule sowie der Unterricht im Museum.

(1) Museumsbesichtigung

Die Museumsbesichtigung erfolgt als Gelegenheitsbesuch im Museum mit der Zielsetzung des allgemeinen Kennenlernens eines Museums. Abgrenzungskriterien der Museumserkundung zur Museumsbesichtigung sind analog zum Lernort Betrieb die Zielorientiertheit der Museumserkundung sowie das eher zufällige Lernergebnis bei der Museumsbesichtigung, welche einen allgemeinen Überblick über das Museum bei den Schülern zurückläßt.

(2) Besuch des Museums in der Schule

Im zunehmenden Maße bringt das Museum seine Objekte, Sammlungen und Programme in die Schule. So verweisen Weschenfelder/Zacharias auf eine Projektsammlung, welche „viele Hinweise auf Museumskoffer, Busse, Container, LKWs, Schulbesuche mobiler Ausstellungen bis zu dramatischen Aufführungen"[39] enthält, aber auch auf ein Schulprojekt, das sowohl spezifische Museumsinhalte („Archäologie", „Schüler machen Museum" usw.) wie offene, spielerische Lernformen in einem komplexen Prozeß integriert"[40]. In diesem Zusammenhang ist auch die Befragung von Museumsexperten aufzuführen, bei der die Schüler die Gelegenheit haben, in der Schule eine Expertenbefragung, welche ebenso einer Vorbereitung wie auch einer Auswertung bedarf, durchzuführen.

(3) Unterricht im Museum

Der Unterricht im Museum, der im allgemeinen vom Museumspädagogen durchgeführt wird, befindet sich ebenso wie der Besuch des Museums in der Schule, allerdings in wesentlich höherem Maße, im Schnittpunkt zwischen Schulpädagogik und Museumspädagogik und bedarf einer beidseitigen Sichtweise.
Aus museumspädagogischer Sicht wird diese Form der pädagogischen Nutzung in Form eines Dokumentarberichtes von Museumspraxis von Weschenfelder/Zacharias ausführlich dargestellt.
Sie nennen an Situationen, Methoden und Projekten für alle Formen der pädagogischen Nutzung des Museums aus museumspädagogischer Sicht, welche zum überwiegenden Teil auch für den Textilunterricht im Museum nutzbar gemacht werden könnten:

1. „Sprachliche Vermittlung" ...
   Beispiel: Führung durch eine Textilausstellung
2. „Schriftliche Vermittlung – Textangebot in der Museumspädagogik" ...
   Beispiel: Kataloge von Textilkünstlern und deren Werke

3. „Sammeln, Dokumentieren, Ausstellen" ...
   Beispiele: Sammeln von Puppen
   Ausstellen von textilen Schülerarbeiten
4. „Exploration: Suchen, forschen, sich informieren" ...
   Beispiel: Zettelspiel zur Betrachtung textiler Objekte (Material, Technik, Form, Farbe)
   Museumsbefragung: Kinder fragen ältere Leute zum Thema „Textile Techniken früher" (historische Textiltechniken)
5. „Spiele und Spielsituationen" ...
   Beispiel: Herstellen von und Spielen mit textilen Spieldingen (Kuscheltiere, Schlenkerpuppen, Marionetten)
6. „Rollenspiele und Theater" ...
   Beispiel: Sich Verkleiden (Fasching) und Rollenspiel
   Herstellen und Bekleiden von Puppen und Puppentheater
7. „Lehrerdemonstration" ...
   Beispiel: Spinnen mit der Handspindel, dem Spinnrad
8. „Umgang mit Medien" ...
   Beispiel: Museumszeitung als Veröffentlichungsorgan für die jeweiligen Ausstellungen eines Textilmuseums, z. B. des Textilmuseums in Heidelberg-Ziegelhausen
9. „Veranstaltungen und Aktionen" ...
   Beispiel: Modenschau im Museum[41]
10. „Exkursionen/Erkunden" ...
    Beispiel: s. S. 110
11. „Didaktische Räume und Aktionsräume" ...
    Beispiele: Textile Werkstätten
    Raum mit Kostümen
12. „Pädagogische Ausstellungen" ...
    Als wesentliche Kriterien für eine pädagogische Ausstellung nennen Weschenfelder/Zacharias die Zielgruppenorientiertheit und die personale Betreuung.[42] Pädagogische Ausstellungen haben sich vor allem als mobile Ausstellungen im Hinblick auf die Zielgruppenorientierung als sinnvoll erwiesen.[43]
    Beispiel: Geschichte textiler Handwerke
13. „Inszenierte Spielräume als Lernräume ...
    Beispiel: Kinder spielen Geschichte
    – Kinder in den Industrieschulen des 18. Jahrhunderts[44]
    – Organisation eines Schloßballs mit entsprechender Kostümierung
14. „Didaktische Materialien"[45]
    Beispiele:
    Bastelblätter: Kleidung/Mode im 19. Jahrhundert (Anziehpuppen)[46]
    Würfelspiele: Bedarfsdeckung von Bekleidungs- und Wohntextilien in der Geschlossenen Hauswirtschaft / Dorfwirtschaft / Stadtwirtschaft / Volkswirtschaft / Weltwirtschaft (Spiele mit Alltagsereignissen,

besonderen Ereignissen und Familiengeschichten, eingebettet in Inhalte wie Naturalientausch, Tauschwirtschaft, Handwerk, Markt, Zahlungsmittel, Manufakturen, Fabriken, arbeitsteilige Volkswirtschaft, Trennung von Gütererzeugung und -verbrauch, Marktabhängigkeit, Import, Export)

Puppenstube: Wohnen in früheren Zeiten
(Einrichten einer Puppenstube mit entsprechenden Materialien)
Programme: Textile Techniken
(zum selbständigen Erlernen textiler Techniken)
Kartenspiele: Wohnen früher – heute.

Ausstellung

Didaktischer Ort

Die Intentionen der Textilausstellung liegen vor allem im affektiven Bereich. Sie lockert den Schulalltag mit seiner Überbetonung kognitiver Lernziele auf, ermöglicht den Schülern eine Besinnung auf ihre Arbeit und stellt diese in einen größeren Sinnzusammenhang. Durch die aktive Vorbereitung und Gestaltung der Ausstellung durch die Schüler erhalten diese die Möglichkeit, sich an dem Gestalten von Schule verantwortlich zu beteiligen.

Bei der Ausstellung im Textilunterricht sind zu unterscheiden die Schauveranstaltung und die Verkaufsausstellung.

(1) Schauveranstaltung

Bei der textilen Schauveranstaltung stellen die Schüler Objekte des Bereichs Kleidung/Mode/Textilien zur Schau. Sie kann in Form einer Modenschau oder einer Textilausstellung erfolgen. Im Gegensatz zur Modenschau, bei der Textilien zur Schau getragen werden, werden bei der Textilausstellung Objekte der textilen Sachkultur zur Schau gestellt.

1. Modenschau

Über eine gelungene Modenschau, welche in ein größeres Vorhaben eingebettet war, berichtet Schoch[47]: Unter der Zielsetzung der Einführung in die Kulturgeschichte der Kleidung erarbeiteten die Schüler anhand griechischer Gewandformen, die ihnen vom Museum zur Verfügung gestellt worden waren, Grundschnitte griechischer Gewandformen. Nach diesen Grundschnitten nähten sie griechische Gewänder und gestalteten diese individuell aus. Die Modenschau, bei der die Gewänder vorgeführt wurden, fand im Rahmen einer Vortragsveranstaltung zur griechischen Kultur mit Schwerpunktsetzung auf dem Bereich Kleidung statt.

2. Textilausstellung

In der Textilausstellung werden vordergründig textile Schülerarbeiten, aber auch textile Materialien, Medien zum Textilunterricht sowie Geräte und Werkzeuge, welche bei der Textilarbeit benötigt werden, ausgestellt.

– Die interne Textilausstellung ist an die Schüler und Lehrer einer Schule gerichtet

und erfolgt in Schaukästen/-vitrinen, welche sich im Klassenzimmer, im Fachraum oder auf den Schulfluren befinden.
- Die externe Textilausstellung ist über die Schule hinaus an Eltern, Schüler und Lehrer anderer Schulen und sonstige Interessenten adressiert. Sie erfordert einen wesentlich höheren organisatorischen und gestalterischen Aufwand und findet in der Aula, im Museum, im Kaufhaus, im Geldinstitut, im Rathaus oder im Gemeindesaal statt.

(2) Verkaufsausstellung

Bei der Verkaufsausstellung organisieren die Schüler einen Schulbasar, dessen Erlös sozialen und caritativen Zwecken dient. Geeignete Textilarbeiten für eine Verkaufsausstellung sind beispielsweise textile Gegenstände, welche als Massenfertigung nach dem Prinzip der Fließfertigung arbeitsteilig produziert worden sind[48].

Organisationsschema

Die Organisation der externen Textilausstellung kann nach dem nachstehenden Schema erfolgen.

Organisationsschema	Erläuterung
I. **Vorplanung**	1. Was: – Themenbereiche – Textiltechniken – Jahresarbeiten – Arbeiten einer Schulstufe 2. Wem: – Schüler – Lehrer – Eltern – andere Schüler, Lehrer – Öffentlichkeit 3. Wo: – Schule – Rathaus – Gemeindesaal – Museum – Kaufhaus 4. Wann: – Schuljahresbeginn, -ende – Ferien – Wochenende – Feiertage

Organisationsschema	Erläuterung
II. **Auswahl**	1. Textiltechniken – Maschenbilden – Knüpfen und Knoten – Färben und Drucken – Sticken und Applizieren – Handnähen und Maschinennähen – Flechten und Weben – historische Textiltechniken – Kombinationsthemen 2. Themenbereiche – Kleidung – Materialkunde – Gemeinschaftsarbeiten – Textiler Schmuck – Taschen – Puppen – Spieltiere – Medien – Büchertisch – aus Großmutters Zeiten
III: **Werbung**	Einladung Plakate Pressenotiz
IV. **Aufbau**	1. Schrifttafeln 2. Hilfsmittel – Dekorationsnadeln – beidseitiges Klebeband – Kartenständer – Schnüre 3. Anordnung – Tische – Stellwände – Wandtafeln – Schaukästen
V. **Ausstellung**	Aufsichtsplan Öffnungszeiten Führungen

Organisationsschema	Erläuterung
VI. Abbau	Fotos Rückgabe der Textilarbeiten Aufräumarbeiten
VII. Auswertung	Rund- und Kreisgespräch Dank an Schüler Folgerungen für weitere Ausstellungen

Abb. 4/4: Organisationsschema der Textilausstellung[49]

Wettbewerb

Eine weitere bisher vernachlässigte Form von Textilveranstaltungen stellt der Wettbewerb dar, der seinen Niederschlag meist in einer Ausstellung findet. So wurde mit großem Erfolg 1981 in Rheinland-Pfalz und Niedersachsen je ein Schüler-Stickwettbewerb durchgeführt[50]. Für 1983 ist für Schleswig-Holstein ebenfalls ein Schüler-Stickwettbewerb ausgeschrieben[51].

Aufgrund der dem textilen Wettbewerb zugrundeliegenden Bildungswerte halten wir diesen für eine wichtige Veranstaltung des Textilunterrichts, die einer weiteren Förderung und Ausweitung – möglicherweise in Verbindung mit den entsprechenden Fachverbänden der Textilindustrie – und damit verbunden einer textilpädagogischen und -didaktischen Erforschung bedarf. Der Wert des textilen Wettbewerbs liegt vor allem darin, daß er

– als Aktivitätsform der Motivations- und Bedürfnislage der Schüler entspricht
– auf eine sinnvolle Anwendung des in der Schule Gelernten zielt
– eine sinnvolle Freizeitgestaltung fördert
– die Selbstdarstellung durch Textilien ermöglicht
– die kulturelle Selbstgestaltung unterstützt
– zur Erhaltung und Erweiterung textilen Kulturguts beiträgt.

Bei der Einteilung und Organisation textiler Wettbewerbe sind Gesichtspunkte heranzuziehen wie

– Themenstellungen
– Intentionen
– Altersstufen
– Schularten
– regionale, überregionale Ausschreibungen
– Einzelarbeiten, Gruppenarbeiten.

4. Sozialformen des Textilunterrichts

Mit Sozialformen wird die Form bezeichnet, in der Lehrer und Schüler im Unterricht aufeinander bezogen sind. Zu den Sozialformen gehören der Klassenunterricht, die Einzelarbeit, die Partnerarbeit und die Gruppenarbeit. Die Wahl der Sozialform ist abhängig von der jeweiligen Lerngruppe, dem Lernziel, dem Lerninhalt, der pädagogischen Intention sowie den anderen Elementen des Unterrichts wie Unterrichtsverfahren, Veranstaltungen, Konzeptionen und Medien und ist somit immer im Zusammenhang mit anderen didaktisch-methodischen Entscheidungen zu treffen.

Diese Abhängigkeit und damit verbunden die Effektivität der jeweiligen Sozialform sowohl im Hinblick auf Lerneffektivität als auch Sozialisationseffektivität erfordert, wie im folgenden verdeutlicht wird, grundsätzlich einen Wechsel der Sozialformen, meist sogar innerhalb einer Unterrichtsstunde, zumal sich dieser auf die Motivation der Schüler günstig auswirkt.

Literatur zu den Sozialformen

Huber, F.: Allgemeine Unterrichtslehre. Bad Heilbrunn/Obb. 1965, 9. überarb. Aufl.
Klafki, W.: Die Methoden des Unterrichts und der Erziehung. In: Klafki, W. u.a. (Hrsg.), Funk-Kolleg Erziehungswissenschaft. Band 2. Frankfurt a.M. 1970, S. 143ff.
Kösel, E.: Sozialformen des Unterrichts. Workshop Schulpädagogik. Materialien 4. Ravensburg 1973
Rank, K.: Die sozialen Formen des Unterrichts. In: Blumenthal, A. u.a. (Hrsg.), Handbuch für Lehrer. Band 2. Gütersloh 1961
Stöcker, K.: Neuzeitliche Unterrichtsgestaltung. München 1970[17]

1. Einzelarbeit

Strobel, A.: Die Arbeitsweise der Landschule mit besonderer Berücksichtigung der Produktiven Stillarbeit. Donauwörth 1960

2. Hausaufgaben

Kamm, H./Müller, E.: Hausaufgaben – sinnvoll gestellt. Freiburg i.Br. 1975
Winkeler, R.: Hausaufgaben in der Schulpraxis. Workshop Schulpädagogik. Materialien 21. Ravensburg 1977

3. Partnerarbeit

Coppes, L.: Partnerarbeit im Unterrichtsgeschehen der Grund- und Hauptschule. Weinheim 1972, dritte verb. Aufl.

4. Gruppenarbeit

Homans, G.: Theorie der sozialen Gruppe. Köln, Opladen 1965
Kober, H. u. R.: Gruppenarbeit in der Praxis. Frankfurt a.M., Berlin, Bonn o.J.

5. Gruppierungsverfahren

a) Sozialtest

Coppes, K.: Der Hanselmann'sche Sozialtest. In: Coppes a.a.O., S. 327

b) Soziometrische Untersuchung

Höhn, E./Schick, C.: Das Soziogramm. Stuttgart 1954
Iben, G.: Verfahren zur Erfassung von Gruppenstrukturen in Schulen und Jugendgruppen. In: Klafki, W. u.a. (Hrsg.), Funk-Kolleg Erziehungswissenschaft. Band 1. Frankfurt a.M. 1970, S. 107ff.

Mayntz, R./Holm, K./Hübner, P.: Einführung in die Methoden der empirischen Soziologie. Opladen 1972
Moreno, J.: Grundlagen der Soziometrie. Köln 1954

Klassenunterricht

Der Klassenunterricht erfolgt lehrerorientiert, der Lehrer steht der Klasse frontal gegenüber und steuert den Unterricht direkt; er begünstigt einen autoritären Unterrichts- und Führungsstil. Ein individualisierendes und selbsttätiges Lernen läßt der Klassenunterricht nicht zu. Charakteristisch sind die Aktivität des Lehrers und das rezeptive Schülerverhalten.

Der Klassenunterricht hat seinen festen didaktischen Ort, z.B. beim Einstieg in eine Stunde, bei einer Aussprache, bei einer Auswertung, bei der Erarbeitung eines Problems, bei der Vorführung von Dias und Filmen, bei der Schüler- oder Lehrerdemonstration oder beim Vortrag von Gruppenberichten und damit vor allem im Wechsel mit den anderen Sozialformen.

Einzelarbeit

Durch die Sozialform der Einzelarbeit wird der direkte Klassenverband aufgelöst; die Schüler arbeiten jeder für sich allein ohne direkte Lehrerleitung. Die Einzelarbeit steht grundsätzlich im Wechsel mit dem Klassenunterricht, in dem die Anweisungen für die Einzelarbeit gegeben und deren Ergebnisse ausgewertet werden. Sie begünstigt die Selbsttätigkeit und die Individualisierung und trägt damit zur inneren Differenzierung bei, indem sie die unterschiedlichen Lernvoraussetzungen der Schüler hinsichtlich Fähigkeiten, Interesse und Lerntempo berücksichtigt. In der Textilpraxis ist die Einzelarbeit in der Sache begründet die vorherrschende Sozialform.

Voraussetzungen für das Gelingen der Einzelarbeit sind:
- klare eindeutige Arbeitsaufgaben
- geeignete, didaktisch aufbereitete Arbeitsmittel
- gemeinsame Auswertung im Klassenunterricht
- Beherrschung von entsprechenden Arbeitsformen und -techniken.

Die Einzelarbeit hat ihren didaktischen Ort in der Vorarbeit, in der Verarbeitung, in der Weiterführung und in der Erarbeitung.

1. Vorarbeitende Einzelarbeit

Die Schüler arbeiten für den Textilunterricht vor, indem sie z.B. Erkundungen über das Marktangebot an Stoffen für einen Rock durchführen. Die Sozialform der vorarbeitenden Einzelarbeit gehört zu den produktiven Formen der Einzelarbeit; sie erfordert ein aktives Lernen.

2. Verarbeitende Einzelarbeit

Bei der verarbeitenden Einzelarbeit üben die Schüler einen bereits behandelten Stoff, sie fällt in den Bereich des reproduktiven Lernens.

In verarbeitender Einzelarbeit häkeln die Schüler z.B. einen Schal fertig, dessen Arbeitstechnik ihnen bereits bekannt ist.

3. Weiterführende Einzelarbeit

Die weiterführende Einzelarbeit baut auf Bekanntem auf, erfordert jedoch neue Einsichten und Kenntnisse und damit ein höheres Maß an Schüleraktivität. So führen die Schüler z. B. nach der Einführung des Zickzackstichs diesen weiter, indem sie ihn nach Größe und Abständen variieren.

4. Erarbeitende Einzelarbeit

In der erarbeitenden Einzelarbeit erlernen die Schüler selbständig einen neuen Lerninhalt. Sie setzen sich ohne Umweg über den Lehrer direkt mit der Sache, mit dem neuen Lerninhalt auseinander. Die erarbeitende Einzelarbeit, bei der der einzelne Schüler für den Lernprozeß selbst verantwortlich ist, ist den schöpferischen Formen der Einzelarbeit zuzurechnen. Anhand einer Luftmaschenkette, deren Maschen er zum Teil auflöst und versucht, diese wieder zu bilden, erarbeitet der Schüler beispielsweise allein und selbstverantwortlich seinem Lerntempo entsprechend die Arbeitsweise der Luftmasche.

Eine besondere Form der Einzelarbeit sind die Hausaufgaben.

Hausaufgaben

Die rechtliche Situation zur Anfertigung von Hausaufgaben im Textilunterricht ist klar: „Die Hausaufgaben bilden eine Ergänzung der unterrichtlichen Arbeit der Schule; der Schüler hat sie sorgfältig anzufertigen und sich gewissenhaft auf den Unterricht vorzubereiten. Die Überwachung obliegt den Erziehungsberechtigten. Kann ein Schüler aus wichtigen Gründen die Hausaufgben nicht erledigen, haben die Erziehungsberechtigten dies schriftlich unter Angabe des Grundes mitzuteilen."[52]

Dagegen ist die Effektivität von Hausaufgaben umstritten. In der Diskussion über die Effektivität von Hausaufgaben zeichnet sich ab, daß die Tatsache der Hausaufgaben für sinnvoll erachtet wird, nicht jedoch die Hausaufgabenpraxis, die der Verbesserung bedarf. Kriterien für eine sinnvolle Hausaufgabenpraxis im Textilunterricht sind:[53]

– didaktisch-methodisches Element
– Überprüfung
– Differenzierung
– Motivierung
– Lebensnähe.

(1) Didaktisch-methodisches Element

Die Hausaufgabenstellung ist ein Element des Textilunterrichts und bedarf daher der Vorbereitung durch den Lehrer wie jedes andere unterrichtliche Element auch und damit auch des Einfallsreichtums des Lehrers. Es genügt daher nicht, wenn der Textillehrer am Ende der Stunde spontan eine Hausaufgabe aufgibt, meist unter dem Hinweis: „Bis zum nächsten Mal seid Ihr mit Eurer Arbeit so weit, daß wir gemeinsam etwas Neues lernen können!"

(2) Überprüfung

Hausaufgaben im Textilunterricht müssen grundsätzlich überprüft werden. Zum einen – und dieser Grund ist allein schon wichtig – erfordert eine Lern- und Fleißanstrengung des Schülers eine entsprechende Verstärkung; zum anderen ist es notwendig, eventuelle Fehler des Schülers zu korrigieren, um zu verhindern, daß Fehler verfestigt werden. Für die Überprüfung der Hausaufgaben gibt es mehrere Möglichkeiten, die Selbst-, Partner- und Lehrerkontrolle sowie die Kontrolle dadurch, daß die Hausaufgabenergebnisse im Unterricht gemeinsam verarbeitet werden.

Überprüfungsformen der Hausaufgaben	Aufgaben	Kontrolle
1. Selbstkontrolle	Legt mit Häkelsymbolen die 1. und 2. Runde beim Häkeln eines Kreises auf Papier und klebt sie fest auf!	Der Schüler korrigiert sein Ergebnis selbst anhand einer vom Lehrer eingesetzten Folie, welche die korrekte grafische Darstellung der 1. und 2. Runde enthält.
2. Partnerkontrolle	Färbt 5 Stoffstreifen mit Batikfarben von Gelb nach Rot!	Der Banknachbar kontrolliert das Hausaufgabenergebnis anhand des an der Flanelltafel angebrachten zwölfteiligen Farbkreises.
3. Lehrerkontrolle	Häkelt jeweils 4 Runden eines Kreises und eines Quadrats!	Der Lehrer kontrolliert die Ergebnisse der Hausaufgaben zu Hause.
4. Gemeinsame Verarbeitung	Erkundet die Preise von Nessel in verschiedenen Stoffbreiten!	Die erkundeten Preise werden an der Tafel notiert und als Grundlage für die Materialberechnung von Nessel in verschiedenen Stoffbreiten genommen.

Abb. 4/5: Beispiele zur Hausaufgabenüberprüfung im Textilunterricht

(3) Differenzierung

Die Hausaufgabenstellung soll dem Leistungsvermögen des jeweiligen Schülers angemessen sein, um eine Unter- und Überforderung zu vermeiden, sie erfordert somit Maßnahmen der inneren Differenzierung. Die Forderung nach dem individuellen Leistungsvermögen des Schülers angepaßten Hausaufgaben betrifft vor allem die Textilpraxis. Denn häufig erhält gerade der leistungsschwächere Schüler eine quantitativ umfangreichere Hausaufgabe, damit er „mit den anderen mitkommt".

(4) Motivierung und Lebensnähe

Die Erhaltung der Lernmotivation bei Hausaufgaben wird neben den bisher angestrebten Forderungen nach Einbindung in den unterrrichtlichen Gesamtzusammenhang, nach Verstärkung durch Kontrolle und nach einer differenzierten Aufgabenstellung durch motivierende Aufgabenstellungen erreicht, welche die Tätigkeitsvielfalt, die produktiven Formen der Einzelarbeit und die Lebensnähe der Schüler berücksichtigen. So muß die im Textilunterricht meist auf reproduktive manuelle Arbeit reduzierte Hausaufgabentätigkeit erweitert werden durch Erkundungsaufgaben, produktive gestalterische Aufgaben, Arbeit mit Medien, Sammelaufgaben (Stoffe, Garne, Perlen, Knöpfe, Warenzeichen, Gütezeichen etc.), Erarbeitung historischer Inhalte, Experimente usw.. Der Forderung nach einer vom schulischen Lernen abgehobenen lebensnahen Hausaufgabenstellung kann der Textilunterricht besonders wirksam nachkommen, da er ja an die Lebensbereiche der Schüler Kleidung und Wohnung anknüpft.

Partnerarbeit

„Die Partnerarbeit ist eine Form der zeitweiligen Zusammenarbeit der jeweils beieinandersitzenden oder speziell für eine bestimmte Aufgabe zusammengeführten Schülerpaare."[54] Sie steht ebenso wie die Einzelarbeit mit dem Klassenunterricht im Wechsel, ermöglicht aber im Gegensatz zu dieser und in Übereinstimmung mit der Gruppenarbeit sowohl die sachliche als auch die soziale Begegnung. Vom Gruppenunterricht unterscheidet sie sich durch die Zahl derer, die aufeinander bezogen sind, und durch die aufgrund ihrer Zwei-Pol-Struktur geringeren und einfacheren Sozialleistungen. Im Mittelpunkt der Partnerarbeit steht ein meist arbeitsgleicher Arbeitsauftrag, der in Kooperation beider Partner bearbeitet wird.
Der Begriff der Partnerarbeit läßt sich nach seinem didaktischen Ort näher differenzieren in
- Partnererarbeitung
- Partnerübung
- Partnerkontrolle.[55]

So erarbeiten die Partner gemeinsam die Versuchsplanung für ein textiles Experiment, üben gemeinsam das Flechten eines Zopfes, indem sie dessen Anfang abwechselnd halten und kontrollieren sich, indem sie die Ergebnisse ihrer Arbeitsblätter, z.B. die grafische Darstellung des Aufbaus eines leinenbindigen Gewebes, vergleichen.

Ein wichtiges Problem der Partnerarbeit – dies trifft auch für die Gruppenarbeit zu – ist die Auswahl der Partner, die im Regelfall am Anfang des Schuljahres durch die Platzwahl der Schüler erfolgt, denn die Partnerarbeit findet nahezu ausschließlich zwischen Banknachbarn statt. Anhand einer empirischen Untersuchung von Schülern des 1. und 3.-7. Schuljahres stellt Coppes jedoch fest[56], daß zumindest für etwa ein Drittel der Schüler dieses üblicherweise praktizierte Gruppierungsverfahren problematisch ist, da es die Voraussetzungen für eine erfolgreiche Kooperation in der Partnerarbeit nicht gewährleistet.

An Voraussetzungen bzw. Kriterien ergaben sich aus seiner Untersuchung zum einen die Zuneigung der Partner und zum anderen ein entweder ausgeglichenes Dominanzverhältnis der Parter oder aber ein starker Unterschied im Dominanzverhalten, d. h., entweder verwandte oder sich ergänzende Schülercharaktere kooperieren erfolgreich miteinander. Diese Ergebnisse sprechen dafür, Schüler mit gleichem Leistungs- und Sozialverhalten zusammenarbeiten zu lassen, weisen aber auch auf die Effektivität des sogenannten Helfersystems hin, bei dem ein leistungsschwächerer Schüler von einem leistungsstarken Schüler unterstützt wird. Das Helfersystem oder den Helferdienst bezeichnet Coppes als unterrichtliche Hilfsform und zählt sie nicht zur Partnerarbeit, da es sich bei dieser nicht um eine gleichwertige Partnerarbeit, sondern um ein nahezu einseitiges Dienstverhältnis handele[57]. Als objektivierte Hilfen zur Gruppierung von Schülern schlägt Coppes den Hanselmann'schen Sozialtest, der das Dominanzverhältnis von Partnern untersucht, und die Soziometrische Untersuchung, welche die Zuneigung der Partner erforscht, vor (vgl. S. 147 ff.).

Gruppenarbeit

Bei der Gruppenarbeit wird der Klassenverband in kleine Gruppen mit höchstens 6 Mitgliedern aufgeteilt. Denn, wie Olson in seiner Logik des kollektiven Handelns, in der er sich u. a. mit der Theorie der Gruppen und deren Organisation auseinandersetzt, aufzeigt, kann selbst bei Erwachsenen nur von kleinen Gruppen ein wirksames Handeln erwartet werden.[58] Durch weitgehende Ausschaltung des Lehrers kommt es bei der Gruppenarbeit ebenso wie in der Partnerarbeit zu einer Verbindung von Sachlernen und Soziallernen, wobei der Beitrag der Gruppenarbeit zur Sozialisation der Schüler ein größerer ist. Die Gruppenarbeit begünstigt vor allem im Gegensatz zu einem ausschließlichen Klassenunterricht einen sozial-integrativen Führungsstil des Lehrers sowie die Selbständigkeit und Kooperation der Schüler.

Für die Gruppenarbeit sind klar verständliche und vor allem kindgemäße Arbeitsaufgaben besonders wichtig. Ebenso müssen gute Arbeitsbedingungen und die entsprechenden Arbeitsmittel vorhanden sein. Durch den Lehrer wird die Arbeitskontrolle unauffällig durchgeführt, die Arbeitsergebnisse werden in der Klasse ausgewertet. Diese Sozialform führt zur Beherrschung guter Arbeitsformen und -techniken und erzieht zum gegenseitigen Helfen. Sie hat somit sowohl didaktische wie auch pädagogische Vorzüge. Die Gruppenarbeit bietet sich dazu an, Außenseiter, Isolierte und Vergessene zu integrieren, was sehr wichtig ist, denn die „Selbsteinschätzung und das Selbstbewußtsein eines Menschen sind nämlich weitgehend eine Spiegelung seiner Anerkennung durch die Gruppe"[59]. Ein weiterer Vorteil der Gruppenarbeit liegt darin, daß ein zum Lernen oder zum Unterrichtsfach negativ eingestellter Schüler durch eine Gruppe mit positiver Arbeitshaltung günstig beeinflußt wird.

Die Gruppenarbeit erfordert neben den Voraussetzungen, die auch für die Einzelarbeit und die Partnerarbeit Gültigkeit haben, ein entsprechendes soziales Verhalten der Schüler. Nach ihrem didaktischen Ort ist sie einzuteilen in die vorarbeitende, verarbeitende, weiterführende und erarbeitende Gruppenarbeit (vgl. die Ausführungen hierzu S. 133 ff.). Im Regelfall wird die Gruppenarbeit in einer Phase des Unterrichts eingesetzt und wird vom Klassenunterricht vorbereitet und ausgewertet. Auf höheren Klassenstufen ist die Gruppenarbeit auch über mehrere Unterrichtsstunden hinweg durchführbar.

An Grundformen der Gruppenarbeit sind die arbeitsgleiche und die arbeitsteilige Gruppenarbeit zu unterscheiden.

Arbeitsgleiche Gruppenarbeit

Didaktischer Ort

(s. S. 137 ff.)
Bei der arbeitsgleichen Gruppenarbeit erhalten alle Gruppen den gleichen Arbeitsauftrag. Ihr Einsatz erfordert neben den bereits erläuterten Voraussetzungen die Beherrschung der Partnerarbeit, die zwar eine eigenständige Sozialform darstellt, aber, bedingt durch ihren geringen Anspruch an Organisation und Sozialleistung, als eine Art Vorform der Gruppenarbeit angesehen werden kann. Zudem müssen die Inhaltsstrukturen des Themas eine Gruppenarbeit zulassen und entsprechend didaktisch-methodisch aufbereitete Medien vorhanden sein.

Lernstufen

Lernschritte/Lernstufen	Erläuterung
I. **Arbeitsfestlegung** – Klassenunterricht –	Alle Gruppen erhalten den gleichen Arbeitsauftrag. Dieser Arbeitsauftrag wird ausführlich und deutlich erklärt. Die zur Gruppenarbeit erforderlichen Medien werden bereitgestellt und gegebenenfalls erläutert. Für jede Gruppe wird ein Gruppensprecher bestimmt.
II. **Arbeitsdurchführung** – Arbeitsgleiche Gruppenarbeit –	Die Gruppen setzen sich möglichst ohne Einbeziehung des Lehrers selbständig mit der Sache auseinander. Alle Gruppen führen den gleichen Gruppenauftrag durch.
III. **Arbeitsauswertung** – Klassenunterricht –	Die Ergebnisse der einzelnen Gruppen werden von dem jeweiligen Gruppensprecher vorgetragen und ausgewertet.

Abb. 4/6: Lernstufen der arbeitsgleichen Gruppenarbeit

Arbeitsgleiche Gruppenarbeit am Thema „Köperbindung" (8. Schulj.)

(1) Sachliche Hinweise

Im Rahmen des Lehrgangs „Aufbau textiler Flächen" setzen sich die Schüler mit der Köperbindung auseinander.

Die Köperbindung gehört zu den drei Grundtypen der Gewebebindungen. Ihr charakteristisches Merkmal sind die schräg verlaufenden Bindungspunkte, welche sich nur in einer Richtung berühren, die sogenannten Köpergrate.

Beim Z-Grat-Köper verlaufen die Bindungspunkte schräg von links unten nach rechts oben, beim S-Grat-Köper schräg von rechts unten nach links oben:

Z-Grat-Köper   S-Grat-Köper

In arbeitsgleicher Gruppenarbeit sollen die Schüler das charakteristische Merkmal der Köperbindung, die schräg verlaufenden Bindungspunkte, erarbeiten; die Abwandlungen der Köperbindung werden an dieser Stelle vernachlässigt.

(2) Stufung

I. Arbeitsfestlegung
— Klassenunterricht—

1. *Lerninhalt:*
   Aufbau der Köperbindung

2. *Medien:*
   (pro Gruppe)
   — 1 Arbeitsblatt (Arbeitsauftrag)
   — 1 köperbindige Gewebeprobe mit Webekante
   — 1 Standlupe
   — 1 Folie
   — 1 Folienstift

3. Arbeitsauftrag

Arbeitsblatt

Versucht den Aufbau der Gewebeprobe herauszufinden!
1. Bestimmt einen Gruppensprecher, der die Ergebnisse Eurer Gruppenarbeit vorträgt!
2. Untersucht die Art und Weise der Verkreuzung von Kett- und Schußfäden mit Hilfe der Standlupe!
3. Zieht einen Schußfaden heraus und untersucht mit Hilfe der Lupe die Lage der Kettfäden!
4. Zieht den nächsten Schußfaden heraus und untersucht weiter die Lage der Kettfäden!
5. Wiederholt das Ausziehen der aufeinander folgenden Schußfäden und das Untersuchen der Lage der Kettfäden, bis Ihr den Aufbau des Gewebes erkannt habt!
6. Zeichnet mit dem Folienstift das Flechtbild der Gewebeprobe auf der vorbereiteten Folie ein!

4. Folie

Folie

Flechtbild der Köperbindung

II. Arbeitsdurchführung
    – Arbeitsgleiche Gruppenarbeit –
Die Schüler führen mit Hilfe der vorbereiteten Medien selbständig die arbeitsgleichen Arbeitsaufträge aus.

III. Arbeitsauswertung
    – Klassenunterricht –
Die Gruppensprecher zeigen mit dem Tageslichtprojektor das auf der Folie grafisch dargestellte Flechtbild der Köperbindung als Gruppenergebnis vor. Sie berichten von bei der Gruppenarbeit eventuell aufgetretenen Problemen und Schwierigkeiten. Durch das Nebeneinanderlegen der Folien ist eine gegenüberstellende und mögliche Unterschiede herausarbeitende Auswertung gewährleistet. Anhand des richtigen Ergebnisses, das entweder von einer Gruppe oder auch von allen Gruppen erreicht worden sein kann, wird nochmals der charakteristische Aufbau der Köperbindung herausgestellt.

Folie

Flechtbild der Köperbindung

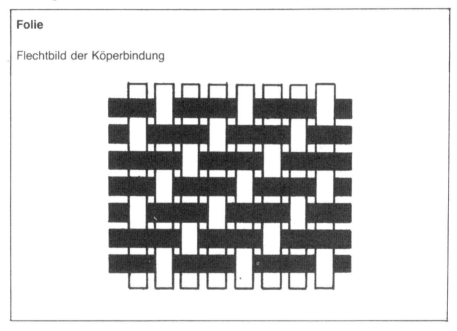

Arbeitsteilige Gruppenarbeit

Didaktischer Ort

(s. S. 137 ff.)

Bei der arbeitsteiligen Gruppenarbeit wird ein Thema in mehrere Teilaufgaben gegliedert und auf die Gruppen aufgeteilt. Die Gruppen bearbeiten im Gegensatz zur arbeitsgleichen Gruppenarbeit verschiedene Arbeitsaufträge. Dabei muß die Anzahl der Aufträge der Anzahl der Gruppen nicht entsprechen; läßt sich beispielsweise ein Thema in zwei Teilaufgaben gliedern, so findet die arbeitsteilige Gruppenarbeit in der

Form statt, daß sich jeweils die Hälfte der Gruppen mit einer Teilaufgabe auseinandersetzt. Bei der arbeitsteiligen Gruppenarbeit muß die Phase der Auswertung wesentlich intensiver durchgeführt werden als bei der arbeitsgleichen Gruppenarbeit, da die Schüler sich mit unterschiedlichen Arbeitsaufträgen beschäftigt haben und sich somit auf einem unterschiedlichen Informationsstand befinden.

Neben den bei der arbeitsgleichen Gruppenarbeit angeführten Voraussetzungen sind bei der arbeitsteiligen Gruppenarbeit anzuführen, daß das Thema eine sinnvolle Untergliederung in Teilaufgaben zuläßt und daß es sich bei dem Thema nicht um ein Kernwissen handelt, das für alle Schüler unerläßlich ist. Der arbeitsteiligen Gruppenarbeit muß aufgrund ihrer größeren Komplexität und ihres höheren Organisationsanspruchs die arbeitsgleiche Gruppenarbeit vorausgegangen sein.

Lernstufen

Lernschritte/Lernstufen	Erläuterung
I. **Arbeitszerlegung und Arbeitsfestlegung** – Klassenunterricht –	Lehrer und Schüler zerlegen das Thema/den Lerninhalt in mehrere Teilaufgaben. Die Arbeitsaufträge zu diesen Teilaufgaben werden ausführlich und deutlich erklärt und auf Gruppen aufgeteilt. Die zur Gruppenarbeit erforderlichen Medien werden bereitgestellt und gegebenenfalls erläutert. Für jede Gruppe wird ein Gruppensprecher bestimmt.
II. **Arbeitsdurchführung** – Arbeitsteilige Gruppenarbeit –	Die Gruppen setzen sich möglichst ohne Einbeziehung des Lehrers selbständig mit der Sache auseinander. Die Gruppen führen zumindest zwei unterschiedliche Gruppenaufträge durch.
III. **Arbeitsauswertung und Arbeitsvereinigung** – Klassenunterricht –	Die Ergebnisse der einzelnen Gruppen werden von dem jeweiligen Gruppensprecher vorgetragen und ausgewertet. Die arbeitsteiligen Gruppenergebnisse werden eingeordnet und zu einem Gesamtergebnis zusammengefaßt; sie werden im Hinblick auf das Gesamtthema vereinigt.

Abb. 4/7: Lernstufen des arbeitsteiligen Gruppenunterrichts

Arbeitsteilige Gruppenarbeit am Thema „Veränderung der optischen Raumwirkung durch helle und dunkle Farben" (7. Schulj.)

(1) Sachliche Hinweise

Durch unterschiedliche Anordnung von hellen und dunklen Farben im Raum ist die optische Wirkung eines Raums veränderbar. Ein Raum wirkt niedrig, wenn die Decke in dunklen Farben und der Boden, die Seitenwände und die Stirnwand in hellen Farben gehalten werden. Eine hohe Raumwirkung wird durch Anbringen dunkler Farben auf dem Boden und heller Farben an der Decke, den Seitenwänden und der Stirnwand erreicht. Dunkle Farben an der Stirnwand sowie helle Farben auf dem Boden, an der Decke und an den Seitenwänden lassen einen Raum kurz und breit erscheinen. Eine lange und schmale Raumwirkung bewirken dunkle Farben an den Seitenwänden und helle Farben auf dem Boden, an der Decke und an der Stirnwand.

(2) Stufung

I. Arbeitszerlegung und Arbeitsfestlegung

– Klassenunterricht –

1. *Thema/Lerninhalt:*
   Veränderung der optischen Raumwirkung durch helle und dunkle Farben

2. *Teilaufgaben:*
   1. Raumerniedrigung
   2. Raumerhöhung
   3. Raumverkürzung/Raumverbreiterung
   4. Raumverlängerung/Raumverengung

3. *Medien*
   (pro Gruppe)
   – 1 Arbeitsblatt (Arbeitsauftrag)
   – 1 Raumskizze in DIN A 4-Größe
   – 5 dunkle Papierstreifen ⎫ in Größe und Form von Decke und Boden, Sei-
   – 5 helle Papierstreifen ⎭ tenwänden, Stirnwand
   – Klebstoff

4. Arbeitsteilige Arbeitsaufträge

Arbeitsblatt 1

1. Gruppe:

Ein zu hoher Raum soll niedriger wirken.
Diese Wirkung soll durch Anordnung von hellen und dunklen Farben an Decke, Boden, Seitenwänden und Stirnwand des Raumes erreicht werden.
Wählt Papierstreifen aus und ordnet sie so auf der Raumskizze an, daß der Raum niedriger wirkt; klebt die Papierstreifen fest!

Arbeitsblatt 2

2. Gruppe:

Ein zu niedriger Raum soll höher wirken.
Diese Wirkung soll durch Anordnung von hellen und dunklen Farben an Decke, Boden, Seitenwänden und Stirnwand des Raumes erreicht werden.
Wählt Papierstreifen aus und ordnet sie so auf der Raumskizze an, daß der Raum höher wirkt; klebt die Papierstreifen fest!

Arbeitsblatt 3

3. Gruppe:

Ein zu langer, schmaler Raum soll kürzer und breiter wirken.
Diese Wirkung soll durch Anordnung von hellen und dunklen Farben an Decke, Boden, Seitenwänden und Stirnwand des Raumes erreicht werden.
Wählt Papierstreifen aus und ordnet sie so auf der Raumskizze an, daß der Raum kürzer und breiter wirkt; klebt die Papierstreifen fest!

Arbeitsblatt 4

4. Gruppe:

Ein zu kurzer, breiter Raum soll länger und schmaler wirken.
Diese Wirkung soll durch Anordnung von hellen und dunklen Farben an Decke, Boden, Seitenwänden und Stirnwand des Raumes erreicht werden.
Wählt Papierstreifen aus und ordnet sie so auf der Raumskizze an, daß der Raum länger und schmaler wirkt; klebt die Papierstreifen fest!

5. Raumskizze

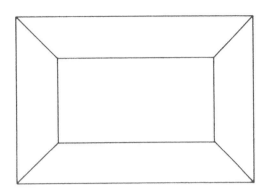

6. Papierstreifen

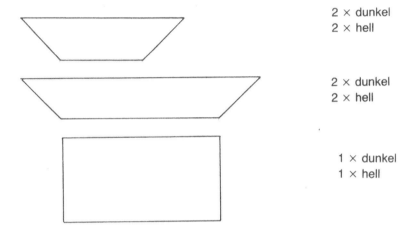

2 × dunkel
2 × hell

2 × dunkel
2 × hell

1 × dunkel
1 × hell

II. Arbeitsdurchführung

— Arbeitsteilige Gruppenarbeit —

Die Schüler führen mit Hilfe der vorbereiteten Medien selbständig die arbeitsteiligen Arbeitsaufträge aus.

III. Arbeitsauswertung und Arbeitsvereinigung

— Klassenunterricht —

Anhand der mit Papierstreifen beklebten Raumskizzen berichten die Gruppensprecher vor der Klasse über die jeweiligen Ergebnisse der Gruppenarbeit sowie über Schwierigkeiten und offene Fragen. Die sich in den mit hellen und dunklen Farben optisch unterschiedlich veränderten Raumskizzen niederschlagenden Gruppenergebnisse werden nach ihrem Beitrag auf das Ausgangsthema hinterfragt, indem anhand der Einzelergebnisse allgemeine Regeln aufgestellt und an der Tafel fixiert werden.

Tafelbild

Wir verändern die optische Wirkung eines Raumes durch helle und dunkle Farben:

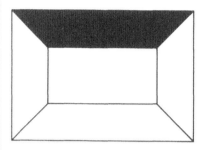

1. Der Raum wirkt niedrig.

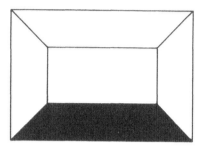

2. Der Raum wirkt hoch.

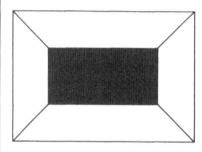

3. Der Raum wirkt kurz und breit.

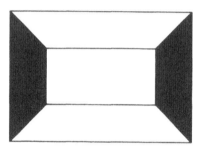

4. Der Raum wirkt lang und schmal.

1. Der Raum wirkt niedrig durch
   a) dunkle Farben an der Decke
   b) helle Farben auf dem Boden, an den Seitenwänden und der Stirnwand

2. Der Raum wirkt hoch durch
   a) dunkle Farben auf dem Boden
   b) helle Farben an der Decke, den Seitenwänden und der Stirnwand

3. Der Raum wirkt kurz und breit durch
   a) dunkle Farben an der Stirnwand
   b) helle Farben auf dem Boden, an der Decke und den Seitenwänden

4. Der Raum wirkt lang und schmal durch
   a) dunkle Farben an den Seitenwänden
   b) helle Farben auf dem Boden, an der Decke und der Stirnwand

Gruppierungsverfahren

Eine wichtige Voraussetzung für das Gelingen kooperativer Arbeitsformen im Textilunterricht ist das Gruppierungsverfahren. Das in der Praxis bevorzugte Gruppierungsverfahren besteht darin, den Schülern die Wahl zu überlassen, die meist am Schuljahresbeginn getroffen wird, und mit der Wahl des bzw. der Banknachbarn zusammenfällt, mit dem bzw. denen die Partnerarbeit bzw. Gruppenarbeit durchgeführt wird. Dieses Gruppierungsverfahren, den Schülern die freie Wahl zu überlassen, ist problematisch, auch wenn diese in einigen Fällen eine Korrektur erfährt, welche durch die pädagogische Erfahrung und Verantwortung des Lehrers bestimmt ist. So stellt Coppes anhand einer empirischen Untersuchung über die Partnerarbeit fest, daß nahezu ein Drittel der nach dem üblichen Verfahren gruppierten Schüler zu ihrem Banknachbarn keine Beziehung haben[60]; Das Zutreffen dieses Befundes kann auch für die Gruppenarbeit vermutet werden. Um die Gefahr der Isolation, die das üblicherweise praktizierte Gruppierungsverfahren mit sich bringt, möglichst zu vermeiden, bedarf der Lehrer objektivierter Hilfen, von denen die Soziometrische Untersuchung und der Hanselmann'sche Sozialtest zu nennen sind.

Soziometrische Untersuchung

Die Methode der Soziometrie untersucht die Beziehung der Mitglieder einer Gruppe untereinander. Sie ist „eine Methode zur Erforschung bestimmter Aspekte der Struktur sozialer Beziehungen in Gruppen"[61]. Mit ihr können sowohl Beziehungen der Zuneigung als auch der Abneigung erkannt werden. Die Gruppenkohäsion kann jedoch nicht direkt aus dem Datenmaterial entnommen werden, sondern unterliegt einer inhaltlichen Interpretation. Diese erfolgt auf der Basis bestimmter soziometrischer Konfigurationen, die innerhalb des Soziogramms auftreten. Das Soziogramm ist ebenso wie die Soziomatrix die graphische Darstellungsform der Soziometrischen Untersuchung.

Durch diese Untersuchung ist es möglich, den soziometrischen Status eines jeden Gruppenmitgliedes festzustellen. So errechnet sich der positive soziometrische Status eines Gruppenmitgliedes[62]:

$$SS+ = \frac{\text{Zahl der empfangenen Wahlen}}{\text{Zahl der Gruppenmitglieder} - 1}$$

Analog dazu bestimmt sich der negative soziometrische Status eines Gruppenmitgliedes:

$$SS- = \frac{\text{Zahl der empfangenen Ablehnungen}}{\text{Zahl der Gruppenmitglieder} - 1}$$

Die Untersuchung wird durch den Gruppen-Nenn-Versuch durchgeführt. Bei diesem werden Fragen gestellt, deren Beantwortung Sympathie und Antipathie gegenüber den anderen Gruppenmitgliedern ausdrückt.

Die Soziometrische Untersuchung ist einmal für die Zusammenstellung der Gruppen für die Gruppenarbeit von Bedeutung; denn die Gruppenzusammenstellung auf der Basis von Sympathien trägt wesentlich zur Motivation und damit auch zum besseren

Unterrichtserfolg bei. Zum anderen ist es möglich durch die Methode der Soziometrie, Außenseiter, Isolierte und Vergessene zu erkennen und zu integrieren. Wichtig ist es auch, Cliquenbildungen zu erkennen, da eine Cliquenbildung der Außenseiter beispielsweise einen negativen Einfluß auf das Klassenklima hat.

Die nachstehende Soziometrische Untersuchung wurde an einer aus 17 Schülerinnen bestehenden Lerngruppe des 3. Schuljahres durchgeführt.

(1) Versuchsplanung

Den Mädchen wurden folgende Fragen vorgelegt:
1) Neben wem möchtest Du sitzen?
2) Neben wem möchtest Du nicht sitzen?

Die Anzahl der Nennungen war beliebig.

Variable 1: positiver soziometrischer Status
Variable 2: negativer soziometrischer Status

(2) Soziomatrix

	1	2	3	4	5	6	7	8	9	10	11	12	13	14	15	16	17
1	■	0	0				×	×	0			0					
2		■	0	0	0							0		×			
3			■	×	0	0		×				0				0	
4		×		■	×		0		×	×		×			0		
5					■		×									×	
6		0	0	0		■	×					0			0	0	
7		0					■		×								
8	×	0			0	0	×	■	×			0					
9	×			0	0	0	×	×	■			0		×	0	0	0
10				0	0					■	×	×			0		
11				0	0				×		■			×	0	0	
12			0		0				×	×	×	■			0		
13			0	0	0			×				0	■	×		0	×
14		×			0	0	×					0		■	0	0	
15	×	×	0	0	0			×						0	■		
16	×		0			0	×	×	×	×		0				■	
17		0	0									×	×				■
W	4	2	1	1	0	1	8	5	4	2	3	2	2	6	0	1	1	= 43
A	0	0	9	9	12| 5	0	0	2	0		9	0	0	4	10	1	= 61

Legende: 1-17: den Schülerinnen zugeteilte Zahlen
W, ×: Wahlen
A, 0: Ablehnungen
AM: Arithmetisches Mittel
N: Anzahl der Schülerinnen

$$AM_W = \frac{x}{N} = \frac{43}{17} = 2.5 \qquad AM_A = \frac{O}{N} = \frac{61}{17} = 3.6$$

Es wurden durchschnittlich 2.5 Wahlen abgegeben und 3.6 Ablehnungen verteilt.

(3) Soziogramm

Zur besseren Übersicht wird das Soziogramm getrennt nach Wahlen und Ablehnungen dargestellt.

1. Soziogramm der Wahlen

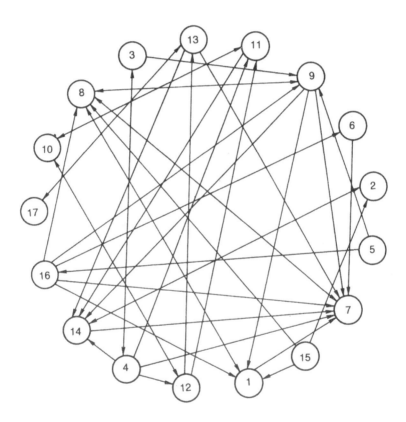

Legende: ⟶ Einseitige Wahlen
⟵⟶ Gegenseitige Wahlen

2. Soziogramm der Ablehnungen

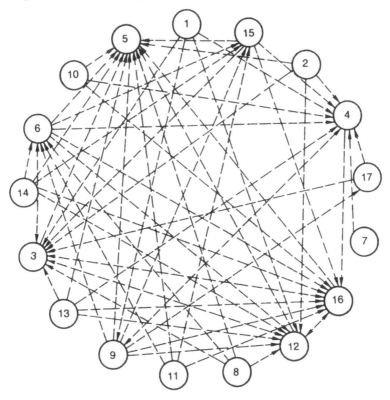

Legende: — — — → Einseitige Ablehnung
←— — — → Gegenseitige Ablehnung

3. Typische soziometrische Konfigurationen

Sterne mit Stars

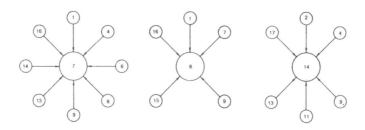

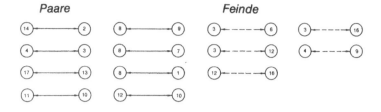

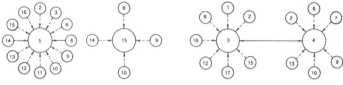

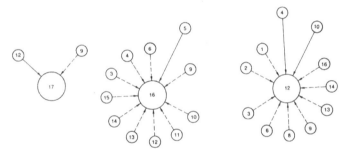

(4) Interpretation

Durch das Soziogramm werden drei Sterne sichtbar, deren Mittelpunkt jeweils ein Star ist. Eine Cliquenbildung ist nicht ersichtlich, was auf dieser Altersstufe auch zu erwarten ist; typisch für dieses Alter ist auch die häufige Paarbildung. Fünf Paare lehnen sich gegenseitig ab; bemerkenswert dabei ist, daß ein Mädchen dreimal daran beteiligt ist. Zwei Schülerinnen werden völlig abgelehnt; ebenso wird ein Paar abgelehnt. Als Außenseiter können auch noch zwei Mädchen mit nur einer bzw. zwei Wahlen, aber sehr vielen Ablehnungen bezeichnet werden. Ein Mädchen ist recht isoliert, da sie nur einmal abgelehnt wird und lediglich eine Paarbildung aufweist.

Nach dem Ergebnis des Soziogramms werden vor allem unter dem Aspekt der Integrierung der Außenseiter folgende Gruppenbildungen und Sitzordnungen vorgenommen:

	I. Gruppe: 13-17	III. Gruppe: 2-14
	15- 6	3- 9
	II. Gruppe: 10-11	IV. Gruppe: 1- 5
	4-12	7- 8-16

Hanselmann'scher Sozialtest

Der Hanselmann'sche Sozialtest ist ein Verfahren zur Ermittlung der Fähigkeit zur Zusammenarbeit von Paaren. Er gibt „Auskunft über den Grad der Kooperation und über das Verhältnis der Partner zueinander"[63]:

Der Hanselmann'sche Sozialtest (zitiert nach Coppes)

„Das Material

Der Schüler A eines jeden Schülerpaares erhält einen Bleistift, der Schüler B einen Kopierstift, der äußerlich dem Bleistift stark gleicht. Beide zusammen bekommen ein unbeschriebenes DIN-A4-Blatt.

Die Arbeitsanweisung

„Vor euch liegt ein Blatt Papier. Das gehört immer zwei Schülern, und zwar den beiden, die nebeneinandersitzen. Macht miteinander auf dieses Blatt eine Zeichnung. Ihr überlegt zuerst gemeinsam, was ihr malen wollt. Wenn ihr euch beraten habt, beginnt einer mit dem Zeichnen. Wenn ich sage: wechseln, kommt der an die Reihe, der bisher nicht gezeichnet hat und malt am selben Bild weiter. Wenn ich wieder sage: wechseln, kommt der wieder an die Reihe, der begonnen hat. So geht es fort. Ihr dürft, wie ich schon sagte, gemeinsam an einem Bild malen. Könnt ihr euch gar nicht einig werden, darf auch jeder ein eigenes Bild malen. Zum Zeichnen liegt für jeden Schüler ein Stift bereit. So, nun überlegt dann, wer anfangen soll."

Die technische Abwicklung

Die Testdauer beträgt 10 Minuten, gewechselt wird nach einer Arbeitszeit von jeweils 1 Minute. Zur Vorbereitung benötigt man etwa 5 Minuten."[64]

Da der Hanselmann'sche Sozialtest noch nicht geeicht ist, entwickelte Coppes aus einem Vorversuch ein Kategorienschema zu seiner Auswertung[65], das die „positive oder negative Anpassung in der Zusammenarbeit" und das „Dominanzverhältnis der beiden Partner" ausweist. Dieser Vorversuch ergab im Hinblick auf die „Zusammenarbeit", daß einige Schülerarbeiten deutlich das Ergebnis gemeinsamer Arbeit waren, und daß einige Schülerarbeiten sich als Ergebnis schlechter Zusammenarbeit erwiesen; so zeichnete beispielsweise ein Paar getrennt je auf die Vorder- und Rückseite eines Blattes und ein anderes Paar getrennt je auf der rechten und linken Blatthälfte. Im Hinblick auf das „Dominanzverhältnis" gewann Coppes aus dem Vorversuch weitere Differenzierungen: Die Schülerarbeiten wiesen teils auf kein Dominieren, teils auf ein geringes Dominieren und teils auf ein hohes Dominieren zwischen den Partnern hin. Nach den Auswertungen dieses Vorversuchs erstellte Coppes ein Kategorienschema, dessen Anwendung folgende Ergebnisse erbrachte:

Ergebnisse des Hanselmann'schen Sozialtests, durchgeführt bei 67 Schülerpaaren aus 5 Schuljahren (nach Coppes)[66]

Kategorie	3. Schuljahr		4. Schuljahr		5. Schuljahr (a)		5. Schuljahr (b)		7. Schuljahr		Anzahl der Paare Insgesamt	
	abs.	i.v.H.	abs.	i.v.H.	abs.	i.v.H.	abs.	i.v.H.	abs.	i.v.H.	abs.	i.v.H.
gute Zus.Arb., keine Dominanz (1)	2	15	7	50	2	13	8	50	4	23	23	30
gute Zus.Arb., geringe Dominanz (2)	3	23	–	–	11	69	4	25	5	29	23	30
gute Zusammenarbeit, starke Dominanz (3)	2	15	3	21	1	6	2	13	3	18	11	14
schlechte Zus.Arb., keine Dominanz (4)	1	8	1	7	–	–	–	–	–	–	2	3
schlechte Zus.Arb., geringe Dominanz (5)	2	15	1	7	–	–	–	–	2	12	5	7
schlechte Zus.Arb., starke Dominanz (6)	2	15	–	–	1	6	2	13	2	12	7	7
Sond.Form (7)	1	8	2	14	1	6	–	–	1	6	5	9
Insgesamt	13	99	14	99	16	100	16	101	17	100	76	100

Coppes interpretiert diese Tabelle:

„Aus der „Insgesamt-Spalte" ersehen wir, daß je 30% auf die Kategorien entfallen, die gute Zusammenarbeit bei keiner und bei geringer Dominanz aufweisen (Kat. 1 u. 2). Sie bilden den überwiegenden Teil aller Arbeiten. Mit weitem Abstand folgen diejenigen, die gute Zusammenarbeit bei starker Dominanz zeigen (14%, Kat. 3). Dann erst folgen die Arbeiten mit schlechter Zusammenarbeit, von denen 3% keine (Kat. 4), 7% geringe (Kat. 5) und 7% starke Dominanz (Kat. 6) aufweisen. Die unter Kat. 7 (Sonderform) gesammelten Ergebnisse machen 9% aus."[67]

Diese Ergebnisse schlüsselt Coppes nach der „Zusammenarbeit" und dem „Dominanzverhältnis" auf:

Ergebnisse des Hanselmann'schen Sozialtests, aufgeschlüsselt nach der sichtbar gewordenen Zusammenarbeit und dem Dominanzverhältnis (nach Coppes)[68]

Bewertung	Kategorie	Anzahl der Paare		
		abs.	Summe	in v.H.
I. **Zusammenarbeit** gute Zusammenarbeit	1	23		
	2	23		
	3	11	57	75
schlechte Zusammenarbeit	4	2		
	5	5		
	6	7	14	18
Sonderform	7	5	5	7
Insgesamt:		76	76	100
II. **Dominanzverhältnis** keine Dominanz	1	23		
	4	2	25	33
geringe Dominanz	2	23		
	5	5	28	37
starke Dominanz	3	11		
	6	7	18	24
Sonderform	7	5	5	7
Insgesamt:		76	76	101

Die Interpretation von Coppes zu dieser Tabelle lautet:

„Die Tabelle sagt aus, daß der größte Teil (75 %) aller in partnerschaftlicher Kooperation entstandenen Arbeiten von einer harmonischen und erfolgreichen Zusammenarbeit zeugen. Sie sind Ausdruck eines gemeinsamen Schaffens und echten Kooperierens. Im Gegensatz dazu lassen nur 18 % der Arbeiten eine schlechte Zusammenarbeit erkennen. Das Dominanzverhältnis ist in 33 % der Fälle ausgeglichen, 37 % der Arbeiten lassen eine geringe Dominanz eines Partners erkennen und 24 % weisen eine starke Dominanz eines Schülers nach.

Von den Paaren mit guter Zusammenarbeit (Kat. 1,2,3) gehört der überwiegende Teil (46 von 57) zu denen, die keine oder nur geringe Dominanzmerkmale aufweisen. Nur 11 zeigen eine starke Dominanz. Daraus darf man schließen, daß der Grund für das gute Kooperieren in einem mehr oder weniger ausgeglichenen Dominanzverhältnis der Partner liegt. Entsprechendes finden wir auch bei den Paaren, die eine schlechte Zusammenarbeit aufweisen. Die Hälfte von ihnen zeigt gleichzeitig das starke Dominieren eines Arbeitspartners, während schlechte Zusammenarbeit bei geringer Dominanz seltener vorkommt und Paare ohne Dominanzmerkmale hier kaum auftreten.

Auffallend ist, daß auch Schülergruppen, in denen ein Partner stark dominiert, zu guter Zusammenarbeit fähig sind. Das beweisen die unter der Kategorie 3 registrierten Arbeten. Sie weisen damit auf die Erfolgschance der Helferarbeit hin, bei der einem Schüler mit schlechten Schulleistungen ein Betreuer mit guten Leistungen zur Seite gestellt wird."[69]

5. Aktionsformen des Textilunterrichts

Neben den Unterrichtsverfahren, die in sich geschlossene Verfahrenstypen darstellen, und den Sozialformen, die die soziologische Form, in der Lehrer und Schüler im Unterricht aufeinander bezogen sind, angeben, sind im Textilunterricht eine Vielzahl von Aktionsformen, wie Demonstrieren, Sprechen, Experimentieren usw. festzustellen. Aktionsformen sind Formen, in denen der Schüler im Unterricht aktiv wird, in Tätigkeit tritt, handelt. Bei der Auseinandersetzung mit den Aktionsformen des Textilunterrichts geht es somit um die Klärung der Frage, welche fachspezifischen Aktionsformen der Textilunterricht dem Schüler abverlangt, oder anders formuliert, welche Formen des in Aktion- oder Tätigkeittretens der Textilunterricht vom Schüler erfordert.

Zu den Aktionsformen des Textilunterrichts liegen keine Untersuchungen oder Ausarbeitungen vor. Daher können die nachstehenden Ausführungen nur eine erste richtungsweisende Darstellung sein, die den äußeren Rahmen durch eine Zusammenstellung der fachspezifischen Aktionsformen des Textilunterrichts und durch eine stichwortartige Skizzierung ihrer Strukturelemente absteckt, welche einer intensiven Erforschung, Systematisierung, Zusammenfassung, aber auch Ausdifferenzierung bedürfen. Die Dringlichkeit dieser Aufarbeitung erweist sich darin, daß die fachspezifischen Aktionsformen des Textilunterrichts ein wesentliches konstitutives Element einer Textildidaktik, welche neben der Bildung auch den Prozeß berücksichtigt, sind, da sie den Prozeßcharakter des Textilunterrichts bestimmen und das Grundgerüst für fachmethodische Maßnahmen bilden. Denn die Struktur des Unterrichtsfaches „Textil" wird vom Produkt und vom Prozeß und damit von der Sache, den Lerninhalten, und dem Schüler, den Aktionsformen, bestimmt.

Die Aktionsformen lassen sich allgemein unterteilen in Lernen (Verhaltensänderung), Üben (Wiederholen und Einprägen) und Anwenden (Transfer).[70] Bezieht man diese durch Unterteilung bestimmte Beschreibung der Aktionsformen auf den Textilunterricht, so ist festzustellen, daß erstens im Textilunterricht kognitive, motorische und soziale Lern- und Übungsprozesse stattfinden, und daß zweitens die im Textilunterricht erworbenen Kenntnisse und Fertigkeiten in vielfachen Aktionsformen, wie Experimentieren, Gestalten usw., zur Anwendung gebracht werden. Somit lassen sich zwei Grundformen der Schüleraktion im Textilunterricht, das Lernen und Üben sowie das Anwenden unterscheiden, wobei diese Aktionsformen im Unterrichtsgeschehen selbst miteinander in Verbindung stehen.

Lernen und Üben

Die Aktionsformen „Lernen" und „Üben" werden im Textilunterricht durch die Strukturelemente „Kognitive, motorische und soziale Lern- und Übungsprozesse im

Textilunterricht", „Anthropologische Faktoren der Lern- und Übungsprozesse im Textilunterricht" und „Soziokulturelle Faktoren der Lern- und Übungsprozesse des Textilunterrichts" bestimmt, die im nachfolgenden stichwortartig skizziert werden. Diese Skizzierung liefert gleichzeitig einen ersten Anhaltspunkt dafür, welche fachspezifischen Untersuchungen auf diesem Gebiet noch ausstehen.

1. **Kognitive, motorische und soziale Lern- und Übungsprozesse im Textilunterricht**
   - Neuerwerb von Kenntnissen/Fertigkeiten
   - Üben/Vertiefen von Kenntnissen/Fertigkeiten
   - Spezialisieren/Verbessern von Kenntnissen/Fertigkeiten
   - Lernübertragungen im Textilunterricht

2. **Anthropologische Faktoren der Lern- und Übungsprozesse im Textilunterricht**

a) Der **Schüler** als anthropologischer Faktor des Textilunterrichts
   - Alter
     - Entwicklungsphasen im kognitiven, motorischen, physischen und psychosozialen Bereich
   - Geschlecht
     - anthropologisch oder sozialisationsbedingte Unterschiede der Geschlechter in der feinmotorischen Leistung
   - Interessenlage
   - Lernkapazität[71]
     - feinmotorische Lernfähigkeit
     - feinmotorische Leistung der Hand
     - visumotorische Koordinationsleistungen
     - psychomotorische Leistungen
     - Feinmotorik und psychomotorische Koordination
   - Hand und Bewegung als zentrale anthropologische Kategorie
   - polare Struktur der Geistesanlagen als anthropologisches Grundphänomen[72]

b) Der **Lehrer** als anthropologischer Faktor des Textilunterrichts
   - Status, Rolle und Verhalten des Textillehrers
   - Interaktionen im Textilunterricht

3. **Soziokulturelle Faktoren der Lern- und Übungsprozesse im Textilunterricht**
   - Bildungspolitik, Kulturpolitik, gesellschaftliche Erwartungen
   - Tradition
   - wirtschaftliche, naturwissenschaftliche und kulturelle Entwicklungstendenzen

Anwenden

Gelernte und durch Übung verbesserte und gefestigte Kenntnisse, Fertigkeiten und soziale Verhaltensweisen gelangen in und außerhalb des Textilunterrichts in vielfältigen, in ihrer Ausübung miteinander verknüpften Aktionsformen zur Anwendung, die wir mit ihren Strukturelementen nachstehend unsystematisch skizzieren.

1. **Handhaben/Bedienen und Warten**
   - Arbeits- oder Werkgerät
   - Maschinen
   - Werkzeuge
   - Prüfgeräte
   (vgl. S. 172)

2. **Arbeiten mit Anleitungen**
   - Fertigungsanleitungen
   - Konstruktionsanleitungen
   - Bedienungs- und Wartungsanleitungen
   - Gestaltungsanleitungen
   - Erhaltungsanleitungen
   (vgl. S. 173)

3. **Handelndes Umgehen mit Material**
   - Fasern
   - Garne
   - Textilflächen
   - Hilfsmaterial
   (vgl. S. 172)

4. **Erkunden**
   - einfache Erkundungsaufgaben
   - Betriebs- und Museumserkundung
   (vgl. S. 110 ff.)

5. **Ausstellen**
   - Schauveranstaltungen
   - Verkaufsausstellungen
   (vgl. S. 128 ff.)

6. **Fertigen**
   - Textile Techniken
   - Fertigungsvorgänge
   - Fertigungsprozesse

7. **Gestalten**
   - bildnerische Mittel
   - Gestaltungsprinzipien

8. **Entwerfen**
   - Entwurfstechniken

9. **Konstruieren**
   - Schnitte

10. **Experimentieren**
    - Experimentieren
    - Experimente
    (vgl. S. 68ff.)

11. **Demonstrieren**
    - mit Medien

12. **Planen**
    - Arbeitsabläufe

13. **Kontrollieren**
    - Qualität
    - Zeit
    - Kosten

14. **Analysieren**
    - Arbeitsabläufe
    - Gestaltungsprozesse

15. **Erfinden**
    - Geräte/Werkzeuge/Maschinen
    - Techniken

16. **Erhalten**
    - Pflege
    - Ausbesserung
    - Modernisierung

17. **Kaufen**
    - Halbfertig- und Fertigprodukte
    - Industrie- und Dienstleistungsangebote
    - Einzel- und Massenprodukte
    - Bekleidungs- und Wohnraumtextilien

18. **Rationalisieren**
    - Arbeitsabläufe
    - Betriebsmitteleinsatz

19. **Sprechen**
    - Großformen des Unterrichtsgesprächs
      - Rund- oder Kreisgespräch
      - Klassen- oder Großgruppengespräch
      - Diskussion
    - Kleinformen des Unterrichtsgesprächs
      - Partnergespräch
      - Gruppengespräch
    (vgl. S. 165ff.)

Einige Aktionsformen, die in den Bereich der Anwendung fallen, stellen sich ab einem gewissen Komplexitätsgrad offensichtlich als Unterrichtsverfahren dar, so die Aktionsform „Erkunden" als „Betriebs- oder Museumserkundung" oder die Aktionsform „Experimentieren" als „Experiment"; dies ist zu konstatieren, bedarf aber weiterer Überlegungen, ob und inwieweit diese Feststellung für alle fachspezifischen Aktionsformen zutrifft, und ob eine Entwicklung weiterer fachspezifischer Aktionsformen zu Unterrichtsverfahren möglich und sinnvoll ist. So wäre beispielsweise überlegenswert, ob die Aktionsform „Kontrollieren" nicht zum Unterrichtsverfahren der Arbeitsstudie entwickelt und hinsichtlich ihrer Strukturelemente „Kosten" und „Zeit" in die Arbeitsstudien „Kostenstudie" und „Zeitstudie" differenziert werden sollte.

6. Anmerkungen

Differenzierter Unterricht

[1] Vgl. Bönsch, M.: Differenzierung im Unterricht. München 1976, S. 23–29; s. hierzu auch: Fischer, M: Die innere Differenzierung des Unterrichts in der Volksschule. Weinheim 1972; Oblinger, H.: Unterrichtsdifferenzierung und Unterrichtseffektivität. In: Meißner, O./Zöpfl, H. (Hrsg.), Handbuch der Unterrichtspraxis, Band 1 München 1973, S. 61–66; Winkeler, R.: Differenzierung. Funktionen, Formen und Probleme. Workshop Schulpädagogik. Materialien 14. Ravensburg 1976[2]

Textilförderunterricht

[2] Vgl. Heese, G. (Hrsg.): Rehabilitation Behinderter durch Förderung der Motorik. Berlin 1975

[3] Vgl. Glemnitz, J.: Handweben als Arbeitstherapie. Manolzweiler 1975[2]

[4] Vgl. Becker, M.: Textilgestaltung in Schulen für blinde und sehbehinderte Kinder. In: Textilarbeit + Unterricht. Baltmannsweiler 1978, H. 2, S. 77–83; Wertenbroch, M./Wertenbroch, W./Bremer, R.: Lernziele für das Fach „Textilarbeit" an Schulen für Lernbehinderte. In: Zeitschrift für Heilpädagogik. 27. Jg., 1976, H. 10, S. 618–623; Willand, H./Schwedes, R.: Materialien zur Problematik der Freizeitgestaltung Geistigbehinderter. In: Zeitschrift für Heilpädagogik. 31. Jg., 1980, H. 4, S. 216–217

Koedukativer Textilunterricht

[5] Dörner, K.: Sexuelle Partnerschaft in der Industriegesellschaft. In: Giese, H. (Hrsg.), Die Sexualität des Menschen. Stuttgart 1971, S. 183

[6] Nickel, H.: Entwicklungspsychologie des Kindes und Jugendalters. Band II. Bern 1975, S. 107

Erkundung

[7] Vgl. Klafki, W.: Sekundarstufe 7.-10. Schuljahr. Einleitung des Herausgebers. In: Klafki, W. (Hrsg.), Unterrichtsbeispiele der Hinführung zur Wirtschafts- und Arbeitswelt. Düsseldorf 1970, S. 86

[8] Klafki, a.a.O., S. 86

Betriebserkundung

[9] Schmidt, D.: Ansätze zu einer Didaktik des Textilunterrichts. In: Textilarbeit + Unterricht. Baltmannsweiler 1981, H. 4, S. 184

[10] Hüther, G./Mühl, A.: Einführung in die Wirtschafts- und Arbeitswelt in der Hauptschule. Die Betriebserkundung-ökonomische Aspekte. In: Studienkreis Schule und Wirtschaft Rhein-

land-Pfalz (Hrsg.), Schule und Wirtschaft in Rheinland-Pfalz. Kaiserslautern 1974. Neue Folge, H. 5, S. 6
[11] Vgl. Hüther/Mühl, a.a.O. S. 8-10
[12] Hüther/Mühl, a.a.O., S. 11
[13] Die Adressen der Verbände der Textilindustrie sind ausgewiesen in Gesamttextil (Hrsg.): Klarer Kurs. Informationen über Berufe in der Textilindustrie. Frankfurt a.M. 1980, S. 29
[14] Vgl. Hüther/Mühl, a.a.O., S. 10-13; s. hierzu auch Hebel, H./Hilgers, E.: Verfahren der Arbeitslehre. Literaturhinweise. In: Staatliches Institut für Lehrerfort- und -weiterbildung Speyer (Hrsg.), Arbeitslehre in der Lehrerfortbildung. Studienmaterialien Band 20, H. 4. Speyer 1978, S. 71 ff.; Klafki, W. (Hrsg.): Unterrichtsbeispiele der Hinführung zur Wirtschafts- und Arbeitswelt. Düsseldorf 1970; Rüter, T.: Einführung in den Bereich der industriellen Produktion als Aufgabe des Textilunterrichts. In: Textilarbeit + Unterricht. Esslingen 1973, H. 1, S. 23-29; Wilkening, F.: Unterrichtsverfahren im Lernbereich Arbeit und Technik. Mit Beiträgen von Klaus Lindemann und Winfried Schmayl. Ravensburg 1977

Museumserkundung

[15] Vgl. Weschenfelder, K./Zacharias, W.: Handbuch der Museumspädagogik. Orientierungen und Methoden für die Praxis. Düsseldorf 1981, S. 141 ff.
[16] Weschenfelder/Zacharias, a.a.O. S. 43
[17] Vgl. Weschenfelder/Zacharias, a.a.O., S. 114 ff
[18] Vgl. Weschenfelder/Zacharias, a.a.O., S. 46: vgl. auch Herff, E.: Museum und Schule. In: Horney, W./Ruppert, J./Schultze, W. (Hrsg.), Pädagogisches Lexikon in zwei Bänden. Zweiter Band. Gütersloh 1970, S. 413, der dem Museum die Förderung allgemeiner geistiger Fähigkeiten zuspricht.
[19] Weschenfelder/Zacharias, a.a.O., S. 73
[20] Weschenfelder/Zacharias, a.a.O., S. 47, 53, 61 und 66
[21] Weschenfelder/Zacharias, a.a.O., S. 43
[22] Weschenfelder/Zacharias, a.a.O., S. 46
[23] Weschenfelder/Zacharias, a.a.O., S. 46
[24] Weschenfelder/Zacharias, a.a.O., S. 47 ff.
[25] Weschenfelder/Zacharias, a.a.O., S. 54
[26] Weschenfelder/Zacharias, a.a.O., S. 56
[27] Weschenfelder/Zacharias, a.a.O., S. 59
[28] Weschenfelder/Zacharias, a.a.O., S. 66
[29] Weschenfelder/Zacharias, a.á.O., S. 70
[30] Weschenfelder/Zacharias, a.a.O., S. 71
[31] Vgl. Weschenfelder/Zacharias, a.a.O., S. 139 ff.
[32] Vgl. Weschenfelder/Zacharias, a.a.O., S. 149
[33] Vgl. Anmerkung 12
[34] Vgl. Grießhammer, B.: Unterricht in einer Ausstellung. Bericht über Vorbereitung, Durchführung und Ergebnis des Unterrichts am Beispiel der Ausstellung „Die Bilderfabrik" im Germanischen Nationalmuseum Nürnberg. In: Zeitschrift für Kunstpädagogik. Düsseldorf: 3 (1974) H. 2, S. 95-101
[35] Autorenteam: Exkursionsgruppen zur Realbegegnung mit textilen Kulturgütern in Schleswig-Holstein. In: Textilarbeit + Unterricht. Baltmannsweiler 1982, H. 2, S. 59-82; Grießhammer, a.a.O., S. 414-416; Markmann, H.-J.: Überlegungen zur Planung und Vorbereitung eines Museumsbesuches. In: Geschichtsdidaktik. Düsseldorf: 2 (1977) H. 3, S. 203-212; Rosenbaum, M.: Arbeitsaufgaben für Museumsbesuche. In: Schule und Museum. Frankfurt a.M.: 2 (1977) H. 5, S. 2-10; Schneider, G.: Überlegungen zur Planung und Durchführung eines Museumsbesuches auf der Primarstufe, 3./4. Klasse. Wolfgang Schlegel zum 65. Geburtstag. In: Sachunterricht und Mathematik in der Grundschule. Köln: 5 (1977) H. 12, S. 594-601; Weschenfelder/Zacharias, a.a.O.

[36] Falls sich die Museumserkundug nicht organisch in eine Unterrichtseinheit einfügt, sondern es sich um die Erkundung einer aktuellen, zeitlich begrenzten Ausstellung handelt, ist als Grobziel aufzustellen: „Die Schüler sollen eine aktuelle Textilausstellung erkunden".

[37] Vgl. Jedding, K.: Keysers Führer durch Museen und Sammlungen – Bundesrepublik und Westberlin. München 1961; Württembergischer Museumsverband e.V: Stuttgart mit Unterstützung des Landesdenkmalamtes Baden-Württemberg (Hrsg.): Museen in Baden-Württemberg. Stuttgart und Aalen 1976

[38] z.B. in: Textilarbeit + Unterricht. Baltmannsweiler. Erscheinungsweise: fünfmal jährlich

[39] Weschenfelder/Zacharias, a.a.O., S. 131

[40] Weschenfelder/Zacharias, a.a.O., S. 131

[41] Vgl. Schoch, R.: Kleidung in der Antike. Versuch einer Rekonstruktion griechischer Gewänder im Unterricht des Faches Textiles Werken. In: Textilarbeit + Unterricht. Baltmannsweiler 1981, H. 1, S. 3–17-

[42] Vgl. Weschenfelder/Zacharias, a.a.O., S. 308

[43] Vgl. Weschenfelder/Zacharias, a.a.O., S. 309

[44] Vgl. Sommerfeld, D.: Textiles Werken. Bad Heilbrunn/Obb. 1978, S. 15ff.

[45] Weschenfelder/Zacharias, a.a.O., S. 202, 209, 220, 233, 242, 252, 267, 274, 285, 298, 306, 315 und 329

[46] Vgl. Johnston, S.: Fashion Paper Dolls from „GODEY'S LADY'S BOOK" 1840–1854. New York 1977 (International Standard Book Number: 0-486-23511-4; Library of Congress Catalog Card Number: 77-72855)

Ausstellung

[47] Vgl. Schoch, R.: Kleidung in der Antike. Versuch einer Rekonstruktion griechischer Gewänder im Unterricht des Faches Textiles Werken. In: Textilarbeit + Unterricht. Baltmannsweiler 1981, H. 1, S. 3–17

[48] Unterrichtsbeispiele zur arbeitsteiligen Textilproduktion finden sich bei: Autorenteam: Projekt Arbeitsteilung im Bereich WL/BK/TA – dargestellt am Beispiel „Herstellung von **Grillhandschuhen** in Einzel- und Massenfertigung" (8. Schulj.). In: Arbeitslehre in der Lehrerfortbildung. LFWB-Projekt Arbeitslehre, 2. Phase. Arbeitsmuster Typ 4. Studienmaterialien des SIL Speyer. Speyer 1979. Band 20, Heft 8, S. 28 ff; Bleschke, G.: Welchen Beitrag kann die Textilarbeit für die Arbeitsteilung leisten? In: Handarbeiten und Hauswirtschaft. Ansbach 1971, H. 3, S. 67 ff.; Entmann, E.: Fließband im Handarbeitsunterricht der Volksschule. In: Handarbeiten und Hauswirtschaft. Ansbach 1968, H. 12, S. 316ff.; Goldau, G.: Serienfertigung von Umhängetaschen. 9. Jahrgang Realschule. In: Handarbeiten und Hauswirtschaft. Ansbach 1972, H. 5, S. 153 ff.; Meyer-Ehlers, G.: Textilwerken. Grundlagen und Lehrwege. In: Trümper, H. (Hrsg.), Handbuch der Kunst- und Werkerziehung. Band II/4. Berlin 1971, 2. erw. Aufl., S. 144ff.; Schmuker, M.: Kinderkittel mit eingesetzten Ärmeln als Fließbandarbeit (8. oder 9. Schuljahr). In: Handarbeiten und Hauswirtschaft. Ansbach 1972, H. 5, S. 237 ff.; Taday, Chr.: Fließbandarbeit I und Fließbandarbeit II. In: TEXTILES GESTALTEN. Lehrbogen für Textilarbeit. Wolfenbüttel o.J., Lehrbogen 14 u. 15

[49] Vgl. hierzu v. Hartmann, G.: Ausstellungen als repräsentative Aufgabe. In: Werk und Zeit, 1964, H. 7/8; Heinig, P.: Kunstunterricht. Bad Heilbrunn/Obb. 1969, S. 168–169

Wettbewerb

[50] Vgl. Jürging, U./Hildebrandt, E.: Schüler-Stickwettbewerb in Niedersachsen. In: textilkunst. Hannover 1982, H. 3, S. 7-8

[51] Vgl. Ausschreibung. In: textilkunst. Hannover 1982, H. 4, S. 188

Hausaufgaben

[52] Heckel, H./Seipp, P.: Schulrechtskunde. Neuwied und Berlin 1969^4, S. 381–382; vgl. auch Meißner, O.: Kleintechniken des Unterrichts. Arbeits- und Organisationshilfen für Unterricht, Schulleben und Praktikum. München 1980, S. 102ff.

⁵³ Vgl. hierzu Winkeler, R.: Hausaufgaben. Workshop Schulpädagogik. Materialien 21. Ravensburg 1977, S. 52 ff.

Partnerarbeit

⁵⁴ Coppes, K.-H.: Partnerarbeit im Unterrichtsgeschehen der Grund- und Hauptschule. Weinheim 1972, dritte verb. Aufl., S. 25
⁵⁵ Vgl. Coppes, a.a.O., S. 176
⁵⁶ Vgl. Coppes, a.a.O., S. 190 ff.
⁵⁷ Vgl. Coppes, a.a.O., S. 26

Gruppenarbeit

⁵⁸ Vgl. Olson, M.: Die Logik des Kollektiven Handelns. Kollektivgüter und die Theorie der Gruppen. Tübingen 1968, S. 52 ff.
⁵⁹ Iben, G.: Gruppenprozesse in der Schule und Möglichkeiten einer Gruppenpädagogik. In: Klafki, W. u.a. (Hrsg.): Funk-Kolleg Erziehungswissenschaft. Bd. 1. Frankfurt a.M. 1970, S. 115.

Gruppierungsverfahren

⁶⁰ Vgl. Coppes, K.-H.: Partnerarbeit im Unterrichtsgeschehen der Grund- und Hauptschule. Weinheim 1972, dritte verb. Aufl., S. 194
⁶¹ Mayntz, R./Holm, K./Hübner, P.: Einführung in die Methoden der empirischen Soziologie. Opladen 1972, S. 123
⁶² Vgl. Mayntz/Holm/Hübner, a.a.O., S. 128
⁶³ Coppes, a.a.O., S. 34
⁶⁴ Coppes, a.a.O., S. 1 237
⁶⁵ Vgl. Coppes, a.a.O, S. 34 ff.
⁶⁶ Coppes, a.a.O., S. 197
⁶⁷ Coppes, a.a.O., S. 196
⁶⁸ Coppes, a.a.O., S. 198
⁶⁹ Coppes, a.a.O., S. 196/199

Aktionsformen

⁷⁰ Vgl. Brunnhuber, P.: Prinzipien effektiver Unterrichtsgestaltung. Donauwörth 1973⁴, S. 62
⁷¹ Grundlegende allgemeine Aussagen zur Lernkapazität sowie auch zu Alter, Geschlecht und Interessenlage werden dargestellt in: Nickel, H.: Entwicklungspsychologie des Kindes- und Jugendalters. Band II. Schulkind und Jugendlicher. Bern 1975; siehe u.a. S. 74 ff., 83 ff., 300 ff.
⁷² Zur Beschreibung der polaren Struktur der Geistesanlagen als anthropologischem Grundphänomen s. Portmann, A.: Entläßt die Natur den Menschen? München 1970. Portmann weist in seiner basalen Anthropologie eindringlich auf die Notwendigkeit hin, die Disharmonie zwischen der ästhetischen und theoretischen Funktion unserer Geistesanlagen, welche sich durch die im 16. Jahrhundert begonnene Verwissenschaftlichung der Welt ausgebreitet und zur Abwertung des Gefühls und zur Dominanz des Intellekts (Kopfmensch) geführt hat, zu beseitigen. Er kritisiert sowohl die falsche Förderung der ästhetischen Funktion, welche durch Bildergeschichten, Kino und Fernsehen ein neues Analphabetentum begünstigt, als auch die mangelnde Förderung der ästhetischen Funktion durch musische Bildung. Es ist zu untersuchen, inwieweit Lernprozesse im Textilunterricht, welche in der Sache liegend beide Funktionen berücksichtigen, zur Harmonie der ästhetischen und theoretischen Funktion unserer Geistesanlagen als einem anthropologischen Grundphänomen beitragen können.

Fünfter Teil:

Vermittlungsformen, Prinzipien und Medien des Textilunterrichts

Vermittlungsformen, Unterrichtsprinzipien und Medien sind aufeinander angewiesen. Dies wird am Beispiel eines Lehrers, der in der Phase der Auswertung einer Arbeitsblaufstudie zur endgültigen Klarstellung des Arbeitsablaufs diesen an dem Dreverhoffschen Rahmen demonstriert, sichtbar: zwischen der Vermittlungsform „Vormachen", dem Unterrichtsprinzip „Anschauung" und dem Medium „Demonstrationsmodell" besteht eine Interdependenz.

1. Vermittlungsformen des Textilunterrichts

Mit Vermittlungsformen des Textilunterrichts bezeichnen wir die Lehrformen bzw. Lehrweisen, mit denen der Lehrer den Lernprozeß steuert. Die zahlreichen Vermittlungsformen des Textilunterrichts, wie Vorführen eines Experiments, Vormachen einer textilen Technik, grafische Darstellung eines textilen Fertigungsprozesses usw., lassen sich nach den Ergebnissen der Allgemeinen Didaktik in die in der nachstehenden Abbildung ausgewiesenen Gruppen zusammenfassen; die Ausführungen zu den einzelnen Vermittlungsformen erfolgen in Anlehnung an Huber und Stöcker[1]. (s. Abb. 5/1)

Darbietung

Wesentliche Merkmale der Darbietung im Textilunterricht sind die Lehreraktivität und das rezeptive Verhalten der Schüler. Sie läßt sich unterteilen in die vortragend-erzählende und die vormachend-vorführende Darbietung.

Vortragend-erzählende Darbietung

Vor allem dann, wenn es sich um den Neuerwerb von Kenntnissen handelt, oder aber der Lehrer einen verstärkten Eindruck, beispielsweise bei der Beschreibung einer Stimmung, die die Schüler textilgestalterisch umsetzen sollen, hervorrufen will, hat die vortragend-erzählende Darbietung im Textilunterricht ihre Berechtigung. Anforderungen an sie sind, daß sie anschaulich und kindgemäß, lebendig und natürlich erfolgt und Spannung erzeugt.

Vormachend-vorführende Darbietung

Auch bei der vormachend-vorführenden Darbietung ist die Anschaulichkeit der maßgebliche Grundsatz. Beim Vormachen ist der Lehrer selbst tätig, die Schüler machen das, was er vormacht, nach, bei der Vorführung brauchen die Schüler das

Vorgeführte nicht nachzumachen. Anforderungen an das Vorgeführte (z. B. an einen Film), sind, daß es die Funktionsmerkmale von Unterrichtsmedien (vgl. S. 178) aufweist.

Erarbeitung

Bei der Erarbeitung sind sowohl Lehrer als auch Schüler aktiv am Textilunterricht beteiligt. Zur Erarbeitung gehören Lehrerfragen, Impulse und Gesprächsformen.

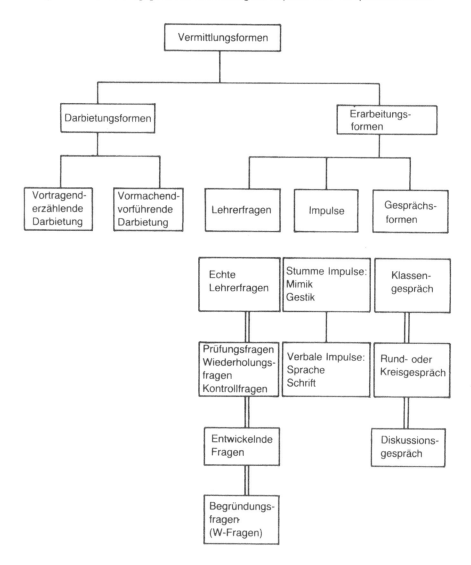

Abb. 5/1: Vermittlungsformen des Textilunterrichts

Lehrerfragen

War früher die Fragekunst Voraussetzung eines guten Unterrichts, so wurde die Lehrerfrage im Zusammenhang mit der Arbeitsschulbewegung zum Feind der Selbsttätigkeit erklärt. Die Hauptvorwürfe gegen sie lauteten, daß aus der Lehrerfrage ohne Nachdenken die Antwort vom Schüler zu erraten sei und daß sie jede Spontaneität verhindere.

Grundsätzlich ist in Einzelfällen die Lehrerfrage angebracht, vor allem, wenn ein echtes Fragebegehren von Seiten des Lehrers dahintersteht, und wenn sie echte Denkleistungen von den Schülern fordert; ansonsten ist der Denkanstoß, der Impuls, der Lehrerfrage vorzuziehen. Neben den erwähnten echten Lehrerfragen sind im Textilunterricht bedingt anwendbar die Prüfungs-, Wiederholungs- und Kontrollfragen, die entwickelnden Fragen und die Begründungsfragen (W-Fragen: warum? wieso? weshalb? wodurch? womit?), vorzugsweise wenn sie eine selbständige Denkleistung zulassen. Abzulehnen sind dagegen Ergänzungsfragen, Suggestivfragen und Entscheidungsfragen, die nur zwischen zwei Möglichkeiten eine Wahl zulassen.

Anforderungen an die Fragetechnik sind die logische Richtigkeit, die sprachliche Richtigkeit, die psychologische Richtigkeit, welche eine Anpassung an das Leistungsvermögen des jeweiligen Schülers erfordert, und die Stellung der Frage an die ganze Klasse.

Bei teilweise richtigen Schülerantworten ist das Richtige zu verwenden und neu zu fragen, bei falschen Schülerantworten sollte nach der Ursache gefragt werden, die nicht selten auf eine ungenaue Fragestellung zurückzuführen ist. Die weitverbreitete Forderung, daß die Schülerantwort in ganzen Sätzen gegeben werden muß, ist nur dann angebracht, wenn es vordergründig um die Sprachpflege geht oder der Wiederholung der ganzen Frage in der Antwort eine Bedeutung zukommt. Zu vermeiden sind die Wiederholung der Schülerantworten sowie eine ständige Bewertung von Schülerantworten durch den Lehrer.

Impulse

Denkanstöße oder Impulse ermöglichen die Eigentätigkeit der Schüler im Textilunterricht, indem sie die Schüler zum eigenen Nachdenken veranlassen. In Abgrenzung zur Lehrerfrage, welche eine Schülerantwort auf der Denklinie des Lehrers erwartet, ruft der Impuls Schüleräußerungen hervor, die den Denklinien der Schüler entstammen.

Zu unterscheiden sind verbale (gesprochenes und geschriebenes Wort) und stumme (Mimik, Gestik) Impulse.

Gesprächsformen

An schulischen Gesprächsformen sind zu unterscheiden die Großformen des Unterrichtsgesprächs, bei denen die Gesamtheit aller Schüler beteiligt ist, und die Kleinformen des Unterrichtsgesprächs, bei denen zwei oder mehrere Schüler miteinander sprechen. Da die Großformen des Unterrichtsgesprächs grundsätzlich mehr oder weniger durch Impulse und Fragen des Lehrers gesteuert werden, zählen sie zu den

Vermittlungsformen. Dagegen sind die Kleinformen des Unterrichtsgesprächs, zu welchen das Partnergespräch und das Gruppengespräch gehören, den Aktionsformen zuzurechnen; denn in ihrem Mittelpunkt steht das Sprechen und damit ein Tätigsein der Schüler und sie unterliegen nicht der direkten Steuerung des Lehrers. Den Großformen des Unterrichtsgesprächs sind die Vermittlungsformen Klassengespräch, Rund- oder Kreisgespräch sowie Diskussion zuzuordnen.

(1) Klassengespräch

Das Klassengespräch oder Lehrgespräch findet im Plenum statt und wird durch Impulse und Fragen des Lehrers gesteuert. Der Schwerpunkt des Klassengesprächs liegt auf dem stofflichen Fortschreiten in einer Sache; so steht beispielsweise bei der Auswertung von Gestaltungsübungen die stoffliche Auseinandersetzung im Vordergrund des Klassengesprächs.

(2) Rund- oder Kreisgespräch

Die räumliche Ordnungsform für das Rund- oder Kreisgespräch, auch Unterrichtsgespräch genannt, ist der Kreis oder der Halbkreis. Das Rund- oder Kreisgespräch hat seine Berechtigung im Textilunterricht dort, wo ein gemeinsamer Gedankenaustausch zwischen Schülern und Lehrer möglich ist, sei es in Form einer wertenden Auseinandersetzung oder eines Erlebnisaustausches. So läßt sich ein Rund- oder Kreisgespräch über die Auswirkungen der Entwicklung der Textiltechnik auf das menschliche Zusammenleben führen oder über eine gemeinsam durchgeführte Museumserkundung.

(3) Diskussion

Die Diskussion ist eine anspruchsvolle Form des Gesprächs; ihre Grundlagen bilden strittige Themen. Sie hat im Textilunterricht ihren festen Platz als Bestandteil des Rollenspiels und der Fallmethode.

2. Prinzipien des Textilunterrichts

Unterrichtsprinzipien sind allgemein anerkannte Grundsätze bzw. Leitsätze, die bei der Unterrichtsgestaltung im Hinblick auf eine fruchtbare Bildung beachtet werden müssen. Sie sind keine verbindlichen Gesetze, sondern stellen regulierende Leitsätze und Richtlinien dar.
Die Prinzipien des Textilunterrichts wurden in den vorangegangenen Ausführungen im Zusammenhang mit anderen Unterrichtselementen bereits angesprochen, denn es gibt keine Unterrichtsstunde, in der nicht ein Unterrichtsprinzip berücksichtigt wird. So wurde beispielsweise im Zusammenhang mit der Fertigungsaufgabe ausführlich das Prinzip der Motivierung erörtert oder im Zusammenhang mit dem Differenzierten Unterricht das Prinzip der Differenzierung. Die Wahl der Unterrichtsprinzipien für die einzelne Textilstunde ist von der Adressatengruppe der Schüler und von den anderen Elementen des Textilunterrichts abhängig, so von den Lernzielen, Lernin-

halten, Unterrichtsverfahren, Veranstaltungen, Sozialformen, Aktionsformen, Medien und den Leistungskontrollen.

Bei der Gestaltung des Textilunterrichts sind die nachstehenden alphabetisch geordneten Prinzipien mit ihren spezifischen Anforderungen an den Lehrer zu beachten, die in Form eines Aufforderungskataloges an den Lehrer zusammengestellt sind:

1. Prinzip der Anschauung

Unterrichte anschaulich, vermeide reinen Verbalismus und bloßes Wortwissen! Drücke Dich anschaulich, konkret und plastisch aus und vermeide Abstrahierungen! Sorge dafür, daß die Schüler möglichst viel sehen und wahrnehmen!

2. Prinzip der Differenzierung

Unterrichte so, daß Du der Heterogenität Deiner Schüler gerecht wirst! Setze Formen der Differenzierung ein!

3. Prinzip des Elementaren und Fundamentalen

Unterrichte so, daß das „Exemplarische ..., das Typische, die variable Struktur, das Klassische, das Repräsentative, das Symbolische, die einfachen ästhetischen Formen und die einfachen Zweckformen"[2] der Lerninhalte für die Schüler aufgeschlossen werden!

4. Erlebnisprinzip

Unterrichte so, daß das Gemüt, das Gefühl und die Phantasie der Kinder angesprochen werden!

5. Prinzip der Entwicklungs- und Altersgemäßheit

Unterrichte so, daß Du der Altersstufe und dem Entwicklungsstand Deiner Schüler, der innerhalb einer Altersstufe erheblich variieren kann, gerecht wirst!

6. Formalprinzip

Unterrichte so, daß möglichst oft und intensiv die kognitiven, affektiven und psychomotorischen Kräfte (Funktionen, Anlagen, Potenzen) der Schüler aktualisiert und gefördert werden!

7. Prinzip der Individualisierung

Unterrichte so, daß Du möglichst weitgehend die individuelle Struktur der einzelnen Schüler berücksichtigst! Nimm auf die Individualität der Schüler Rücksicht und ermögliche ihnen Individuallernen (Einzelarbeit)!

8. Prinzip der Koedukation

Unterrichte so, daß die Koedukation, wo sie vorhanden ist, grundsätzlich gewährt bleibt!

9. Prinzip der Kooperation

Unterrichte so, daß zwischen Schule und regionalen Museen, Betrieben sowie anderen Erkundungsstätten eine gute Zusammenarbeit aufgebaut wird! Kooperiere mit Fachkollegen!

10 Prinzip der Lebensnähe
Unterrichte lebensnah und gegenwartsnah! Unterrichte nicht für die Schule, sondern für das Leben! Vermeide bloßes Bücherwissen!

11. Prinzip der Leistungskontrolle
Unterrichte so, daß überprüft wird, ob und inwieweit die Schüler die intendierten Lernziele erreicht haben!

12. Prinzip der Leistungssicherung
Unterrichte so, daß durch Üben und Transfer die gewonnenen Unterrichtsergebnisse und -erfolge nicht wieder vergessen und verloren werden! Gib den Schülern genügend Gelegenheiten zum Wiederholen und Einprägen sowie zum Anwenden!

13. Materialprinzip
Unterrichte so, daß den Schülern ein Kontingent an möglichst bildungswirksamen Lerninhalten im Hinblick auf die textilspezifischen Situationen vermittelt wird!

14. Prinzip der Motivierung
Unterrichte so, daß die Lerninhalte in den Motivationshorizont der Schüler gebracht werden! Erwecke das Lerninteresse und die sachbezogene Motivation der Schüler!

15. Prinzip der Passung
Unterrichte so, daß Du den anthropogenen und sozial-kulturellen Voraussetzungen der Schüler gerecht wirst! Setze Dich mit den pädagogischen Bedingungen der Lernsituation der Klasse und den speziellen Umweltfaktoren des Schulbereichs auseinander!

16. Prinzip der Selbsttätigkeit
Unterrichte so, daß ein möglichst großer Spielraum für die Selbsttätigkeit der Schüler bleibt! Sorge dafür, daß der Unterricht von den Schülern getragen wird, und führe sie zur aktiven Mitarbeit!

17. Prinzip der Sozialisierung
Unterrichte so, daß die Schüler gemeinsam und nicht gegeneinander lernen! Fördere durch entsprechende soziale Aktivitätsformen (Partnerarbeit, Partnerhilfe, Gruppenarbeit) das soziale Lernen und die Interaktion Schüler-Schüler!

18. Prinzip der Strukturierung
Unterrichte so, daß die Schüler durch einen problemorientierten Unterricht einen möglichst hohen sachstrukturellen Entwicklungsstand erreichen! Mache den Schülern die Struktur der Lerninhalte und damit deren Ordnung und inneren Zusammenhang sichtbar und vermittle ihnen fachadäquate Lernstrategien!

19. Prinzip der Verbalisierung
Unterrichte so, daß sich die Schüler im textilen Bereich sprachlich angemessen ausdrücken können!

20. Prinzip der Wissenschaftlichkeit

Unterrichte so, daß Die Lerninhalte sachlich richtig vermittelt werden! Vereinfache Lerninhalte nicht so weit, daß sie der sachlichen Richtigkeit entbehren!

21. Prinzip der Zielorientierung

Unterrichte so, daß Du selbst und die Schüler Klarheit über die Intention der Lernaufgaben haben! Stelle ein Ziel in den Mittelpunkt einer Unterrichtsstunde!

3. Medien des Textilunterrichts

Unterrichtsmedien dienen als Mittler zwischen Schüler und Lernziel. Sie weisen einen bilateralen Status auf, denn sie können sowohl Mittler von Informationen (→ hardware: Medienträger, d.h. die Geräte und Lehranlagen, z.B. Diaprojektor, Overheadprojektor) als auch selbst Information (→ software: Medienangebot, d.h. jegliche Art von Lehr- und Lernmaterial, z.B. Diaserien, Transparente) sein.

Da der Textilunterricht in besonderem Maße medienintensiv ist, sind die Unterrichtsmedien ein wesentliches Element der Textildidaktik. Umso bedauerlicher ist, daß zur Mediendidaktik des Textilunterrichts außer einigen Ausführungen und Zusammenstellungen über das Medienangebot keine Untersuchungen vorliegen. Zudem sind etliche dort ausgewiesene Medien für den Textilunterricht in der Schule nur bedingt oder nicht geeignet, da sie nur wenige oder keine lernzielrelevanten Aussagen enthalten. Hinzu kommt auch, daß der Handel für den Textilunterricht nur ein unzureichendes Marktangebot führt. Als eine weitere dringliche Aufgabe der Textildidaktik stellt sich somit die fachspezifische mediendidaktische Forschung heraus, deren Aufgabe vor allem in der Erforschung fachspezifischer Medien hinsichtlich ihrer Struktur und ihrer didaktischen Funktionen besteht.

Aufgrund dieser Ausgangslage erscheint es wenig sinnvoll, eine weitere Zusammenstellung der vorhandenen Medien für den Textilunterricht vorzunehmen. Wir verweisen daher an dieser Stelle auf die vorliegenden Zusammenstellungen über Medien im Textilunterricht und die Fachraumausstattung, die den nachstehenden Literaturangaben entnommen werden können. Stattdessen wollen wir uns schwerpunktmäßig mit der Klassifikation von Medien und den Lehrprogrammen auseinandersetzen sowie vor allem mit dem Einsatz von Medien und diesen an einem konkreten Beispiel verdeutlichen.

Literatur zu den Unterrichtsmedien

1. Allgemeine Literatur

Bönsch, M: Unterricht mit audio-visuellen Medien. Donauwörth 1973
Dichanz, H. u.a.: Medien im Unterrichtsprozeß. München 1974
Döring, K.: Unterricht mit Lehr- und Lernmitteln. Weinheim 1975[3]
Holstein, H.: Zur Medienabhängigkeit des Schulunterrichts. Anspruch und Leistung von Medien in Unterricht und Schule. Ratingen, Kastellaun, Düsseldorf 1973
Köck, P.: Didaktik der Medien. Donauwörth 1974
Ostertag, H.-P./Spiering, Th.: Unterrichtsmedien: Technologie und Didaktik. Workshop Schulpädagogik. Materialien 15. Ravensburg 1975

Schnitzer, A. (Hrsg.): Medien im Unterricht. München 1977
–: Fachbezogener Medieneinsatz im Unterricht. Ein Handbuch für die Praxis. Band 1: Grundschule. Band 2: Sekundarstufe I. Ansbach 1981 und 1982
Wasem, E.: Medien der Schule – Impulse für moderne Lehr- und Lernmittel. München 1971

2. Fachspezifische Literatur

Faoro, L./Didlaukies, D./Helfrich, H./Schwender, R.: Anhang zum Lehrplan Textiles Gestalten. Orientierungsstufe – Hauptschule, Realschule, Gymnasium –, hrsg. v. Kultusministerium Rheinland-Pfalz. Mainz 1978
Horn, P.: Medien – Begriff, Bedeutung, Aufgabe. In: Textilarbeit + Unterricht. Baltmannsweiler 1975, H. 1, S. 3ff.
–: Einrichtung eines Fachraumes für Textiles Werken (Grundschule). In: Textilarbeit + Unterricht. Baltmannsweiler 1975, H. 1, S. 23ff.
Immenroth, L.: Unterrichtsmittel und Raumausstattung für die Grundschule. In: Textilarbeit + Unterricht. Hohengehren 1972, H. 2, S. 35ff.
–: Arbeitsbögen als Arbeitsmittel für die Grundschule. In: Textilarbeit + Unterricht. Hohengehren 1974, H. 2, S. 47ff.
Mosenthin, G.: Filme und Bildreihen für Textiles Werken. In: Textilarbeit + Unterricht. Hohengehren 1972, H. 2, S. 46ff.
Mosenthin, G./Marquardt, C.: Medien für den Textilunterricht. In: Textilarbeit + Unterricht. Baltmannsweiler 1975, H. 1, S. 6ff.
–: Übersicht über angebotene Lehr- und Lernmittel für den Bereich Textiles Werken. In: Textilarbeit + Unterricht. Baltmannsweiler 1975, H. 1, S. 8
Nippel, I.: Arbeitsmittel zum Thema „Kleidung" – ein Lernspiel –. In: Textilarbeit + Unterricht. Hohengehren 1974, H. 6, S. 181ff.
Schulz, R.: Der Pfaff-Demonstrationsrahmen. In: Textilarbeit + Unterricht. Hohengehren 1974, H. 1, S. 26ff.
Sommerfeld, D.: Textiles Werken. Bad Heilbrunn/Obb. 1978, 3. neubearb. Aufl., S. 171ff.

Medienklassifikation

Die Klassifikation von Unterrichtsmedien kann nach verschiedenen Kriterien erfolgen, so nach ihrer Differenzierung in apersonale und personale oder in technische und nichttechnische Informationsträger bzw. -vermittler oder nach ihren unterrichtlichen Einsatzmöglichkeiten z.B. in Präsentationsmedien und Realisationsmedien. Das nachstehende Schema berücksichtigt die beiden erstgenannten Einteilungsmöglichkeiten.

Bei den personalen Medien, welche dadurch charakterisiert sind, daß Menschen als Informationsträger bzw. -vermittler fungieren, sind zu unterscheiden der Lehrer als Hauptinstanz für Informationen, aber auch die Mitschüler und sonstige Personen, die in irgendeiner Form zur Informationsvermittlung im Textilunterricht beitragen, so z.B. Experten im Betrieb oder im Museum.

Die apersonalen Medien, mit denen rein gegenständliche Informationsträger bzw. -vermittler bezeichnet werden, lassen sich in zwei Hauptgruppen, in die vortechnischen oder herkömmlichen Medien und die technischen Medien unterteilen.

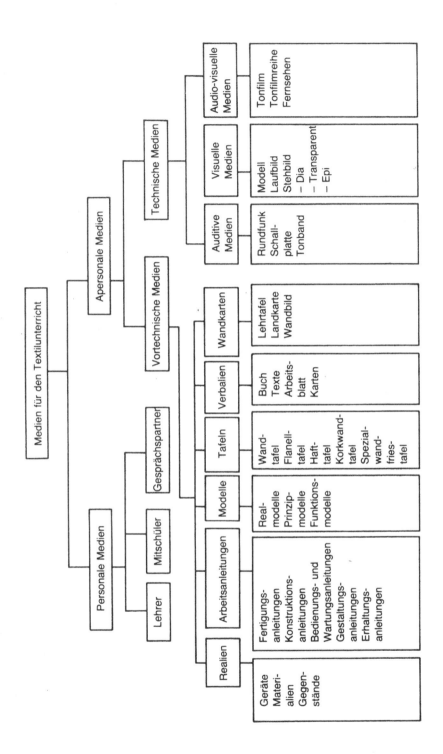

Abb. 5/2: Klassifikation der Medien für den Textilunterricht

Vortechnische Medien

(1) Realien

Da Geräte, Material und Gegenstände im Textilunterricht nicht als Selbstzweck dienen, sondern Mittler zur Erreichung konkreter fachspezifischer Lernziele sind, sind sie den Unterrichtsmedien zuzuordnen. Sie zählen neben den Arbeitsanleitungen und Modellen zu den Basismedien des Textilunterrichts.

1. Geräte

Zu den Geräten gehören Arbeits- oder Werkgeräte (z.B. Webrahmen, Batikrahmen), Maschinen (z.B. Nähmaschine, Strickmaschine), Werkzeuge (z.B. Schere, Nadeln) und Prüfgeräte (z.B. Fadenzähler, Standlupe).

2. Materialien

Bei den Materialien sind zu unterscheiden Fasern (Naturfasern, Chemiefasern), Garne (z.B. Zwirne, Effektgarne), Textilflächen (z.B. Gewebe, Maschenwaren, Verbundstoffe) und Hilfsmaterialien (z.B. Korken, Papier, Stoffarben).

3. Gegenstände

Als Unterrichtsmedien dienen einzelne Kleidungsstücke (z.B. Kleid, Bluse), Gebrauchsgegenstände (z.B. Tasche, Wäschebeutel), Schmuckgegenstände (z.B. Wandbehang, Cocktailkissen), Spieldinge (z.B. Kuscheltiere, Schlenkerpuppen), sonstige Textilien (z.B. Kirchentextilien) und sonstige Gegenstände (z.B. Pflanzen, Vasen).

(2) Arbeitsanleitungen

Ebenfalls zu den Basismedien des Textilunterrichts sind die Arbeitsanleitungen zu rechnen, welche es in schriftlicher, schematisierter und symbolhafter Form sowie in Form fachspezifischer Abkürzungen gibt. Hierzu gehören die Fertigungsanleitungen, die Konstruktionsanleitungen, die Bedienungs- und Wartungsanleitungen, die Gestaltungsanleitungen und die Erhaltungsanleitungen.

Die Arbeitsanleitungen sind hinsichtlich ihrer didaktischen Funktion zu unterteilen in die fertigen Arbeitsanleitungen, nach denen der Schüler arbeitet, und die Arbeitsanleitungen, welche vom Schüler selbst aufgestellt werden, und nach denen er eine Arbeit ausführt. Bei dieser Unterteilung ist es nicht sinnvoll, von vornherein den fertigen Arbeitsanleitungen eine geringere didaktische Wertigkeit zuzusprechen. So hat zwar sicherlich eine vom Schüler selbst aufgestellte Gestaltungsanleitung in Form eines Entwurfs einen höher anzusetzenden Bildungswert als eine fertige Gestaltungsanleitung in Form eines vorgegebenen Entwurfs; dagegen hat eine fertige Konstruktionsanleitung in Form eines Fertigschnittes im Hinblick auf die Verbrauchererziehung durchaus ihre didaktische Berechtigung. Die getroffene Unterscheidung verweist somit nicht auf eine didaktische Bewertung, sondern auf eine bestimmte didaktische Reichweite und spezifische Lerneffektivität, die allerdings je für die einzelnen Formen der Arbeitsanleitungen einer Aufarbeitung und Präzisierung bedarf.

1. Fertigungsanleitungen

Fertigungsanleitungen informieren über fertigungstechnische Sachverhalte. Sie sind vor allem in Mode- und Handarbeitsheften zu finden, werden aber auch von Firmen und Verbänden (z. B. MEZ-Nähbriefe, MEZ-Lehrmuster) zur Verfügung gestellt.

2. Konstruktionsanleitungen

Konstruktionsanleitungen beziehen sich auf die Vermittlung konstruktionstechnischer Sachverhalte; sie sind als Fertigschnitte, als Schnitte aus Mode- und Handarbeitsheften sowie als Schnittschemata in maßstabsgerechter Verkleinerung erhältlich. Zur Schnittkonstruktion für den Bereich der Oberbekleidung liegt eine Einführung von Barkemeyer/Meinken vor.[3]

3. Bedienungs- und Wartungsanleitungen

Bedienungs- und Wartungsanleitungen gibt es für Geräte (z. B. für einen Rundwebrahmen), für Werkzeuge (z. B. für eine Zackenschere), für Maschinen (z. B. für eine Nähmaschine) und für Prüfgeräte (z. B. für ein physikalisches Textilprüfgerät). Sie sind Informationsträger von gerätekundlichen Sachverhalten.

4. Gestaltungsanleitungen

Gestaltungsanleitungen sind grundlegende Arbeitsmittel für den Schüler zur Darstellung textilgestalterischer Sachverhalte und finden in Form von Entwürfen ihren Ausdruck. Zu unterscheiden sind Anleitungen zur Gestaltung textiler Flächen (Entwürfe) und Anleitungen zur Gestaltung von Bekleidung, bzw. von dreidimensionalen Formen (Schnittentwürfe).

Die Anleitungen zur Gestaltung textiler Flächen lassen sich systematisieren nach den Gewinnungsverfahren, d.h. nach den Entwurfstechniken bzw. Entwurfsmethoden (z. B. Legen mit Häkelsymbolen, Puzzlemethode, Spaltschnitt, Klappschnitt), mit denen die Gestaltungsanleitungen gewonnen werden. Die didaktische Reichweite dieser Entwurfstechniken zur Gestaltung textiler Flächen bestimmt sich aus deren Eignung für und damit Zuordnung zu einzelnen textilen Techniken.

Ebenso liefern die Formen der Schnittgewinnung eine erste Strukturierungshilfe für die Anleitungen zur Gestaltung von Bekleidung, bzw. von dreidimensionalen Formen (z. B. Fadenlegen, Faltschnitt, Abformen).

5. Erhaltungsanleitungen

Grundlegende Sachverhalte der Gebrauchswerterhaltung vermitteln die Erhaltungsanleitungen, die sich nach ihrer Funktion unterteilen lassen in Ausbesserungsanleitungen (z. B. Einsetzen eines Flickens), Modernisierungsanleitungen (z. B. Verlängern eines Rockes) und Pflegeanleitungen (z. B. Symbole für die Pflegebehandlung von Textilien).

(3) Modelle

Unter einem Modell versteht man die abstrakte und reduzierte Wiedergabe einer Sache. Bei den Modellen für den Unterricht lassen sich nach Reichart[4] drei Arten unterscheiden: Realmodelle, Prinzipmodelle und Funktionsmodelle.

1. Realmodelle

Realmodelle sind ein naturgetreues Abbild des Originals. Sie geben das Original ganz oder teilweise, auch verkleinert oder vergrößert wieder.

Realmodelle werden im Textilunterricht sowohl als Demonstrationsmodelle (z.B. der Dreverhoffsche Rahmen mit seinen verschiedenen Arbeitsflächen für einzelne textile Techniken) als auch für die Hand des Schülers (z.B. Raummodell, Figurinen) als auch zur Darstellung der Stadien eines Vorgangs (z.B. Anschauungskästen / Lehrkassetten über den Werdegang der Wolle; Werkproben, welche beispielsweise die einzelnen Stadien des Fertigungsvorgangs „Saum" veranschaulichen) eingesetzt.

2. Prinzipmodelle

Prinzipmodelle zeigen Struktur- und Funktionsprinzipien mit ihren jeweiligen Gesetzen und Gesetzmäßigkeiten auf; sie beschränken sich auf die Darstellung des Wesentlichen und weisen einen hohen Grad an Abstraktion und Reduktion auf.

Zu den Prinzipmodellen für den Textilunterricht gehören zum einen Modelle, welche die Funktionsprinzipien von Textilmaschinen, Geräten und Werkzeugen aufzeigen, und zum anderen alle experimentellen Anordnungen im Textilunterricht, wie experimentelle Anordnungen zur Erkennung und Zuordnung von Fasern, zur Feststellung von Eigenschaften von Fasern, zur Analyse des Aufbaus von Garnen und textiler Flächen sowie zur Textilveredlung; denn diese vermitteln ja ein Prinzip. Vor allem zur Vermittlung von für Schüler unanschaulichen textilchemischen und maschinentechnischen Vorgängen ist die Konstruktion und weitere Verbreitung von Prinzipmodellen für den Textilunterricht erforderlich, sei es in Form von Plastikteilen, Haftmaterialien, Transparenten oder Trickfilmen, wie sie in der Physik, Chemie und Biologie zur Darstellung naturwissenschaftlicher Funktionsprinzipien vorliegen. Ein Prinzipmodell in Form eines Trickfilms kann allerdings nicht mehr den vortechnischen, sondern muß den technischen Medien (s. Abb. 5/2) zugeordnet werden.

3. Funktionsmodelle

Mit Funktionsmodellen kann oder muß irgendetwas getan werden; sie werden daher überwiegend für die Hand des Schülers eingesetzt und nur in seltenen Fällen als Demonstrationsmittel. Zu unterscheiden sind fertige Funktionsmodelle, die der Schüler betätigt, und Modelle, die vom Schüler entweder ganz oder teilweise hergestellt werden. Das Lernen mit Funktionsmodellen erfolgt auf zweierlei Arten, entweder setzt der Schüler theoretisches Wissen in Modelle um, oder er erwirbt theoretisches Wissen über den Umgang mit einem Modell. Die Grenze zwischen Funktionsmodellen und zwischen Real- und Prinzipmodellen kann nicht exakt gezogen werden, da jene Elemente von diesen enthalten.

Im Bereich der textilen Fertigung können an fertigen Funktionsmodellen beispielsweise zur Verdeutlichung der Funktionsweise einer Strickmaschine bzw. einer Nähmaschine die Strickbank bzw. die Kindernähmaschine, welche es im Handel für den Freizeitbereich zu kaufen gibt, eingesetzt werden; dies ist allerdings nur dann sinnvoll, wenn – wie es für die Grundschule häufig zutrifft – keine realen Objekte vorhanden sind. An Funktionsmodellen, die vom Schüler hergestellt werden können, eignen sich die Darstellung des Aufbaus eines Gewebes mit Hilfe einer Styroporplat-

te und Dochtwolle oder die Veranschaulichung des Werkzeuges Occhi-Schiffchen durch ein Papier- oder Pappmodell.
Es ist zu untersuchen, inwieweit theoretische Sachverhalte aus der Textiltechnologie, die für Schüler oft nur schwierig durchschaubar sind, z.B. die Spinnverfahren bei den Chemiefasern oder textile Meß- und Prüfverfahren, durch Funktionsmodelle veranschaulicht werden können, und inwieweit sich die in Physik, Chemie und Biologie üblichen Formen der Konstruktion von Funktionsmodellen wie Modellieren mit Knetmasse, Gießharzmodelle, Papier- und Pappmodelle, Puzzle und Spiele für den Textilunterricht eignen.

(4) Tafeln

1. Wandtafel

Die Wandtafel dient zur Fixierung eines Bildes, einer Skizze, eines Schemas oder eines Textes.

2. Flanelltafel

Die Flanelltafel unterstützt einen dynamischen Anschauungsvorgang. Auf ihr werden Aufbauelemente (z.B. Häkelsymbole, Farbkreis) aus Alphatexpapier angebracht.

3. Hafttafel

Auf dem gleichen Prinzip der Haftung basiert die Hafttafel, bei der die Haftung durch eine Spezialfolie und einen Spezialklebstoff erreicht wird.

4. Korkwandtafel

Die Korkwandtafel ermöglicht das problemlose Anbringen von Schülerarbeiten.

5. Spezialwandfriestafel

Die von der Firma Pfaff vertriebene Spezialwandtafel bietet durch die Anordnung verschiedenartiger Tafelflächen nebeneinander eine Kombination von Wand-Flanell und Korkwandtafel.

(5) Verbalien

1. Buch

Das Schülerarbeitsbuch trägt zur Unterstützung des Textilunterrichts bei; es ist in allen Lernfeldern des Textilunterrichts einsetzbar. Im Zusammenhang mit dem Schülerarbeitsbuch wird das mediendidaktische Defizit des Textilunterrichts besonders offensichtlich.

2. Texte

Im Textilunterricht dienen als Mittler zwischen Schüler und Lernziel auch Texte aus Büchern (z.B. Geschichte als Motivation für eine Gestaltungsaufgabe), aus Fachzeitschriften (z.B. Information über Modestile), aus Fachbüchern (z.B. kulturhistorische Inhalte), aus Broschüren / Prospekten / Informationsblättern von Firmen, Verbänden und Industrie (z.B. textiltechnologische Inhalte) und aus Katalogen von Versandhäusern und Firmen (z.B. Marktangebot an Küchenwäsche).

3. Arbeitsblatt

Arbeitsblätter erfordern in Abgrenzung zu den Informationsblättern eine Eigenständigkeit des Schülers. Sie werden im Textilunterricht u.a. in der Gruppenarbeit und zur Lernzielkontrolle aber auch zur Übung (z.B. Nähübungsblätter)eingesetzt.
Im Arbeitsheft werden im Unterricht erarbeitete Inhalte in Form von Skizzen, Merksätzen, Tabellen, Werkproben, Materialproben etc. festgehalten. Auch die Fertigung schriftlicher Hausaufgaben erfolgt im Arbeitsheft.

4. Karten

Den Karten zuzurechnen sind die Lehrprogramme für den Textilunterricht, welche sich in Kartenform präsentieren (vgl. S. 179) sowie Bild- und Wortkarten, wie sie Nippel[5] zum Thema Kleidung vorgestellt hat.

(6) Wandkarten

1. Lehrtafel

Lehrtafeln für den Textilunterricht gibt es vor allem für die Lernbereiche Material und Fertigung, so die Seidentafel, die Tafel über die Herstellung von Chemiefasern oder die Tafel über die Bestandteile der Nähmaschine; für die Lernbereiche Gestaltung, Konsum und Kultur ist ein Defizit an Lehrtafeln festzustellen.

2. Landkarte

Die Landkarte hat als Medium für den Textilunterricht nur am Rande Bedeutung. Sie wird verwendet zur Vermittlung raumbezogener Sachverhalte im Rahmen der Materialkunde (z.B. Wollerzeugungsländer), der Textilproduktion (z.B. Entwicklung des Pro-Kopf-Verbrauchs an Textilfasern der Weltbevölkerung) und der Kulturgeschichte der Textilien (z.B. Geschichte der Seide).

3. Wandbild

Wandbilder haben den Vorzug, daß ihr Einsatz nicht an technische Voraussetzungen gebunden ist und sie den Schülern wesentlich länger präsent sind als ein Dia. Sie finden in der gegenwärtigen Praxis des Textilunterrichts nur selten Verwendung, sind jedoch als Informationsvermittler vor allem zur Darstellung kulturhistorischer Inhalte ein geeigneter Informationsträger.

Technische Medien

(1) Auditive Medien

In den Bereich der auditiven Medien des Textilunterrichts fallen Rundfunk, Schallplatte und Tonband.

1. Rundfunk

Für den Textilunterricht geeignete Sendungen wären z.B. eine Sendung über die Entwicklung des Textilhandwerks oder eine Sendung aus dem Bereich der Textilwirtschaft.

2. Schallplatte

Eine Einsatzmöglichkeit der Schallplatte im Textilunterricht liegt im Gestaltungsbereich. So vermitteln z.B. ein Märchen oder auch ein Musikstück eine Gestaltungsidee.

3. Tonband

Das Tonband ist als Medium für den Textilunterricht im Lernfeld Konsum geeignet. Hier sind zu nennen ein einfaches – nicht ein didaktisch angelegtes – Rollenspiel als Motivationshilfe (z.B. Nachbarn unterhalten sich über das Marktangebot an Textilien), ein Streitgespräch als unterrichtliche Ausgangssituation für ein Unterrichtsgespräch (z.B. Streit zwischen Mutter und Tochter über das Kleiderverhalten der Tochter) oder ein Werbespot (z.B. Strumpfhosenwerbung).

(2) Visuelle Medien

Bei den visuellen Medien des Textilunterrichts sind das Laufbild und das Stehbild zu unterscheiden.

1. Laufbild

Laufbilder bzw. stumme Filme gibt es für den Textilunterricht z.B. über die Polymerisation oder den Schablonendruck.

2. Stehbild

Stehbilder werden im Textilunterricht eingesetzt als Dia (z.B. zur Farbenlehre oder zur Kostümkunde), als Transparent (z.B. zur Textiltechnologie oder zur Fertigungslehre) oder als Epi (z.B. Orientteppiche aus Ausstellungskatalogen). Mit Dia wird ein durchsichtiges fotografisches Bild zum Projizieren auf eine weiße Fläche bezeichnet. Die Bezeichnung Transparent ist dadurch zu erklären, daß es ein Bild darstellt, das von hinten mittels eines Projektors, des Tageslicht- oder Overheadprojektors, beleuchtet wird. Unter Epi versteht man ein nichtdurchsichtiges Bild, z.B. aus Büchern, das mit Hilfe eines Epidiakops an die Wand geworfen wird.

(3) Audio-visuelle Medien

Tonfilm, Tonreihe und Fernsehen gehören zu den audio-visuellen Medien des Textilunterrichts.

1. Tonfilm

Tonfilme gibt es für den Textilunterricht z.B. über das Leinen oder über die Baumwolle aus den USA.

2. Tonfilmreihen

Eine Tonfilmreihe, deren Filme aufeinander aufbauen bzw. miteinander im Zusammenhang stehen, liegen für den Textilunterricht vor z.B. über die Elemente der Textilveredlung.

3. *Fernsehen*

Gerade in letzter Zeit werden im Fernsehen vermehrt Sendungen über den Textilbereich angeboten, die im Textilunterricht als Informationsvermittler geeignet sind, so z.B. Sendungen über Kleidung/Mode oder über die Freizeitgestaltung durch historische Textiltechniken.

Fachraumausstattung

Die vorstehenden Ausführungen haben die Medienabhängigkeit des Textilunterrichts deutlich gemacht. Demgegenüber steht nicht nur das Fehlen fachspezifischer Medien auf breiter Front, sondern auch die unzulängliche Qualität angebotener Medien, die sich an dem Kriterium der didaktischen Eignung für den Textilunterricht erweisen muß. Von diesem Mangel ist im besonderen Maße die Fachraumausstattung betroffen, die eine wesentliche Voraussetzung für einen im Interesse der Schüler erforderlichen qualitativ guten und damit untrennbar verbunden medienorientierten Textilunterricht ist.

Funktionsmerkmale apersonaler Medien

Bei den Funktionsmerkmalen von Medien geht es um deren didaktischen Stellenwert. Als Funktionsmerkmale apersonaler Unterrichtsmedien gelten:
- die Objektivierung der Lerninhalte
- die Reproduzierbarkeit der Lerninhalte
- die Perfektion der Darbietung der Lerninhalte
- die Individualisierung des Lernprozesses
- die Intensivierung des Lernprozesses.[6]

Das teilweise oder ganze Ausschalten des Lehres im Lernprozeß trägt zur Objektivierung der Lerninhalte bei. Eine zusätzliche Objektivierung wird dadurch erreicht, wenn nicht der einzelne Lehrer, sondern mehrere Lehrer gemeinsam die Aufbereitung von Lerninhalten für apersonale Medien durchführen. Da die Lerninhalte in einem apersonalen Medium gespeichert sind, sind sie reproduzierbar; dadurch ist eine permanente und individuelle Wiederholung für den Schüler möglich. Apersonale Medien können den Lerninhalt sowohl hinsichtlich seiner inhaltlichen Aussage, als auch seiner äußeren Gestaltung, als auch seiner Vermittlungsform perfekt darbieten. Die Schüler lernen im Gegensatz zum Klassenunterricht nach ihrem individuellen Lerntempo; zusätzlich wird das Lernen durch die direkte Konfrontation mit der Sache intensiver und erfolgt konzentrierter.

Medienverbund und Interdependenz des medialen Feldes

Beim Medienverbund werden mehrere Medien innerhalb eines Lernprozesses miteinander kombiniert. So werden im Textilunterricht z.. kombiniert eingesetzt:
- Tafel – Arbeitsblatt
- Große Flanelltafel – Schülerflanelltafel
- Dreverhoffscher Rahmen – Werkproben
- Transparent – Arbeitsblatt.

Die fachspezifischen Unterrichtsmedien stehen mit den anderen Elementen des Textilunterrichts in Interdependenz. So besteht eine Abhängigkeit zwischen den Unterrichtsmedien, den Zielen und Inhalten des Unterrichts, den Unterrichtsverfahren, den Sozialformen und Aktionsformen sowie den sozial-kulturellen und anthropogenen Voraussetzungen.

Lehrprogramme

Da Lehrprogramme für den Textilunterricht immer mit dem Einsatz von Medien verbunden sind, werden sie unter diesem Kapitel abgehandelt. Ihre Präsentationsmodi reichen von der einfachen Buch- und Kartenform bis zum Computer und zur elektronischen Lernmaschine. Ein Lehrprogramm ist so konstruiert, daß sich der Schüler einen Lernstoff im Selbstunterricht (auto-instructial-method) und damit in Eigenverantwortung aneignen kann. Zu diesem Zweck wird ein Lehrstoff in aufeinanderfolgende kleinste Lernschritte aufgeteilt. Der Schüler muß zu jedem dieser Lernschritte die richtige Antwort geben; erst dann darf er zum nächsten Lernschritt fortschreiten.

Literatur zum Programmierten Unterricht
1. Allgemeine Literatur

Corell, W.: Pädagogische Verhaltenspsychologie. München/Basel 1965
–: Lernpsychologie. Donauwörth 1967
–: Programmiertes Lernen und Lehrmaschinen. Braunschweig 1970
Köbberling, A.: Effektiveres Lernen durch Programmierten Unterricht? Weinheim 1971
Lysaught, J./Williams, C.: Einführung in die Unterrichtsprogrammierung. Anleitung zum Verfassen und Prüfen von Programmen. München und Wien 1967
Rollet, B. (Hrsg.): Praxis und Theorie des Programmierten Unterrichts. Stuttgart 1970
Rollet, B./Weltner, K. (Hrsg.): Perspektiven des Programmierten Unterrichts. Wien 1970.
Schiefele, H.: Lehrprogramme in der Schule. München 1973
Schiefele, H./Huber, G.: Programmierte Unterweisung – programmiert. Prinzipien, Techniken, Arbeitsschritte mit statistischer Erfolgsüberprüfung. München 1971²
Strittmatter, P.: Präsentationsmodi von Lehrprogrammen. Eine Untersuchung der Auswirkung verschiedener Präsentationsmodi eines Lehrprogrammes auf dessen Effektivität. In: Eigler, G. (Hrsg.), Erziehungswissenschaftliche Untersuchungen. Band 3. Weinheim, Berlin, Basel 1970.
Walter, H.: Lehrstrategie und Lehreffektivität. München 1973

2. Lehrprogramme für den Textilverkauf

Hoechst AG (Hrsg.): Programmierte Instruktion über die Acrylfaser DOLAN® – ihre Herstellung, Gebrauchseigenschaften und Verwendungsgebiete. Frankfurt a.M. o.J.
–: Programmierte Instruktion über die Polyesterfaser Trevira. Argumente für das Verkaufsgespräch über Textilerzeugnisse, die aus oder in Mischung mit TREVIRA hergestellt sind. Frankfurt a.M. o.J.

3. Lehrprogramme für den Textilunterricht

Nippel, I.: Programmierte Unterweisung in der Textilgestaltung? In: Handarbeiten und Hauswirtschaft. Ansbach 1973, H. 4, S. 90–103
Schmuker, M.: Ich schneidere eine lange Hose. Ein Unterrichtsprogramm. In: Handarbeiten und Hauswirtschaft. Ansbach 1974, H. 7, S. 171–176

Lerntheoretische Grundlagen und Prinzipien

Der Programmierte Unterricht oder die Programmierte Unterweisung entstand im Zusammenhang mit den Reiz-Reaktions-Theorien des amerikanischen Behaviorismus über das Lernen. Er basiert auf lerntheoretischen Überlegungen, weist jedoch keine einheitliche lerntheoretische Basis auf, sondern geht auf verschiedene Lerntheorien bzw. lerntheoretische Befunde, so auf das Erfolgsgesetz (Thorndike), die Assoziationspsychologie (Pawlow), die operative Konditionierung (Skinner) und das kybernetische Lernmodell (Corell) zurück.

Die in der Literatur geschilderten Vorteile des Programmierten Unterrichts lassen sich zusammenfassen im
1. Prinzip der Verstärkung
2. Prinzip der aktiven Antwortformulierung
3. Prinzip des „shaping of behavior"
4. Prinzip der sozialen Entlastung der Lernprozesse
5. Prinzip des individuellen Lerntempos[7].

1. Prinzip der Verstärkung

Der Vorteil des Programmierten Unterrichts wird hierbei in der Möglichkeit einer Verstärkung gesehen, die unmittelbar erfolgt und zugleich jeden Schüler betrifft.

Im Herkömmlichen Unterricht ist zwar ebenfalls eine Verstärkung möglich; erfolgt jedoch die Verstärkung sofort nach einer Schülerantwort, bezieht sie sich nur auf einen Schüler, auf den, der die Antwort gegeben hat.

Wartet dagegen der Lehrer mehrere Antworten ab, um die Empfängerzahl der Verstärkungen zu vergrößern, wird die Verstärkung verzögert, sie erfolgt nicht unmittelbar und wird dadurch in ihrer Wirkung stark abgeschwächt; zudem wird auch hierbei die Mehrzahl der Schüler nicht verstärkt.

2. Prinzip der aktiven Antwortformulierung

Als ein weiterer Vorteil des Programmierten Unterrichts wird angesehen, daß er „nach jedem Lernschritt von jedem einzelnen Schüler ein ausdrückliches aktives Antwortverhalten"[8] verlangt.

Beim Herkömmlichen Unterricht dagegen ist die verbale oder auch motorische Schülertätigkeit stark eingeschränkt, auch wenn es sich um ein Lehrverfahren mit höherer Schüleraktivität handelt; zudem muß der Schüler beim Programmierten Unterricht konzentriert arbeiten, da von ihm ja nach jedem Lernschritt ein aktives Antwortverhalten erwartet wird.

3. Prinzip des „shaping of behavior"

Man könnte „ein Programm definieren als ein Instrument zur schrittweisen Veränderung des Verhaltens durch Herausforderung entsprechender, genau vorausgeplanter Reaktionen und ihre sofortige Verstärkung, so daß der Lernende von einem Ausgangsverhalten zu einem präzise festgestellten Zielverhalten fortschreitet"[9].

Der Programmierte Unterricht begünstigt die Aufgliederung der Lehrinhalte in kleinste Lernziele; eine so sorgfältige Analyse der Lernziele wird beim Herkömmlichen Unterricht selten erreicht.

4. Prinzip der sozialen Entlastung der Lernprozesse

Durch eine sachliche, emotional entspannte Atmosphäre im Programmierten Unterricht sind Lernprozesse stark begünstigt, sie werden nicht durch soziale Spannungen unterbrochen oder gestört; allerdings fällt bei dieser sachlichen Atmosphäre für einige Schüler, die dem Lehrer zuliebe lernen, die sekundäre Motivation über den Lehrer weg.

5. Prinzip des individuellen Lerntempos

Da im Programmierten Unterricht das Lerntempo von jedem einzelnen Schüler individuell gewählt werden kann, werden die Schüler angemessen gefordert und nicht wie beim Herkömmlichen Unterricht oftmals über- bzw. unterfordert, da hier das Lerntempo von dem Lehrer abhängig ist.

Die aufgezeigten Vorteile des Programmierten Unterrichts entsprechen in etwa den Kriterien, die Freudenstein für ein Medium, welches das Lernprogramm ja ist, aufzählt (vgl. die Funktionsmerkmale apersonaler Medien, S. 178).

An zusätzlichen Kriterien nennt er noch:
1. Objektivierung der Lehrinhalte
2. Reproduzierbarkeit der Lehrinhalte
3. Perfektion der Darbietung[10].

1. Objektivierung der Lehrinhalte

Die Lehrinhalte werden objektiviert, dadurch daß der Lehrer teilweise bzw. völlig ausgeschaltet ist. Auch werden durch das Programm mündliche Leistungen meßbar.

2. Reproduzierbarkeit der Lehrinhalte

Dadurch, daß die Lehrinhalte unendlich oft reproduzierbar sind, ist eine permanente und individuelle Wiederholung möglich. Zudem ruft ein Programm keine negativen Motivationen dadurch hervor, daß es ungeduldig wird oder daß es schlecht gelaunt ist.
Allerdings ist es auch nicht in der Lage, positive sekundäre Motivationen zu vermitteln.

3. Perfektion der Darbietung

Die Lehrinhalte können, vorausgesetzt, daß sie perfekt gestaltet sind, auch immer wieder perfekt abgerufen werden.

Programmarten

Es gibt lineare und verzweigte Lehrprogramme.

(1) Lineares Lehrprogramm

Beim linearen Lehrprogramm folgen für alle Schüler die gleichen Programmschritte aufeinander, es wird nur ein Lernweg zugelassen. Jeder Lernschritt wird in vier Stufen gegliedert:

1. Information
2. Frage oder Aufgabe
3. Antwort bzw. Lösung
4. Erfolgsbestätigung durch richtige Antwort

L = Lernschritt

Abb. 5/3: Lineares Lehrprogramm

Die Fehlerquote ist beim linearen Lehrprogramm gering; es eignet sich im Textilunterricht besonders für die Einführung in das Lernen mit Programmen sowie für einfache Lerninhalte. Sein Nachteil liegt vor allem darin, daß durch die Festlegung auf einen Lernweg sowohl die Individualität des Schülers als auch produktive Lernprozesse eingeschränkt werden; zudem wird zwar durch die richtige Antwort, die zu jedem Lernschritt im Lehrprogramm enthalten ist, eine falsche Antwort des Schülers korrigiert, nicht aber der der Schülerantwort zugrundeliegende Denkvorgang; das lineare Programm bietet somit wenig Möglichkeit zum einsichtigen Lernen.

(2) Verzweigtes Lehrprogramm

Das verzweigte Lehrprogramm läßt zu jedem Lernschritt mehrere Möglichkeiten des Fortschreitens zu:
- lineares Vorgehen
- zusätzliche Lernschritte bei einem Programmpunkt
- Überspringen von Lernschritten
- zusätzliche Lernschritte bei einem Programmpunkt, Fortschreiten zum nächsten.

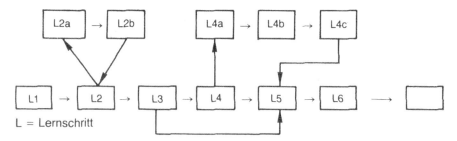

L = Lernschritt

Abb. 5/4: Verzweigtes Lehrprogramm

Der Vorteil des verzweigten Lehrprogrammes besteht darin, daß es individuelles und einsichtiges Lernen ermöglicht, indem es Irrtümer zuläßt und nicht nur eine falsche Antwort korrigiert, sondern auch den Lernweg, der zu dieser führte. Diese produktive

Korrektur des Lernweges erfolgt dadurch, daß der Schüler bei jeder falschen Antwort zusätzlich informiert und durch entsprechende Frage – oder Aufgabenstellungen zur Einsicht in seinen Fehler geführt wird. Die Fehlerquote beim verzweigten Lehrprogramm ist höher als beim linearen; sein Einsatz bietet sich im Textilunterricht bei schwierigeren, komplexen Lerninhalten an.

Lehrprogramme im Textilunterricht

Die Effektivität des Programmierten Unterrichts ist wissenschaftlich noch nicht ausreichend erforscht; es liegen widersprüchliche Befunde vor[11]. Zudem stammen die Erkenntnisse der Lerntheorien aus den kognitiven Lernbereichen und können nicht ohne Modifizierung auf den Textilunterricht, in dem kognitive und motorische Lernprozesse stattfinden, übertragen werden; dennoch haben zumindest die o.a. Prinzipien des Programmierten Unterrichts auch für den Textilunterricht Gültigkeit und liefern als Strukturelemente des Programmierten Unterrichts eine erste didaktische Standortbestimmung. Lehrprogramme sind im Sinne der Forderung nach Methodenvielfalt eine wertvolle Ergänzung und Erweiterung der Lehr- und Lernstrategien des Textilunterrichts. Sie haben wie jede andere Strategie auch eine spezifische Lerneffektivität und didaktische Reichweite und sind somit auch hinsichtlich ihrer Einsatzmöglichkeiten begrenzt. Die Grenzen des Einsatzes von Lehrprogrammen im Textilunterricht liegen vor allem im affektiv-sozialen Lernbereich und in komplexen Fertigungsprozessen, deren Programmierung nur mit einem unvertretbar hohen Zeitaufwand durchzuführen wäre. Im Hinblick auf die spezifische Lerneffektivität und didaktische Reichweite der Lehrprogramme im Textilunterricht sind zu nennen:
– Lernökonomie
– Differenzierung und Eigenverantwortung
– individuelle Schülerbetreuung
– vielfältige fachspezifische Anwendungsfelder
– Verbrauchererziehung

Lehrprogramme im Textilunterricht gewährleisten eine hohe Lernökonomie durch die im Vergleich zum Herkömmlichen Unterricht didaktisch und methodisch wesentlich besser aufbereiteten Lernschritte, durch die Perfektion der Darbietung (das Programm ist immer vorbereitet) sowie durch die Möglichkeit einer objektiven Lernzielkontrolle.

Sie ermöglichen dem Schüler ein individuelles Lernen, das dem Lerntempo und dem Lernvermögen Rechnung trägt, sowie ein eigenverantwortliches und selbständiges Lernen. Dieses individuelle eigenverantwortliche Lernen ist auch dann gewährleistet, wenn zwei leistungsgleiche Partner ein Lehrprogramm zusammen bearbeiten. Der Einsatz von Lehrprogrammen in Verbindung mit der Sozialform der Partnerarbeit im Textilunterricht hat sich vor allem dann als positiv erwiesen, wenn die Schüler bzw. einige Schüler der Klasse diese Sozialform wählen durften. Zu erproben wäre auch der Einsatz von Lehrprogrammen in homogenen Leistungsgruppen.

Durch den Einsatz von Lehrprogrammen im Textilunterricht wird der Lehrer entlastet und hat Zeit zur individuellen Betreuung von Schülern, die im Textilunterricht aufgrund dessen fachspezifischer Situation, der Verbindung motorischer und kognitiver Lernprozesse, dringend notwendig, aber aus Gründen der Gruppenstärke oft nicht möglich ist.

Lehrprogramme im Textilunterricht haben vielfältige fachspezifische Anwendungsfelder, nach denen eine erste Einteilung vorgenommen werden kann. Erstens lassen sich Lehrprogramme für den Textilunterricht in Buch- oder Kartenform sowie in Verbindung mit Maschinen herstellen. Zweitens können Lehrprogramme sowohl in der Textiltheorie (z.B. Faserstofflehre) als auch in der Textilpraxis (z.B. Einführung in eine Textile Technik) sinnvoll eingesetzt werden. Drittens stellen die fachspezifischen Aktionsformen des Textilunterrichts einen weiteren Anwendungsbereich dar und erfordern eine strukturgerechte Differenzierung der Lehrprogramme im Textilunterricht. So sind beispielsweise zu unterscheiden Lehrprogramme, die die Aktionsform „Gestalten" (z.B. Musterentwürfe durch Falten, Klappen, Spiegeln)repräsentieren oder Lehrprogramme, welche die Aktionsform „Fertigen" (z.B. Textile Techniken, einfache Fertigungsvorgänge, komplexe Fertigungsprozesse) vertreten oder Lehrprogramme, bei denen die Aktionsform „Bedienen/Handhaben und Warten" (z.B. Bedienungsanleitung für die Nähmaschine, die Strickmaschine, den Webrahmen) im Mittelpunkt steht. Die Aktionsformen des Textilunterrichts bieten ein breites Anwendungsfeld für Lehrprogramme. Eine besondere Bedeutung kommt den Lehrprogrammen für die Aktionsformen zu, die im Zusammenhang mit den Basismedien Arbeitsanleitungen stehen, da deren Darstellung in den Lehrprogrammen in schriftlicher, symbolhafter und schematischer Form sowie in Form fachspezifischer Abkürzungen den Darstellungsformen in der außerschulischen Realität entspricht. Man denke an die Konstruktionsanleitungen zu Fertigschnitten, zu Schnitten aus Modeheften und Schnittschemata in maßstabsgerechter Verkleinerung oder an die Fertigungsanleitungen zu Strick- und Häkelmodellen. Dies trifft auch auf das Anwendungsfeld Bedienen/Handhaben und Warten zu; so finden sich auch in der Realität Bedienungsanleitungen zu Nähmaschinen, Strickmaschinen oder Webrahmen.

Neben den genannten Merkmalen der Lernökonomie, Differenzierung und Eigenverantwortung, individuellen Schülerbetreuung und vielfältigen fachspezifischen Anwendungsfeldern, welche die spezifische Lerneffektivität und die didaktische Reichweite der Lehrprogramme im Textilunterricht ausmachen, kommt somit ein wesentliches fachspezifisches Moment hinzu: Lehrprogramme für die Aktionsformen Fertigen, Konstruieren, Bedienen/Handhaben und Warten, Gestalten und Erhalten, welche im Zusammenhang mit den jeweiligen spezifischen Arbeitsanleitungen (Fertigungsanleitungen, Konstruktionsanleitungen, Bedienungs- und Wartungsanleitungen, Gestaltungsanleitungen, Erhaltungsanleitungen) stehen, leisten einen Beitrag zur Verbrauchererziehung auf dem textilen Sektor. Da diese Lehrprogramme im Hinblick auf die Bildungswirksamkeit für den Textilunterricht besonders ergiebig sind, orientiert sich die nachstehende erste Einteilung der Lehrprogramme für den Textilunterricht an diesen und vernachlässigt vorerst andere Lehrprogramme.

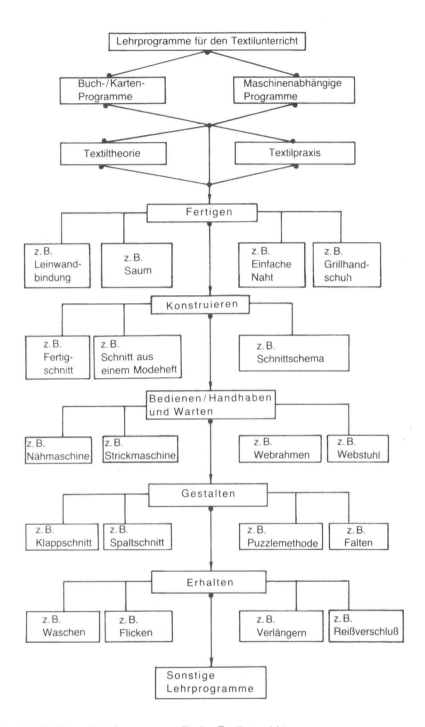

Abb. 5/5: Einteilung der Lehrprogramme für den Textilunterricht

Programmentwicklung

Die Entwicklung eines Lehrprogramms, das den Kriterien der Objektivität, Reliabilität und Validität[12] genügt, ist ein aufwendiges Unternehmen, das von der Entwicklung des Rohprogramms über das Testen zum Revidieren führt, und vom einzelnen Textillehrer nicht geleistet werden kann. Es ist eine wichtige Aufgabe der Textildidaktik, Lehrprogramme für den Textilunterricht zu entwickeln und dem Textillehrer als Unterrichtshilfen zur Verfügung zu stellen. Dies zieht jedoch eine Kompetenzvermittlung des Textillehrers zur kritischen Reflexion über die Anwendung von Lehrprogrammen nach sich, die durch seine Information über die Entwicklung eines Lehrprogramms erreicht wird oder im günstigeren Fall durch die eigene Programmierungstätigkeit, die sich allerdings für den einzelnen Textillehrer auf das Stadium des Rohprogramms beschränkt.

Bei der Entwicklung eines Rohprogramms muß der Textillehrer zum einen die Adressatengruppe, an die das Programm gerichtet ist, berücksichtigen (Lernvoraussetzungen, Motivationslage, sozio-kulturelle Voraussetzungen usw.) und zum anderen die technisch-organisatorischen Rahmenbedingungen (Medien, Zeitaufwand, Ausstattung usw.). Nach der allgemeinen Lernzielbestimmung (Grobziele), die in der Regel durch den Lehrplan vorgegeben ist, führt er die Sachliche und die Didaktische Analyse (vgl. S. 224ff.) durch und bestimmt die einzelnen Lernschritte (Feinziele). Er legt die Medien und Aufgabentypen (Lückentexte, multiple-choice-questions, Satzergänzungen, Unterstreichungen, grafische Darstellungen usw.) fest und stellt dann das Rohprogramm fertig.

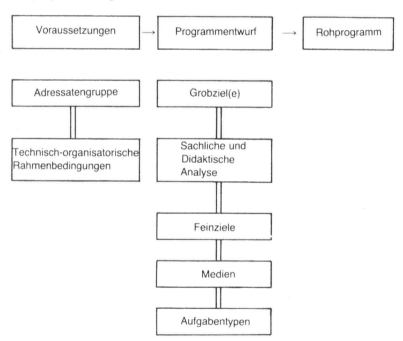

Abb. 5/6: Entwicklung eines Rohprogramms für den Textilunterricht

Medieneinsatz am Thema „Häkeln der 1. und 2. Runde eines Kreises mit Stäbchen" (5. Schulj.)

In den nachstehenden Ausführungen wird beispielhaft das Vorgehen beim Einsatz von apersonalen Medien im Textilunterricht dargestellt.

Abb. 5/7: Medieneinsatz im Textilunterricht

(1) Thema/Lernziel

Ausgangspunkt ist das Thema/Lernziel der Stunde, das Häkeln der 1. und 2. Runde mit Stäbchen. Dieses Thema/Lernziel, das dem Bereich der Formenhäkelei entnommen ist, erfordert bestimmte Lernvoraussetzungen bei den Schülern, weist eine charakteristische Inhaltsstruktur auf und ist durch einen bestimmten Arbeitsablauf gekennzeichnet:

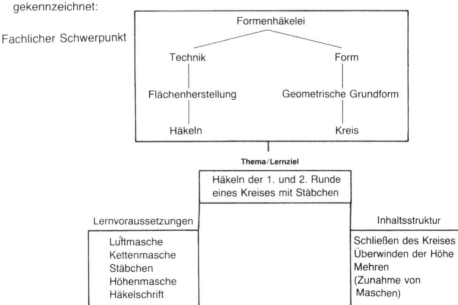

Abb. 5/8: Einordnung des Themas/Lernziels „Häkeln der 1. und 2. Runde eines Kreises mit Stäbchen"

Ausführliche Arbeitsbeschreibung	Arbeitsanleitung	Häkelschrift
Luftmaschenring Eine Luftmaschenkette aus 6 Luftmaschen häkeln. Den Ring mit einer Kettenmasche in die 1. Luftmasche schließen.	**Luftmaschenring** 6 Lm 1 Km	**Luftmaschenring**
1. Runde Zur Überwindung der Höhe 3 Luftmaschen (= Höhenmaschen) häkeln, die als 1. Stäbchen gelten. In jede Luftmasche des Luftmaschenringes 2 Stäbchen häkeln, so daß bei einer Anzahl von 6 Luftmaschen 12 Stäbchen gehäkelt werden müssen. (Die 3 Höhenmaschen werden dabei als 1 Stäbchen gerechnet.) Die Runde mit einer Kettenmasche in die 3. Höhenmasche schließen.	**1. Runde** 3 Lm 11 Stb $\Big\}$ = 12 Stb 1 Km	**1. Runde**
2. Runde Zur Überwindung der Höhe 3 Luftmaschen (= Höhenmaschen) häkeln, die als 1. Stäbchen gelten. In jedes Stäbchen der Vorrunde 2 Stäbchen häkeln, so daß bei einer Anzahl von 12 Stäbchen 24 Stäbchen gehäkelt werden müssen. (Die 3 Höhenmaschen werden dabei als 1. Stäbchen gerechnet.) Die Runde mit einer Kettenmasche in die 3. Höhenmasche schließen.	**2. Runde** 3 Lm 23 Stb $\Big\}$ = 24 Stb 1 Km	**2. Runde**

Abb. 5/9: Arbeitsablauf beim Häkeln der 1. und 2. Runde eines Kreises mit Stäbchen

Legende: Km = Kettenmasche Lm = Luftmasche Stb = Stäbchen

(2) Didaktische Funktionen

Folgende didaktische Funktionen soll das Medium konkret erfüllen:
- das Wesentliche der Inhaltsstruktur sichtbarmachen
- für den Einsatz in der Phase der Durchführung einer Arbeitsablaufstudie geeignet sein
- selbständiges Problemlösen ermöglichen
- eine adäquate Abstraktionsebene aufweisen
- fachspezifische Unterrichtsverfahren und Aktionsformen ermöglichen.

(3) Medienwahl

An Medien stehen zur Verfügung:

1. *Marktangebot:*
Häkelsymbole aus Haftpapier (vgl. Legende Abb. 5/9):

◯ = Luftmasche und Kettenmasche

 = Stäbchen

- große Häkelsymbole für die Flanelltafel
- kleine Häkelsymbole für die Schülerflanelltafeln.

2. *Selbstkonstruktion*
a) Werkproben
b) Grafische Darstellung (vgl. Häkelschrift Abb. 5/9)
c) Schriftliche Darstellung (vgl. Arbeitsbeschreibung und -anleitung Abb. 5/9)
Für die grafische und schriftliche Darstellung können als Informationsträger gewählt werden: Arbeitsblatt, Tafel, Folie, Aufbaufolie und Plakat.

Im Hinblick auf die geforderten didaktischen Funktionen fällt die Medienwahl auf einen Medienverbund, auf Werkproben in Verbindung mit kleinen Häkelsymbolen für die Schülerflanelltafeln und wird wie folgt begründet:
1. Die Werkprobe macht als Realmodell die Inhaltsstruktur sichtbar.
2. Die Verbindung von Werkprobe und Häkelsymbolen für die Hand des Schülers lassen die Durchführung einer Arbeitsablaufstudie zu; die Schüler analysieren die Werkprobe im Hinblick auf die Arbeitsablaufschritte beim Häkeln der 1. und 2. Runde eines Kreises mit Stäbchen und rekonstruieren diese mit Hilfe der Häkelsymbole; der Medienverbund erweist sich dadurch begründet, daß die Analyse der Werkprobe durch Aufziehen deren Struktur zerstören und eine Rekonstruktion nur noch zweifelhaft zulassen würde.
3. Dadurch ist gleichzeitig ein selbständiges Problemlösen durch die Schüler gewährleistet.
4. Die konkrete Auseinandersetzung mit der Werkprobe und die Darstellung der aus dieser gewonnenen Arbeitsablaufschritte durch Häkelsymbole für die Hand des Schülers weisen ein adäquates Abstrationsniveau auf und berücksichtigen die Stufen der Abstraktion.

5. Neben dem fachspezifischen Unterrichtsverfahren der Arbeitsablaufstudie ermöglicht der gewählte Medienverbund den Schülern die fachspezifischen Aktionsformen Analysieren (Arbeitsablauf) und Arbeiten mit Arbeitsanleitungen (symbolhafte Darstellung eines textilen Fertigungsvorgangs).

(4) Didaktische Aufbereitung

Um die Struktur des Inhalts hervorzuheben, bieten sich mehrere Möglichkeiten der didaktischen Aufbereitung der gewählten Medien an:

1. Werkproben
a) Dochtwolle
b) Farbige Runden (z. B. 1. Runde weiß, 2. Runde rot)
c) Ring und Runden aufbauend
   – 1. Werkprobe = Luftmaschenring
   – 2. Werkprobe = Luftmaschenring + 1. Runde
   – 3. Werkprobe = Luftmaschenring + 1. und 2. Runde
d) Farbige Maschen gemalt
   – Werkprobe in naturfarbener Dochtwolle gehäkelt
   – Luftmaschen zur Bildung des Luftmaschenrings = grün gemalt
   – Luftmaschen zur Überwindung der Höhe = blau gemalt
   – Kettenmaschen zum Schließen des Kreises = rot gemalt
e) Farbige Maschen gehäkelt (s. d)
f) Farbige Runden und farbige Maschen gemalt (s. b und d).

2. Häkelsymbole
a) einfarbige
b) farbige (s. 1. d.)

Die Entscheidung fällt mit folgender Begründung auf 1a, 1d und 2b, d.h. auf die didaktische Aufbereitung der Werkproben durch Verwendung von Dochtwolle und Anmalen von Maschen mit Filzstiften sowie auf die didaktische Aufbereitung der Häkelsymbole durch Verwendung von farbigem Haftpapier, das den Farben der Filzstifte, die zur Kennzeichnung der jeweiligen Maschen verwendet werden, entspricht:

1. Die Verwendung von Dochtwolle ist erforderlich, damit die Schüler die Maschen klar erkennen, was bei der Verwendung von Garn in mittlerer oder dünner Stärke nicht gewährleistet ist.
2. Durch das Anmalen von Maschen mit farbigen Filzstiften wird die Inhaltsstruktur erst sichtbar:
   a) Das Anmalen der Luftmaschen des Luftmaschenrings mit grüner Farbe hebt das konkrete Unterrichtsproblem der Stunde deutlich heraus, das Häkeln der 1. und 2. Runde eines Kreises mit Stäbchen.
   b) Die mit roter Farbe angemalten Kettenmaschen lassen deutlich das Schließen des Kreises durch eine Kettenmasche erkennen.
   c) Das Überwinden der Höhe durch drei Luftmaschen wird durch die blau gemalten Höhenluftmaschen deutlich.

d) Das Mehren, die Verdopplung der Stäbchen je in der 2. und 3. Runde, ist an der mit Naturfarben gehäkelten Werkprobe gut erkennbar und bedarf keiner weiteren Kenntlichmachung durch Farbe.
e) Die Häkelsymbole in den für das Anmalen der Werkprobe verwendeten Farben erleichtert den Schülern die Rekonstruktion und macht das Wesentliche der Inhaltsstruktur in der Weise, wie es in den Punkten a–d für die Werkprobe beschrieben wurde, deutlich.

(5) Medieneinsatz

Die Medien, Werkprobe und Häkelsymbole für die Hand des Schülers, werden in der Arbeitsablaufstudie „Häkeln der 1. und 2. Runde eines Kreises mit Stäbchen" in der Phase der Durchführung der Arbeitsablaufstudie eingesetzt, der die Konfrontation mit diesem Arbeitsablauf und die Planung der Arbeitsablaufstudie im Klassenunterricht voranging. Als Sozialform eignet sich die Partnerarbeit; bei der Gruppenarbeit wäre die Aktivität der Schüler beim Legen des Arbeitsvorgangs mit Häkelsymbolen zu stark eingeschränkt.

Die Schüler führen die Arbeitsablaufstudie durch, indem sie die Arbeitsablaufschritte des Häkelns der 1. und 2. Runde anhand der Werkprobe durch Analyse herausfinden und diese durch Legen der Häkelsymbole auf Schülerflanelltafeln rekonstruieren. In der darauffolgenden Auswertung der Arbeitsablaufstudie im Klassenunterricht stellen die Schüler ihre Ergebnisse aus der Partnerarbeit an der großen Flanelltafel mit großen farbigen Häkelsymbolen dar. Da der Übertrag der Ergebnisse von der Schülerflanelltafel auf die große Flanelltafel insofern technische Schwierigkeiten bereitet, daß die gelegten Häkelsymbole auf der Schülerflanelltafel beim Vortragen an die große Flanelltafel herunterfallen oder verrutschen würden, ist es sinnvoll, daß ein Partner von seinem Sitzplatz aus anhand der gelegten kleinen Häkelsymbole auf der Schülerflanelltafel die Arbeitsweise diktiert, und der andere Partner an der großen Flanelltafel nach dieser Arbeitsanweisung legt.

4. Anmerkungen

Vermittlungsformen des Textilunterrichts

[1] Vgl. Huber, F.: Allgemeine Unterrichtslehre. Bad Heilbrunn/Obb. 1965, 9. überarb. Aufl.; Stöcker, K.: Neuzeitliche Unterrichtsgestaltung. München 1970[17]

Prinzipien des Textilunterrichts

[2] Klafki, W.: Die didaktischen Prinzipien des Elementaren, Fundamentalen und Exemplarischen. In: Blumenthal, A. u. a. (Hrsg.), Handbuch für Lehrer, Bd. 2, Gütersloh 1961, S. 135

Medien im Textilunterricht

[3] Vgl. Barkemeyer, R./Meinken, U.: Größen, Körpermaße und elementare Schnitte für Bekleidung. Eine Einführung in die Schnittkonstruktion zur Herstellung einfacher Oberbekleidung. Baltmannsweiler 1981
[4] Zu den Ausführungen über Modelle vgl. Reichart, G.: Modelle im Unterricht. In: Wenk, K./Trommer, G. (Hrsg.), Unterrichten mit Modellen. Braunschweig 1978, S. 16 ff.

[5] Vgl. Nippel, I.: Arbeitsmittel zum Thema „Kleidung" – ein Lernspiel. In: Textilareit + Unterricht. Hohengehren 1974, H. 6, S. 181 ff.
[6] Vgl. Freudenstein, R.: Die Funktion moderner Mittler im Lehr- und Lernprozeß. In: Klafki, W. u. a. (Hrsg.), Funk-Kolleg Erziehungswissenschaft. Band 2. Frankfurt a. M. 1970; S. 218
[7] Vgl. Walter, H.: Lehrstrategie und Lehreffektivität. München 1973, S. 55 ff.
[8] Walter, a. a. O., S. 83
[9] Corell, W.: Pädagogische Verhaltenspsychologie. München/Basel 1965, S. 250
[10] Vgl. Freudenstein, a. a. O., S. 218 ff.
[11] Vgl. hierzu die Untersuchungsergebnisse von Köbberling, die sie aus bereits vorliegenden Untersuchungsergebnissen zum Programmierten Unterricht gewinnt, indem sie diese miteinander vergleicht und zueinander in Beziehung setzt, in: Köbberling, A.: Effektiveres Lernen durch Programmierten Unterricht? Weinheim 1971, sowie die Untersuchungsergebnisse von Walter, die aus einer empirischen Untersuchung, welche er an sechs Klassen des 10. Schuljahres Gymnasium durchführte, stammen (Stichprobe 119 Schüler), in: Walter, H.: Lehrstrategie und Lehreffektivität. München 1973
[12] Zu den Anforderungen an Methoden zur wissenschaftlichen Erkenntnisgewinnung vgl. Heller, K./Rosemann, B.: Planung und Auswertung empirischer Untersuchungen. Eine Einführung für Pädagogen, Psychologen und Soziologen. Stuttgart 1974

Sechster Teil:

Didaktisch-methodische Konzeptionen des Textilunterrichts

1. Lehrgang

Didaktischer Ort

Lehrgänge im Textilunterricht bauen systematisch Fertigkeiten, Kenntnisse und Einsichten auf, die betreffenden Sachgebiete sind begrenzt. Das Lehrgangslernen bzw. Kurslernen ist ein orientierendes Lernen, es ist fachbezogen und begünstigt die Differenzierung (Kurslernen). Wesentliches Ziel des Lehrgang ist die Leistungssteigerung der Schüler in einem begrenzten Lernbereich. Er findet seinen Einsatz bei der kursorischen Erarbeitung eines Sachgebiets, z. B. des textilen Materials, sowie bei Lernaufgaben, die aufgrund ihrer komplexen Struktur der Gliederung bedürfen.[1]
Die Konzeption des Lehrgangslernens im Textilunterricht, welche das orientierende Lernen, den Erwerb von systematisch geordneten Lernzielen eines Lernbereichs, die Leistungssteigerung in einem Sachgebiet, die Differenzierung sowie die Fachbezogenheit in den Vordergrund stellt, bedarf dringend der Ergänzung durch eine Konzeption, welche das exemplarische Lernen, den Erwerb von Sach- und Sinnzusammenhängen, die Bewältigung von Lebenssituationen, die Integration sowie den fächerübergreifenden Aspekt berücksichtigt: der Ergänzung durch das projektorientierte Lernen (vgl. S. 204 ff.)

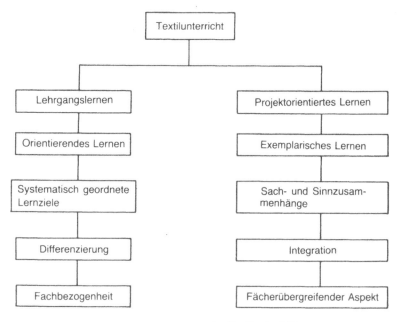

Abb. 6/1: Didaktisch-methodische Konzeptionen des Textilunterrichts

Das Charakteristikum aller Formen des Lehrgangs, das vor allem im Programmierten Unterricht deutlich wird, führt Schwager aus: „Es soll jeder Lernschritt stets auf dem Führenden aufbauen und gleichzeitig das Verständnis des Folgenden vorbereiten."[2]
Es gibt verschiedene Lehrgangsformen, denen jedoch keine einheitliche Systematik zugrundeliegt.[3] Übereinstimmung besteht jedoch darüber, daß Lehrgänge nach ihrer Schwerpunktsetzung entweder auf der Sache (objektbezogener Aspekt) oder auf dem Schüler (subjektbezogener Aspekt) unterschieden werden können.
Im Textilunterricht finden im wesentlichen die nachstehenden Lehrgangsformen Anwendung.

1. Fachsystematischer Lehrgang

Der fachsystematische Lehrgang, der die Sache in den Vordergrund stellt, vermittelt in allen Lernbereichen des Textilunterrichts grundlegende Kenntnisse und Fertigkeiten. Hier findet auch der Einsatz von Unterrichtsprogrammen seine didaktische Rechtfertigung. Zur lehrgangsmäßigen Vermittlung von Kenntnissen und Fähigkeiten gehört auch die Vermittlung fachspezifischer Aktionsformen.

Beispiele für systematiche Lehrgänge im Textilunterricht sind:

− Lernbereich Material

  Lehrgang: Gebrauchseigenschaften textiler Rohstoffe
  Lehrgang: Materialkundliche Experimente

− Lernbereich Fertigung

  Lehrgang: Handnähen
  Lehrgang: Schnittkonstruktion

− Lernbereich Gestaltung

  Lehrgang: Flächengestaltung
  Lehrgang: Schnittgestaltung

− Lernbereich Konsum

  Lehrgang: Maßnahmen der Gebrauchswerterhaltung von Textilien
  Lehrgang: Verbraucherschutzmaßnahmen für Textilwaren

− Lernbereich Kultur

  Lehrgang: Erkunden textiler Objekte in regionalen Museen
  Lehrgang: Tracht und Folklore
  Lehrgang: Stickmustertücher
  Lehrgang: Orientteppiche

2. Genetischer Lehrgang

Der genetische Lehrgang wird ebenfalls schwerpunktmäßig von der Sache bestimmt. Steht jedoch beim systematischen Lehrgang das wissenschafts-logische Prinzip im Vordergrund, so orientiert sich der genetische Lehrgang am wissenschafts-genetischen Prinzip, indem er chronologisch die wissenschaftliche Entwicklung eines Sachgebiets nachzeichnet. Im Textilunterricht hat der genetische Lehrgang seinen didaktischen Ort im Lernbereich Kultur.

Beispiele für genetische Lehrgänge im Textilunterricht sind:

- Kleidung/Mode
  Lehrgang: Kulturgeschichte der Kleidung/Mode

- Raumtextilien
  Lehrgang: Kulturgeschichte der Tappisierie

- Textiltechnik
  Lehrgang: Kulturgeschichte der Weberei

- Textilwirtschaft
  Lehrgang: Kulturgeschichte der Textilproduktion

- Textilgestaltung
  Lehrgang: Kulturgeschichte der regionalen Volkstextilkunst

3. Konzentrischer Lehrgang

Der konzentrische Lehrgang geht vom subjektbezogenen Aspekt aus und stellt die Schüler mit ihrem Lernvermögen in den Vordergrund. Bei dieser Lehrgangsform wird ein Sachgebiet auf verschiedenen Klassenstufen in Form konzentrischer Kreise wiederholt, d.h. die Wiederholung erfolgt unter Ordnungsprinzipien wie vom Einfachen zum Schweren, vom Nahen zum Fernen, von der Heimat zur Fremde. Bereits bekannte Lerninhalte werden somit auf höheren Klassenstufen ausgeweitet.
Konzentrische Lehrgänge finden im Textilunterricht in allen Lernbereichen statt. So werden sowohl Lerninhalte des Materials, der Fertigung, der Gestaltung, des Konsums und der Kultur in verschiedenen Schuljahren unter erschwerten Anforderungen wiederholt behandelt.

Lernstufen

Die nachstehenden Lernstufen des Lehrgangs nach Wilkening[4] haben nur für den systematischen und den genetischen Lehrgang Gültigkeit, da diese im Gegensatz zum konzentrischen Lehrgang in Form einer zusammenhängenden Unterrichtseinheit erfolgen. Hervorzuheben ist, daß die Lernstufe III einer weiteren Binnendifferenzierung bedarf. (s. Abb. 6/2)

Fachsystematischer Lehrgang „Sticken" (7. Schulj.)[5]

(1) Sachliche Hinweise

Dieser sehr komplexe Lehrgang kann auch unterteilt werden in zwei Lehrgänge, in den Lehrgang „Fadengebundenes Sticken" und den Lehrgang „Freies Sticken". Ebenso ist eine Reduzierung auf Formgebung durch Bortenbildung oder auf Formgebung durch Motivbildung denkbar. Er wird in dieser komplexen Form vorgestellt, um die Möglichkeiten und Bandbreite eines solchen Lehrgangs aufzuzeigen.

Lernschritte/Lernstufen	Erläuterung
I. Einstieg	Die Schüler werden von der Notwendigkeit des anstehenden Lehrgangs überzeugt und für diesen motiviert.
II. Vorstellung des Sachgebietes im Überblick	Durch einen Überblick über den Lehrgang und dessen Teile erkennen die Schüler sowohl das übergeordnete Ziel als auch den Zusammenhang der einzelnen Teile des Lehrgangs.
III. Erarbeitung des Sachgebietes in Teilschritten	Die Teilschritte des Lehrgangs sind von dem Stufungsprinzip der jeweiligen Lehrgangsform – systematisches – genetisches bestimmt.
IV. Zusammenfassung des Gelernten	Der Zusammenhang der einzelnen Lehrgangsteile wird rückblickend wieder hergestellt, das Gelernte wird dadurch vertieft.
V. Anwendung des Gelernten	Der Lehrgang findet seine Anwendung in einer textilpraktischen Aufgabe.

Abb. 6/2: Lernstufen des systematischen und des genetischen Lehrgangs

(2) Stufung

I. Einstieg

Im Rahmen der Unterrichtseinheit „Wir nähen und besticken ein Cocktailkissen", welche in den Bereich der Wohnraumgestaltung fällt, stehen die Schüler vor dem Problem der Gestaltung des Kissens durch Sticken. Durch mehrere vom Lehrer mitgebrachte, unterschiedlich bestickte und gestaltete Cocktailkissen, evtl. auch auf Dias, werden die Schüler von der Notwendigkeit überzeugt, sich über einen längeren Zeitraum mit der Technik des Stickens und deren Möglichkeiten der Flächengestaltung auseinanderzusetzen, und werden dazu motiviert.

II. Vorstellen des Sachgebietes im Überblick

Die Schüler erhalten einen Überblick über den Lehrgang und dessen Teile, indem sie anhand der unterschiedlich gestalteten Cocktailkissen das übergeordnete Ziel und die dazu führenden einzelnen Teilschritte erarbeiten und an der Tafel festhalten.

Tafelbild

Lehrgang „**Sticken**"

Ziel: Flächengestaltung durch Sticken

Teilschritte:

A. Technik

1. Stickarten
2. Material und Werkzeuge
3. Stichbildung

B. Gestaltung

1. Farbaufgaben
2. Formgebung – Bortenbildung
3. Formgebung – Motivbildung

III. Erarbeitung des Sachgebietes in Teilschritten

A.   TECHNIK

1.   Stickarten

1.1   *Fadengebundene Stickerei*
      Stiche sind an das Fadenkreuz des Untergrundes gebunden = exaktes, ausgezähltes Sticken.

1.2 *Freie Stickerei*
Stiche sind nicht an das Fadenkreuz des Untergrundes gebunden. Der Faden zeichnet, malt nach gegebenen Gestaltungs- und Ordnungsprinzipien und nach sticktechnischen Variationsmöglichkeiten.

2. Material und Werkzeug

2.1 *Stickgrund*
2.1.1 Für fadengebundene Stickerei:
leinenbindiges, gut auszählbares Gewebe
2.1.2 Für freie Stickerei:
alle Stoffarten
 – stark und schwach strukturierte
 – feine und grobe
 – leinen- und satinbindige
 – gewirkte und gepreßte Stickgründe

2.2 *Stickmaterial*
Garne aller Art:
 – dünne und dicke
 – schwach und stark gezwirnte
 – matte und glänzende

2.3 *Werkzeug*
 – spitze und stumpfe Nadeln
 – Schere
 – Stickrahmen

3. Stichbildung

3.1 *Stiche in der Vorwärtsbewegung*
 – Vorstich
 – Linienstich
 – gerader und schräger Spannstich (Kreuzstich)

3.2 *Stiche mit Vor- und Rückwärtsführung*
3.2.1 Von links nach rechts:
 – Rückstich
 – Steppstich
 – Zickzackstich
3.2.2 Von rechts nach links:
 – Stielstich
 – Hexenstich

3.3 *Stiche mit Schlingbildung*
 – Schlingstich
 – Kettenstich (offen, geschlossen, versetzt)
 – Abwandlung: Knötchenstich

B. GESTALTUNG

1. Farbaufgaben

Farbe-an sich-Kontrast
Hell-Dunkel-Kontrast
Kalt-Warm-Kontrast
Komplementär-Kontrast
Qualitäts-Kontrast
Quantitäts-Kontrast
Bei der Borten- und Motivbildung eine Farbaufgabe auswählen!

2. Bortenbildung

2.1 Fadengebundene Stickerei
2.1.1 Symmetrische oder asymmetrische Bortenbildung aus einer begrenzten Anzahl von Sticklinien
Abstand: eng-weit
2.1.2 Formulierte Farbaufgabe (s. 1.)
2.1.3 Stickmaterial
Verwenden von Materialstrukturen, z. B. dick-dünn, matt-glänzend
2.1.4 Sticktechnik
Alle Stiche, die zu einer geschlossenen und/oder unterbrochenen Linie führen
Anwenden der Kontraste:
groß-klein, eng-weit

2.2 Freie Stickerei
2.2.1 Symmetrische oder asymmetrische Bortenbildung
Parallele und/oder spiegelbildliche Anordnung von gezackter, überkreuzter oder verschlungener Linienführung
Rhythmische Übungen auf Papier unter Beachtung der Kontraste:
groß-klein, eng-weit
Überschneidungen verschiedener Linienführungen
Rapportbildung durch Ansetzen des Spiegels sowie durch Ausschneiden und Aneinanderreihen geeigneter Rapportelemente
2.2.2 Formulierte Farbaufgabe (s. 1.)
2.2.3 Stickmaterial
Verwenden von Materialstrukturen, z. B. dick-dünn, matt-glänzend
2.2.4 Sticktechnik
Stiche nach Wahl: Zickzackstich, Hexenstich, Schlingstich
Anwenden der Kontraste:
groß-klein, eng-weit,
Überschneidungen

3. **Motivbildung**

3.1 *Fadengebundene Stickerei*
3.1.1 Motivgestaltung
   – Geometrische Ausgangsformen (Kreis, Rechteck, Quadrat, Dreieck)
   – Freie abstrakte Formen, Entwurf über „Klappschnitt", „Faltschnitt", „Spielregeln" zur Motivbildung und -gliederung
3.1.2 Formulierte Farbaufgabe (s. 1.)
3.1.3 Stickmaterial
   Verwendung von Materialstrukturen, z. B. dick-dünn, matt-glänzend
3.1.4 Sticktechnik
   Alle Stiche sind geeignet
   Der Stickstich als Gestaltungsmittel zur Umsetzung einer Gestaltungsidee

3.2 *Freie Stickerei*
3.2.1 Motivgestaltung
   – Geometrische Ausgangsformen (Kreis, Rechteck, Quadrat, Dreieck)
   Bearbeitungsformen:
   – strahlenförmig
   – konzentrisch
   – spiralförmig
   – schwerpunktbildend
   – richtungsbetonend
   – verdichtend
   – aufhellend
   Freie abstrakte Formen
   Wechselseitige Bestimmung des Gestaltungsbildes durch typische Stickbilder (z. B. Kettstich, Schlingstich), Farbkombinationen, Materialstrukturen
   – Gegenständliche Motive aus dem Bereich der Phantasie, z..B. Phantasievogel, Meeresungeheuer, Zaubergarten, Windrose
   – Linien- und/oder flächenhafte Ausgestaltung einer Gegenstandsform
   Bildcharakter der Gegenstandsform durch Farb- und/oder Linienkompositionen sowie durch Strukturenelemente, z. B. Erdformationen, Waldboden, Luftaufnahme, Vulkanausbruch
3.2.2 Formulierte Farbaufgabe (s. 1.)
3.2.3 Stickmaterial
   Materialeffekte, z. B. durch Nähgarn, Knopflochseide, Mohairgarn, Metallgarn, Bastgarn, Leinengarn
3.2.4 Sticktechnik
   Grundsätzlich sind alle Stiche geeignet

Abb. 6/3: Teilschritte des Lehrgangs „Sticken"

IV. Zusammenfassung des Gelernten

Durch die Zusammenschau der in dem Lehrgang ausgeführten Stickaufgaben wird bei den Schülern rückblickend der Zusammenhang der einzelnen Lehrgangsteile wieder hergestellt und das Gelernte vertieft.

V. Anwendung des Gelernten

Die Schüler wenden den Sticklehrgang bei der Ausgestaltung des Cocktailkissens an.

Genetischer Lehrgang „Spinnen" (6. Schulj.)

(1) Sachliche Hinweise

Dieser sehr breit angelegte Lehrgang soll vor allem die Möglichkeiten und Bandbreite eines genetischen Lehrgangs aufzeigen. In der Schulpraxis wird er zwangsläufig durch die meist nicht vorhandenen Spinnräder eingeschränkt. Ohne Schwierigkeiten durchführbar sind jedoch die Teilschritte: Spinnen mit den Fingern – mit dem Stock – mit der Handspindel – mit dem Spinnrad, wobei ein Spinnrad als Demonstrations- und Versuchsobjekt ausreicht.

(2) Stufung

I. Einstieg

Der genetische Lehrgang „Spinnen" wird im Rahmen der Unterrichtseinheit „Wir weben ein Bild mit selbst gesponnener und gefärbter Wolle" durchgeführt. Um das Interesse der Schüler für das Spinnen auf verschiedenen Geräten zu wecken und damit für das Nachvollziehen der chronologischen Entwicklung des Spinnens, bringt der Lehrer handgesponnene Wolle sowie verschiedene Geräte zum Spinnen mit.

II. Vorstellen des Sachgebietes im Überblick

Anhand der bereitgestellten Spinngeräte gewinnen die Schüler einen Überblick über den Lehrgang sowie dessen Teile und fixieren die erarbeiteten Teilschritte sowie das übergeordnete Ziel des Lehrgangs an der Tafel.

Tafelbild

Lehrgang „Spinnen"

Ziel: Spinnen mit verschiedenen Geräten

Teilschritte:

1. Spinnen mit den Fingern
2. Spinnen mit dem Stock
3. Spinnen mit der Handspindel
4. Spinnen mit dem Spinnrad

III. Erarbeitung des Sachgebietes in Teilschritten

A. Spinnen mit der Hand

1. Spinnen mit den Fingern

Grundbewegung des Spinnens:
- Fasern ausziehen
- Auszug Drall geben
- Aufwinden des Garns

2. Spinnen mit dem Stock

Rundstab

3. Spinnen mit der Handspindel

Wirtel: Schaft und Gewicht

3.1 Spinnen mit der Fallspindel
   Dreh- und Spulgerät zugleich
3.2 Spinnen mit der Standspindel
   Drehen am Oberschenkel, evtl. Drehen mit den Füßen

B. Spinnen mit dem Spinnrad

1. Spinnen mit dem Spulrad

   Zwei Teile:
   –Großes Schwungrad mit größerem Durchmesser als die Antriebsrolle
   –Antriebsrolle: waagrecht angebrachte, herausstehende Spindel
   Funktionsprinzip: 1 Drehung Rad – viele Drehungen Rolle
   Arbeitsvorgang:
   1. Hand dreht Rad
   2. Hand zieht Fasern aus
1.1 Spinnen mit dem Ostasienrad
   Spinner sitzt auf dem Boden
1.2 Spinnen mit dem Wanderrad
   Spinner steht, läuft beim Ausziehen vor und zurück

2. Spinnen mit dem Flügelspinnrad

   Beschleunigung des Spinnprozesses durch Fußantrieb
   Durch Spinnflügel gleichzeitiges Drehen und Aufwickeln

> 2.1 *Spinnen mit dem Sächsischen Rad*
> Flügelspinnrad aus Sachsen
> Horizontale Anordnung von Antriebsrad und Spinnflügel
>
> 2.2 *Spinnen mit dem Bockrad*
> Abwandlung des Sächsischen Rades
> Antriebsrad unter Spinnflügel
>
> 2.3 *Spinnen mit dem Ashford-Rad*
> Flügelspinnrad mit einfacher Antriebsschnur
> Doppelte Antriebsschnur:
> – Spindelrolle
> – Spulenrolle
> Einfache Antriebsschnur
> Spinnflügelführung:
> – Bremse übt Zug auf Spinnflügel aus
> – Garn und Gummiband, welche über Spule laufen, üben diese Bremswirkung aus
> – Dadurch wird Spule gegen Spindel gedrückt und zum Drehen gebracht
>
> **3. Spinnen mit dem Elektrospinnrad**
> Elektrischer Antrieb vs. Fußantrieb

Abb. 6/4: Teilschritte des Lehrgangs „Spinnen"[6]

IV. Zusammenfassung des Gelernten

Anhand der selbst gesponnenen Wolle und den Spinngeräten berichten die Schüler über ihre Erfahrungen mit den jeweiligen Geräten. Dabei werden wesentliche Merkmale der einzelnen Geräte sowie deren chronologische Entwicklung und sinnvollerweise die damit verbundenen gesellschaftlichen Auswirkungen herausgestellt.

V. Anwendung des Gelernten

Die Schüler wenden das Gelernte unmittelbar bei dem Wollespinnen für das Bildweben an, aber auch bei späteren Unterrichtsthemen, welche den Zusammenhang zwischen der Entwicklung der Textiltechnik und der Gesellschaft aufzeigen.

Konzentrischer Lehrgang „Arbeitsablaufstudien" (3.–9. Schulj.)

(1) Sachliche Hinweise

In den nachstehenden Übersichten wird am Beispiel „Arbeitsablaufstudien" das Lernen in konzentrischen Kreisen aufgezeigt, indem die Erarbeitung des Sachgebietes in groben Teilschritten sowie deren Zuordnung zu Klassenstufen vorgestellt wird. Diese Teilschritte werden in einer weiteren Übersicht ausdifferenziert. (s. Abb. 6/5 u. 6/6).

(2) Stufung

Klassen-stufe	Arbeisablaufstudien	
	Einfache Arbeitsablaufstudien	Erweiterte Arbeitsablaufstudien
3./4.	I. Textile Verfahrenstechniken Analyse textiler Verfahrenstechniken	
5./6.	II. Textile Fertigungstechniken Analyse textiler Fertigungstechniken	
7./8. 8./9.		III. 1. Textile Fertigungsprozesse Analyse textiler Fertigungsprozesse III. 2. Textile arbeitsteilige Fertigungsprozesse Analyse textiler arbeitsteiliger Fertigungsprozesse

Abb. 6/5: Lehrgang „Arbeitsablaufstudien"

2. Projektorientierter Textilunterricht

Didaktischer Ort

Die Idee des Projekts bzw. des Vorhabens steht im engen Zusammenhang zu der Forderung nach einem fächerübergreifenden Gesamtunterricht, welche unter die reformpädagogischen Zielvorstellungen fällt. In der Literatur werden die Begriffe Projekt und Vorhaben mit unterschiedlichem Verständnis gebraucht. So stellt Pütt[7] in seiner Begriffsgenese die Strukturmomente des Projekts und des Vorhabens zusammen und einander gegenüber und kommt zu dem Ergebnis, daß keine volle Übereinstimmung zwischen beiden Begriffen, jedoch gewisse Parallelen bestehen. Als wesentlichen Unterschied führt er an, daß es sich beim Vorhaben um eine Elementarform des Unterrichts handelt, beim Projekt jedoch um eine unterrichtliche Grundkonzeption.

I. Textile Verfahrenstechniken (3./4. Schulj.)	II. Textile Fertigungstechniken (5./6. Schulj.)	III. Textile Fertigungsprozesse (7.–9. Schulj.)
– Garne Analyse des Spinnvorgangs – Flechtzopf Analyse des Flechtvorgangs – Maschen Analyse der Schlingenbildung – Knoten Analyse der Knotenbildung – Gewebe Analyse des Webvorgangs – Stiche Analyse der Stichbildung – Häkel- und Strickformen Analyse der Formgebung durch Schlingenbildung	– Einfache Naht Analyse des Fertigungsvorgangs „Nähen einer einfachen Naht" – Saum Analyse des Fertigungsvorgangs „Nähen eines Saumes" – Schrägstreifen Analyse des Fertigungsvorgangs „Kantenversäuberung durch Schrägstreifen" – Flicken Analyse des Fertigungsvorgangs „Einsetzen eines Flickens" – Knopfloch Analyse des Fertigungsvorgangs „Nähen eines Knopflochs"	1. Textile Gegenstände (z. B. Grillhandschuh, Wäschebeutel, Kinderkittel, Kissenbezug, Tasche) Analyse textiler Fertigungsprozesse zur Zergliederung der einzelnen Arbeitsschritte 2. Textile Gegenstände (z. B. Grillhandschuh, Wäschebeutel, Kinderkittel, Kissenbezug, Tasche) Analyse textiler arbeitsteiliger Fertigungsprozesse zur Zergliederung der einzelnen Arbeitsschritte, zu deren Aufteilung auf Arbeitsplätze sowie der Anordnung der Arbeitsplätze

Abb. 6/6: Teilschritte des Lehrgangs „Arbeitsablaufstudien"

So weist auch Reintges[8] darauf hin, daß das Projekt, im Zusammenhang mit den Bestrebungen der Reformpädagogen gesehen, nicht nur eine methodische Konzeption (Lernen durch Tun), sondern auch eine didaktische Konzeption (Philosophie der Erziehung) ist. Er schlägt daher die Bezeichnung Projektorientierter Unterricht statt Projektmethode vor und befindet sich damit in Übereinstimmung mit neueren erziehungswissenschaftlichen Darstellungen.

Trotz zahlreicher unterschiedlicher Begriffsinterpretationen arbeitet Bossing in seinem historischen Abriß über das Projekt vier trennscharfe Momente des Projekts heraus, über die Konsens besteht: „Erstens stimmen alle darin überein, daß es eine Aufgabe enthalten muß. Zweitens muß die Aufgabe einen größeren wichtigen Arbeitsvorgang umfassen. Drittens ist charakteristisch die Verantwortung des Schülers für die Planung und Ausführung der Arbeit.,.. Und schließlich muß das Projekt eine auf die Lösung einer Aufgabe gerichtete praktische Tätigkeit darstellen."[9] Einigkeit herrscht offensichtlich auch über die Stufen des Projekts: „Zielsetzung (Purposing), Planung (Planning), Ausführung (Executing), Beurteilung (Judging)"[10].

Im folgenden werden die Merkmale des Projektorientierten Unterrichts aufgezeigt und am Beispiel Arbeitsablaufstudien näher erläutert.

Charakteristische Merkmale des Projektorientierten Unterrichts sind (vgl. S. 193):
– exemplarisches Lernen
– Sach- und Sinnzusammenhang
– Bewältigung von Lebenssituationen
– Integration
– fächerübergreifender Aspekt
– Methodenpluralismus.

Im Gegensatz zum orientierenden Lernen, bei dem der Schüler nacheinander systematisch geordnete Lernziele anstrebt, soll der Schüler im Projektorientierten Unterricht durch die Auseinandersetzung mit einem repräsentativen, elementaren und typischen Inhalt einen größeren allgemeinen Sinn- und Sachzusammenhang exemplarisch erfassen. Ziel des Projektorientierten Unterrichts ist nicht wie beim Lehrgang die Leistungssteigerung des Schülers in einer Sache, sondern die Bewältigung von Lebenssituationen. Begünstigt das Lehrgangslernen die Differenzierung, so fördert das Projektlernen die Integration. Steht beim Lehrgang die Fachbezogenheit im Vordergrund, so stellt der Projektorientierte Unterricht den fächerübergreifenden Aspekt heraus, der einen Methodenpluralismus erfordert.

So führt der Schüler beispielsweise beim Lehrgang „Arbeitsablaufstudien" (vgl. S. 204) nacheinander mit gesteigertem Schwierigkeitsgrad einfache bis erweiterte Arbeitsablaufstudien durch mit dem Ziel, möglichst gut deren Druchführung zu beherrschen. Dagegen erschließt die Arbeitsablaufstudie eines textilen arbeitsteiligen Fertigungsprozesses im Projektorientierten Unterricht beim Projekt „Herstellen eines textilen Gegenstandes in arbeitsteiliger Fertigung" exemplarisch den Sinn- und Sachzusammenhang der arbeitsteiligen Textilproduktion mit ihren technischen, ökonomischen, sozialen und beruflichen Auswirkungen und trägt zur Bewältigung von Lebenssituationen in der Arbeits- und Wirtschaftswelt bei.

Der Lehrgang gliedert den Lerninhalt „Arbeitsablaufstudie" in aufeinanderfolgende einfache und erweitere Arbeitsablaufstudien auf. Der Schüler lernt, textile Arbeitsab-

läufe zu analysieren, das Lernen erfolgt somit unter technischem Aspekt. Der Projektorientierte Unterricht integriert die Arbeitsablaufstudie in das übergeordnete Ganze, in die arbeitsteilige Textilproduktion. Der Schüler lernt, die Sach- und Sinnzusammenhänge bei der arbeitsteiligen Textilproduktion zu erfassen, das Lernen erfolgt somit unter fächerübergreifendem Aspekt.
Charakteristisch für die Durchführung von Projekten im Textilunterricht ist, daß zwar grundsätzlich Aspekte mehrerer Disziplinen berücksichtigt werden, daß aber eine Schwerpunktsetzung, abhängig von Thema und Intention, vorgenommen wird. So wird beispielsweise bei dem Projekt „Herstellung eines textilen Gegenstandes in arbeitsteiliger Fertigung" der Schwerpunkt auf den ökonomischen Aspekt gelegt, es werden aber auch technisch-technologische, funktionale, ästhetische, berufskundliche, soziale und kulturelle Aspekte berücksichtigt.
In Zusammenhang mit der Grundidee des Projektorientierten Unterrichts nach einem fächerübergreifenden Unterricht ist für den Textilunterricht von Bedeutung, daß der fächerübergreifende Unterricht neben anderen Formen wie „in Gruppen verwandter Fächer"[11] auch in Form der „geschlossenen Arbeit um einen Sachkreis"[12], z.B. „Ernährung, Kleidung, Wohnen"[13] durchgeführt werden kann.
Der Textilunterricht bietet somit die besten Voraussetzungen für die Verwirklichung der Projektidee, da er erstens die Bereiche Kleidung und Wohnen erschließt und damit zwei Sachkreise repräsentiert, da er zweitens in der Sache begründet mehrperspektivisch ist und damit die Aspekte verschiedener Disziplinen heranzieht, da er drittens die von Bossing genannten charakteristischen Momente eines Projekts enthält, eine auf praktische Tätigkeit ausgerichtete Aufgabe, die einen größeren, wichtigen Arbeitsvorgang umfaßt, bei dessen Planung und Durchführung die Schüler verantwortlich beteiligt werden, und da er viertens sowohl die methodische Seite der Konzeption des Projektorientierten Unterrichts, das „learning by doing" als auch die didaktische Seite, die „philosophy of education" verwirklicht, wobei es bei letzterer vor allem um die Verbindung von Schule und Leben und damit um einen handlungsorientierten Unterricht geht, dessen Merkmale[14] der Textilunterricht in hohem Maße aufweist, da er

- ganzheitliches Erleben ermöglicht
    Die Schüler erfahren den Zusammenhang zwischen körperlicher und geistiger Arbeit, zwischen Denken und Handeln, zwischen Schule und Leben sowie zwischen Konsum und Produktion.
- gesellschaftliche Praxisrelevanz hat
    Textile Produkte haben eine hohe gesellschaftliche Bedeutung.
- konkrete Lebenssituationen als Lernsituationen ermöglicht
    Die Schüler erhalten durch das Lernen in den Bereichen Kleidung/Mode und Wohnung/Wohnen die Möglichkeit zu mehr Realitätserfahrung im Bildungsprozeß.
- Handlungsziele vermittelt
    Handlungsziele wie Nähen eines Kleides oder Besticken eines Wandbehangs werden in hohem Maße angestrebt und erreicht.
- produktorientiert ist, Kooperation zuläßt sowie eine Mitplanung der Schüler ermöglicht

Häufig steht ein Produktionsprojekt im Mittelpunkt des Unterrichts, bei dem eine Kooperation und angemessene Mitplanung durch die Schüler möglich ist, da diese sich an den für ein Projekt notwendigen Arbeitsschritten orientieren können.
- theoretische Reflexion anstrebt
Manuelles Tun und theoretische Reflexion stehen in enger Verbindung."[15]
Der Projektorientierte Unterricht bedarf sowohl der Ergänzung durch das Lehrgangslernen als auch, dadurch daß er Lerninhalte aus mehreren Bereichen des Textilunterrichts heranzieht, der Vielfalt an Verfahren, Veranstaltungen, Sozialformen, Grund- und Zusatzformen, Aktionsformen, Vermittlungsformen, Unterrichtsprinzipien und Medien des Textilunterrichts.

Abb. 6/7: Methodenpluralismus des Projektorientierten Textilunterrichts

Im Mittelpunkt des Projektorientierten Textilunterrichts steht ein Fertigungs- oder Produktionsprojekt auf handwerklicher oder industrieller Stufe oder aber eine Aktion mit gesellschaftlichem Anspruch.

Lernstufen

Die nachstehende Stufung des Projektorientierten Textilunterrichts, die ebenso wie die des Lehrgangs in den Bereich der Großgliederung des Unterrichts fällt, bedarf für die einzelnen Unterrichtsstunden einer weiteren Binnendifferenzierung. Sie bezieht sich auf ein Fertigungs- oder Produktionsprojekt.

Lernschritte/Lernstufen	Erläuterung
I. Produktfindung	Schüler und Lehrer entscheiden sich innerhalb eines Bezugsrahmens für ein Fertigungs- oder Produktionprojekt.
II. Produktplanung	Schüler und Lehrer planen und legen gemeinsam fest: – Funktion – Konstruktion – Technik – Material – Geräte – Form – Farbe – Fertigungsablauf.
III. Produktdurchführung	Schüler und Lehrer führen das geplante Werk durch: – Materialbeschaffung – Bereitstellen von Geräten – Arbeitsplatzgestaltung – Konstruktion – Schmuckgestaltung – Fertigung.
IV. Produktkontrolle	Schüler und Lehrer beurteilen und kontrollieren gemeinsam das durchgeführte Werk nach: – Planung – Aufwand – Wert – Vergleich – Bedeutung.

Abb. 6/8: Lernstufen des Projektorientierten Textilunterrichts

Projektorientierter Textilunterricht am Thema „Wir nähen einen Turnbeutel"
(6. Schulj.)

(1) Sachliche Hinweise

Im Rahmen der Einführung in das Maschinennähen fertigen die Schüler einen Turnbeutel aus kariertem Baumwollstoff. Die Schwerpunktsetzung erfolgt auf dem technisch-funktionalen Aspekt (Fertigen eines Gebrauchsobjekts), es werden aber

(2) Stufung

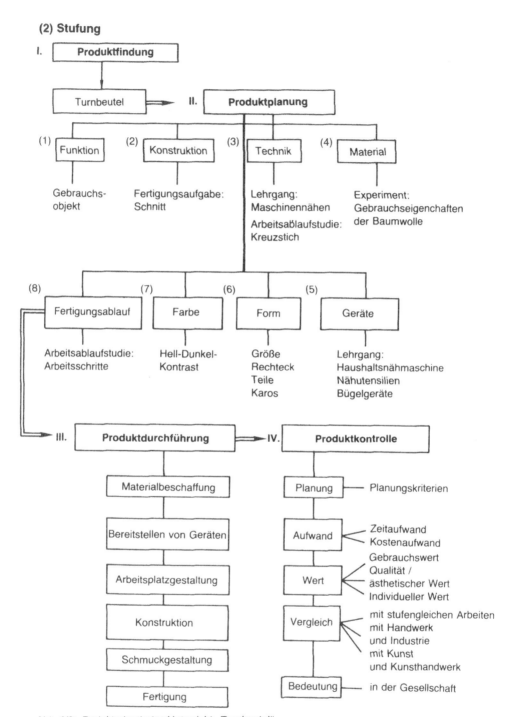

Abb. 6/9: Projektorientierter Unterricht „Turnbeutel"

auch technologische (Material), ökonomische (Materialbeschaffung, Arbeitsplatzgestaltung, Produktplanung und -kontrolle) und ästhetische (Farbe, Form und Schmuckgestaltung) Aspekte berücksichtigt.

(3) Ergänzende Hinweise

Die Kriterien, welche bei der Produktkontrolle aus Vollständigkeitsgründen aufgelistet sind, bedürfen für das konkrete Thema einer Reduzierung.

3. Anmerkungen

Lehrgang

[1] Vgl. Sauer, K.: Lehrgang. In: Horney, W./Ruppert, J./Schultz, W. (Hrsg.), Pädagogisches Lexikon in zwei Bänden. Zweiter Band. Gütersloh 1970, S. 248
[2] Schwager, K.: Wesen und Formen des Lehrgangs im Schulunterricht. Weinheim 1958, S. 113
[3] Vgl. die Lehrgangsformen bzw. Prinzipien des Lehrgangs nach:
  a) Huber: „1. die fachbezogene oder systematische, 2. die schülerbezogene oder psychologische und 3. die lebensbezogene oder organische Anordnung"; Huber, F.: Allgemeine Unterrichtslehre. Bad Heilbrunn/Obb. 1965, S. 74–75
  b) Sauer: „der fachsystematische L.; der vom Einfachen zum Komplizierten, vom Nahen zum Fernen, der in konzentrischen Kreisen fortlaufende L.; der analytische, synthetische und genetische L. und schließlich der auf Erschließung eines Exemplums gerichtete L.; der dann in den ihn ergänzenden des Informierens und Orientierens übergehen kann". Sauer, a..a.O., S. 248
  c) Schwager: 1. Logisch-systematische Form; 2. Genetische Form; 3. Konzentrisch erweiternde Form; 4. Heimatkundliche Form; 5. Ganzheitlicher Ausgangspunkt; 6. Aufbau vom „Elementaren" her; vgl. Schwager a..a.O., S. 113ff.
[4] Vgl. Wilkening, F.: Unterrichtsverfahren im Lernbereich Arbeit und Technik. Mit Beiträgen von Klaus Lindemann und Winfried Schmayl. Ravensburg 1977, S. 89
[5] Der Lehrgang Sticken ist im wesentlichen unverändert entnommen aus: Borkowsky, I./Faoro, L./Didlaukies, D./Helfrich, H./Schmidt, D./Schwender, R.: Lehrplanentwurf Textiles Gestalten. Klasse 7–9/10 – Hauptschule – Realschule – Gymnasium –, hrsg. vom Kultusministerium Rheinland-Pfalz. Mainz 1979, S. 50ff.
[6] Vgl. Crockett, C.: Das komplette Spinnbuch. Bonn 1980

Projektorientierter Textilunterricht

[7] Vgl. Pütt, H.: Projekt und Vorhaben – eine Begriffsgenese. In: Stach, R. (Hrsg.), Projektorientierter Unterricht. Theorie und Praxis. Kastellaun 1978, S. 9ff.
[8] Vgl. Reintges, B.: Projekt und Projektmethode in der aktuellen bildungspolitischen Diskussion. In: Stach, R. (Hrsg.), a.a.O., S. 55ff.
[9] Bossing nach Reintges a.a.O., S. 59
[10] Bossing nach Reintges, a.a.O., S. 59
[11,12,13] Schlaak, G.: Der überfachliche Unterricht. Stuttgart 1973, S. 29; vgl. hierzu auch Hamaide, A.: La methode Decroly. Neuchatel 1966[7], S. 19–26
[14] Vgl. Gudjons, H.: Handelnder Unterricht – handlungsorientierter Unterricht. In: Westermanns Pädagogische Beiträge 1980, H. 4, S. 344ff.
[15] Schmidt, D.: Ansätze zu einer Textildidaktik. In: Textilarbeit + Unterricht. Baltmannsweiler 1981, H. 4, S. 184

Siebter Teil:

Planung, Durchführung und Kontrolle des Textilunterrichts

1. Planung und Durchführung des Textilunterrichts

Textillehrplan

Für die amtlichen Bestimmungen, die die unterrichtliche Tätigkeit des Lehrers regeln, gab und gibt es unterschiedliche Bezeichnungen: Arbeitsanweisungen, Arbeitspläne, Bildungspläne, Empfehlungen, Erziehungspläne, Hinweise, Lehrpläne, Lehrplanentwürfe, Rahmenprogramme, Rahmenrichtlinien, Richtlinien, Richtlinienentwürfe. In den folgenden Ausführungen werden diese aus Verständnisgründen unter dem Begriff „Lehrpläne" subsumiert.

Waren die Lehrpläne älteren Datums mehr oder minder Stoffpläne, so weisen die neueren Lehrpläne einen curricularen Ansatz auf. Der Terminus „Curriculum" kommt aus dem Lateinischen und bedeutet wörtlich übersetzt: Lauf, Laufbahn. Es war S.B. Robinsohn mit seiner Schrift „Bildungsreform als Revision des Curriculum", der den Terminus „Curriculum", der bereits in der Barockzeit für den Begriff „Lehrplan" verwendet wurde[1], wieder einführte. Allerdings wird dieser Terminus in der pädagogischen Fachsprache nicht einheitlich gebraucht. So stellt Reisse 27 Definitionen zusammen, die er in drei Gruppen einteilt[2]:

1. Definitionen, die „Curriculum" als Gleichsetzung oder Unterscheidung von Unterricht verwenden,
2. Definitionen, die „Curriculum" hauptsächlich auf Lernziele/-inhalte beschränkt sehen,
3. Definitionen, die für das „Curriculum" neben Lernzielen/-inhalten auch Unterrichtsverfahren und Lernzielkontrollen einschließen.

Die Definitionen der zweiten Gruppe werden allgemein als Curriculum im engeren Sinne und die der dritten Gruppe als Curriculum im weiteren Sinne bezeichnet[3]. In Anlehnung an M. Johnson bezeichnet Meyer ein Curriculum im engeren Sinne als „strukturierte Reihe von gewünschten Lernergebnissen"[4]. Bei einem Curriculum im weiteren Sinne besteht für ihn ein „begründeter Zusammenhang von Lernziel-, Lerninhalts- und Lernorganisationsentscheidungen"[5]. In beiden Definitionen wird der Unterschied zu dem Terminus „Lehrplan" deutlich: Curriculum beschränkt sich nicht wie der Lehrplan auf eine wie auch immer strukturierte Angabe von Lerninhalten, sondern muß darüber hinaus eine strukturierte Angabe von gewünschten Lernergebnissen, d.h. von Lernzielen, leisten. Begnügt sich die erste Definition Meyers damit, daß ein Curriculum Aussagen über Lernziele machen soll und eine Struktur haben muß und damit nicht eine „reine Addition von Lernzielen"[6] sein soll, wobei Meyer diese Struktur von der jeweiligen Fachdidaktik bestimmt sieht, verlangt seine zweite Definition mehr: Neben einem Begründungszusammenhang werden Entscheidungen verlangt.

Da es unmöglich ist, „Lernziele ohne die Angabe eines Lerninhaltes zu formulieren"[8], ergibt sich zwingend eine Verknüpfung von Lernziel- und Lerninhaltsentscheidungen. Über diese zwangsläufige Verknüpfung hinaus fordert Meyer ebenso die Verknüpfung zwischen Lernziel-, Lerninhalts- und Lernorganisationsentscheidungen, da er einen Implikationszusammenhang dieser Entscheidungen sieht, weil für ihn „Unterricht nicht nur eine Realisierung gesellschaftlicher Interessen, sondern ebenso eine pädagogisch zu verantwortende (und deshalb auf einen Begründungszusammenhang angewiesene) Auseinandersetzung mit den subjektiven Bedürfnissen und Interessen der Lernenden ist"[9].

Da diese Auffassung von Curriculum im weiteren Sinne, für den Meyer solchermaßen plädiert, sich durchgesetzt hat[10], wird der Terminus Curriculum überwiegend nach folgender Definition gebraucht: „Curriculum heißt konkrete Unterrichtsplanung, die von begründeten, präzise formulierten, zusammenhängenden und nachweislich erfüllbaren Lernzielen ausgeht, diesen geeignete, genau bestimmte Lerninhalte und Unterrichtsverfahren zuordnet und schließlich Wege aufzeigt, wie die Erfüllung der Lernziele überprüft werden kann."[11] In Anlehnung an obige Definition von Curriculum sind in einem lernzielorientierten Lehrplan bzw. Curriculum folgende Elemente auszuweisen: Themen/Lernziele, Unterrichtsverfahren, Unterrichtsmedien und Leistungskontrollverfahren[12].

Thema: Textilien im Haushalt		Zeitrichtwert 4
Lernziele:		**Hinweise**
Einblick in den Bedarf an Gebrauchs- und Wohntextilien im Haushalt	Gebrauchstextilien (Handtücher, Waschlappen, Tischwäsche, Bettwäsche)	Erkunden des häuslichen Wohnbereichs
Kenntnis von Möglichkeiten der Bedarfsdeckung an Textilien im Haushalt	Marktangebot: Halbfertigprodukte (Garne, Stoffe) Fertigprodukte (Gebrauchs- und Wohntextilien)	Erkunden von ortsansässigen Geschäften Auswerten von Katalogen etc. Einkauf von Küchenwäsche, z.B. für die Schulküche

Abb. 7/1: Auszug aus einem Textillehrplan mit curricularem Ansatz[13]

Textilarbeitsplan

Der lernzielorientierte Textilarbeitsplan ist ein Mittel zur langfristigen Planung des Textilunterrichts, er trägt zur Umsetzung curricularer Textillehrpläne im Unterricht bei. Hatte der ältere Textilarbeitsplan oder Stoffverteilungsplan vordergründig die Funktion der Stoffverteilung, so hat der lernzielorientierte Textilarbeitsplan die Aufgabe, die im Textillehrplan angegebenen Lernziele zu ordnen und gegebenenfalls weiter auszudifferenzieren. Dies ist notwendig, da auf der einen Seite die Abfolge der Lernziele im Textillehrplan nach systematischen Gesichtspunkten vorgenommen ist, und auf der anderen Seite die Abfolge der Lernziele im Textilunterricht nach didaktisch-methodischen Gesichtspunkten erfolgt. So ist die Abfolge der Lernziele u.a. abhängig vom Leistungsvermögen der Lerngruppe, von dem Thema, das der Lehrer zur Erreichung der Lernziele ausgewählt hat, von der Wahl der Konzeption des Lehrgangs oder des Projektorientierten Unterrichts, vom Einsatz eines Lehrbuchs oder eines Programms, aber auch von den Bedingungen der jeweiligen Schule, beispielsweise den organisatorischen und personellen Bedingungen. Diese Möglichkeit, die unterrichtliche Abfolge der im Textillehrplan ausgewiesenen Lernziele unter Einhaltung des Zeitrichtwerts, der im Textillehrplan für ein oder mehrere Lernziele angegeben ist, zu ändern, erlaubt eine freie pädagogisch-didaktische Gestaltung des Textilunterrichts.

Im folgenden wird ein Ausschnitt eines Textilarbeitsplans, der das Hilfsmaterial Papier thematisiert, für das 2. Schuljahr vorgestellt. Dieser zeigt beispielhaft die Ausdifferenzierung eines Lernziels aus einem Lehrplan für einen Arbeitsplan auf, wobei diese Ausdifferenzierung auf der Grobzielebene verbleibt, da die Feinzielformulierung der jeweiligen Stundenvorbereitung vorbehalten bleibt. Denkbar wäre eine Erweiterung dieses Arbeitsplans um die Angabe von Unterrichtsverfahren und Leistungskontrollverfahren, die bei dem vorliegenden Beispiel jedoch ebenfalls in den Bereich der Stundenvorbereitung verwiesen wurde.

Textilarbeitsplan am Thema/Lernziel „Überblick über die Eigenschaften und Verwendung von Papier" (2. Schulj.)
– Zeitrichtwert: 14 Stunden –

Zeit	Thema der Unterrichtsstunde	Lernziele	Medien	Aufgabenstellung
I. 2 Std.	Papier, seine Eigenschaften und Verwendungsmöglichkeiten	Kenntnis: Verschiedene Papiersorten, ihre Eigenschaften und ihre zweckmäßige Verwendung	Zeitungspapier, Packpapier, Kreppapier, Seidenpapier, Pergamentpapier, Tonpapier, Schreibpapier, Löschpapier etc. Finger	Einpacken verschiedener Gegenstände Knüllen zur Kugel
II. 2 Std.	Papier läßt sich reißen, knüllen und kleben.	Fähigkeit: a) Reißen in kleine Schnipsel b) Knüllen zur Kugel Ordnen und Kleben Fingerfertigkeit	a) Illustrierten, Zeitungspapier Fotokarton, Kleister Finger b) Seidenpapier, Tapetenreste Kleister, Finger	a) Ordnen nach Farben oder Flächenfüllung Ordnen auf einer Fläche, auf farblich abstechenden Untergrund kleben b) Ordnen zu Figuren Bild kleben (Blume, Blüte)
III. 2 Std.	Papier läßt sich reißen, kniffen und kleben.	Fähigkeit: Reißen von Streifen und einfachen Formen Ordnen auf einer Fläche (Ordnungsprinzipien: breit, schmal, lang, kurz)	Bunte Papiere, Kleister Finger Fotokarton	Flächengestaltung durch Streifen

Zeit	Thema der Unterrichtsstunde	Lernziele	Medien	Aufgabenstellung
IV. 2 Std.	Papier läßt sich schneiden.	Fähigkeit: Umgang mit der Schere als Schneidewerkzeug Richtige Handhabung beim Schneiden von Linien und Formen	Runde und spitze Scheren Papier	Blumenwiese Wunderblume
V. 2 Std.	Papier läßt sich falten.	Kenntnis: Grundformen: Rechteck, Quadrat, Dreieck Fähigkeit: Sachgemäßes und exaktes Falten Fingerfertigkeit	Faltblätter, Zeitungspapier	Buch, Taschentuch, Kopftuch, Hut
VI. 2 Std.	Papier läßt sich falten und schneiden.	Fähigkeit: Schneiden von einfachen, gleichseitigen Formen im Faltschnitt, ausgehend von der Bruchkante (Herz, Glocke, Blatt, Tannenbaum) Ordnen zum Muster, Kleben	Buntpapier mit Klebeseite Karten, Kästchen, Spanschachteln Scheren	Weihnachtskarten Schachteln zum Verschenken Bekleben von Servietten und Tischkarten

Zeit	Thema der Unterrichtsstunde	Lernziele	Medien	Aufgabenstellung
VII. 2 Std.	Papier läßt sich mehrfach falten und schneiden.	Fähigkeit: Schneiden im Faltschnitt Positive und negative Formen Einfacher Faltschnitt, Reihenfaltschnitt (breite Ziehharmonikafalten, wenige Lagen aus dem zusammengefalteten Quadrat oder Rechteck)	Faltpapier, Schreibmaschinenpapier, Papierstreifen Schere evtl. Klebstoff	Lesezeichen Fensterschmuck Papierdecken quadratisch

Abb. 7/2: Auszug aus einem Textilarbeitsplan[14]

Textilstunde

Die Vorbereitung einer Einzel- oder Doppelstunde des Textilunterrichts, die im Gegensatz zum Textillehrplan und Textilarbeitsplan, welche der Großgliederung des Textilunterrichts zuzuordnen sind, in den Bereich der Binnendifferenzierung des Textilunterrichts fällt, erfordert eine Auseinandersetzung mit den dem Textilunterricht zugrundeliegenden Elementen. Diese werden im folgenden für die schriftliche Unterrichtsvorbereitung beschrieben und dienen gleichzeitig, ergänzt um die Literaturangabe, als Gliederungspunkte der Lehrdarstellung für den Textilunterricht.

1. Sachliche Analyse

Im Mittelpunkt der Sachlichen Analyse steht die Frage nach dem „was?". Der im Thema enthaltene Inhalt wird so dargestellt, wie ihn die Fachwissenschaft, evtl. auch kontrovers, begreift. Mit der entsprechenden Gewichtung wird allgemein der Lehrstoff, die Sache, der Unterrichtsgegenstand oder spezieller, die textile Technik, das Gestaltungsprinzip, der Fertigungsablauf, das Experiment usw. beschrieben und eventuell gegen benachbarte Bereiche abgegrenzt. Über didaktische Stoffbeschränkungen oder methodische Möglichkeiten werden noch keine Aussagen gemacht.

2. Didaktische Analyse

2.1 Bildungsgehalt des Stoffes

Den Kern der Analyse des Stoffes hinsichtlich seines Bildungsgehaltes bildet die Frage nach dem „warum?". Sie erfordert eine Auseinandersetzung mit Fragen, wie sie Klafki in seinem Aufsatz „Didaktische Analyse als Kern der Unterrichtsvorbereitung" formuliert:

„I. Welchen größeren bzw. allgemeinen Sinn- oder Sachzusammenhang vertritt und erschließt dieser Inhalt? Welches Urphänomen oder Grundprinzip, welches Gesetz, Kriterium, Problem, welche Methode, Technik oder Haltung läßt sich in der Auseinandersetzung mit ihm „exemplarisch" erfassen? ...

1. Wofür soll das geplante Thema exemplarisch, repräsentativ, typisch sein? ...
2. Wo läßt sich das an diesem Thema zu Gewinnende als Ganzes oder in einzelnen Elementen – Einsichten, Vorstellungen, Wertbegriffen, Arbeitsmethoden, Techniken – später als Moment fruchtbar machen? ...

II. Welche Bedeutung hat der betreffende Inhalt bzw. die an diesem Thema zu gewinnende Erfahrung, Erkenntnis, Fähigkeit oder Fertigkeit bereits im geistigen Leben der Kinder meiner Klasse, welche Bedeutung sollte er – vom pädagogischen Gesichtspunkt aus gesehen – darin haben? ...

III. Worin liegt die Bedeutung des Themas für die Zukunft der Kinder? ...

IV. Welches ist die Struktur des (durch die Fragen I, II und III in die spezifisch pädagogische Sicht gerückten) Inhaltes? ...

1. Welches sind die einzelnen Momente des Inhaltes als eines Sinnzusammenhanges; ...

2. In welchem Zusammenhang stehen diese einzelnen Momente?
   a) In einem logisch „eindeutigen" Zusammenhang? ...
   b) In einem faktischen Wirkungszusammenhang, bei dem alle oder einige Momente in Wechselwirkung stehen, so daß die Reihenfolge ihrer Betrachtung nicht schon durch die Logik der Sache zwingend vorgezeichnet ist? ...
3. Ist der betreffende Inhalt geschichtet? Hat er verschiedene Sinn- und Bedeutungsschichten? ...
4. In welchem größeren sachlichen Zusammenhang steht dieser Inhalt? Was muß sachlich vorausgegangen sein? ...
5. Welche Eigentümlichkeiten des Inhaltes werden den Kindern den Zugang zur Sache vermutlich schwer machen? ...
6. Was hat als ... „Mindestwissen" ... zu gelten? ...

V. Welches sind die besonderen Fälle, Phänomene, Situationen, Versuche, in oder an denen die Struktur des jeweiligen Inhaltes den Kindern dieser Bildungsstufe, dieser Klasse interessant, frag-würdig, zugänglich, begreiflich, „anschaulich" werden kann? ...

1. Welche Sachverhalte, Phänomene, Situationen, Versuche, Kontroversen usw., m. a. W.: „Anschauungen" sind geeignet, die auf das Wesen des jeweiligen Inhaltes, auf seine Struktur gerichtete Fragestellung in den Kindern zu erwecken, jene Fragestellung, die gleichsam den Verlauf des Unterrichts darstellen muß? ...
2. Welche Anschauungen, Hinweise, Situationen, Beobachtungen, Erzählungen, Versuche, Modelle usw. sind geeignet, den Kindern dazu zu verhelfen, möglichst selbständig die auf das Wesentliche der Sache, des Problems gerichtete Fragestellung zu beantworten? ...
3. Welche Situationen und Aufgaben sind geeignet, das am exemplarischen Beispiel, am elementaren „Fall" erfaßte Prinzip einer Sache, die Struktur eines Inhaltes fruchtbar werden, in der Anwendung sich bewähren und damit üben (– immanent wiederholen –) zu lassen?"[15]

2.2 Die Klasse

Es werden die anthropogenen und sozial-kulturellen Voraussetzungen der Klasse beschrieben, aber nur insoweit sie für das spezielle Stundenthema von Bedeutung sind und Folgen für die Gestaltung der Stunde haben (z.B. Abstraktionsfähigkeit, Lerntempo). Mögliche Schwierigkeiten, die sich aus der Klassensituation für die Unterrichtsgestaltung ergeben, werden erörtert und die Konsequenzen daraus dargestellt (z.B. Differenzierungsmaßnahmen).

2.3 Lernziele

Die Lernziele müssen sich begründet aus der Didaktischen Analyse, den methodischen und den medialen Überlegungen ergeben. Sie geben Auskunft darüber, was die Schüler am Ende der Stunde dazugelernt haben sollen. Falls es für die konkrete

Unterrichtsstunde sinnvoll ist, werden sie in kognitive, affektive und psychomotorische Lernziele unterteilt. Die kognitiven und psychomotorischen Lernziele sind operationalisiert zu formulieren. Eine vorgesehene Lernzielkontrolle ist anzugeben.

3. Methodische Überlegungen

Die methodischen Überlegungen setzen sich schwerpunktmäßig mit der Frage nach dem „wie"? auseinander.

3.1 Stufungsmodell

Ein Stufungsmodell wird ausgewählt und im Hinblick auf die Lernziele begründet. Die einzelnen Stufen werden ausführlich beschrieben. Nähere Ausführungen sind besonders zur Motivation unter Berücksichtigung der Klasse und der Inhaltsstruktur der Sache vorzunehmen sowie zu möglichen Abhilfen oder vorbeugenden Maßnahmen bei vermuteten Schwierigkeiten.

3.2 Sozialformen

Die Begründung und Verwirklichung der jeweiligen Sozialform ist anzugeben.

3.3 Aktionsformen

Die Maßnahmen, welche den Schülern fachspezifische Aktionsformen ermöglichen, werden beschrieben.

4. Mediale Überlegungen

4.1 Vermittlungsformen

Die gewählte Vermittlungsform wird jeweils begründet und näher beschrieben.

4.2 Unterrichtsprinzipien

Eine Aufzählung der Unterrichtsprinzipien ist nicht zweckmäßig, stattdessen werden die Unterrichtsprinzipien, die in der Stunde durch besondere Maßnahmen berücksichtigt werden, angeführt und diese Maßnahmen erläutert.

4.3 Medien

Es erfolgt eine kritische Auseinandersetzung mit den zur Verfügung stehenden Medien hinsichtlich ihrer Eignung. Selbstkonstruierte Medien sind zu begründen, Arbeitsblätter, vorgesehenes Tafelbild, Plakate etc. sind beizulegen. Das Vorgehen beim Medieneinsatz ist begründet darzustellen.

4.4 Technisch-organisatorische Vorplanung

Die technisch-organisatorische Vorplanung wird ausgeführt, z.B. das Beschaffen von Filmen, die Konstruktion von Medien oder die Absprache mit weiteren Beteiligten.

5. Unterrichtsverlauf

Ein didaktisch-methodischer Kommentar ist nicht erforderlich, da die entsprechenden Begründungen in der Didaktischen Analyse, den methodischen und den medialen Überlegungen stehen sollten. Der Unterrichtsverlauf wird zweckmäßig in Form einer übersichtlichen Gliederung unter Angabe der Lernstufen und Lernziele ausgewiesen. Wichtige, den Verlauf der Stunde ausschlaggebend bestimmende Impulse, Fragen und Arbeitsaufträge werden wörtlich wiedergegeben. Die zu erwartenden Antworten und Ergebnisse werden zusammengefaßt dargestellt. Der Unterrichtsverlauf muß eine zeitliche Planung sowie, falls vorgesehen, die Vorbereitung von Hausaufgaben enthalten.

Textilstunde am Thema „Einführung in den Kreuzstich" (6. Schulj.)

Lehrdarstellung

Fach:	Textiles Werken
Thema:	Einführung des Kreuzstiches
Klasse:	6. Schuljahr, 4 Mädchen, 13 Jungen
Zeit:	45 Minuten
Datum:	25. Mai 1981
Schule:	Heiligenbergschule Heidelberg

1. Sachliche Analyse

Der Kreuzstich gehört zu den Zählstichen, da er eine bestimmte Anzahl von Gewebefäden umfaßt. Man unterscheidet die folgenden Kreuzsticharten:
- einseitiger Kreuzstich
- langgezogener Kreuzstich
- unregelmäßiger Kreuzstich
- diagonaler Kreuzstich.

Da lediglich der einseitige Kreuzstich aufgrund seines quadratischen Erscheinungsbildes für die Gestaltung eines quadratisch karierten Stoffes, wie er für das Unterrichtsvorhaben „Nähen eines Turnbeutels" bereits ausgewählt ist, geeignet ist, beschränke ich mich im folgenden auf diesen.

Charakteristisch für den einseitigen Kreuzstich ist, daß er den Raum eines Quadrats einnimmt. Er wird aus einem Grundstich, der von links unten nach rechts oben verläuft, und einem Deckstich, der von rechts unten nach links oben verläuft, gebildet und weist somit eine diagonale Überkreuzung auf. Der Arbeitsablauf des einseitigen Kreuzstiches ist je nach Anzahl der Stiche, Größe der zu bestickenden Fläche und Richtung der Stickreihen verschieden.

(1) Einzelne Stiche, kleine Flächen, waagrechte Reihe

Arbeitsrichtung:

(für Rechtshänder)
Von rechts nach links

Arbeitsablauf:

Ausstechen, über 2–4 Gewebefäden[1] nach oben und 2–4 Gewebefäden nach rechts gehen, einstechen (= Grundstich); über 2–4 Gewebefäden nach links gehen, ausstechen, über 2–4 Gewebefäden nach unten und 2–4 nach rechts gehen, einstechen (=Deckstich); 2–4 Gewebefäden links neben der ersten Ausstichstelle ausstechen (= Beginn des 2. Kreuzstiches)

Stickbild:

Die Vorderseite besteht aus einer waagrechten Reihe von Kreuzstichen, die Rückseite aus zwei parallel verlaufenden Reihen waagrechter Verbindungsstiche; dabei sind die Verbindungsstiche der unteren Reihe doppelt so lang.

(2) Größere Flächen, waagrechte Reihen

Arbeitsrichtung:

(für Rechtshänder)
a) Grundstiche von links nach rechts
b) Deckstiche von rechts nach links

Arbeitsablauf:

Zuerst werden alle Grundstiche einer Reihe, danach alle Deckstiche einer Reihe gestickt:

a) Grundstich: Ausstechen, über 2–4 Gewebefäden nach oben und 2–4 Gewebefäden nach rechts gehen, einstechen; 2–4 Gewebefäden rechts neben der ersten Ausstichstelle ausstechen (= Beginn des 2. Grundstiches)

b) Deckstich: Ausstechen, 2–4 Gewebefäden nach oben und 2–4 Gewebefäden nach links gehen, einstechen; 2–4 Gewebefäden links neben der ersten Ausstichstelle ausstechen (= Beginn des 2. Deckstiches)

Stickbild:

Die Vorderseite besteht aus einer waagrechten Reihe von Kreuzstichen, die Rückseite aus senkrechten Verbindungsstichen.

---

[1] Die Anzahl der Gewebefäden ist von der gewünschten Größe des Stiches abhängig, muß jedoch für die Teilelemente eines Arbeitsvorganges gleich sein.

(3) Größere Flächen, senkrechte Reihen

Arbeitsrichtung:

(für Rechtshänder)
a) Grundstiche von unten nach oben
b) Deckstiche von oben nach unten

Arbeitsablauf:

Zuerst werden alle Grundstiche einer Reihe, danach alle Deckstiche einer Reihe gestickt.

a) Grundstich: Ausstechen, über 2–4 Gewebefäden nach oben und 2–4 Gewebefäden nach rechts gehen, einstechen; 2–4 Gewebefäden über der ersten Ausstichstelle ausstechen (= Beginn des 2. Grundstiches)

b) Deckstich: Ausstechen, über 2–4 Gewebefäden nach unten und 2–4 Gewebefäden nach rechts gehen, einstechen; 2–4 Gewebefäden unter der ersten Ausstichstelle ausstechen (= Beginn des 2. Deckstiches)

Stickbild:

Die Vorderseite besteht aus einer senkrechten Reihe von Kreuzstichen, die Rückseite aus waagrechten Verbindungsstichen.

(4) Größere Flächen, schräge Reihen

Arbeitsrichtung:

(für Rechtshänder)
Von links unten nach rechts oben

Arbeitsablauf:

Ausstechen, über 2–4 Gewebefäden nach oben und 2–4 Gewebefäden nach rechts gehen, einstechen (= Grundstich); über 2–4 Gewebefäden nach links gehen, ausstechen, über 2–4 Gewebefäden nach unten und 2–4 Gewebefäden nach rechts gehen, einstechen (= Deckstich); in der ersten Einstichstelle ausstechen (= Beginn des zweiten Kreuzstiches)

Stickbild:

Die Vorderseite besteht aus einer schrägen Reihe von Kreuzstichen, die Rückseite aus Verbindungsstichen, die rechte Winkel bilden.
Als Stickgrundlage für den Kreuzstich muß ein quadratisch gewebter Stoff (Kette und Schuß mit gleicher Stärke und Dichte) benutzt werden, da ansonsten sein Erscheinungsbild als Quadrat verzerrt wird. Der Arbeitsfaden muß der Stärke des Gewebes entsprechen. Als Werkzeug dienen Nadeln mit und ohne Spitze, wobei sich die Nadelstärke nach der Stärke des Arbeitsfadens richtet.
Der Kreuzstich findet zwar auch als Nutzstich (z.B. zur Randbefestigung), im wesentlichen aber als Zierstich (z.B. zum Verzieren einer Tischdecke) Verwendung.

2. Didaktische Analyse

2.1 Bildungsgehalt

(1) Sinn- und Sachzusammenhang sowie exemplarischer Gehalt

Das Thema der Unterrichtsstunde „Einführung des Kreuzstiches" stellt einen Ausschnitt aus dem Unterrichtsvorhaben „Nähen eines Turnbeutels" dar. Innerhalb dieses Unterrichtsvorhabens haben die Schüler bereits einen Lehrgang Maschinennähen durchgeführt, die Materialauswahl für den Turnbeutel getroffen (blau-weiß bzw. rot-weiß karierter Baumwollstoff) sowie den Turnbeutel zugeschnitten.
Für die Gestaltung des blau-weiß bzw. rot-weiß karierten Baumwollstoffes, welche vor dem Zusammennähen der Schnitteile erfolgen muß, bieten sich für eine Flächengestaltung eigentlich nur zwei relevante Techniken an: der Kartoffeldruck und der Kreuzstich je in der Größe eines Quadrates. Die Entscheidung für das Thema „Einführung des Kreuzstiches" liegt darin begründet, daß der Kartoffeldruck den Schülern bereits bekannt ist, der Kreuzstich jedoch nicht. Die „Einführung des Kreuzstiches" ist dem technischen Aspekt des Textilunterrichts zuzuordnen.
Als Arbeitsablauf des Kreuzstiches wähle ich denjenigen, bei welchem der Kreuzstich als Einzelstich gestickt wird (s. Sachanalyse (1)), weil
- dieser die Grundlage für alle Kreuzsticharten bildet
- die Schüler so den Kreuzstich in seiner Gesamtheit als eigenständigen Stich erfassen und nicht nur als Teil einer Reihe
- die Arbeitsabläufe, die eine Kreuzstichreihe in Grund- und Deckstiche – und damit in Schrägstiche mit unterschiedlicher Arbeitsrichtung – unterteilen (s. Sachanalyse (2) und (3)) die Schüler einer 6. Klasse unterfordern.

Wichtig und wertvoll ist, wie bei jedem anderen Stich (das Exemplarische), der ökonomische Arbeitsablauf. Dazu gehört das zeitsparende Auffassen von Fäden, ohne den Stoff bei jedem Stich umzudrehen; weiterhin muß die Arbeitsrichtung herausgefunden werden, um unnötiges „Übergreifen" der Nadel mit „verdrehter" Hand zu vermeiden.
Das Finden des Fadenverlaufs durch Analyse und Rekonstruktion von Kreuzstichen auf Werkproben ist beispielhaft für die Erlernung weiterer Sticktechniken. Ebenfalls als exemplarisch kann der Kreuzstich als Stich, der den Raum eines Quadrates einnimmt, für die Aneignung von Quadratstichen wie z.B. Sternstich und Gobelinstich angesehen werden.
Als Begriffe werden der „Kreuzstich", der „Quadratstich", der „Grundstich" und der „Deckstich" eingeführt. Die Begriffe „Gewebefäden", „Arbeitsrichtung", „Arbeitsablauf", „einstechen" und „ausstechen" werden als bekannt vorausgesetzt. Die Technik des Kreuzstiches läßt sich in der nächsten Unterrichtsstunde fruchtbar machen, da die Schüler dann ein Kreuzstichmuster für ihren Turnbeutel entwerfen werden.

(2) Gegenwartsbedeutung

Sie ist einmal darin zu sehen, daß das Unterrichtsvorhaben „Nähen eines Turnbeutels" fertiggestellt werden soll. Etwa die Hälfte der Schülergruppe (die Schüler kommen aus unterschiedlichen Grundschulen) lernten bereits in der Grundschule

einfachere Stiche kennen, die andere Hälfte erst einen Stich, den Zickzackstich, im Rahmen dieses Unterrichtsvorhabens (s. 2.2).
Das Erlernen eines neuen Stiches eröffnet den Schülern zum anderen eine weitere Möglichkeit, ihre Freizeit durch Textiles Werken zu gestalten und vermittelt ihnen zudem eine weitere Lernerfahrung im Bereich der Technischen Grundbildung.

(3) Zukunftsbedeutung

Wie ich bereits bei den Ausführungen zur Gegenwartsbedeutung ausgeführt habe, leisten die an dem Unterrichtsinhalt gewonnenen Erkenntnisse und Einsichten für die Schüler auf die Zukunft hin gesehen sowohl einen Beitrag zur Freizeiterziehung als auch zur Technischen Grundbildung.

(4) Struktur des Inhalts

Charakteristisch für den gewählten Kreuzstich ist, daß er
- den Raum eines Quadrats einnimmt
- aus einem Grundstich und einem Deckstich gebildet wird, die sich diagonal überkreuzen
- aufgrund des ökonomischen Bewegungsablaufs von rechts nach links (bei Linkshändern von links nach rechts) gearbeitet wird.

Der Arbeitsablauf gliedert sich in zwei Arbeitsablaufschritte:
1. Ausstechen, über 2–4 Gewebefäden nach oben und 2–4 Gewebefäden nach rechts gehen, einstechen (= Grundstich)
1. Über 2–4 Gewebefäden nach links gehen, ausstechen, über 2–4 Gewebefäden nach unten und 2–4 Gewebefäden nach rechts gehen, einstechen (= Deckstich)

Der zweite Kreuzstich wird 2–4 Gewebefäden links neben der ersten Ausstichstelle begonnen.
Die einzelnen Arbeitsablaufschritte stehen in einem logischen Zusammenhang und müssen somit in der beschriebenen Reihenfolge eingehalten werden.
Lernvoraussetzung ist, daß den Schülern ein einfacherer Stich bereits bekannt ist, da der Kreuzstich aufgrund seiner Zusammensetzung aus zwei Stichen zu den schwierigeren Stichen zählt.

(5) Zugang

In dem fertigen Objekt und den bestickten Werkproben mit Kreuzstichen besteht der Zugang zum Unterrichtsthema, da die Schüler motiviert sein werden, ihren Turnbeutel mit Kreuzstichen zu verzieren. Die handlungsorientierte Problemstellung, den Stich durch Tun selbständig herauszufinden, wird den Zugang zusätzlich erleichtern. In den methodischen Überlegungen wird auf diese Sachverhalte noch näher eingegangen.

2.2 Die Klasse

Es handelt sich um 4 Mädchen und 13 Jungen eines Schuljahres, die aus unterschiedlichen Grundschulen kommen. Sie befinden sich in der späten Kindheit, s. Schenk-Danzinger 1971, S. 141 ff., Oerter 1975, S. 90 ff. und Nickel 1975, S. 19 ff..

Die Methode der Technikvermittlund durch Eigenversuch, die ich gewählt habe, ist für diese Altersstufe sehr geeignet, denn neue „...Kenntnisse auf dieser Altersstufe gewinnt das Kind aus der unmittelbaren Anschauung, aus dem agierenden Umgang mit den Dingen.... Das Benennen von Details, das Feststellen des sichtbar Vorhandenen befriedigt das Kind und wird als Arbeitsertrag empfunden" (Schenk-Danzinger 1971, S. 141). Piaget bezeichnet dieses Denken als anschauliches und operatives Denken.

Die Unterrichtsgruppe selbst habe ich in der letzten Stunde kennengelernt. Ich konnte feststellen, daß lediglich die Hälfte der Schüler bereits einige einfache Stiche in der Grundschule erlernt hatte (s. auch 2.1 (2)). Um der anderen Hälfte erste Grundfähigkeiten im Sticken zu vermitteln und die Gruppe kennenzulernen, führte ich mit folgenden Erfahrungen den Zickzackstich ein:
- die Schüler waren zum Sticken motiviert
- die Schüler waren nicht geübt, einen technischen Vorgang analysierend zu erfassen
- die Schüler beherrschten einen „ökonomischen" Arbeitsablauf beim Sticken nicht
- den Schülern fiel es schwer, ihr Tun zu verbalisieren
- den Schülern fiel der Wechsel zwischen dem Dreverhoffschen Rahmen und den kleinen Werkproben schwer
- ein Schüler (Ausländer) beherrscht die deutsche Sprache nur wenig
- ein Schüler ist Heimschüler und hat Schwierigkeiten, die Lernanforderungen zu erfüllen
- ein Schüler fiel durch Unruhe auf
- die Mädchen verhielten sich sehr zurückhaltend
- in der Unterrichtsgruppe befinden sich zwei Linkshänder.

Diese allerdings nur aus einer Einzelerfahrung gewonnenen Eindrücke waren für meine Unterrichtsplanung unerläßlich und werden bei dieser berücksichtigt.

2.3 Lernziele

Grobziel:

Die Schüler sollen den Kreuzstich kennenlernen
Feinziele:

Die Schüler sollen
(1) anhand einer mit Kreuzstichen bestickten Werkprobe das charakteristische Aussehen und das Vorgehen bei der Arbeitsablaufstudie des Kreuzstiches beschreiben
(2) mit Hilfe von mit Kreuzstichen bestickten Werkproben den Fadenverlauf des Kreuzstiches selbständig analysieren und nachvollziehen
(3) am Dreverhoffschen Rahmen den Kreuzstich demonstrieren
(4) am Dreverhoffschen Rahmen den Kreuzstich in zwei Arbeitsschritten sticken
(5) die effektivste Arbeitsrichtung bei Rechts- und Linkshändern festlegen und mit Pfeil kennzeichnen
(6) an der Tafel mit Hilfe des Dreverhoffschen Rahmens die Vorder- und Rückseite des Kreuzstiches grafisch darstellen

(7) mit Hilfe des Dreverhoffschen Rahmens die Zusammensetzung des Kreuzstiches aus Grund- und Deckstich beschreiben und diese grafisch darstellen
(8) mit Hilfe des Dreverhoffschen Rahmens den Arbeitsablauf des Kreuzstiches formulieren
(9) den Kreuzstich mit Hilfe seines Stickbildes benennen
(10) den Kreuzstich als Quadratstich beschreiben
(11) den Grund- und Deckstich mit Hilfe ihres Stickbildes benennen
(12) auf einer neuen Werkprobe den Kreuzstich selbständig beginnen und sticken
(13) mit Hilfe ihrer Werkproben das Arbeitsblatt selbständig ausfüllen

Lernzielkontrolle:
Die Schüler sollen mindestens drei Kreuzstiche selbständig sticken.
Die Schüler sollen das eingesetzte Arbeitsblatt richtig ausfüllen.

3. Methodische Überlegungen

3.1 Stufungsmodell
Zur Artikulation des Unterrichts setze ich das Unterrichtsverfahren der Arbeitsablaufstudie ein, da dieses mit seiner spezifischen Lerneffektivität und didaktischen Reichweite zur Erfassung der Struktur des gewählten Inhaltes besonders geeignet ist. Denn sie gewährt den Schülern die Möglichkeit, den Arbeitsablauf des Kreuzstiches selbständig durch eigenes Tun und damit durch eigenes Problemlösen zu erforschen.

I. Konfrontation mit einem Arbeitsablauf
Als Motivation wähle ich einen Kontrast, die Gegenüberstellung von zwei fertiggestellten Turnbeuteln, wobei der eine Turnbeutel aus kariertem Baumwollstoff genäht und der andere Turnbeutel aus demselben Stoff genäht, zusätzlich aber durch Kreuzstiche verziert wurde. Dadurch soll in den Schülern das Verlangen geweckt werden, ihren Turnbeutel ebenfalls mit Kreuzstichen zu verzieren. Aus dieser Motivation heraus ergibt sich somit das Problem der Stunde, das Erlernen des Kreuzstiches.
Eine weiterführende Motivation wird durch das Austeilen von mit Kreuzstichen bestickten Werkproben erreicht, da die Schüler so die Gelegenheit zu eigenem Handeln erhalten.

II. Planung der Arbeitsablaufstudie
Die Schüler formulieren das Problem der Stunde, die Erforschung des Arbeitsablaufes des neuen, unbekannten Stiches, und schreiben es an die Tafel. Sie erbringen Vorschläge zur Durchführung der Arbeitsablaufstudie. Dazu beschreiben sie zuerst einmal das charakteristische Aussehen des Kreuzstiches und planen dann mit meiner Unterstützung das Vorgehen bei der Arbeitsablaufstudie.

III. Durchführung der Arbeitsablaufstudie
In Partnerarbeit versuchen die Schüler nun, mit Hilfe der Werkproben durch Beobachten, Stichauflösen und Zusammensetzen der Stiche den Arbeitsablauf des Kreuzstiches zu erfassen. Da den Schülern das Verfahren der Arbeitsablaufstudie

nicht vertraut ist, wird die Durchführung der Arbeitsablaufstudie auf die Analyse und Rekonstruktion des textilen Fertigungsvorgangs „Sticken des Kreuzstiches" beschränkt und auf die grafische Darstellung, Verbalisierung und Begriffsbildung in dieser Phase verzichtet.

IV. Auswertung der Arbeitsablaufstudie

Die Auswertung der Partnerarbeit erfolgt unter Berücksichtigung des Abstraktionsniveaus:

1. Konkrete Operation

Die in der Partnerarbeit gewonnenen Erkenntnisse über den Arbeitsablauf des Kreuzstiches werden nun an dem Dreverhoffschen Rahmen demonstriert.

Die Arbeitsrichtung wird durch den Vergleich des Arbeitsablaufs bei einem Rechts- und einem Linkshänder erarbeitet.

2. Grafische Darstellung

Die Schüler stellen sowohl die Vorder- und Rückseite des Kreuzstiches als auch dessen Bestandteile, den Grundstich und den Deckstich, an der Tafel grafisch dar.

3. Verbalisierung

Danach wird zur Vertiefung der Arbeitsablauf des Kreuzstiches verbalisiert und während einer nochmaligen Demonstration von dem jeweiligen Schüler mitgesprochen.

Da die Schüler, wie ich feststellen konnte, in sprachlichen Formulierungen wenig geübt sind, verzichte ich auf die schriftliche Fixierung des Arbeitsablaufs an der Tafel, da ansonsten die Verbalisierung einen zu hohen Stellenwert erhält und damit auch zu Unlust führt.

4. Begriffsbildung

Anhand des Stickbildes der Stiche an dem Dreverhoffschen Rahmen sind die Schüler sicherlich in der Lage, den Begriff Kreuzstich und Quadratstich zu bilden. Die Begriffe Grund- und Deckstich werden mit Lehrerhilfe erarbeitet.

V. Ausführung des Arbeitsablaufs

An neuen Werkproben erhalten nun die Schüler in verarbeitender Einzelarbeit erneut die Möglichkeit, den in der Demonstration korrekt ausgeführten Stich nachzuvollziehen. Eine erhöhte Schwierigkeit, die zur Erhaltung der Motivation beitragen soll, besteht darin, daß die Schüler nun in dieser Phase den Stich selbständig beginnen müssen.

An Differenzierungsmaßnahmen für diese Phase sind, falls erforderlich, vorgesehen:
- Stiche in unterschiedlicher Größe (leistungsstarke Schüler)
- nochmaliges Sticken an dem Dreverhoffschen Rahmen (leistungsschwache Schüler).

VI. Vertiefung des Arbeitsablaufs

Nach dem praktischen Arbeiten wird in der anschließenden Phase des Behaltens und Einübens durch ein Arbeitsblatt produktives und reproduktives Denken gefordert.

3.2 Sozialformen

Als Sozialform des Unterrichts werden Klassenunterricht, Partnerarbeit und Einzelarbeit eingesetzt.
Für die Durchführung der Arbeitsablaufstudie erscheint mir die Partnerarbeit angebracht, da
- die Schüler sich gegenseitig helfen können
- bei einer Gruppenarbeit möglicherweise mehrere Vorschläge innerhalb der Gruppe gemacht werden, die dann erst wieder in einem Gruppenbericht zusammengefaßt werden müßten.

Als Voraussetzung für das Gelingen der Arbeitsablaufstudie erfolgt die Konfrontation und die Planung gemeinsam im Klassenunterricht. Die unerläßliche Auswertung der Partnerarbeit bzw. der Arbeitsablaufstudie findet ebenfalls im Klassenunterricht statt. Für die Stufen der Ausführung und der Vertiefung wird die verarbeitende Einzelarbeit eingesetzt.

3.3 Aktionsformen

Der Unterricht berücksichtigt in angemessener Weise fachspezifische Aktionsformen. Im Mittelpunkt der Aktionsform Lernen steht der Neuerwerb von Kenntnissen und Fertigkeiten; dabei finden sowohl kognitive und motorische Lernprozesse statt als auch soziale Lernprozesse durch den Einsatz der Sozialform Partnerarbeit.
Die Schüler erhalten die Möglichkeit zum Planen eines textilen Arbeitsablaufs (Kreuzstich), zum Analysieren eines textilen Arbeitsablaufs (Kreuzstich), zum Fertigen einer textilen Technik (Kreuzstich), zum Handhaben eines Werkzeugs (Sticknadel), zum handelnden Umgehen mit Material (Baumwollstoff, Perlgarn), zum Demonstrieren (Dreverhoffscher Rahmen), zum Rationalisieren (ökonomischer Bewegungsablauf), zum Arbeiten mit Arbeitsanleitungen (Fertigungsanleitungen: symbolische Darstellung der Fertigung durch Richtungspfeil; schematische Darstellung der Fertigung durch Anzeichnen des Stickbildes und Kennzeichnung des Grund- und Deckstiches; verbale Darstellung der Fertigung durch Verbalisierung des Arbeitsablaufs und durch Begriffsbildung) und zum Sprechen (Partnergespräch, Klassengespräch).

4. Mediale Überlegungen

4.1 Vermittlungsformen

Im Mittelpunkt der gewählten Vermittlungsformen steht das erarbeitende Klassengespräch. Durch stumme und verbale Impulse und durch W-Fragen sollen die Lernziele erreicht werden. Die verschiedenen Impulse und Fragen sind aus dem geplanten Unterrichtsverlauf genauer zu erkennen. Die Erarbeitung durch Impulse und W-Fragen im Klassengespräch wird deshalb gewählt, da sie den Schülern eigenes Nachdenken ermöglicht und sie in die Planung des Unterrichts miteinbezieht, was durch die Vermittlungsform der vormachend-vorführenden Darbietung nicht gewährleistet wäre. Lediglich punktuell ist die Darbietung geplant, so bei der Begriffsbildung.

4.2 Unterrichtsprinzipien

Durch besondere Maßnahmen werden berücksichtigt: das Prinzip der Anschauung (Gegenstände, Geräte, Material, Modelle, Wandtafel), das Prinzip der Entwicklungs- und Altersgemäßheit (Denkoperationen am konkreten Objekt), das Prinzip der Selbsttätigkeit (aktive, selbständige Planung, Durchführung und Auswertung der Arbeitsablaufstudie), das Prinzip der Verbalisierung (sprachliche Formulierung des Arbeitsablaufs des Kreuzstiches, Begriffsbildung), das Prinzip der Leistungssicherung und -kontrolle (Ausführen des Arbeitsablaufs, Bearbeitung eines Arbeitsblattes), das Prinzip der Zielorientierung (Zielangabe an der Tafel), das Prinzip der Motivierung (Eingangsmotivation durch einen Kontrast, weiterführende Motivation durch entdeckendes Lernen) und das Prinzip der Differenzierung (Differenzierung nach Schwierigkeitsgraden in der Phase der Ausführung).

4.3 Medien

Die Medien: Gegenstände (zwei Turnbeutel aus kariertem Baumwollstoff; der eine ist zusätzlich mit Kreuzstichen bestickt), Geräte (Sticknadeln, große Sticknadel), Material (Perlgarn, Baumwollstoff, dicker Faden), Modelle (Dreverhoffscher Rahmen, Werkproben), Wandtafel (Tafelanschrift, grafische Darstellung, bunte Kreide) und Arbeitsblatt finden ihre Begründung und Berechtigung im Zusammenhang mit den anderen Unterrichtselementen wie Lernzielen/Lerninhalten, Unterrichtsverfahren, Sozialformen, Aktionsformen und Unterrichtsprinzipien.

Ein nicht zu dichter Baumwollstoff, der sogenannte Zählstoff, dient als Stickgrundlage, um den Schülern das Aus- und Einstechen zu erleichtern. Als Arbeitsfaden wird Perlgarn verwendet, da dieses zum einen der Stärke des Gewebes entspricht, zum anderen aber auch aufgrund seiner Drehung für das Erlernen eines Stiches besonders geeignet ist. Die Nadel mit stumpfer Spitze und Stärke 20 ist dem Gewebe und der Stärke des Perlgarns entsprechend gewählt. Der Kreuzstich wird über 4 Gewebefäden ausgeführt, da ein Ausführen über mehr Gewebefäden wohl eine Überforderung für die Einführung in dieser Klasse wäre.

4.4 Technisch-organisatorische Vorplanung

Für diese Unterrichtsstunde müssen
- zwei Turnbeutel aus kariertem Baumwollstoff genäht und davon einer mit Zickzackstichen bestickt werden
- je eine große Werkprobe mit großen Kreuzstichen und Zickzackstichen bestickt werden
- acht mit Kreuzstichen bestickte Werkproben angefertigt werden
- Werkproben für die Phase der Ausführung zugeschnitten werden
- Perlgarn und Sticknadeln besorgt werden
- ein Arbeitsblatt erstellt und vervielfältigt werden
- der Dreverhoffsche Rahmen mit großer Sticknadel und dickem Faden bereitgestellt werden
- bunte Kreide besorgt werden.

Arbeitsblatt

Der Kreuzstich

1. Zeichne die Vorderseite des Kreuzstiches ein!

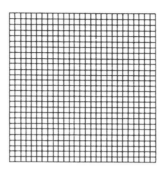

2. a) Zeichne den Grundstich ein!   b) Zeichne den Deckstich ein!

   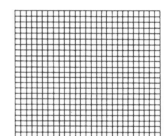

3. In welcher Arbeitsrichtung (Deiner!) wird der Kreuzstich gearbeitet?

Kreuze an!

( )   oben nach unten
( )   links nach rechts
( )   rechts nach links
( )   unten nach oben

Gib den Richtungspfeil an:

4. Zeichne die Rückseite des Kreuzstiches!

5. Unterrichtsverlauf

Zeit	Stufung/Lernziele	Lehrerverhalten	Schülerverhalten	Sozialformen/ Vermittlungsformen/ Aktionsformen	Medien
5′	**I. Konfrontation mit einem Arbeitsablauf**	Zeigen zweier fertiggestellter Turnbeutel. Evtl. zusätzlich: Vergleicht!	Mögliche Äußerungen: Beide Beutel sind aus dem gleichen Stoff genäht. Der eine Beutel ist zusätzlich noch bestickt.	Klassenunterricht Impulse Sprechen	Gegenstände: Zwei fertiggestellte Turnbeutel aus kariertem Baumwollstoff; der eine ist zusätzlich mit Kreustichen bestickt Wandtafel: Tafelanschrift, Kreide
		Damit Ihr Eure Turnbeutel, bevor Ihr deren Teile zusammennäht, auch so schmücken könnt, müssen wir heute gemeinsam etwas lernen.	Zielangabe: Wir lernen einen neuen Stich kennen.		

Zeit	Stufung/Lernziele	Lehrerverhalten	Schülerverhalten	Sozialformen/ Vermittlungs- formen/ Aktionsformen	Medien
	II. Planung der Arbeitsablaufstudie Lernziel 1: Die Schüler sollen anhand einer mit Kreuzstichen bestickten Werkprobe das charakteristische Aussehen und das Vorgehen bei der Arbeitsablaufstudie des Kreuzstiches beschreiben.	Beschreibt den Stich! Nennt Möglichkeiten, wie Ihr den Arbeitsablauf des Stiches herausfinden könnt! Falls Schwierigkeiten auftreten: Hochhalten einer Werkprobe und Auftrennen eines Stiches	Der Stich sieht aus wie ein Kreuz. Durch Auftrennen und Nachsticken der Stiche auf der Werkprobe können wir herausfinden, wie der Stich ausgeführt wurde.	Klassenunterricht Impulse Sprechen Planen	Modell: Mit großen Kreuzstichen bestickte große Werkprobe

Zeit	Stufung/Lernziele	Lehrerverhalten	Schülerverhalten	Sozialformen/ Vermittlungs-formen/ Aktionsformen	Medien
10'	**III. Durchführung der Arbeitsab-laufstudie** Lernziel 2: Die Schüler sollen mit Hilfe von mit Kreuzstichen bestickten Werkproben den Fadenverlauf des Kreuzstiches selbständig analysieren und nachvollziehen.	Austeilen von bestickten Werkproben Versucht herauszufinden, auf welche Weise die Stiche ausgeführt werden! Ihr dürft Euch mit Eurem Partner/ Eurer Partnerin besprechen.	Die Schüler beginnen den Stich zu untersuchen, aufzutrennen und/oder zu sticken.	Partnerarbeit Analysieren Fertigen Handelndes Umgehen mit Material Handhaben von Werkzeugen	Modelle: Mit Kreuzstich bestickte Werkproben Werkzeuge: Stick-nadeln Material: Perlgarn, Baumwollstoff
15'	**IV. Auswertung der Arbeitsablauf-studie** *1. Konkrete Operation* Lernziel 3: Die Schüler sollen am Dreverhoffschen Rahmen den Kreuzstich demonstrieren.	Wir wollen nun gemeinsam versuchen, den Stich am Stickrahmen zu erarbeiten.	Einige Schüler demonstrieren den Stich am Stickrahmen.	Klassenunterricht Impulse Demonstrieren	Modell: Dreverhoffscher Rahmen Werkzeug: Große Sticknadel Material: Dicker Faden

Zeit	Stufung/Lernziele	Lehrerverhalten	Schülerverhalten	Sozialformen/ Vermittlungs-formen/ Aktionsformen	Medien
	Lernziel 4: Die Schüler sollen am Dreverhoff-schen Rahmen den Kreuzstich in zwei Arbeitsschritten sticken.	So wie wir den Stich bisher gestickt haben, haben wir vier Arbeitsschritte benötigt. Schaut mal her! Eins, zwei, drei, vier Überlegt, wie wir den Stich mit zwei Arbeitsschritten sticken können! Versucht es am Rahmen!	Schüler probieren, den Stich am Stickrahmen in zwei Arbeitsschritten zu sticken.		
	Lernziel 5: Die Schüler sollen die effektivste Arbeitsrichtung bei Links- und Rechtshändern festlegen und mit Pfeil kennzeichnen.	Vergleicht die Arbeitsweise von X mit der Arbeitsweise von Y!	2 Schüler, ein Rechts- und ein Linkshänder, demonstrieren den Stich Mögliche Äußerungen: X verdreht die Hand so, Y nicht	Klassenunterricht Erarbeitung durch W-Fragen und Impulse Demonstrieren Rationalisieren Sprechen	Modell: Dreverhoff-scher Rahmen Werkzeug: Große Sticknadel Material: Dicker Faden

Zeit	Stufung/Lernziele	Lehrerverhalten	Schülerverhalten	Sozialformen/ Vermittlungs- formen/ Aktionsformen	Medien
		Wieso verdreht denn X die Hand so und Y nicht? Wie könnte sich X helfen? Evtl: Verdeutlichen der Arbeitsrichtung mit der Hand Zeichnet bitte mit Pfeil an die Tafel die beste Arbeitsrichtung beim Sticken des Kreuzstiches an!	WeilX Linkshänder ist und Y nicht Rechtshänder müssen den Stich von rechts nach links sticken, Linkshänder von links nach rechts.	Arbeiten mit An- leitungen	Wandtafel: Grafi- sche Darstellung, Kreide
	2. Grafische Darstel- lung Lernziel 6: Die Schüler sollen an der Tafel mit Hilfe des Dreverhoff- schen Rahmens die Vorder- und Rückseite des Kreuzstiches gra- fisch darstellen.	Wer zeichnet den Stich an die Tafel? – die Vorderseite – die Rückseite	Die Schüler zeichnen den Kreuzstich an.	Klassenunter- richt Erarbeitung durch W-Fra- gen und Im- pulse Arbeiten mit An- leitungen	Wandtafel: Grafi- sche Darstellung, Kreide Modell: Dreverhoff- scher Rahmen Werkzeug: Große Sticknadel

Zeit	Stufung/Lernziele	Lehrerverhalten	Schülerverhalten	Sozialformen/ Vermittlungsformen/ Aktionsformen	Medien
		Vergleicht die Rückseite des Kreuzstichs mit der Rückseite des Zickzackstichs!	Bei beiden Stichen sind zwei Reihen waagrechter Stiche auf der Rückseite. Beim Zickzackstich sind diese gleich lang, beim Kreuzstich sind die Stiche einer Reihe doppelt so lang wie die der anderen.	Material: Dicker Faden Modell: Mit großen Zickzackstichen bestickte große Werkprobe	
	Lernziel 7: Die Schüler sollen an der Tafel mit Hilfe des Dreverhoffschen Rahmens die Zusammensetzung des Kreuzstiches aus Grund- und Deckstich beschreiben und diese grafisch darstellen.	Aus wievielen Teilen besteht unser Stich? Zeigt die Teile am Stickrahmen und vergleicht sie miteinander! Kennzeichnet den unteren Stich mit roter Kreide und den oberen Stich mit blauer Kreide!	Der Stich besteht aus zwei Stichen. Der eine Stich liegt immer unten und der andere immer oben. Die Schüler kennzeichnen den Grund- und Deckstich.	Klassenunterricht Erarbeitung durch W-Fragen und Impulse Arbeiten mit Anleitungen	Wandtafel: Grafische Darstellung, rote und blaue Kreide Modell: Dreverhoffscher Rahmen Werkzeug: Große Sticknadel Material: Dicker Faden

Zeit	Stufung/Lernziele	Lehrerverhalten	Schülerverhalten	Sozialformen/ Vermittlungs- formen/ Aktionsformen	Medien
	3. *Verbalisierung* Lernziel 8: Die Schüler sollen mit Hilfe des Dreverhoffschen Rahmens die Arbeitsweise des Kreuzstiches formulieren.	Wer stickt nochmals den Stich am Stickrahmen und versucht zu beschreiben, was er tut?	Schüler demonstriert den Stich und spricht dazu.	Klassenunterricht Erarbeitung durch W-Fragen und Impulse Demonstrieren Arbeiten mit Anleitungen	Modell: Dreverhoffscher Rahmen Werkzeug: Große Sticknadel Material: Dicker Faden Wandtafel: Tafelanschrift, grafische Darstellung, Kreide
	4. *Begriffsbildung* Lernziel 9: Die Schüler sollen den Kreuzstich mit Hilfe seines Stickbildes benennen.	Wir haben für unseren Stich noch keine Namen. Evtl.: Beschreibt, wie er aussieht!	Vermutete Äußerung: Kreuzstich		

Zeit	Stufung/Lernziele	Lehrerverhalten	Schülerverhalten	Sozialformen/ Vermittlungs- formen/ Aktionsformen	Medien
	Lernziel 10: Die Schüler sollen den Kreuzstich als Quadratstich beschreiben.	Der Kreuzstich gehört zu einer ganz bestimmten Gruppe von Stichen. Wenn Ihr die Ein- und Ausstichstellen miteinander verbindet, erhaltet Ihr eine ganz bestimmte geometrische Form. Versucht es an der Tafel!	Schüler zeichnet ein Quadrat. Äußerung: Der Kreuzstich hat die Form eines Quadrats.		
	Lernziel 11: Die Schüler sollen den Grund- und Deckstich mit Hilfe ihres Stickbildes benennen.	Ihr habt vorhin herausgefunden, daß der Kreuzstich aus zwei Stichen besteht. Für die haben wir auch noch keinen Namen. Beschreibt die beiden nochmals!	Vermutete Äußerung: Die beiden Stiche heißen Unter- und Oberstich.	Evtl. Darbietung	

Zeit	Stufung/Lernziele	Lehrerverhalten	Schülerverhalten	Sozialformen/ Vermittlungs- formen/ Aktionsformen	Medien
5'	**V. Ausführung des Arbeitsablaufs** Lernziel 12: Die Schüler sollen auf einer neuen Werkprobe den Kreuzstich selbständig beginnen und sticken.	Austeilen unbestickter Werkproben und Fäden Versucht eine Reihe von Kreuzstichen zu sticken! Bei Bedarf zusätzliche Differenzierungsmaß- nahmen: – stickt die nächste Reihe über eine an- dere Anzahl von Gewebefäden! – probiert noch mal am Stickrahmen!	Die Schüler arbeiten den Kreuzstich, wobei sie selbständig begin- nen müssen.	Einzelarbeit Fertigen Handhaben von Werkzeugen Handelndes Umgehen mit Material	Material: Baum- wollstoff, Perlgarn Werkzeuge: Stick- nadeln Modell: Dreverhoff- scher Rahmen Werkzeug: Große Sticknadel Material: Dicker Faden
5'	**VI. Vertiefung des Arbeitsablaufs** Lernziel 13: Die Schü- ler sollen mit Hilfe ihrer Werkproben das Ar- beitsblatt selbständig ausfüllen.	Ausgabe der Arbeits- blätter	Schüler füllen Arbeits- blätter aus.	Einzelarbeit	Modell: Werk- proben Arbeitsblatt

6. Literaturangaben

Beyer's Lehrbuch der Handarbeiten. Band 6, Sticken 4. Wiesbaden 1958
Brunnhuber, P.: Prinzipien effektiver Unterrichtsgestaltung. Donauwörth 1975²
Burda, Ae. (Hrsg.): Freude am Sticken. Offenburg/Baden o.J.
Haupt-Battaglia, H.: Wir sticken weiter. Ravensburg 1961
Hein, G.: Nadel und Faden. Ravensburg 1969
Klafki, W.: Didaktische Analyse als Kern der Unterrichtsvorbereitung.
   In: Roth, H./Blumenthal, A. (Hrsg.), Auswahl. Grundlegende Aufsätze aus der Zeitschrift Die Deutsche Schule. Hannover 1964[10], S. 5–34
Mager, R.: Zielanalyse. Weinheim 1973
–: Lernziele und Unterricht. Weinheim und Basel 1974
Meyer, H.: Leitfaden zur Unterrichtsvorbereitung. Königstein/Ts. 1980
Möller, Chr.: Technik und Lernplanung. Weinheim 1973
Nickel, H.: Entwicklungspsychologie des Kindes- und Jugendalters.
   2 Bde. Bern/Stuttgart/Wien 1975
Oerter, R.: Moderne Entwicklungspsychologie. Donauwörth 1975[15]
Plößl, W.: Lernziele, Lernerfahrung, Leistungsmessung. Donauwörth 1974
Roth, A.: Die Elemente der Unterrichtsmethode. München 1973³
Roth, H.: Pädagogische Psychologie des Lehrens und Lernens. Hannover 1976[15]
Schenk-Danzinger, L.: Entwicklungspsychologie. Wien 1971

2. Kontrolle des Textilunterrichts

Didaktische Funktionen der Lernzielkontrolle

Die Kontrolle des Textilunterrichts steht in engem Zusammenhang mit dem lerntheoretischen Grundsatz der Kontrollierbarkeit von Unterricht, der die Forderung nach dem Nachweis der Lerneffektivität beinhaltet. Die Lernzielkontrolle ist ein Element des Textilunterrichts und hat verschiedene didaktische Funktionen:

– Orientierungshilfe für den Schüler über seinen Leistungsstand, seine Lernfortschritte und seine Position innerhalb einer Lerngruppe
– Erhöhung der Lernbereitschaft
– Erziehung zur Leistung
– Rückmeldung für den Lehrer über die Effektivität seines Unterrichts
– Verifizierung oder Falsifizierung der Lernzielsetzung
– Verbesserung der Unterrichtsplanung
– Grundlage für die Bewertung von Curricula
– Grundlage für die Beurteilung des Schülers
– Festlegung eines Qualifikationsmaßstabes über die Zensur für die Eignung des Schülers für bestimmte Schul- und Berufslaufbahnen.

Um die genannten didaktischen Funktionen zu erfüllen, muß die Lernzielkontrolle im Textilunterricht bestimmte Forderungen erfüllen. Sie muß erstens zielgerichtet sein und damit einen klaren Bezug zu den in operationalisierter Form aufgestellten Lernzielen aufweisen, welche sich sowohl auf textilpraktische Fertigkeiten und Eigenschaften als auch auf textilrelevante Kenntnisse und textilbezogene Einsichten je aus den Lernfeldern Konsum, Arbeit/Wirtschaft/Technik, Freizeit, Kultur und Textilpraxis (vgl. S. 34/35) erstrecken. Zweitens muß die Lernzielkontrolle im Textilunterricht möglichst objektiv und drittens unter Einbeziehung der Schüler erfolgen.

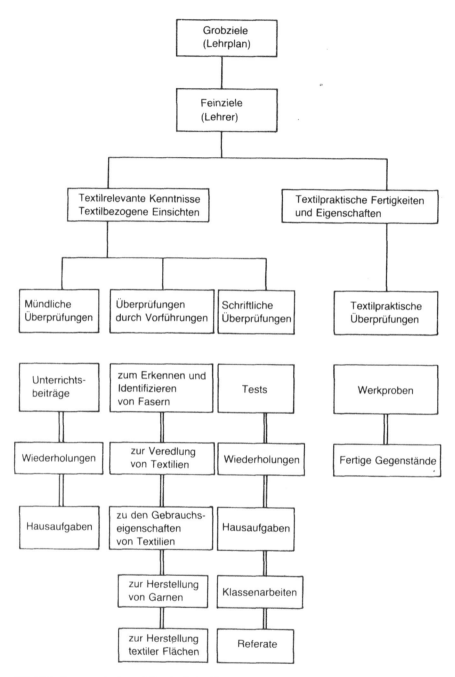

Abb. 7/3: Formen der Lernzielkontrolle im Textilunterricht

Formen der Lernzielkontrolle

Da affektive Lernziele nicht direkt kontrollierbar sind, werden vordergründig Lernziele aus dem kognitiven und psychomotorischen Verhaltensbereich überprüft; im Textilunterricht werden somit sowohl textilpraktische als auch textiltheoretische Leistungen gemessen.

Im Textilunterricht werden zahlreiche Formen schriftlicher und mündlicher Lernzielkontrollen praktiziert, die sich vor allem durch ihren unterschiedlichen Grad an Objektivität unterscheiden. Eine objektive Leistungsmessung will erreichen, daß der Meßwert bestimmten Gütekriterien entspricht. Hauptgütekriterien sind Objektivität (Unabhängigkeit des Meßwertes vom Messenden), Reliabilität (Zuverlässigkeit des Meßverfahrens) und Validität (Gültigkeit der Messung). Als vorrangiges Hilfsmittel zur objektiven Leistungserhebung im Textilunterricht bieten sich Schulleistungstests an, da sie den geforderten Gütekriterien am ehesten entsprechen. Es gibt verschiedene Arten von Schulleistungstests, die jedoch nicht als Alternativen zu verstehen sind.

1. Der normorientierte Test

Der normorientierte oder vergleichsorientierte Test geht auf die klassische Testtheorie zurück, die sich mit der Messung von Leistungs-, Eignungs-, Interesse- und Persönlichkeitsmerkmalen auseinandersetzt mit dem Ziel, Merkmalsausprägungen in Meßzahlen auszudrücken zur Vorhersage künftigen Verhaltens. Die Leistung des Schülers wird beim normorientierten Schulleistungstest an der Norm einer bestimmten, eventuell repräsentativen Bezugsgruppe gemessen, denn er prüft, in welchem Maß der Schüler im Vergleich zu anderen eine Leistung erbracht hat und damit quantitative Ergebnisse. Er weist einen mittleren Schwierigkeitsgrad (50 % der Schüler sollen die Aufgabe richtig lösen) und eine hohe Trennschärfe (der Korrelationskoeffizient der Trennschärfe gibt an, wie gut eine Aufgabe zwischen guten und schlechten Schülern (Probanden) unterscheiden kann) auf.

Der normorientierte Schulleistungstest eignet sich, indem er eine Vergleichsfunktion hat, die Unterschiede zwischen Individuen erfaßt und summarisch die allgemeinen Leistungen der Schüler nach einem längeren Zeitraum mißt (summativer Test), für die Benotung im Textilunterricht, aber auch zur Überprüfung von Forschungsvorhaben im Textilbereich und als Mittel zur Selektion.

2. Der kriteriumsorientierte Test

Der kriteriumsorientierte oder lernzielorientierte Test steht in Verbindung mit der Einführung des Programmierten Unterrichts und der Idee des „mastery learning" von Bloom, die davon ausgeht, daß jeder Schüler bei genügender Zeit jedes Lernziel erreichen kann. Unabhängig von der Richtigkeit dieser Annahme mißt der kriteriumsorientierte Test, ob der Schüler ein festgelegtes Kriterium, das operationalisierte Lernziel erreicht hat oder nicht und erfaßt somit die Leistung qualitativ, indem er dichotomisch prüft (Lernziel erreicht oder nicht erreicht). Das Anliegen des kriteriumsorientierten Tests ist ein pädagogisches, indem er nicht die Unterschiede von

Personen feststellt, sondern die Erreichung von Zielen. Er weist einen geringen Schwierigkeitsgrad (90 % der Schüler sollen 90 % der Lernziele erreichen) auf und damit eine geringe Trennschärfe.

Der kriteriumsorientierte Test eignet sich im Textilunterricht dazu, um anzuzeigen, ob eine Wiederholung des Lernstoffes erforderlich ist, und welche speziellen Lernziele nicht erreicht worden sind; er dient somit vor allem der Lernzielanalyse und der Selbstüberprüfung der Schüler, indem er formativ die detaillierten Leistungen der Schüler nach kürzeren Unterrichtseinheiten mißt (formativer Test), und entspricht der Forderung nach kompensatorischer Erziehung.

Grundsätzlich bestehen zwischen dem normorientierten und dem kriteriumsorientierten Test nur graduelle Unterschiede. So orientiert sich der normorientierte Test auch an Lernzielen, wenn auch an allgemeineren Lernzielen aus größeren Unterrichtseinheiten, und der kriteriumsorientierte Test an Vergleichen mit anderen Schülern, denn die Aufstellung von Lernzielen erfolgt ja immer im Hinblick auf eine bestimmte Schülerpopulation.

3. Der standardisierte Test

Der standardisierte Test wird in einem aufwendigen und methodisch anspruchsvollen Konstruktionsverfahren von Experten entwickelt.

4. Der informelle Test

Der informelle Test, der zwischen dem normorientierten und dem kriteriumsorientierten Test einzuordnen ist, und dessen Aufgabentypen die gleichen wie bei normorientierten und lernzielorientierten Tests sind, kann vom Lehrer oder einer Lehrergruppe mit einfachen Methoden und geringeren Anforderungen an die Gütekriterien entwickelt werden. Er ist an speziellen Lernzielen aus einer kürzeren Unterrichtseinheit orientiert; es wird nicht erwartet, daß fast alle Schüler alle Aufgaben lösen.

Vor allem in den letzten Jahren sind Schulleistungstests, allerdings für andere Fächer, entwickelt worden. Es bleibt festzustellen, daß auch für die objektivierte Leistungsmessung und damit für die dringend erforderliche Evaluation des Textilunterrichts Forschungsergebnisse ausstehen, zu den einzelnen Lernfeldern des Textilunterrichts liegen keine zugänglichen Schulleistungstests vor.

Wir wollen daher im folgenden schwerpunktmäßig Aufgabentypen für informelle, d. h. vom Lehrer zu erstellende Tests an Beispielen, die exemplarisch nahezu ausschließlich dem Lernbereich Material entnommen sind, aufzeigen, dann einen von Röder konstruierten informellen Test zum Thema „Hohlsaumstich" vorstellen und im Anschluß daran einige statistische Beurteilungsverfahren im Hinblick auf ihre Verwendbarkeit zur Messung textilpraktischer Leistungen erörtern.

Literatur zu Schulleistungstests:

Büscher, P.: Einige testtheoretische Aspekte kriterienbezogener Leistungsmessung. In: Heller, K. (Hrsg.), Leistungsbeurteilung in der Schule. Heidelberg 1974, S. 137–157
Fricke, R.: Kriteriumsorientierte Leistungsmessung. Stuttgart 1974
Herbig, M.: Lehrzielorientierte Tests und klassische Testtheorie. In: Klauer, K.J. (Hrsg.), Handbuch der Pädagogischen Diagnostik. Bd. 1. Düsseldorf 1978, S. 127–135
Ingenkamp, K.-H.: Brauchen wir noch normorientierte Tests? In: Lernzielorientierter Unterricht. München 3 (1973), H. 1, S. 2–6
–: Objektive Verfahren zur Beurteilung von Schulleistungen. In: Ingenkamp, K.-H., Pädagogische Diagnostik. Weinheim/Basel 1975, S. 53–71
Klauer, K.J.: Das Problem der Kontentvalidität oder Vom Lehrziel zur Testaufgabe. In: Klauer/Fricke/Herbig/Rupprecht/Schott, Lehrzielorientierte Leistungsmessung. Düsseldorf 1977, S. 9–25
Wendeler, J.: Standardarbeiten – Verfahren zur Objektivierung der Notengebung. Weinheim, Berlin, Basel 1972[4]

Aufgabentypen für informelle Tests

Bei den Aufgabentypen für informelle Tests sind zwei Hauptgruppen zu unterscheiden, die Aufgaben mit gebundenen Antworten und die Aufgaben mit freien Antworten.

1. Aufgaben mit gebundenen Antworten

Der Schüler wählt aus mehr oder weniger vorgegebenen Lösungsmöglichkeiten eine Antwort aus. Dabei kann es sich um Aufgaben mit Auswahlantworten oder Ordnungsaufgaben handeln.
Die Aufgaben mit Auswahlantworten bieten zwei (Alternativantworten; Richtig-Falsch-Form) oder mehrere (Mehrfachwahlantworten; multiple-choice-Items) Aussagen zur Wahl an.
Zu den Ordnungsaufgaben gehören die Zuordnungsaufgaben und die Umordnungsaufgaben. Die Zuordnungsaufgaben fassen mehrere Mehrfachwahlaufgaben zu einer Einheit zusammen; die Umordnungsaufgaben werden bei Reihenfolgen eingesetzt.

2. Aufgaben mit freien Antworten

Der Schüler muß die gesuchte Antwort selbst formulieren. Aufgabenformen mit freien Antworten sind in der Rangfolge ihrer Objektivität die Ergänzungsaufgaben, die Kurzwortaufgabe und die Aufgaben mit Kurzaufsatzantwort (Essay-Test).

3. Zwischenformen

An Zwischenformen, die weder eine eindeutige Zuordnung zu den Aufgaben mit gebundenen Antworten noch zu den Aufgaben mit freien Antworten zulassen, sind zu nennen die Korrekturaufgabe und die Wahlaufgabe mit zusätzlicher Begründung oder Ergänzung.

Beispiele für Aufgaben mit gebundenen Antworten

1. Auswahlantworten

a) Alternativantworten

Beispiel 1: Richtig-Falsch-Form

Kreuze an, ob die nachstehenden Aussagen richtig oder falsch sind:

	richtig	falsch
Ein Gewebe besteht aus sich rechtwinklig verkreuzenden Fadensystemen.	☐	☐
Die Seide wächst auf Bäumen.	☐	☐
Wolle ist das geeignete Material für einen Sommerpulli.	☐	☐

Beispiel 2: Richtig-Falsch-Form

Kreuze die richtige Aussage an:

Grün entsteht durch Mischen ...

☐ von Rot und Blau   ☐ von Gelb und Blau

☐ von Violett und Gelb   ☐ von Blau und Orange

Beispiel 3: Begründung der Alternativentscheidung

Irgendein Effektgarn entsteht durch diesen Herstellungsprozeß:

Welchem Effekt ist dieses Garn zuzuordnen?

a) dem Effekt durch Farbstruktur

b) dem Effekt durch Garnstruktur

Begründe kurz, warum a) bzw. b) richtig ist!

b) Mehrfachwahlantworten

Beispiel 4: Eine Wahl

s. Beispiel 2

Beispiel 5: Mehrere Wahlen

Kreuze die drei richtigen Aussagen an:

Was sind Auswirkungen des Hochveredelns?

☐ Verringerung der Saugfähigkeit

☐ Erhöhung der Knitterneigung

☐ Verbesserung der Kochfestigkeit

☐ Reduzierung des Pflegeaufwands

☐ Verringerung der Reiß- und Scheuerfestigkeit

☐ Verbesserung der Wärmehaltigkeit

Beispiel 6: Keine Vorgabe der Anzahl richtiger Lösungen

Tabelle: Pro-Kopf-Verbrauch an den wichtigsten Textilfasern einiger europäischer Länder 1974 (in kg/Kopf)

	Naturfasern		Chemiefasern		Gesamtverbrauch
	Baumwolle	Wolle	Synthetics	Zellulosics	
Europa					
Belgien	6,8	1,0	4,7	0,8	13,3
Bundesrepublik Deutschland	5,7	1,3	8,6	2,8	18,4
DDR	5,4	0,5	6,3	9,7	21,9
Rumänien	4,2	0.8	2,9	4,3	12,2
Schweden	7,8	0,8	8,3	3,0	19,9
Schweiz	6,7	4,1	7,3	3,1	21,2
Türkei	5,2	0,7	1,6	0,5	8,0
UdSSR	8,0	1,6	1,5	2,3	13,4

Quelle: Textilfakten nach Schmidt, E.[16]

Kreuze die richtige(n) Aussagen an:

Dieser Tabelle kann man entnehmen:

☐ die Entwicklung des Verbrauchs an Naturfasern in Belgien

☐ einen Vergleich des Gesamtverbrauchs an Textilfasern einiger europäischer Länder

☐ den Anteil des Verbrauchs an Baumwolle der Schweiz an dem der Weltbevölkerung

☐ einen Vergleich des Verbrauchs von Synthetics und Zellulosics der UdSSR

2. Ordnungsaufgaben

a) Zuordnungsaufgaben

Beispiel 7: Zusammenfassung von Mehrfachwahlaufgaben zu einer Einheit
Ordne durch Ankreuzen zu:

	Baumwolle	Wolle
Hohe Saugfähigkeit		
Geringere Wärmehaltigkeit		
Geringere Scheuerfestigkeit		
Kochfestigkeit		

b) Umordnungsaufgaben

Beispiel 8: Aufstellen einer Reihenfolge

Ordne die gegebenen Faserarten nach ihrem Weltproduktionsanteil

(1 = Faser mit dem höchsten Produktionsanteil, 6 = Faser mit dem niedrigsten Produktionsanteil)

a) Polyamid   1. _____

b) Wolle   2. _____

c) Polyacryl   3. _____

d) Seide   4. _____

e) Polyester   5. _____

f) Baumwolle   6. _____

Beispiele für Aufgaben mit freien Antworten

3. Ergänzungsaufgaben

Beispiel 9: Lückentext

Ergänze bitte den nachstehenden Text:

Die Baumwolle ist eine faserliefernde Pflanze; sie gehört zu den Malvengewächsen. Sie wird nach ihrer Gewinnung in Ballen an alle Länder versandt. Nach dem ..... der Ballen wird die Rohbaumwolle ..... und .... Danach wird sie auf dem Flyer ...... und auf der Ringspinnmaschine ....

Beispiel 10: Vervollständigung einer Tabelle

Ergänze folgende Zusammenstellung über die wichtigsten Edelhaare:

Bezeichnung	Tier	Eigenschaften/Merkmale
Echtes Kamelhaar		
	Kleinkamel	
Kaschmirwolle		
	Angoraziege	
Angorawolle		

Beispiel 11: Zuordnung in Verbindung mit einer grafischen Darstellung

Stelle den Aufbau eines leinenbindigen Gewebes dar, indem Du einzeichnest und beschriftest:

Kettfäden

Schußfäden

Webekanten

Rapport

4. Kurzantwortaufgabe

Beispiel 12: Begriff

Für den kritischen Textilverbraucher sind Informationen über den Rohstoffgehalt und die Pflegebehandlung von Textilerzeugnissen sowie über Gütezeichen und Waren- oder Markenzeichen aus dem Textilbereich erforderlich. Mit welchem Begriff wird die Gesamtheit dieser Informationen, die dem Schutz des Verbrauchers dienen, bezeichnet?

_____

Beispiel 13: Kurze Aussage

Durch Veredlungsverfahren kann der Gebrauchswert eines Textils erhöht werden. Nenne drei solcher Textilveredlungsverfahren:

1. _____

2. _____

3. _____

5. Aufgaben mit Kurzaufsatzantwort

Beispiel 14: Operationalisierte Handlungsanweisung „Beschreibe!"

Du hast die handwerkliche Textilproduktion und die industrielle Textilproduktion kennengelernt. Beschreibe drei Unterschiede:

_____

_____

_____

_____

_____

_____

Beispiel 15: Operationalisierte Handlungsanweisung „Beurteile!"

Ein Verfahren zur Textilveredlung ist das Hochveredeln. Beurteile dieses Verfahren im Hinblick auf den Gebrauchswert eines Textils:

___

Beispiele für Zwischenformen

6. Korrekturaufgabe

Beispiel 16: Fehler

In dem folgenden Text über die Textilveredlung sind fünf sachliche Fehler. Streiche diese falschen Begriffe durch und schreibe die richtige Bezeichnung unter den Text:

Durch die Textilveredlung wird der Symbolwert eines Textils beeinflußt. So wird durch das Merzerisieren, bei dem kleine Fäserchen aus dem Stoff zur Erzielung einer flaumigen Oberfläche gezupft werden, die Wärmehaltigkeit und die Saugfähigkeit verbessert. Durch Bleichen werden Farben und Muster auf die Textilien aufgebracht sowie durch das mechanische Verfahren des Imprägnierens und das chemische Verfahren des Beschichtens werden Textilien krumpfecht ausgerüstet.

___

7. Wahlaufgabe mit zusätzlicher Begründung oder Ergänzung

Beispiel 17: Begründung

s. Beispiel 3

Informeller Test am Thema „Hohlsaumstich" (5. Schulj.)

Der folgende Test, den wir im wesentlichen unverändert wiedergeben, wurde von Röder[17] entwickelt:

(1) Lernziele

Röder legt ihrem Test, den sie an 13 Schülerinnen des 5. Schuljahres durchgeführt hat, die kognitiven Lernziele aus drei Unterrichtseinheiten zugrunde. Psychomotorische und affektive Lernziele aus diesen Unterrichtseinheiten zieht sie nicht hinzu, da diese für das von ihr verwendete paper-pencil Verfahren unbrauchbar sind.

1. Unterrichtseinheit: Der Saum
2. Unterrichtseinheit: Der Hohlsaumstich
3. Unterrichtseinheit: Anwendung des Hohlsaumstichs am Saum

Lernziele der 1. Unterrichtseinheit: Der Saum

Die Schüler sollen
- anhand von Kleidungsstücken begründen können, wozu der Saum verwendet wird
- anhand von Kleidungsstücken herausfinden können, daß der Saum meistens auf der linken Stoffseite gearbeitet wird
- anhand von Kleidungsstücken feststellen können, daß der Saum aus einem Einschlag und Umschlag besteht
- anhand von Säumen die Einschlagbreite feststellen, ausmessen und begründen können, warum der Einschlag beim Saum nicht größer als 1/2–1 cm sein soll
- anhand von mehreren Säumen (Kleider-, Blusen-, Hosen-, Gardinensaum) die Berechnung für den Saum ableiten und erklären können
- den Arbeitsablauf bei einem Saum durchschauen und den Ablauf der Arbeitsschritte mit Quadraten aus Papier darstellen und damit der Reihenfolge nach nennen können.

Lernziele der 2. Unterrichtseinheit: Der Hohlsaumstich

Die Schüler sollen
- mit Hilfe von bestickten Werkproben den Fadenverlauf selbständig analysieren und den Stich nachvollziehen können
- mit Hilfe des Dreverhoffschen Rahmens die Reihenfolge der Arbeitsablaufschritte nennen, beschreiben und sticken können
- anhand ihrer Werkproben feststellen können, auf welcher Stoffseite der Hohlsaumstich gearbeitet wird, und mit schon bekannten Stichen vergleichen können
- die effektivste Arbeitsrichtung bei Rechts- und Linkshändern festlegen und mit Pfeil kennzeichnen können
- die rechte und linke Seite des Holsaumstiches selbständig grafisch darstellen können
- die beiden Teilstiche des Hohlsaumstiches nennen können.

Lernziele der 3. Unterrichtseinheit: Anwendung des Hohlsaumstiches am Saum

Die Schüler sollen
- beim Vergleich des gearbeiteten Saumes mit Hohlsaumstichen und des Hohlsaumstiches in der Fadenrinne die Veränderung des Stichbildes beschreiben können.

(2) Testblätter und Lösungsblätter

Die drei nachstehenden Testblätter werden an die Schüler ausgegeben mit dem Hinweis, den Namen in die obere rechte Ecke jedes Blattes einzutragen. Zur Durchführung des Tests werden Bleistift und Radiergummi benötigt. Die Schüler sollen so weit auseinander sitzen, daß ein Abschreiben unmöglich wird. Ansonsten wird kein Kommentar zu den Aufgaben gegeben. Die Dauer der Bearbeitung der Testblätter beträgt 20 Minuten. Ist ein Schüler früher fertig mit dem Ausfüllen des Tests, kann er abgeben. Bei Aufgabe 3, 4 und 5 sind verschiedene Lösungen für Rechts- und Linkshänder angegeben.

Zur Auswertung der Testblätter dienen drei transparente Lösungsblätter.

1. **Testblatt**

1. Kreuze die richtige Reihenfolge der nachstehenden Zeichnungen an!

    ☐   A B C

    ☐   B A C

    ☐   B C A

    ☐   C B A

    A   B   C

2. Auf welcher Seite wird der Hohlsaumstich gestickt

    ☐   rechts

    ☐   oben

    ☐   unten

    ☐   links

3. In welche Arbeitsrichtung (Deine!) wird der Hohlsaumstich gearbeitet?
Von

    ☐   oben nach unten

    ☐   links nach rechts

    ☐   rechts nach links

    ☐   unten nach oben

Gib den Richtungspfeil an:

1. Lösungsblatt

✕

✕

✕   bei Rechtshändern von links nach rechts

✕   bei Linkshändern von rechts nach links

                Rechtshänder   Linkshänder

2. Testblatt

4. Zeichne das Stichbild der rechten Seite des Hohlsaumstiches!

5. Zeichne das Stichbild der linken Seite des Hohlsaumstiches!

6. Aus welchen Stichen besteht der Hohlsaumstich?

    ☐ Hexenstich

    ☐ Bündelstich

    ☐ Zickzackstich

    ☐ Befestigungsstich

    ☐ Vorstich

7. Wozu wird ein Saum gearbeitet?

    ☐ Zur Befestigung

    ☐ Damit man sieht, daß mit der Hand gearbeitet wurde

    ☐ Zur Versäuberung von Stoffkanten

    ☐ Damit man die rechte und linke Stoffseite erkennt

8. Der Saum besteht aus dem ……. und dem …….

2. Lösungsblatt

```
LLLLLLLLL
JJJJJJJJJ
```
⟶ bei Rechtshändern
⟶ bei Linkshändern

```
777777777
ՐՐՐՐՐՐՐՐՐ
```
⟶ bei Rechtshändern
⟶ bei Linkshändern

×

×

×

×

           Einschlag   Umschlag

3. Testblatt

9. Wie breit sollte der Einschlag beim Saum sein?

    ☐   3–4 cm

    ☐   3 1/2–5 cm

    ☐   1/2–1 cm

    ☐   2–3 cm

10. Wie wird der Saum berechnet?

    ☐   Einschlagbreite · 2 + Umschlagbreite

    ☐   Umschlagbreite · 2 + Einschlagbreite

    ☐   Einschlagbreite · 3 + Umschlagbreite · 2

11. Der Saum soll, wenn er fertig ist, 4 cm breit sein. Wieviel Zentimeter Stoff brauchst Du für ihn?

    ☐   10 cm oder 11 cm   ☐   4 1/2 cm oder 5 cm

    ☐   8 1/2 cm oder 9 cm   ☐   6 cm oder 7 1/2 cm

12. Trage die Nummern in der richtigen Reihenfolge entsprechend der Arbeitsweise des Saumes in die Kästchen ein!

    1. Heften
    2. Lage der Arbeit
    3. Messen
    4. Stecken
    5. Berechnung des Saumes
    6. Befestigung mit der Hand
    7. Bücken von Ein- und Umschlag

    ☐ ☐ ☐ ☐ ☐

13. Zeichne die rechte Seite, wenn der Hohlsaumstich am Saum gearbeitet ist!

3. Lösungsblatt

×

×

×

    2   5   3   7   4   1   6

— — — — — — — —

(3) Aufgabenformulierungen

Aufgaben 1, 2, 3, 9, 10, 11 sind der gebundenen Aufgabenbeantwortung zuzuordnen, wobei immer die **eine** richtige Antwort zu finden ist (multiple choice).
Aufgaben 6 und 7 sind der gebundenen Aufgabenbeantwortung zuzuordnen, wobei mehrere richtige Antworten zu finden sind (multiple choice).
Aufgaben 4, 5 und 13 sind der freien Aufgabenbeantwortung, der Ergänzungsform zugehörig.
Aufgabe 12 gehört zu der gebundenen Aufgabenbeantwortung und zwar als Zuordnungsaufgabe (multiple choice).

(4) Aufgabenanalyse

Die Aufgabenanalyse hat den Zweck, die Schwierigkeit und Trennschärfe pro Aufgabe zu ermitteln. Röder benutzt hierzu das Verfahren von Diederich[18], welches einfach durchzuführen und auch für den einzelnen Lehrer praktikabel ist. Um die Schwierigkeit und Trennschärfe für jede Aufgabe zu berechnen, teilt Diederich bei diesem Verfahren die Testarbeiten in die besseren 50 % und die schlechteren 50 %. Für diese Einteilung in bessere und schlechtere Testarbeiten ist die Herstellung der Rohwertverteilung zweckmäßig, welche die Ermittlung des Rohwerts einer jeden Testarbeit voraussetzt.

1. Ermittlung der Rohwerte

Die Rohwerte werden für alle Schüler ermittelt und in eine Tabelle eingetragen. Dazu wird eine Punktbewertung (+ und 0) für jede Aufgabe vorgenommen.

Name	Aufgabe	1	2	3	4	5	6	7	8	9	10	11	12	13	Rohwerte
1	Karin	+	+	+	+	+	+	+	+	0	+	+	0	+	11
2	Gabi	0	+	0	0	+	+	0	0	+	+	0	+	0	6
3	Margit	0	+	+	0	+	+	+	+	+	+	+	+	+	11
4	Angelika	+	0	+	0	0	+	+	+	+	0	0	0	+	7
5	Sabine	+	0	0	+	0	+	+	+	+	+	+	0	+	9
6	Susanne	+	0	0	0	0	+	0	+	+	+	0	0	0	5
7	Judith	0	+	+	0	0	0	+	+	+	0	0	0	+	6
8	Anja	0	0	0	0	0	+	+	0	+	+	0	0	+	5
9	Jutta	+	+	+	0	0	0	+	0	0	+	+	+	0	7
10	Viola	+	+	+	+	+	+	+	+	+	+	0	+	+	12
11	Manuela	+	+	+	0	0	0	0	+	0	+	0	0	+	6
12	Cornelia	+	+	+	0	0	0	0	+	+	0	0	0	+	6
13	Hannelore	+	0	+	+	+	0	+	+	+	+	0	+	0	9

2. Rohwertverteilung

x	N	c
		13
12	1	
		12
11	2	
		10
10	0	
		10
9	2	
		8
8	0	
		8
7	2	
		6
6	4	
		2
5	2	
		0
4	0	
		0
3	0	
		0
2	0	
		0
1	0	
		0
0	0	

x = Rohwert

N = Zahl der Schüler mit diesem Rohwert

c = von unten aufaddierte (kumulierte) Häufigkeiten N

z.B. c = 12; 12 Schüler haben entweder 11 Rohpunkte (x) oder weniger erreicht

Die kumulierten Häufigkeiten c dienen dazu, die Verteilung zu halbieren. Da es sich um eine ungerade Schülerzahl (13) handelt, muß eine Arbeit aus der Mittelgruppe nach dem Zufall außer acht gelassen werden, in dem vorliegenden Beispiel die Arbeit von Jutta (Nr. 9) mit dem Rohwert 7. Die Rohwertverteilung, bei der die kumulierten Häufigkeiten immer in die Zwischenräume von x und N geschrieben werden, ergibt für die Einteilung in bessere und schlechtere Testarbeiten, daß die Hälfte der Schüler (c = 6) einen Rohwert von 6 oder niedriger haben.

Nach der Rohwertverteilung lassen sich nun Tabellen für die besseren und für die schlechteren Schüler aufstellen.

3. Tabelle für die besseren Schüler

Name	Aufgabe	1	2	3	4	5	6	7	8	9	10	11	12	13	Rohwerte
1 Viola		+	+	+	+	+	+	+	+	+	+	0	+	+	12
2 Margit		0	+	+	0	+	+	+	+	+	+	+	+	+	11
3 Karin		+	+	+	+	+	+	+	+	0	+	+	0	+	11
4 Sabine		+	0	0	+	0	+	+	+	+	+	+	0	+	9
5 Hannelore		+	0	+	+	+	0	+	+	+	+	0	+	0	9
6 Angelika		+	0	+	0	0	+	+	+	+	0	0	0	+	7
Lösung pro Aufgabe		5	3	5	4	4	5	6	6	5	5	3	3	5	

4. Tabelle für die schlechteren Schüler

Name	Aufgabe	1	2	3	4	5	6	7	8	9	10	11	12	13	Rohwerte
1 Gabi		0	+	0	0	+	+	0	0	+	+	0	+	0	6
2 Judith		0	+	+	0	0	0	+	+	+	0	0	0	+	6
3 Manuela		+	+	+	0	0	0	0	+	0	+	0	0	+	6
4 Cornelia		+	+	+	0	0	0	0	+	+	0	0	0	+	6
5 Susanne		+	0	0	0	0	+	0	+	+	+	0	0	0	5
6 Anja		0	0	0	0	0	+	+	0	+	+	0	0	+	5
Lösung pro Aufgabe		3	4	3	0	1	3	2	4	5	4	0	1	4	

5. Trennschärfe für jede Aufgabe

Eine Aufgabe besitzt dann Trennschärfe, wenn sie von der Gruppe der besseren Schüler häufiger gelöst wird als von der Gruppe der schlechteren Schüler.

Formel nach Wendeler[19]: b−s

b = Anzahl richtiger Lösungen in der Gruppe mit den höheren Rohwerten (bessere Schüler)

s = Anzahl richtiger Lösungen in der Gruppe mit den niedrigeren Rohwerten (schlechtere Schüler)

Nach Diederich soll die Differenz mindestens 10% von N sein[20].

N = 13 → 10% = 1,3 ≈ 1

1. Aufgabe: Trennschärfe: 5 − 3 = 2
2. Aufgabe: Trennschärfe: 3 − 4 = 1
3. Aufgabe: Trennschärfe: 5 − 3 = 2
4. Aufgabe: Trennschärfe: 4 − 0 = 4
5. Aufgabe: Trennschärfe: 4 − 1 = 3
6. Aufgabe: Trennschärfe: 5 − 3 = 2
7. Aufgabe: Trennschärfe: 6 − 2 = 4
8. Aufgabe: Trennschärfe: 6 − 4 = 2
9. Aufgabe: Trennschärfe: 5 − 5 = 0
10. Aufgabe: Trennschärfe: 5 − 4 = 1
11. Aufgabe: Trennschärfe: 3 − 0 = 3
12. Aufgabe: Trennschärfe: 3 − 1 = 2
13. Aufgabe: Trennschärfe: 5 − 4 = 1

→ Aufgabe 2 und 9 müssen geändert werden oder wegfallen.

6. Ermittlung der Schwierigkeit für die Aufgaben

Nach Wendeler sollte jede Aufgabe von mindestens 30% und höchstens 90% der Schüler gelöst werden; ist das nicht der Fall, so muß die Aufgabe entfallen oder geändert werden[21].

Formel nach Wendeler[22]: $P = 100 \times \frac{b+s}{N}$

Schwierigkeit =

$100 \times \frac{\text{richtige Aufgaben der guten Schüler} + \text{richtige Aufgaben der schlechten Schüler}}{\text{Anzahl der Schüler}}$

1. Aufgabe: P ≈ 61,53
2. Aufgabe: P ≈ 53,84
3. Aufgabe: P ≈ 61,53
4. Aufgabe: P ≈ 30,76
5. Aufgabe: P ≈ 38,46
6. Aufgabe: P ≈ 61,53
7. Aufgabe: P ≈ 61,53
8. Aufgabe: P ≈ 76,92
9. Aufgabe: P ≈ 76,92
10. Aufgabe: P ≈ 69,23
11. Aufgabe: P ≈ 23,07
12. Aufgabe: P ≈ 30,76
13. Aufgabe: P ≈ 69,23

→ Aufgabe 11 ist zu schwer und muß entfallen oder geändert werden.

(5) Bewertungsschlüssel

Die Noten werden nach Kelley (1950) in 5 Stufen mit folgenden Prozentwerten verteilt[22]:

Prozentualer Notenanteil nach der Normalverteilung

Note	Prozent	c % (kumulierte Prozentzahlen)
1	10,0	99,9
2	23,3	89,9
3	33,3	66,6
4	23,3	33,3
5	10,0	10,0

Bei der Testdurchführung von Röder ergeben sich nach Kelleys Angaben bei:

12 Punkten	Note 1	eine Schülerin
11 Punkten	Note 2	zwei Schülerinnen
9,8,7 Punkten	Note 3	vier Schuülerinnen
6 Punkten	Note 4	vier Schülerinnen
5 Punkten	Note 5	zwei Schülerinnen

Die Note 6 läßt Kelley bewußt weg, weil sie nur „für die extremen Fälle des völligen Versagens"[23] vorgesehen ist.

(6) Grenzen des vorliegenden Tests

Die Darstellung des vorliegenden Testes wurde von uns vorgenommen, um exemplarisch an einem Thema aus dem Textilunterricht die Entwicklung, Durchführung und Auswertung eines informellen Tests aufzuzeigen. Es ist aber darauf hinzuweisen, daß bei diesem Test aufgrund der geringen Aufgabenzahl von 13 (wünschenswerte Anzahl: 20–30 Aufgaben) mit einem erhöhten Meßfehler gerechnet werden muß[24]. Dies stellt auch Röder selbst fest, die die geringe Aufgabenzahl darauf zurückführt, daß bei dem Thema „Hohlsaumstich" neben kognitiven Lernzielen überwiegend psychomotorische und auch affektive Lernziele angestrebt werden, und verweist damit zugleich auf die Problematik des Einsatzes eines auf kognitive Lernziele beschränkten informellen Tests im Textilunterricht.

Statistische Verfahren zur Beurteilung textilpraktischer Leistungen

Im wesentlichen lassen sich drei Praktiken mit einem unterschiedlichen Grad an Objektivität unterscheiden, wie im Textilunterricht textilpraktische Leistungen gemessen werden, die Leistungsbeurteilung durch Evidenzurteile, die Leistungsbeurteilung durch Gruppierung und die Leistungsbeurteilung nach Kriterien.

(1) Leistungsbeurteilung durch Evidenzurteile

Im Mittelpunkt steht die ästhetische Leistungsbeurteilung eines Werkstückes; sie ist „von Einstellungen abhängig, die der Lehrer durch Ausbildung, Erfahrung und Neigung mitbringt"[25]. Kowalski empfiehlt sie, um die „evidente Ganzheit" eines Werkstückes zu beurteilen. Diese Form der Leistungsbeurteilung beruht auf Evidenzurteilen und ist die subjektivste Form, textilpraktische Leistung zu bewerten, denn die Beurteilung ist zum einen von der Person des beurteilenden Lehrers abhängig, aber auch besonders von der Person des zu beurteilenden Schülers.

(2) Leistungsbeurteilung durch Gruppierung

Bei dieser Form der Leistungsbeurteilung werden die Qualitätsunterschiede textilpraktischer Leistungen durch Gruppierung und Vergleich ermittelt.[26] Die zu beurteilenden Werkstücke werden in drei Gruppen eingeteilt, in gute, mittlere und schlechte; danach werden sie innerhalb dieser Gruppen durch Vergleich beurteilt, wobei eine weitere Differenzierung innerhalb der gebildeten Gruppen vorgenommen werden kann. Zwar beruht die Leistungsbeurteilung durch Gruppierung ebenfalls auf Evidenzurteilen, gewährt aber durch die durchgeführte Gruppierung und eventuell erfolgte Ausdifferenzierung ein deutlich höheres Maß an Objektivität als die Leistungsbeurteilung durch Evidenzurteile.

(3) Leistungsbeurteilung nach Kriterien

Zur Leistungsbeurteilung der Gestaltungspraxis nach Kriterien liegt in der Kunstdidaktik von Otto ein Meßverfahren vor, das von Pfennig und Trümper zu statistischen Verfahren weiterentwickelt worden ist. Für die Leistungsbeurteilung der Werkpraxis nach Kriterien entwickelten in der Werkdidaktik Stührmann und Wessels mathematische Verfahren. Da diese statistischen und mathematischen Beurteilungsverfahren aus der Kunst- und Werkdidaktik auf die Beurteilung textilpraktischer Leistungen übertragbar sind, skizzieren wir diese im folgenden.

1. *Beurteilungsverfahren nach Otto*[27]

Otto geht bei seinem Meßverfahren von Kriterien aus, die er aus den Arbeiten gewinnt, die zu beurteilen sind. Er zerlegt nach diesen Kriterien die komplexe Schülerleistung in Teilleistungen, die einzeln mit Punktzahlen bewertet werden, welchen er dann Zensuren zuordnet.

Der Vorteil dieses Verfahrens besteht darin, daß es berücksichtigt, daß einem „Gesamtwerk" verschiedene Teilleistungen zugrundeliegen, welche mit unterschiedlichem Erfolg erreicht sein können, und damit auch einen Anspruch auf eine einzelne Bewertung haben. Der Nachteil dieses Verfahrens ist vor allem darin zu sehen, daß es einen hohen Zeitaufwand erfordert und daß es für jede Schülerarbeit neu entwickelt werden muß.

2. *Beurteilungsverfahren nach Pfennig und Trümper*[28]

Diesen Nachteil des Meßverfahrens von Otto versuchen Pfennig und Trümper durch statistische Verfahren zu beseitigen.

Pfennig legt fünf Merkmale fest, die es grundsätzlich für alle Schülerarbeiten zu bewerten gilt und ordnet diesen Merkmalen Punktzahlen sowie Zensuren zu.

Trümper legt ebenfalls Merkmale zur Beurteilung von Schülerarbeiten fest, ordnet diesen jedoch in Abgrenzung zu Pfennig keine Punktzahlen und Zensuren zu. Stattdessen führt er aus, wie jeder Lehrer selbst mit Hilfe des Dezimalsystems Punkte für die einzelnen Merkmale errechnen kann. Zur Umrechnung der Punktzahl (Fazitindex) in Zensuren legt er eine Umrechnungstabelle vor.

3. *Beurteilungsverfahren nach Stührmann und Wessels*[29]

Stührmann errechnet in einem Beurteilungsbogen die Reihenfolge der Werkstücke, indem er für diese das Verhältnis von Plus-Minus-Punkten errechnet. Dazu trägt er in der einen Koordinaten Merkmale ein, nach denen die Werkstücke beurteilt werden sollen, und in der anderen Koordinaten die Werkstücke. Die Plus- und Minuspunkte für die Werkstücke gewinnt er nun dadurch, daß er in den Schnittpunkten der Koordinaten Plus- und Minuspunkte einträgt.

Wessels schlägt den Übertrag der Rangfolge der Werkstücke auf eine Notenskala vor.

Die angeführten Verfahren zur Leistungsbeurteilung nach Kriterien tragen zwar zur Objektivierung der Leistungsbeurteilung textilpraktischer Lernergebnisse bei, weisen aber dennoch einige Mängel auf. So ist es zum einen noch nicht gelungen, die Kriterien bzw. die Merkmale, die der Beurteilung zugrundegelegt werden, so präzise zu formulieren, daß die erforderliche Interpretationsobjektivität gegeben ist, d.h. daß verschiedene Auswerter (Lehrer) aus den Testergebnissen (Schülerarbeiten) die gleichen Punktzahlen gewinnen. Zum anderen ist es fraglich, ob, auch wenn man damit übereinstimmt, daß textilpraktische Leistungen quantitativ erfaßt werden sollen, einzelne Merkmale der Gesamtheit, z.B. der Gesamtheit eines Kleidungsstückes, gerecht werden, denn das Ganze ist bekanntlich mehr als die Summe seiner Teile. Abschließend ist festzustellen, daß die vorgestellten Verfahren zur Leistungsbeurteilung nach Kriterien im Hinblick auf die geforderte Objektivität der Leistungserhebung und -beurteilung für textilpraktische Leistungen sicherlich einen wertvollen Beitrag leisten, daß sie aber einen deutlich geringeren Grad an Objektivität aufweisen als Testverfahren.

Literatur zu statistischen Beurteilungsverfahren

Otto, G.: Kunst als Prozeß im Unterricht. Braunschweig 1969, 2. erw. Aufl.
–: An Kriterien messen. In: Berliner Lehrerzeitung 3 (1965), S. 16–17
Pfennig, R.: Gegenwart der bildenden Kunst – Erziehung zum bildnerischen Denken. Oldenburg 1967^2
Wessels, B.: Die Werkerziehung. Bad Heilbrunn 1967
Wienecke, G.: Einführung in kunstpädagogische Methodenlehren. München 1976.
–: Beurteilung im ästhetischen und psychomotorischen Bereich b) Bildende Kunst und Werken. In: Klauer, K.J., Handbuch der Pädagogischen Diagnostik, Bd. 3. Düsseldorf 1978

3. Anmerkungen

Planung und Durchführung des Textilunterrichts

[1] Vgl. Zimmermann, W.: Von der Curriculumtheorie zur Unterrichtsplanung. Paderborn 1977, S. 48/49
[2] Vgl. Reisse, W.: Verschieden Begriffsbestimmungen von „Curriculum". Überblick und Ansätze zur Präzisierung. In: Frey, K. (Hrsg.), Curriculum-Handbuch, Bd. 1. München/Zürich 1975, S. 46–59
[3] Vgl. Meyer, H.: Trainingsprogramm zur Lernzielanalyse. Frankfurt a.M. 1977, S. 139 und Zimmermann, a.a.O., S. 49
[4] Meyer, a.a.O., S. 139
[5] Meyer, a.a.O., S. 141
[6] Meyer, a.a.O., S. 139
[7] Vgl. Meyer, a.a.O., S. 139
[8] Meyer, a.a.O., S. 23
[9] Meyer, a.a.O., S. 142
[10] Vgl. Westphalen, K.: Curriculum. In: Forster, H./Reichel, H. (Hrsg.), Glossar zur Lehrplanentwicklung. Mainz 1977, S. 23
[11] Westphalen, K.: Curriculum. In: Meißner, O./Zöpfl, H. (Hrsg.), Handbuch der Unterrichtspraxis, Bd. 1. München 1973, S. 15
[12] Vgl. Forster, H./Reichel, H. u.a.: Vorgaben für die Lehrplanentwicklung. In: Forster/Reichel (Hrsg.), a.a.O., S. 121
[13] Der Auszug ist entnommen dem Lehrplanentwurf Arbeitslehre–Hauptschule–, hrsg. vom Kultusministerium Rheinland-Pfalz, Mainz. Grünstadt 1978, S. 131
[14] Dieser Arbeitsplan entstand im Rahmen eines von Helfrich, H./Schmidt, D./Schwender, R. unter der Leitung von H. Helfrich am SIL Speyer durchgeführten Lehrerfort- und -weiterbildungsprojekts „Textiles Gestalten in der Grundschule und Orientierungsstufe".
[15] Klafki, W.: Didaktische Analyse als Kern der Unterrichtsvorbereitung. In: Roth, H./Blumenthal, A. (Hrsg.), Auswahl. Grundlegende Aufsätze aus der Zeitschrift Die Deutsche Schule. Hannover 1964^{10}, S. 15–22

Kontrolle des Textilunterrichts

[16] Marketing-Service-Leitung Deutscher Fachverlag (Hrsg.), Textil-Fakten 1977/78: Markt- und Strukturdaten der Textil- und Bekleidungswirtschaft. Frankfurt a.M. 1978 nach Schmidt, E.: Textilien. Informationen und Hinweise. Fernstudienlehrgang Arbeitslehre. Studienbrief zum Fachgebiet Haushalt. Tübingen 1982, S. 12

[17] Röder, R.: Objektivierung von Leistung anhand informeller Tests. Speziell: Erstellung, Durchführung und Auswertung eines selbst konstruierten Tests „Der Hohlsaumstich". Unveröffentlichtes Referat. Studienseminar Speyer 1977 (Fachleitung D. Schmidt)

[18] Vgl. Diederich, P.B. nach Wendeler, J.: Standardarbeiten – Verfahren zur Objektivierung der Notengebung. Weinheim, Berlin, Basel 1972[4], S. 34 ff.

[19] Vgl. Wendeler, a.a.O., S. 42

[20] Vgl. Diederich nach Wendeler, a.a.O., S. 42

[21] Vgl. Wendeler, a.a.O., S. 39

[22] Vgl. Kelley nach Wendeler, a.a.O., S. 69

[23] Wendeler, a.a.O., S. 70

[24] Zur Zuverlässigkeit der Leistungsmessung und Ermittlung des Standardmeßfehlers vgl. Wendeler, a..a.O., S. 52 ff.

[25] Kowalski, K.: Praxis der Kunsterziehung, Bd. I. Stuttgart 1970, S. 176

[26] Vgl. Otto, G.: Kunst als Prozeß im Unterricht. Braunschweig 1969, 2. erw. Aufl., S. 225/226

[27] Vgl. Otto, a.a.O., S. 226 ff.

[28] Vgl. Pfennig und Trümper nach Wienecke, G.: Beurteilung im ästhetischen und psychomotorischen Bereich b) Bildende Kunst und Werken. In: Klauer, K.J., Handbuch der Pädagogischen Diagnostik, Bd. 3. Düsseldorf 1978, S. 708

[29] Vgl. Stührmann und Wessels nach Wienecke, a.a.O., S. 708

Literaturverzeichnis

Achtenhagen, F./Meyer, H.L. (Hrsg.): Curriculumrevision – Möglichkeiten und Grenzen. München 1971[2]

Adorno, Th.: Negative Dialektik. Frankfurt a.M. 1966

Aebli, H.: Psychologische Didaktik. Stuttgart 1966[2]

Antonoff, R.: Die Farben der Textilien, hrsg. v. Gesamtverband der deutschen Textilveredlungsindustrie e.V.. Frankfurt a.M. o.J.

Anwand, O.: Der Handschuh. Berlin 1914

Arbeitgeberkreis Gesamttextil (Hrsg.): Textiles Gestalten. Farbenlehre. Frankfurt a.M. 1979[2]

–: Textiles Gestalten. Rapportieren von Musterentwürfen. Frankfurt a.M. 1979[2]

–: Textiles Gestalten. Stilkunde, Stilepochen – Stilarten. Frankfurt a.M.1979[2]

–: Textiles Gestalten. Freies Zeichnen. Frankfurt a.M. 1980[2]

Arbeitslehre in der Lehrerfortbildung. LFWB-Projekt Arbeitslehre, 2. Phase. Studienmaterialien des SIL Speyer. Speyer 1979. Bd. 20, H. 4 und 8

Ausschreibung. In: textilkunst. Hannover 1982, H. 4, S. 188

Autorenkollektiv: Textile Herstellungsverfahren. Leipzig 1980[6]

Autorenkollektiv: Webmaschinen. Leipzig 1966

Autorenteam: Projekt Arbeitsteilung im Bereich WL/BK/TA – dargestellt am Beispiel „Herstellung von **Grillhandschuhen** in Einzel- und Massenfertigung" (8. Schulj.). In: Arbeitslehre in der Lehrerfortbildung. LFWB-Projekt Arbeitslehre, 2. Phase. Arbeitsmuster Typ 4. Studienmaterialien des SIL Speyer. Speyer 1979. Bd. 20, H. 8, S. 28 ff.

Autorenteam: Exkursionsgruppen zur Realbegegnung mit textilen Kulturgütern in Schleswig-Holstein. In: Textilarbeit + Unterricht. Baltmannsweiler 1982, H. 2, S. 59–82

Bach, H.: Motopädagogik bei Geistigbehinderten und Lernbehinderten. In: Heese, G. (Hrsg.) Rehabilitation Behinderter durch Förderung der Motorik. Berlin 1975

Barkemeyer, R./Meinken, U.: Größen, Körpermaße und elementare Schnitte für Bekleidung. Eine Einführung in die Schnittkonstruktion zur Herstellung einfacher Oberbekleidung. Baltmannsweiler 1981

Beck, H.: Mode und Kleidung im Wandel der Zeit. In: Die Scholle. Ansbach 41, 1973, H. 10, S. 659–667
Becker, M.: Textilgestaltung in Schulen für blinde und sehbehinderte Kinder. In: Textilarbeit + Unterricht. Baltmannsweiler 1978, H. 2, S. 77–83
Benett, J. (Hrsg.): Teppiche der Welt. Geschichte, Herstellung und Typologie. München 1981
Bergler, G.: Bibliographie der Mode und Textilwirtschaft. Schriften der Nürnberger Akademie für Absatzwirtschaft. Essen 1971
Bernard, W.: Bleichen und Färben von Textilien. Berlin 1970
Bernhard, G.: Entdeckendes Lernen im Textilen Werken in der Grundschule, dargestellt an einem Unterrichtsmodell aus dem Lehrgang Färben im 3. Schuljahr. In: Textilarbeit + Unterricht. Baltmannsweiler 1980, H. 4, S. 99–123
Bernsdorf, W. (Hrsg.): Wörterbuch der Soziologie. Frankfurt 1972
Beyer's Lehrbuch der Handarbeiten. Bd. 6, Sticken 4. Wiesbaden 1958
Beyer, B./Kafka, H.: Textilarbeit (Kleiden und Wohnen). Bad Heilbrunn/Obb. 1977, 2. neubearb. Aufl.
Blankertz, H.: Theorien und Modelle der Didaktik. München 1976^9
Bleckwenn, R.: Textilgestaltung in der Grundschule. Fachdidaktische Grundlagen und Beispiele zur Unterrichtsgestaltung. Limburg 1982
– (Hrsg.): Kreatives textiles Gestalten. Kreativitätsfördernde Textilgestaltung mit Kindern von 6–10. Ravensburg 1981
Bleckwenn, R./Schwarze, B.: Gestaltungslehre. Hamburg 1975^2
Bleschke, G.: Welchen Beitrag kann die Textilarbeit für die Arbeitsteilung leisten? In: Handarbeiten und Hauswirtschaft. Ansbach 1971, H. 3, S. 67ff.
Blumenthal, A. u. a. (Hrsg.): Handbuch für Lehrer, Bd. 2. Gütersloh 1961
v. Boehm, M.: Die Mode. Bd. 1. Eine Kulturgeschichte vom Mittelalter bis zum Barock. Bearb. von Ingrid Loschek. München 1976
–: Die Mode. Bd. 2. Eine Kulturgeschichte vom Barock bis zum Jugendstil. Bearb. von Ingrid Loschek. München 1976
Bohnsack, A.: Spinnen und Weben – Entwicklung von Technik und Arbeit im Textilgewerbe. Reinbeck bei Hamburg 1981
Bönsch, M: Unterricht mit audio-visuellen Medien. Donauwörth 1973
–: Differenzierung im Unterricht. München 1976
Böttcher, P. (Hrsg.): Textiltechnik. Leipzig 1977^2
Breitenacher, M: Bisherige und zukünftige Entwicklung des Textilverbrauchs in wichtigen Industrieländern. Schriftenreihe des Info-Instituts für Wirtschaftsforschung Nr. 87. Berlin 1976
Brezinka, W.: Grundbegriffe der Erziehungswissenschaft. München 1974
Bridgeman, H./Drury, E.: Geschichte der Textilkunst. Ravensburg 1981
Bringemeier, M: Mode und Tracht. Beiträge zur geistesgeschichtlichen und volkskundlichen Kleidungsforschung, hrsg. v. G. Schmitz. Münster 1980
Brunnhuber, P.: Prinzipien effektiver Unterrichtsgestaltung. Donauwörth 1973^4
Burda, Ae. (Hrsg.): Freude am Sticken. Offenburg/Baden o. J.
Büscher, P.: Einige testtheoretische Aspekte kriterienbezogener Leistungsmessung. In: Heller, K. (Hrsg.), Leistungsbeurteilung in der Schule. Heidelberg 1974, S. 137–157
Conrad, M: Ansätze zu einer textilen Farbenlehre. In: Textilarbeit + Unterricht. Baltmannsweiler 1975, H. 2, S. 75–80
Coppes, K.: Partnerarbeit im Unterrichtsgeschehen der Grund- und Hauptschule. Weinheim 1972, dritte verb. Aufl.
Corell, W.: Pädagogische Verhaltenspsychologie. München/Basel 1965
–: Lernpsychologie. Donauwörth 1967
–: Programmiertes Lernen und Lehrmaschinen. Braunschweig 1970
Crockett, C.: Das komplette Spinnbuch. Bonn 1980
v. Cube, F.: Kybernetische Grundlagen des Lernens und Lehrens. Stuttgart 1968^2
Daimler, B.: Technische Textilien, Anwendungsbereiche und Abgrenzung, hrsg. v. Verband der Textilindustrie Westfalen. Schriftenreihe H. 14. München 1974

Dichanz, H. u. a.: Medien im Unterrichtsprozeß. München 1974
Dörge, F.-W./Steffens, H.: Augen auf beim Schuheinkauf. Fallstudien zur Verbraucherbildung 1. Ravensburg 1974
Döring, K.: Unterricht mit Lehr- und Lernmitteln. Weinheim 1975[3]
Dörner, K.: Sexuelle Partnerschaft in der Industriegesellschaft. In: Giese, H. (Hrsg.), Sexualität des Menschen, Stuttgart 1971
Eisenbarth, L.: Kleiderordnungen der deutschen Städte zwischen 1350 und 1700. Ein Beitrag zur Geschichte des Bürgertums. Göttingen, Berlin, Frankfurt 1962
Eisenhut, G./Seilnacht, F.: Fachbereich Physik/Chemie. In: Meißner, O./Zöpfl, H. (Hrsg.), Handbuch der Unterrichtspraxis. München 1974, Bd. 3, S. 145–167
El-Gebali-Rüter, T.: Kreativitätsförderung im Textilunterricht. In: Textilarbeit + Unterricht. Baltmannsweiler 1981, H. 5, S. 198 ff.
EMNID/SVR: Freizeit im Ruhrgebiet. Bielefeld (Tabellenband). Essen 1970
Engel, P./Riedmann, W.: Die neuen Managementtechniken in Fällen. München 1971
Entmann, E.: Fließband im Handarbeitsunterricht der Volksschule. In: Handarbeiten und Hauswirtschaft. Ansbach 1968, H. 12, S. 316 ff.
Expertise: Die Bedeutung des textilen Gestaltens in der Freizeit. Psychologisches Institut der Universität Bonn Dr. R. Schmitz-Scherzer. Ausgearbeitet im Auftrag vom Verein Deutscher Handarbeitsgarn-Fabrikanten und Verband Deutscher Tappisseriefabrikanten e. V. o. J.
Fahrenkamp, H.: Teppiche. München 1974[6]
–: Gobelins. Bildteppiche und Tappisserien. München 1977
v. Falke, O.: Kunstgeschichte der Seidenweberei. Berlin 1913
Farber, K./Hense, F.: Mietwohnung-Eigentumswohnung. Lehrerbegleitheft. In: Farber, K./Wittmann, B. (Hrsg.), Rollenspiele zur Wirtschaftslehre. Dortmund 1974
Farber, K./Wittmann, B. (Hrsg.): Rollenspiele zur Wirtschaftslehre. Dortmund 1972 und 1974
Fend, H.: Sozialisation durch Literatur. Weinheim und Basel 1979
Fischer, M.: Die innere Differenzierung des Unterrichts in der Volksschule. Weinheim 1972
Flechsig, K.H.: Die technologische Wende in der Didaktik. Konstanzer Universitätsreden. Konstanz 1969
Flemig, G.: Strukturwandlungen und die Außenhandelsverflechtungen in der Welttextilwirtschaft, hrsg. v. Institut für Weltwirtschaft an der Universität Kiel. Kiel 1960
Forster, H./Reichel, H. (Hrsg.): Glossar zur Lehrplanentwicklung in Rheinland-Pfalz. Mainz 1977
Frank, M.: Kybernetische Grundlagen der Pädagogik. Baden-Baden 1969[2]
Fratzky-Guhr, E.: Arbeitsstudien im Textilbereich. In: Textilarbeit + Unterricht. Hohengehren 1973, H. 6, S. 189–194
Freudenstein, R.: Die Funktion moderner Mittler im Lehr- und Lernprozeß. In: Klafki, W. u. a. (Hrsg.), Funk-Kolleg Erziehungswissenschaft. Bd. 2 Frankfurt a. M. 1970
Frey, K.: Theorien des Curriculums. Weinheim 1971
–: (Hrsg.): Curriculum-Handbuch. 3 Bde. München/Zürich 1975
Fricke, R.: Kriteriumsorientierte Leistungsmessung. Stuttgart 1974
Fries, E./Rosenberger, R.: Forschender Unterricht. Ein Beitrag zur Didaktik und Methodik des mathematischen und naturwissenschaftlichen Unterrichts in allgemeinbildenden Schulen, mit besonderer Berücksichtigung der Sekundarstufen. Frankfurt a. M. 1976[4]
Gagné, R.M.: Die Bedingungen des menschlichen Lernens. Übertr. a. d. Amerik. Hannover 1970
Geburek, H.: Kreativitätsförderung im Fach Textilgestaltung – Theoretische Grundlagen. In: Bleckwenn, R. (Hrsg.), Kreatives textiles Gestalten. Kreativitätsfördernde Textilgestaltung mit Kindern von 6–10. Ravensburg 1981
Geissler, H.: Modelle der Unterrichtsmethode. Stuttgart 1977
Gesamttextil (Hrsg.): Körper, Klima, Kleidung. Frankfurt a. M. 1977
–: Klarer Kurs. Informationen über Berufe in der Textilindustrie. Frankfurt a. M. 1980
–: Qualifizierende Fortbildung in der Textilindustrie. Frankfurt a. M. o. J.
Geulen, G.: Thesen zur Metatheorie der Sozialisation. In: Walter, H. (Hrsg.), Sozialisationsforschung. Bd. 1. Stuttgart 1973

Girschner-Woldt, I. u. a. (Hrsg.): Soziologie für Pädagogen. Beiträge zum erziehungswissenschaftlichen Studium. Stuttgart 1973

Glemnitz, J.: Handweben als Arbeitstherapie. Manolzweiler 1975²

Goldau, G.: Serienfertigung von Umhängetaschen. 9. Jahrgang Realschule. In: Handarbeiten und Hauswirtschaft. Ansbach 1972, H. 5, S. 153ff.

Grein, G.: Zur Rolle des Spinnens und der Spinnstube in Hessen. In: Volkskunst. Zeitschrift für volkstümliche Sachkultur. München 1982. H. 3., S. 161–168

Grießhammer, B.: Unterricht in einer Ausstellung. Bericht über Vorbereitung, Durchführung und Ergebnis des Unterrichts am Beispiel der Ausstellung „Die Bilderfabrik" im Germanischen Nationalmuseum Nürnberg. In: Zeitschrift für Kunstpädagogik. Düsseldorf: 3 (1974) H. 2, S. 95–101

Groothoff, H.-H./Stallmann, M. (Hrsg.): Neues Pädagogisches Lexikon. Stuttgart 1971⁵

Gudjons, H.: Handelnder Unterricht – handlungsorientierter Unterricht. In: Westermanns Pädagogische Beiträge 1980, H. 4, S. 344ff.

Guilford, J.P.: Kreativität (1950). In: Mühle, G./Schell, Chr. (Hrsg.), Kreativität und Schule. München 1971²

–: A system of psychomotor abilities. Amerk. J. Psycholog. 71. 1958

Gukenbiehl, H.: Sozialisation als gesellschaftsbedingter und gesellschaftsrelevanter Prozeß. In: Girschner-Woldt, I. u. a. (Hrsg.), Soziologie für Pädagogen. Beiträge zum erziehungswissenschaftlichen Studium. Stuttgart 1973

Hamaide, A.: La methode Decroly. Neuchatel 1966⁷

v. Hartmann, G.: Ausstellungen als repräsentative Aufgabe. In: Werk und Zeit, 1964, H. 7/8

Hartmann, H. (Hrsg.): Moderne amerikanische Soziologie. Stuttgart 1973

Hartung, R.: Textiles Werken, Band V. Farbe und Gewebe. Das Spiel mit den bildnerischen Mitteln, hrsg. v. E. Röttger. Ravensburg 1971⁵

–: Textiles Werken. Bd. IV. Faden und Gewebe. Das Spiel mit den bildnerischen Mitteln, hrsg. v. E. Röttger. Ravensburg 1972⁵

Haudek-Viti: Textilfasern. Heidelberg 1980

Haupt-Battaglia, H.: Wir sticken weiter. Ravensburg 1961

Hebel, H./Hilgers, E.: Verfahren der Arbeitslehre. Literaturhinweise. In: Staatliches Institut für Lehrerfort- und -weiterbildung Speyer (Hrsg.), Arbeitslehre in der Lehrerfortbildung. Studienmaterialien Bd. 20, H. 4. Speyer 1978

Heckel, H./Seipp, P.: Schulrechtskunde. Neuwied und Berlin 1969⁴

Heese, G. (Hrsg.): Rehabilitation Behinderter durch Förderung der Motorik. Berlin 1975

Heidermann, H.: Die Hausindustrie in der bergischen Bandweberei. Göttingen 1960

Heimann, P.: Didaktik als Theorie und Lehre. In: Die Deutsche Schule 1962/407

Heimann, P./Otto, G./Schulz, W.: Unterricht. Analyse und Planung. Hannover 1969⁴

Hein, G.: Nadel und Faden. Ravensburg 1969

Heinig, P.: Kunstunterricht. Bad Heilbrunn/Obb. 1969

Heinz, W.: Sozialisation. In: Roth, L. (Hrsg.), Handlexikon zur Erziehungswissenschaft, München 1976

Heinze, K.: Anwendung der Fallmethode im beruflichen Unterricht. Berlin (Ost) 1968

Heller, K. (Hrsg.): Leistungsbeurteilung in der Schule. Heidelberg 1974

Heller, K./Rosemann, B.: Planung und Auswertung empirischer Untersuchungen. Eine Einführung für Pädagogen, Psychologen und Soziologen. Stuttgart 1974

Herbart, J.F.: Allgemeine Pädagogik. In: Holstein, H. (Hrsg.), J. Fr. Herbart, Allgemeine Pädagogik. Bochum o.J. (Abdruck der Ausgabe von 1806)

Herbig, M.: Lernzielorientierte Tests und klassische Testtheorie. In: Klauer, K.J. (Hrsg.), Handbuch der Pädagogischen Diagnostik. Bd. 1. Düsseldorf 1978, S. 127–135

Herff, E.: Museum und Schule. In: Horney, W./Ruppert, J./Schultze, W. (Hrsg.), Pädagogisches Lexikon in zwei Bänden. Zweiter Bd. Gütersloh 1970

Herzog, M.: Prozesse der Enkulturation und Personalisation durch Textilgestaltung im Bereich der Schule. Anthropologisch-psychologische Grundlagen und fachdidaktische Konsequenzen. Unveröff. Diss.. Dortmund 1982

—: Kulturgeschichtliche Beispiele zum Thema Fußbekleidung. In: Dortmunder Reihe. Didaktische Materialien für den Textilunterricht, hrsg. v. L. Immenroth/M. Herzog. H. 2 – Teil I. Schalksmühle 1982

Hilger, G.: Die gesellschaftliche Schichtung im Mittelalter. In: Lüdke, G./Mackensen, L. (Hrsg.), Deutscher Kulturatlas. 2 Bde. Berlin, Leipzig 1928–1938

Hirmer, M.–P.: Mode und Risiko. Eine betriebswirtschaftliche Untersuchung. Nürnberg 1968

Hoechst AG (Hrsg.): Programmierte Instruktion über die Acrylfaser DOLAN® – ihre Herstellung, Gebrauchseigenschaften und Verwendungsgebiete. Frankfurt a.M. o.J.

—: Programmierte Instruktion über die Polyesterfaser Trevira. Argumente für das Verkausgespräch über Textilerzeugnisse, die aus oder in Mischung mit TREVIRA hergestellt sind. Frankfurt a.M. o.J.

Höhn, E./Schick, C.: Das Soziogramm. Stuttgart 1954

Holstein, H.: Zur Medienabhängigkeit des Schulunterrichts. Anspruch und Leistung von Medien in Unterricht und Schule. Ratingen, Kastellaun, Düsseldorf 1973

– (Hrsg.): J. Fr. Herbart, Allgemeine Pädagogik. Bochum o..J. (Abdruck der Ausgabe von 1806)

Homans, G.: Theorie der sozialen Gruppe. Köln, Opladen 1965

Horn, P.: Medien – Begriff, Bedeutung, Aufgabe. In: Textilarbeit + Unterricht. Baltmannsweiler 1975, H. 1, S. 3 ff.

—: Einrichtung eines Fachraumes für Textiles Werken (Grundschule). In: Textilarbeit + Unterricht. Baltmannsweiler 1975. H. 1, S. 23 ff.

Horney, W./Ruppert, J./Schultze, W. (Hrsg.): Pädagogisches Lexikon in zwei Bänden. Gütersloh 1970

Huber, F.: Allgemeine Unterrichtslehre. Bad Heilbrunn/Obb. 1965, 9. überarb. Aufl.

Hüther, G./Mühl, A.: Einführung in die Wirtschafts- und Arbeitswelt in der Hauptschule. Die Betriebserkundung – ökonomische Aspekte. In: Studienkreis Schule und Wirtschaft Rheinland-Pfalz (Hrsg.), Schule und Wirtschaft in Rheinland-Pfalz. Kaiserslautern 1974. Neue Folge, H. 5

Iben, G.: Gruppenprozesse in der Schule und Möglichkeiten einer Gruppenpädagogik. In: Klafki, W. u.a. (Hrsg.), Funk-Kolleg Erziehungswissenschaft. Bd. 1. Frankfurt a.M. 1970, S. 110 ff.

—: Verfahren zur Erfassung von Gruppenstrukturen in Schulen und Jugendgruppen. In: Klafki, W. u.a. (Hrsg.), Funk-Kolleg Erziehungswissenschaft Bd. 1. Frankfurt a.M. 1970, S. 107 ff.

Immenroth, L.: Unterrichtsmittel und Raumausstattung für die Grundschule. In: Textilarbeit + Unterricht. Hohengehren 1972, H. 2, S. 35 ff.

—: Arbeitsbögen als Arbeitsmittel für die Grundschule. In: Textilarbeit + Unterricht. Hohengehren 1974, H. 2, S. 47 ff.

Immenroth, L./Herzog, M. (Hrsg.): Dortmunder Reihe. Didaktische Materialien für den Textilunterricht. Schalksmühle 1982 ff.

Ingenkamp, K.-H.: Brauchen wir noch normorientierte Tests? In: Lernzielorientierter Unterricht. München 3 (1973), H. 1, S. 2–6

—: Objektive Verfahren zur Beurteilung von Schulleistungen. In: Ingenkamp, K.-H., Pädagogische Diagnostik. Weinheim/Basel 1975, S. 53–71

Isenegger, U.: Lernzielerhebung zur Curriculumkonstruktion. Weinheim 1972

Jedding, K.: Keysers Führer durch Museen und Sammlungen – Bundesrepublik und Westberlin. München 1961

Johnson, M.: Definition und Modelle in der Curriculumtheorie. In: Achtenhagen, F. Meyer, H.L. (Hrsg.), Curriculumrevision – Möglichkeiten und Grenzen. München 1972³, S. 30–46

Johnston, S.: Fashion Paper Dolls from „Godey's Lady's Book" 1840–1854. New York 1977 (International Standard Book Number: 0-486-23511-4; Library of Congress Catalog Card Number: 77-72855)

Jonas, F.: Geschichte der Soziologie IV. Hamburg 1968, S. 143–179

Jürging, U./Hildebrandt, E.: Schüler-Stickwettbewerb in Niedersachsen. In: textilkunst. Hannover 1982, H. 3, S. 7–8

Kaiser, F.–J.: Entscheidungstraining. Die Methoden der Entscheidungsfindung. Bad Heilbrunn/Obb. 1976, 2. erw. u. verb. Aufl.

Kant, I.: Immanuel Kant über Pädagogik. In: Groothoff, H.-H. (Hrsg.), Immanuel Kant. Ausgewählte Schriften zur Pädagogik und ihre Begründung. Besorgt von Groothoff, H.-H. unter Mitarbeit von Reimers. E.. Paderborn 1963
Kamm, H./Müller, E.: Hausaufgaben – sinnvoll gestellt. Freiburg i.Br. 1975
Klafki, W: Die didaktischen Prinzipien des Elementaren, Fundamentalen und Exemplarischen. In: Blumenthal, A. u.a.(Hrsg.), Handbuch für Lehrer, Bd. 2, Gütersloh 1961
–:Didaktische Analyse als Kern der Unterrichtsvorbereitung. In: Roth, H./Blumenthal, A. (Hrsg.), Auswahl. Grundlegende Aufsätze aus der Zeitschrift Die Deutsche Schule. Hannover 1964[10], S. 5–34
–: Allgemeine Probleme der Unterrichtsmethodik. In: Klafki, W. u.a. (Hrsg.), Funk-Kolleg, Erziehungswissenschaft. Bd. 2. Frankfurt a.M. 1970, S. 131ff.
–: Der Satz vom Primat der Didaktik im engeren Sinne im Verhältnis zur Methodik. In: Klafki, W. u.a. (Hrsg.), Funk-Kolleg Erziehungswissenschaft. Bd. 2. Frankfurt a.M. 1970, S. 70ff.
–: Die Methoden des Unterrichts und der Erziehung. In: Klafki, W. u.a. (Hrsg.), Funk-Kolleg Erziehungswissenschaft. Bd. 2 Frankfurt a.M. 1970, S. 143ff.
–: Studien zur Bildungstheorie und Didaktik. Weinheim 1970[9]
–: Methode, Methodik. In: Groothoff, H.-H./Stallmann, M. (Hrsg.), Neues Pädagogisches Lexikon. Stuttgart 1971[5]
–: Zu den unterschiedlichen Ansätzen im Bereich der wissenschaftlichen Didaktik. In: Zöpfl, H./Seitz, R. (Hrsg.), Schulpädagogik, Grundlagen – Probleme – Tendenzen. München 1971
– (Hrsg.): Unterrichtsbeispiele der Hinführung zur Wirtschafts- und Arbeitswelt. Düsseldorf 1970
– u.a. (Hrsg.): Funk-Kolleg Erziehungswissenschaft. 3 Bde. Frankfurt a.M. 1970 u. 1971
Klauer, K.J.: Das Problem der Kontentvalidität oder Vom Lehrziel zur Testaufgabe. In: Klauer/Fricke/Herbig/Rupprecht/Schott, Lehrzielorientierte Leistungsmessung. Düsseldorf 1977, S. 9–25
– (Hrsg.): Handbuch der Pädagogischen Diagnostik. 3 Bde. Düsseldorf 1978
Klauer/Fricke/Herbig/Rupprecht/Schott: Lernzielorientierte Leistungsmessung. Düsseldorf 1977
Kluge, N.: Spielen und Erfahren: der Zusammenhang von Spielerlebnis und Lernprozeß. Bad Heilbrunn/Obb. 1981
Köbberling, A.: Effektiveres Lernen durch Programmierten Unterricht? Weinheim 1971
Kober, H.u.R.: Gruppenarbeit in der Praxis. Frankfurt a.M., Berlin, Bonn o.J.
Kochan, B. (Hrsg.): Rollenspiel als Methode sprachlichen und sozialen Lernens. Kronberg 1976
Köck, P.: Didaktik der Medien. Donauwörth 1974
Köhler, U.: Analyse und Auswertung von Fachdidaktiken. In: Frey, K. (Hrsg.), Curriculum-Handbuch. Bd. 2. München/Zürich 1975
Köller, I./Kunz-Gross, M.: Form – Muster – Rapport. Baltmannsweiler 1979
König, R./Schuppisser, P.: Die Mode in der menschlichen Gesellschaft. Zürich 1958
Kösel, E.: Sozialformen des Unterrichts. Workshop Schulpädagogik. Materialien 4. Ravensburg 1973
Kosiol, E.: Die Behandlung praktischer Fälle im betriebswirtschaftlichen Hochschulunterricht (Case Method). Berlin 1957
Kowalski, K.: Praxis der Kunsterziehung, Bd. 1. Stuttgart 1970
Krappmann, L.: Neuere Rollenkonzepte als Erklärungsmöglichkeit für Sozialisationsprozesse. In: betrifft: erziehung (1971) H. 3, S. 27–34
Krathwohl, D.R.: Der Gebrauch von Taxonomien von Lernzielen in der Curriculumkonstruktion. In: Achtenhagen, F./Meyer, H.L. (Hrsg.), Curriculumrevision – Möglichkeiten und Grenzen. München 1971[2], S. 75ff.
Kreative Textilkurse in Deutschland. Umfrage der Textilwerkstatt Hannover. Hannover 1981
Krumm, V.: Findung von Lernzielen und Lerninhalten durch Evaluation von Lehrplänen und Unterricht – dargestellt am Beispiel einer Untersuchung des Wirtschaftslehreunterrichts. In: Frey, K. (Hrsg.), Curriculum-Handbuch. Bd. 2. München/Zürich 1975
Landau, E.: Psychologie der Kreativität. München, Basel 1971[2]
Lehmann, J. (Hrsg.): Simulations- und Planspiele in der Schule. Bad Heilbrunn/Obb. 1977
Lenzen, D.: Vorwort. In: Geissler, H.: Modelle der Unterrichtsmethode. Stuttgart 1977

Lehrplan Textiles Gestalten, Orientierungsstufe – Hauptschule, Realschule, Gymnasium –, hrsg. v. Kultusministerium Rheinland-Pfalz. Mainz 1978
Lehrplanentwurf Arbeitslehre – Hauptschule –, hrsg. vom Kultusministerium Rheinland-Pfalz, Mainz. Grünstadt 1978
Lehrplanentwurf Textiles Gestalten. Klasse 7–9/10 – Hauptschule – Realschule – Gymnasium –, hrsg. vom Kultusministerium Rheinland-Pfalz. Mainz 1979
Löhrer, U.: Textilgestaltung. Sekundarstufe I. Teil 1: Klasse 5–6. Limburg 1979
–: Textilgestaltung. Sekundarstufe I. Teil 2: Klasse 6–8. Limburg 1980
Lowenfeld, V.: Vom Wesen schöpferischen Gestaltens. Frankfurt a.M. 1960
Loy, W. (Hrsg.): Taschenbuch für die Textilindustrie. Berlin 1980
Lubina, G./Böhm, M.: Webereitechnik. Leipzig 1977³
Lyoner Seiden vom 17. Jahrhundert bis zur Gegenwart. Museum für Kunsthandwerk. Ausstellung der Stadt Frankfurt a.M. mit der Région Rhône = Alpes v. 8. Okt. bis 6. Nov. 1960. Frankfurt a.M. o.J.
Lysaught, J./Williams, C.: Einführung in die Unterrichtsprogrammierung. Anleitung zum Verfassen und Prüfen von Programmen. München und Wien 1967
Mager, R.: Zielanalyse. Weinheim 1973
–: Lernziele und Unterricht. Weinheim u. Basel 1974
Manthei, W.: Das Experiment im Polytechnischen Unterricht. In: Polytechnische Bildung und Erziehung 1968, 8/9, S. 331–334
Marketing-Service-Leitung Deutscher Fachverlag (Hrsg.): Textil-Fakten 1977/78: Markt- und Strukturdaten der Textil- und Bekleidungswirtschaft. Frankfurt a.M. 1978
Markman, H.–J.: Überlegungen zur Planung und Vorbereitung eines Museumsbesuches. In: Geschichtsdidaktik. Düsseldorf: 2 (1977) H. 3, S. 203–212
Mayntz, R./Holm, K./Hübner, P.: Einführung in die Methoden der empirischen Soziologie. Opladen 1972
Mead, M.: Leben in der Südsee. Jugend und Sexualität in primitiven Gesellschaften. München 1965
Meißner, O.: Kleintechniken des Unterrichts. Arbeits- und Organisationshilfen für Unterricht, Schulleben und Praktikum. München 1980
Meißner, O./Zöpfl, H. (Hrsg.): Handbuch der Unterrichtspraxis. 3. Bde. München 1973 u. 1974
Meyer, H.L.: Das ungelöste Deduktionsproblem in der Curriculumforschung. In: Achtenhagen, F./Meyer, H.L. (Hrsg.), Curriculumrevision – Möglichkeiten und Grenzen. München 1971²
–: Einführung in die Curriculum-Methodologie. München 1972
–: Trainingsprogramm zur Lernzielanalyse. Kronberg 1977, 6. erw. Aufl.
–: Leitfaden zur Unterrichtsvorbereitung. Königstein/Ts. 1980
Meyer-Ehlers, G.: Textilwerken. Grundlagen und Lehrwege. In: Trümper, H. (Hrsg.), Handbuch der Kunst- und Werkerziehung. Bd. II/4. Berlin 1971, zweite erw. Aufl.
Möller, Chr.: Technik und Lernplanung. Weinheim u. Basel 1971³
Moreno, J.: Grundlagen der Soziometrie. Köln 1954
Mosenthin, G.: Filme und Bildreihen für Textiles Werken. In: Textilarbeit + Unterricht. Hohengehren 1972, H. 2, S. 46ff.
–: Textiles Werken in der Sekundarstufe I (Kleiden und Wohnen; Bd. 1). Baltmannsweiler 1982
Mosenthin, G./Marquardt, C.: Medien für den Textilunterricht. In: Textilarbeit + Unterricht. Baltmannsweiler 1975, H. 1, S. 6ff.
–: Übersicht über angebotene Lehr- und Lernmittel für den Bereich Textiles Werken. In: Textilarbeit + Unterricht. Baltmannsweiler 1975, H. 1, S. 8ff.
Mühle, G./Schell, Chr. (Hrsg.): Kreativität und Schule. München 1971²
Mühlmann, W.: Kultur. In: Wörterbuch der Soziologie, hrsg. v. W. Bernsdorf. Stuttgart 1962²
Nentwig, M.: Hut, Handschuh und Schuh als Rechtssymbole. In: Volkskunst. Zeitschrift für volkstümliche Sachkultur. München 1982, H. 3, S. 189–191
Nickel, H.: Entwicklungspsychologie des Kindes- und Jugendalters. 2 Bde. Bern/Stuttgart/Wien 1975
Nippel, I.: Programmierte Unterweisung in der Textilgestaltung? In: Handarbeiten und Hauswirtschaft. Ansbach 1973, H. 4, S. 90–103

—: Arbeitsmittel zum Thema „Kleidung" – ein Lernspiel –. In: Textilarbeit + Unterricht. Hohengehren 1974, H. 6, S. 181 ff.
Nuesch, P.: Marketingpolitik bei der Einführung neuer Textilprodukte, dargestellt am Beispiel der bondierten und laminierten Textilien. St. Gallen 1971
Oblinger, H.: Unterrichtsdifferenzierung und Unterrichtseffektivität. In: Meißner, O./Zöpfl, H. (Hrsg.), Handbuch der Unterrichtspraxis. Bd. 1. München 1973, S. 61–66
Oerter, R.: Moderne Entwicklungspsychologie. Donauwörth 1975[15]
Olson, M: Die Logik des Kollektiven Handelns. Kollektivgüter und die Theorie der Gruppen. Tübingen 1968
Ostertag, H.–P./Spiering, Th.: Unterrichtsmedien: Technologie und Didaktik. Workshop Schulpädagogik. Materialien 15. Ravensburg 1975
Otto, G.: Kriterien messen. In. Berliner Lehrerzeitung 3 (1965), S. 16–17
—: Kunst als Prozeß im Unterricht. Braunschweig 1969, 2. erw. Aufl.
Parsons, T.: Das System moderner Gesellschaften. In: Claessens, D. (Hrsg.), Grundfragen der Soziologie. Bd. 15. München 1976[2], S. 12 ff.
Peter, M.: Grundlagen der Textilveredlung. Wuppertal-Elberfeld und Stuttgart 1970[10]
Peters, J.: Handbuch der Bekleidungsindustrie. Schriftenreihe der Textilwirtschaft. Frankfurt a.M. 1978
Pfennig, R.: Gegenwart der bildenden Kunst – Erziehung zum bildnerischen Denken. Oldenburg 1967[2]
Plößl, W.: Lernziele, Lernerfahrung, Leistungsmessung. Donauwörth 1974
Portmann, A.: Entläßt die Natur den Menschen? Gesammelte Aufsätze zur Biologie und Anthropologie. München 1970
Pütt, H.: Projekt und Vorhaben – eine Begriffsgenese. In: Stach, R. (Hrsg.), Projektorientierter Unterricht. Theorie und Praxis. Kastellaun 1978, S. 9 ff.
Rank, K.: Die sozialen Formen des Unterrichts. In: Blumenthal, A. u.a. (Hrsg.), Handbuch für Lehrer. Bd. 2. Gütersloh 1961
REFA Methodenlehre des Arbeitsstudiums. Darmstadt 1971, Teil 1–3
Reichart, G.: Modelle im Unterricht. In: Wenk, K./Trommer, G. (Hrsg.), Unterrichten mit Modellen. Braunschweig 1978, S. 16 ff.
Reintges, B.: Projekt und Projektmethode in der aktuellen bildungspolitischen Diskussion. In: Stach, R. (Hrsg.), Projektorientierter Unterricht. Theorie und Praxis. Kastellaun 1978, S. 55 ff.
Reisse, W.: Verschiedene Begriffsbestimmungen von „Curriculum". Überblick und Ansätze zur Präzisierung. In: Frey, K. (Hrsg.), Curriculum-Handbuch, Bd. 1. München/Zürich 1975, S. 46–59
Riegl, A.: Stilfragen. Grundlegungen zu einer Geschichte der Ornamentik. Berlin 1923[7]
Robinsohn, S.B.: Ein Strukturkonzept für die Curriculumentwicklung. In: Zeitschrift für Pädagogik (1969), S. 631–653
—: Bildungsreform als Revision des Curriculum. Darmstadt 1971
Röder, R.: Objektivierung von Leistung anhand informeller Tests. Speziell: Erstellung, Durchführung und Auswertung eines selbst konstruierten Tests „Der Hohlsaumstich". Unveröffentlichtes Referat. Studienseminar Speyer 1977 (Fachleitung D. Schmidt)
—: Die Eigenschaften der Wolle. Unveröffentlichte Lehrdarstellung. Studienseminar Speyer 1977 (Fachleitung D. Schmidt)
Rollet, B. (Hrsg.): Praxis und Theorie des Programmierten Unterrichts. Stuttgart 1970
Rollet, B./Weltner, K. (Hrsg.): Perspektiven des Programmierten Unterrichts. Wien 1970
Rohrmoser, G.: Zeitzeichen. Bilanz einer Ära. Stuttgart-Degerloch 1978
Rosenbaum, M.: Arbeitsaufgaben für Museumsbesuche. In: Schule und Museum. Frankfurt a.M.: 2 (1977) H. 5, S. 2–10
Roth, A.: Die Elemente der Unterrichtsmethode. München 1973[3]
Roth, H.: Pädagogische Anthropologie. 2 Bde. Hannover 1966
—: Pädagogische Psychologie des Lehrens und Lernens. Hannover 1976[15]
Roth, L.: Effektivität der Unterrichtsmethoden. Hannover 1977
— (Hrsg.): Handlexikon zur Erziehungswissenschaft. München 1976

Royl, W./Mosenthin, G.: Zur Theorie des Textilen Werkens. In: Mosenthin, G.; Textiles Werken in der Sekundarstufe I (Kleiden und Wohnen; Bd. 1). Baltmannsweiler 1982, S. 34 ff.
Ruegg, W.: Funk-Kolleg Soziologie. Frankfurt a.M. 1969
–: Soziologie als humanistische Wissenschaft der Zukunftsorientierung. In: Funk-Kolleg Soziologie. Frankfurt a.M. 1969, S. 245 ff.
–: Welt der symbolischen Formen. In: Funk-Kolleg Soziologie. Frankfurt a.M. 1969, S. 233 ff.
Rüter, T.: Einführung in den Bereich industrieller Produktion als Aufgabe des Textilunterrichts. In: Textilarbeit + Unterricht. Esslingen 1973, H. 1, S. 23–29
Sandtner, H.: Textilgestalten durch die Jahrhunderte. Bericht zu der Ausstellung des Erziehungswissenschaftlichen Fachbereichs der Universität Augsburg. In: Ans Werk. Darmstadt 14 (1976), H. 2, S. 15-17
–: Schöpferische Textilarbeit. Donauwörth 1978
Sauer, K.: Lehrgang. In: Horney, W./Ruppert, J./Schultze, W. (Hrsg.). Pädagogisches Lexikon in zwei Bänden. Zweiter Bd. Gütersloh 1970
Schenk-Danzinger, L.: Entwicklungspsychologie. Wien 1971
Schiefele, H.: Motivation im Unterricht. München 1963[2]
–: Lehrprogramme in der Schule. München 1973
Schiefele, H./Huber, G.: Programmierte Unterweisung – programmiert. Prinzipien, Techniken, Arbeitsschritte mit statistischer Erfolgsüberprüfung. München 1971[2]
Schiffler, H.: Fragen zur Kreativität. Workshop Schulpädagogik. Materialien 6. Ravensburg 1973
Schlaak, G.: Der überfachliche Unterricht. Stuttgart 1973
Schmidt, D.: Ansätze zu einer Didaktik des Textilunterrichts. In: Textilarbeit + Unterricht. Baltmannsweiler 1981, H. 4, S. 181–185
–: Lernzielfindung für den sexualkundlichen Sachunterricht im Primarbereich. In: Kluge, N. (Hrsg.), Sexualpädagogische Forschung. Paderborn 1981, S. 89–119
–: Die Artikulation des Textilunterrichts in der Grundschule. In: Textilarbeit + Unterricht. Baltmannsweiler 1982, H. 4, S. 147–160
–: Kurzinformation über das Fach Hauswirtschaft/Textiles Werken. In: Pädagogische Hochschule Heidelberg, Institut für Weiterbildung (Hrsg.), Informationsschrift zur Lehrerbildung, Lehrerfortbildung und pädagogischen Weiterbildung. Wintersemester 1982/83. Nr. 24.
Schmidt, E.: Materialkundliche Experimente und Untersuchungen im Textilunterricht. In: Textilarbeit + Unterricht. Baltmannsweiler 1981, H. 4, S. 163–173
–: Textilien. Informationen und Hinweise. Fernstudienlehrgang Arbeitslehre. Studienbrief zum Fachgebiet Haushalt. Tübingen 1982
Schmuker, M: Kinderkittel mit eingesetzten Ärmeln als Fließbandarbeit (8. oder 9. Schuljahr). In: Handarbeiten und Hauswirtschaft. Ansbach 1972, H. 5, S. 237 ff.
–: Ich schneidere eine lange Hose. Ein Unterrichtsprogramm. In: Handarbeiten und Hauswirtschaft. Ansbach 1974, H. 7, S. 171–176
Schnegelsberg, G.: Textilgestaltung – Kunst oder Wissenschaft. In: Wirtschaft und Erziehung 25. Wolfenbüttel 1973, S. 219–223
–: Identifizierungsmerkmale von Textilien. In: Forum Ware 4. Mannheim 1977, Nr. 3–4, S. 131–136
Schneider, G.: Überlegungen zur Planung und Durchführung eines Museumsbesuches auf der Primarstufe, 3./4. Klasse. Wolfgang Schlegel zum 65. Geburtstag. In: Sachunterricht und Mathematik in der Grundschule. Köln: 5 (1977), H. 12, S. 594–601
Schnitzer, A. (Hrsg.): Medien im Unterricht. München 1977
–: Fachbezogener Medieneinsatz im Unterricht. Ein Handbuch für die Praxis. Bd. 1: Grundschule. Bd. 2: Sekundarstufe I. Ansbach 1981 und 1982
Schoch, R.: Kleidung in der Antike. Versuch einer Rekonstruktion griechischer Gewänder im Unterricht des Faches Textiles Werken. In: Textilarbeit + Unterricht. Baltmannsweiler 1981, H. 1, S. 3–17
Schoene, W.: Kultur, immaterielle-materielle. In: Lexikon der Soziologie, hrsg. v. W. Fuchs u. a.. Opladen 1978[2]

Schreiner, K.: Kreatives Arbeiten mit Textilien. Weben, Sticken, Knüpfen, Batik, Stoffdruck. Köln 1977
Schulz, R.: Der Pfaff-Demonstrationsrahmen. In: Textilarbeit + Unterricht. Hohengehren 1974, H. 1, S. 26ff
Schulz, W.: Zur Didaktik der Berliner Schule. Düsseldorf 1977
Schütz, A./Luckmann, Th.: Strukturen der Lebenswelt. Neuwied 1975
Schwager, K.: Wesen und Formen des Lehrgangs im Schulunterricht. Weinheim 1958
Seiffge-Krenke, J.: Probleme und Ergebnisse der Kreativitätsforschung. Bern, Stuttgart, Wien 1974
Seiler-Baldinger, A.: Die Systematik der textilen Techniken. Basler Beiträge zur Ethnologie. Bd. 14. Basel 1973
Seitz W./Rieder, H.: Aufgabengebiete der Sportpsychologie. Schorndorf b. Stuttgart 1972
Seltmann, L.: Hat Handwerk noch goldenen Boden? Dortmund 1972
–: Lohnt sich eine Ausbildung für Mädchen? Dortmund 1974
–: Soll Ute auf Raten kaufen? Dortmund 1974
Semper, G.: Die Textilkunst für sich betrachtet und in Beziehung zur Baukunst. Frankfurt a.M. 1860
Skowronek, H.: Lernen und Lernfähigkeit. München 1970[2]
Sommerfeld, D.: Textiles Werken. Bad Heilbrunn/Obb. 1978, 3. neubearb. Aufl.
Speck/Wehle (Hrsg.): Handbuch pädagogischer Grundbegriffe. München 1970
Spiegel-Umfrage: Freizeitverhalten (Berichtband) 1974 (in „Spiegel" 1975 berichtet)
Stach, R. (Hrsg.): Projektorientierter Unterricht. Theorie und Praxis. Kastellaun 1978
Stamm, M./Strohmeier, A.: Beispiele zur Textilgestaltung. Paderborn 1977
Steffens, H./Thielemann, H.D./Thomas, S.: Motorisierung auf Raten? Ravensburg 1975
Steinbeck, B.: Einige Aspekte des Funktionsbegriffes in der positiven Soziologie und in der kritischen Theorie der Gesellschaft. In: Soziale Welt, 15, 1966, 2, S. 97–129
Stock, H./Zöpfl, H.: Didaktische Analyse und Grundlagen der Unterrichtsvorbereitung. In: Meißner, O./Zöpfl, H. (Hrsg.), Handbuch der Unterrichtspraxis. Bd. 1. München 1973, S. 53–61
Stöcker, K.: Neuzeitliche Unterrichtsgestaltung. München 1970[17]
Strittmatter, P.: Präsentationsmodi von Lehrprogrammen. Eine Untersuchung der Auswirkung verschiedener Präsentationsmodi eines Lehrprogrammes auf dessen Effektivität. In: Eigler, G. (Hrsg.), Erziehungswissenschaftliche Untersuchungen. Bd. 3. Weinheim, Berlin, Basel 1970
Strobel, A.: Die Arbeitsweise der Landschule mit besonderer Berücksichtigung der Produktiven Stillarbeit. Donauwörth 1960
Stübler, E.: Einführung in das Arbeitsstudium der Hauswirtschaft. Berlin 1969[2]
Studienkreis Schule und Wirtschaft Rheinland-Pfalz (Hrsg.): Schule und Wirtschaft in Rheinland-Pfalz. Kaiserslautern 1974, Neue Folge, H. 5
Süßmuth, R.: Erziehungsbedürftigkeit. In: Speck/Wehle (Hrsg.), Handbuch pädagogischer Grundbegriffe. München 1970, S. 405–420
Taday, Ch. (Hrsg.): Textiles Gestalten. Lehrbogen für Textilarbeit. Wolfenbüttel o.J., Nr. 14–15 u. 61–63
Taylor, J.L./Walford, R.: Simulationsspiele im Unterricht. Eine Einführung in die didaktischen Möglichkeiten von Simulations-, Plan- und Rollenspielen mit sechs praktischen Beiträgen. Ravensburg 1974
Thiel, E.: Geschichte des Kostüms. Die europäische Mode von den Anfängen bis zur Gegenwart. Neugestaltete, überarb. u. erw. Aufl.. Berlin 1980
Thimidior: Der Hut und seine Geschichte. Leipzig 1925
Thurn, H.P.: Soziologie der Kultur. Stuttgart 1976
Vogel, A.: Artikulation des Unterrichts. Verlaufsstrukturen und didaktische Funktionen. Workshop Schulpädagogik. Materialien 3. Ravensburg 1976[5]
Wagner, E.: Die textilen Rohstoffe. Wuppertal-Elberfeld 1969[5]
Walter, H. (Hrsg.) Sozialisationsforschung. 3 Bde. Stuttgart 1973
Walter, H.: Lehrstrategie und Lehreffektivität. München 1973

Wasem, E.: Medien der Schule – Impulse für moderne Lehr- und Lernmittel. München 1971
Weber, E.: Pädagogik. Bd. 1. Donauwörth 1972
Wegmann, R.: Konsumverhalten junger Mädchen in Bezug auf ihre Kleidung. Eine empirische Untersuchung. In: Textilarbeit + Unterricht. Baltmannsweiler 1975, H. 1, S. 25–28
Wendeler, J.: Standardarbeiten – Verfahren zur Objektivierung der Notengebung. Weinheim, Berlin, Basel 1972[4]
Wendtlandt, W.: Rollenspiel in Erziehung und Unterricht. München 1977
Weniger, E.: Didaktik als Bildungslehre. Teil 1 und 2. Weinheim 1965[8]
Wenk, K./Trommer, G. (Hrsg.), Unterricht mit Modellen. Braunschweig 1978
v. Wersin, W.: Das elementare Ornament und seine Gesetzlichkeit. Eine Morphologie des Ornaments von Wolfgang von Wersin. Ravensburg 1953
Wertenbroch, M./Wertenbroch, W./Bremer, R.: Lernziele für das Fach „Textilarbeit" an Schulen für Lernbehinderte. In: Zeitschrift für Heilpädagogik. 27. Jg., 1976, H. 10, S. 618–623
Weschenfelder, K./Zacharias, W.: Handbuch der Museumspädagogik. Orientierungen und Methoden für die Praxis. Düsseldorf 1981
Wessels, B.: Die Werkerziehung. Bad Heilbrunn 1967
Westphalen, K.: Curriculum. In: Meißner, O./Zöpfl, H. (Hrsg.), Handbuch der Unterrichtspraxis, Bd. 1. München 1973, S. 15–26
–: Praxisnahe Curriculumentwicklung. Donauwörth 1976[4]
–: Curriculum. In: Förster, H./Reichel, H. (Hrsg.), Glossar zur Lehrplanentwicklung. Mainz 1977, S. 23–25
Wiederkehr-Benz, K.: Sozialpsychologische Funktion der Kleidermode. Diss.. Zürich 1973
Wienecke, G.: Einführung in kunstpädagogische Methodenlehren. München 1976
–: Beurteilung im ästhetischen und psychomotorischen Bereich b) Bildende Kunst und Werken. In: Klauer, K.J., Handbuch der Pädagogischen Diagnostik, Bd. 3. Düsseldorf 1978
Wienhold, G.: Qualifikationsermittlung mit Hilfe der Linguistik. In: Frey, K. (Hrsg.). Curriculum-Handbuch. Bd. 2. München/Zürich 1975
Wilkening, F.: Unterrichtsverfahren im Lernbereich Arbeit und Technik. Mit Beiträgen von Klaus Lindemann und Winfried Schmayl. Ravensburg 1977
Willand, H./Schwedes, R.: Materialien zur Problematik der Freizeitgestaltung Geistigbehinderter. In: Zeitschrift für Heilpädagogik. 31. Jg., 1980, H. 4, S. 216–217
Willems, E.: Symbol. In: Wörterbuch der Soziologie, hrsg. v. W. Bernsdorf, Stuttgart 1969[2]
Winkeler, R.: Hausaufgaben in der Schulpraxis. Workshop Schulpädagogik. Materialien 21. Ravensburg 1977
Wöhe, G.: Einführung in die allgemeine Betriebswirtschaftslehre. Berlin, Frankfurt a.M. 1971
Württembergischer Museumsverband e.V. Stuttgart mit Unterstützung des Landesdenkmalamtes Baden-Württemberg (Hrsg.): Museen in Baden-Württemberg. Stuttgart u. Aalen 1976
Wurzbacher, G.: Sozialisation-Enkulturation-Personalisation. In: Wurzbacher, G. (Hrsg.), Der Mensch als soziales und personales Wesen. Stuttgart 1963
Zimmermann, W.: Von der Curriculumtheorie zur Unterrichtsplanung. Paderborn 1977
Zöpfl, H./Seitz, R. (Hrsg.): Schulpädagogik, Grundlagen – Probleme – Tendenzen. München 1971

Verzeichnis der Zeitschriften

Ans Werk 12
Berliner Lehrerzeitung 269
betrifft: erziehung 104
Die Deutsche Schule 27, 241, 269
Die Scholle 11
Forum Ware 27
Geschichtsdidaktik 160
Handarbeiten und Hauswirtschaft 161, 179
Lernzielorientierter Unterricht 245
Polytechnische Bildung und Erziehung 103
Sachunterricht und Mathematik in der Grundschule 160
Schule und Museum 160
Soziale Welt 26
Spiegel 33, 43
Textilarbeit + Unterricht 9, 15, 27, 56, 102, 103, 114, 159, 160, 161, 170, 192, 211
Textiles Gestalten. Lehrbogen für Textilarbeit 9, 161
textilkunst 3, 161
Volkskunst. Zeitschrift für volkstümliche Sachkultur 13
Werk und Zeit 161
Westermanns Pädagogische Beiträge 211
Wirtschaft und Erziehung 27
Zeitschrift für Heilpädagogik 159
Zeitschrift für Kunstpädagogik 160
Zeitschrift für Pädagogik 44

Verzeichnis der Handbücher, Lexika, Kollegs

Blätter zur Berufskunde 84
Curriculum-Handbuch 44
Fernstudienlehrgang Arbeitslehre 3, 103, 270
Funk-Kolleg Erziehungswissenschaft 27, 45, 46, 102, 132, 162, 192
Funk-Kolleg Soziologie 24, 27
Glossar zur Lehrplanentwicklung 43, 44, 269
Handbuch der Museumspädagogik 160
Handbuch der pädagogischen Diagnostik 245, 269, 270
Handbuch der Unterrichtspraxis 27, 103, 159, 269
Handbuch für Lehrer 132, 191
Handbuch pädagogischer Grundbegriffe 26
Handlexikon zur Erziehungswissenschaft 26
Lexikon der Soziologie 24
Neues Pädagogisches Lexikon 27
Pädagogisches Lexikon in zwei Bänden 160, 211
Workshop Schulpädagogik. Materialien 46, 102, 103, 132, 159, 162, 169
Wörterbuch der Soziologie 24, 26

Verzeichnis der Institute, Verbände, Unternehmen

Bekleidungsphysiologisches Institut Hohenstein e.V. 4
Bund- und Länderkommission 42
Deutsches Institut für Fernstudien (DIFF), Tübingen 3
EMNID/SVR 15, 33, 43
Fachverbände der Textilindustrie 115, 131
Fachverband Textilunterricht e.V. 26

Forschungsgemeinschaft Bekleidungsindustrie e.V. 5
Gesamttextil 3, 4, 5, 8, 9, 24, 43, 104, 160
Handwerkskammern 115
Hautklinik der Städt. Krankenanstalten, Dortmund 4
Hoechst AG, Frankfurt 179
Info-Institut für Wirtschaftsforschung 7
Institut für Arbeitsphysiologie der TU München 5
Institut für Weiterbildung, Pädagogische Hochschule Heidelberg 43
Institut für Weltwirtschaft an der Universität Kiel 7
Kommission „Anwalt des Kindes" 42
Landesverbände der Textilindustrie 115, 131
MEZ AG, Freiburg 173
Nürnberger Akademie für Absatzwirtschaft 7
PFAFF, Karlsruhe-Durlach 175
Psychologisches Institut der Universität Bonn 15, 43
REFA 55, 56
Staatliches Institut für Lehrerfort- und -weiterbildung (SIL), Speyer 160, 161, 269
Staatliches Studienseminar für das Lehramt an Grund- und Hauptschulen, Speyer 103, 270
Studienkreis Schule und Wirtschaft, Rheinland-Pfalz 159, 160
Textilwerkstatt, Hannover 26
Verband der Textilindustrie Westfalen 24
Verband Deutscher Tapisseriefabrikanten e.V. 15, 43
Verein Deutscher Handarbeitsgarn-Fabrikanten 15, 43
Württembergischer Museumsverband e.V. 161

Verzeichnis der Abbildungen

Nummer	Seite	Inhalt
1/1	2	Forschungsinteresse der Textilwissenschaften
1/2	3	Textiltechnologie
1/3	4	Textilphysiologie
1/4	5	Bekleidungstechnik
1/5	6	Textilien als Güter
1/6	7	Textilwirtschaft
1/7	8	Textilästhetik
1/8	11	Kulturgeschichte der Textilien
1/9	13	Textilsoziologie
1/10	15	Textilpsychologie
1/11	18	Erwerb der Kompetenz für textile Sachkultur
1/12	19	Textilwissenschaft als Integrationswissenschaft
1/13	22	Wissenschaftssystematischer Standort der Textildidaktik
1/14	25	Aufgabenfelder einer unterrichtstheoretischen Textildidaktik
2/1	35	Lernziele des Textilunterrichts
2/2	37	Mehrkomponentenmodell für das Unterrichtsfach „Textil" nach Royl/Mosenthin
2/3	41	Hermeneutisch-vergleichender Untersuchungsansatz zur Lernzielfindung für den Textilunterricht
3/1	47	Gliederung der Stufungsmodelle des Textilunterrichts
3/2	51/52	Lernstufen der Fertigungsaufgabe
3/3	57/58	Lernstufen der Arbeitsablaufstudie
3/4	65	Lernstufen der Ausdrucksgestaltung
3/5	69/70	Lernstufen des Experiments
3/6	83	Lernstufen des Rollenspiels

3/7	92	Gegenüberstellung Rollenspiel – Fallmethode
3/8	94	Lernstufen der Fallmethode
4/1	106	Organisationsstruktur der schulischen Textilerziehung
4/2	115–118	Organisationsschema und Lernstufen der Betriebserkundung
4/3	123–125	Organisationsschema und Lernstufen der Museumserkundung
4/4	129–131	Organisationsschema der Textilausstellung
4/5	135	Beispiele zur Hausaufgabenüberprüfung im Textilunterricht
4/6	138	Lernstufen der arbeitsgleichen Gruppenarbeit
4/7	142	Lernstufen der arbeitsteiligen Gruppenarbeit
5/1	164	Vermittlungsformen des Textilunterrichts
5/2	171	Klassifikation der Medien für den Textilunterricht
5/3	182	Lineares Lehrprogramm
5/4	182	Verzweigtes Lehrprogramm
5/5	185	Einteilung der Lehrprogramme für den Textilunterricht
5/6	186	Entwicklung eines Rohprogramms für den Textilunterricht
5/7	187	Medieneinsatz im Textilunterricht
5/8	187	Einordnung des Themas/Lernziels „Häkeln der 1. und 2. Runde eines Kreises mit Stäbchen"
5/9	188	Arbeitsablauf des Häkelns der 1. und 2. Runde eines Kreises mit Stäbchen
6/1	193	Didaktisch-methodische Konzeptionen des Textilunterrichts
6/2	196	Lernstufen des systematischen und des genetischen Lehrgangs
6/3	197–200	Teilschritte des Lehrgangs „Sticken"
6/4	202/203	Teilschritte des Lehrgangs „Spinnen"
6/5	204	Lehrgang „Arbeitsablaufstudien"
6/6	205	Teilschritte des Lehrgangs „Arbeitsablaufstudien"
6/7	208	Methodenpluralismus des Projektorientierten Textilunterrichts
6/8	209	Lernstufen des Projektorientierten Textilunterrichts
6/9	210	Projektorientierter Unterricht „Turnbeutel"
7/1	213	Auszug aus einem Textillehrplan mit curricularem Ansatz
7/2	215–217	Auszug aus einem Textilarbeitsplan
7/3	242	Formen der Lernzielkontrolle im Textilunterricht

Personenregister

Adorno 26
Aebli 102
Antonoff 8
Anwand 11

Bach 26
Barkemeyer/Meinken 173, 191
Beck 11
Becker 159
Benett 12
Bergler 7
Bernard 4
Bernhard 103
Bernsdorf 26
Beyer 241
Beyer/Kafka 22, 27, 32, 43, 44, 104
Blankertz 27, 38, 44
Bleckwenn 22, 27, 102, 103
Bleckwenn/Schwarze 8
Bleschke 161
Bloom 29, 30, 43
von Boehm 11
Bohnsack 12
Bönsch 107, 159, 169
Borkowsky/Faoro/Helfrich/Schmidt, D./ Schwender 211
Bossing 206, 211
Böttcher 3
Breitenacher 7
Brezinka 18, 26, 27
Bridgeman/Drury 12
Bringemeier 11
Brunnhuber 28, 43, 102, 162, 241
Burda 241
Büscher 245

Conrad 9
Coppes 132, 137, 152, 153, 154, 162
Corell 179, 180, 192
Crockett 211
von Cube 20, 27

Daimler 24
Dewey 102
Dichanz 169
Diederich 261, 265, 270
Dilthey 20
Dörge/Steffens 104
Döring 169
Dörner 159

Eisenbarth 13
Eisenhut/Seilnacht 103
El-Gebali-Rüter 103, 114, 160
Engel/Riedmann, 91, 104
Entmann 161

Fahrenkamp 10, 12, 24
von Falke 12
Faoro/Didlaukies/Helfrich/Schwender 170
Farber/Hense 104
Farber/Wittmann 104
Fend 10, 26
Fischer 159
Flechsig 38, 44
Flemig 7
Forster/Reichel 43, 44, 269
Frank 20, 27
Fratzky-Guhr 56
Freudenstein 181, 192
Frey 43, 44
Fricke 245
Fries/Rosenberger 68, 103

Gagné 43, 46, 102
Geburek 103
Geulen 16, 26
Girschner-Woldt 26
Glemnitz 159
Goldau 161
Grein 13
Grießhammer 160
Gudjons 211
Guilford 43, 103
Gukenbiehl 26

Hamaide 211
von Hartmann, G. 161
Hartmann, H. 26
Hartung 9
Haudek-Viti 3
Haupt-Battaglia 241
Hebel/Hilgers 160
Heckel/Seipp 161
Heese 159
Heidermann 12
Heimann 21, 27
Heimann/Otto/Schulz 27
Hein 241
Heinig 161
Heinz 26

285

Heinze 91, 104
Helfrich/Schmidt, D./Schwender 269
Heller-Rosemann 192
Herbart 45, 102
Herbig 245
Herff 160
Herzog 11, 16, 26, 43
Hilger 13
Hirmer 7
Höhn/Schick 132
Holstein 169
Homans 132
Horn 170
Huber 132, 163, 191, 211
Hüther/Mühl 159, 160

Iben 132, 162
Immenroth 12, 170
Immenroth/Herzog 22, 27, 33, 43
Ingenkamp 245
Isenegger 44

Jedding 161
Johnson 212
Johnston 161
Jonas 26
Jürging/Hildebrandt 161

Kaiser 91, 104
Kant 104
Kamm/Müller 132
Kelley 266, 270
Klafki 20, 23, 27, 45, 46, 102, 110, 132, 159, 191, 218, 241, 269
Klauer 245
Kluge 104
Köbberling 179, 192
Kober, H./Kober, R. 132
Kochan 104
Köck 169
Köhler 44
Köller/Kunz-Gross 9
König/Schuppisser 13
Kösel 132
Kosiol 91, 104
Kowalski 267, 270
Krappmann 82, 104
Krathwohl 43
Krumm 44

Landau 103
Lehmann 104
Lenzen 22, 27
Löhrer 9
Lowenfeld 103

Loy 7
Lubina/Böhm 3
Lysaught/Williams 179

Mager 29, 43, 241
Manthei 103
Markmann 160
Mayntz/Holm/Hübner 133, 162
Mead 26
Meißner 161
Meyer 31, 38, 43, 44, 212, 213, 241, 269
Meyer-Ehlers 9, 56, 161
Möller 30, 38, 43, 44
Moreno 133
Mosenthin 22, 44, 170
Mosenthin/Marquard 170
Mosenthin/Royl 27
Mühle/Schell 103
Mühlmann 24

Nentwig 13
Nickel 110, 159, 162, 241
Nippel 170, 176, 179, 192
Nuesch 7

Oblinger 159
Oerter 241
Olson 137, 162
Ostertag/Spiering 169
Otto 267, 268, 269, 270

Parsons 26
Pawlow 180
Peter 4
Peters 7
Pfennig 267, 268, 269, 270
Plößl 241
Portmann 81, 104, 162
Pütt 204, 211

Rank 132
Reichart 173, 191
Reintges 206, 211
Reisse 212, 269
Riegl 9
Robinsohn 27, 34, 43, 212
Röder 103, 253, 261, 267, 270
Rohrmoser 26
Rollet 179
Rollet/Weltner 179
Rosenbaum 160
Rossmann 102
Roth, A. 64, 102, 103, 141
Roth, H. 26, 46, 50, 102, 241
Roth, L. 23, 27

Royl/Mosenthin 36, 37, 44
Ruegg 18, 24, 27
Rüter s. El-Gebali-Rüter

Sandtner 9, 12
Sauer 211
Schenk-Danzinger 241
Schiefele 102, 179
Schiefele/Huber 179
Schiffler 103
Schlaak 211
Schmidt, D. 27, 43, 44, 102, 103, 104, 159, 211, 270
Schmidt, E. 3, 103, 247, 270
Schmitz-Scherzer 15, 43
Schmuker 161, 179
Schnegelsberg 19, 27
Schneider 160
Schnitzer 170
Schoch 128, 161
Schoene 24
Schreiner 9
Schulz, R. 170
Schulz, W. 21, 27
Schütz/Luckmann 26
Schwager 194, 211
Seiffge-Krenke 102
Seiler-Baldinger 12
Seitz/Rieder 13, 26
Seltmann 104
Semper 9
Skinner 180
Skowronek 102
Sommerfeld 22, 27, 55, 56, 102, 161, 170
Stamm/Strohmeier 9
Steffens/Thielemann/Thomas 104
Steinbeck 26
Stock/Zöpfl 27
Stöcker 132, 163, 191
Strittmatter 179
Strobel 132
Stübler 55, 102
Stührmann 268, 270
Süßmuth 26

Taday 9, 161
Taylor 55
Taylor/Walford 104
Thiel 11
Thimidior 11
Thurn 16, 17, 26, 27
Thorndike 180
Trümper 267, 268, 270

Vogel 45, 46, 102

Wagner 3
Wallas 64, 102
Walter 179, 192
Wasem 170
Weber 26
Wegmann 15
Wendeler 245, 265, 270
Wendlandt 104
Weniger 20, 27
von Wersin 9
Wertenbroch, M./Wertenbroch, R./Bremer 159
Weschenfelder/Zacharias 119, 120, 126, 160, 161
Wessels 268, 269, 270
Westphalen 43, 269
White 10, 24
Wiederkehr-Benz 13, 15
Wienecke 269, 270
Wienhold 44
Wilkening 23, 27, 91, 103, 104, 160, 195, 211
Willand/Schwedes 159
Willems 10, 24
Winkeler 132, 159, 162
Wöhe 43
Wurzbacher 26

Zimmermann 39, 44, 269
Zöpfl/Seitz 27

Sachregister

Abbau 131
Abformen 173
Abgelehnter 151
Ablehnung 147, 148, 149, 150, 151
Absatz 7
Abstimmung 115, 123
Abstraktion 70, 174
Abstraktionsfähigkeit 219
Abstraktionsniveau 28, 53
Abstraktionsstufe **50**
Additum 105
Adressatengruppe 186
Aktion 208
Aktionsform 20, 23, 24, 105, **155**, 157, 162, 166, 167, 179, 184, 194, 208, 220
Aktivitätsform, soziale 168
Alter 20, 156
Alternativantwort 245, **246**
Altersgemäßheit **167**
Altersstufe 151, 167
Ambiguitätstoleranz 82
Analyse 56, 58, 94
- didaktische 23, 37, 116, 124, 186, **218**, 219, 221
- didaktischen Materials **38**, 39, 40, 41, 42
- sachliche 116, 124, 186, **218**
- zeitgeschichtliche 40
Analysieren **158**
Anlage 167
Anleitung 157
Anordnung, experimentelle 174
Ansatz, curricularer 212, 213
Anschaulichkeit 163
Anschauung 163, **167**, 219
Anschauungskasten 174
Anstalt 16
Anthropologie 81, 110
Antwortformulierung, aktive **180**
Anwenden 155, **157**, 168
Anwendung 48, 50, 70, 79, 82, 131, 155, 157, 196, 219
Arbeit 34, 35, 55, 56, 91, 112, 113, 128, 207
Arbeiten mit Anleitungen **157**
Arbeitsablauf 56, 57, 58, 158, 163, 206, 207
Arbeitsablaufschritt 57, 58
Arbeitsablaufstudie 21, 32, 47, **56**, 57, 58, **59**, 102, 163, **203**, 204, 205, 206, 207
Arbeitsanleitung 171, **172**, 184
Arbeitsanweisung 212
Arbeitsaufgabe 133, 137

Arbeitsauftrag 114, 136, 138, 141, 142, 221
Arbeitsauswertung 138, 142
Arbeitsblatt 136, 171, **176**, 178, 220
Arbeitsdurchführung 138, 142
Arbeitsfestlegung 138, 142
Arbeitsform 133, 137, 147
Arbeitsgemeinschaft 108
Arbeitsgerät 157, 172
Arbeitsgestaltung 56, 57
Arbeitshaltung 138
Arbeitsheft 176
Arbeitslehre 18
Arbeitsmensch 81
Arbeitsmethode 218
Arbeitsmittel 107, 133, 137, 173
Arbeitsplan 212, 214
Arbeitsplatz 113
Arbeitsplatzanalyse 40
Arbeitsplatzgestaltung 209
Arbeitsschulbewegung 165
Arbeitsstudie **55**, 56, 159
Arbeitsstudium 55, 56
Arbeitsvereinigung 142
Arbeitstechnik 57, 133, 137
Arbeitsvorgang 55
Arbeitswelt 31, 32, 34, 57, 82, 111, 112, 206
Arbeitszerlegung 142
Arbeit-Wirtschaft-Technik 18, 31, **32**, 34, 36, 111, 241
Archäologe 10
Artefakt 2
Artikulation **45**, 46, 102
Artikulationsmodell 20, 46, 64
Artikulationsschema 50
Aspekt
- der Betriebserkundung **112**, 113
- fächerübergreifender 193, 206
- fachlogischer 47
- lernpsychologischer 47
- medialer 47
- methodischer 47
- des Textilprojekts 207
Aspektcharakter 111, 112
Assoziationspsychologie 45, 192
Ästhetik 8, 121
Aufbau 130
Aufbereitung 48, 111, 114, 119, 121, 122
Aufgabe, textilunterrichtliche 24, **31**, 36, 43
Aufgabenkarte 83
Aufgabenstellung 50, 65, 122, 183

289

Aufgabentyp 186, 244, **245**
- m. freier Antwort **245**, 250
- m. gebundener Antwort **245**, 246
- Zwischenform **245**, 252
Aufwand 209
Ausbesserung 158
Ausbesserungsanleitung 173
Ausdifferenzierung 214, **267**
Ausdrucksgestaltung 47, **64**, 65, **66**, 102
Ausdrucksversuch 65
Ausführen 52
Ausführung 58
Ausgangsverhalten 180
Außenseiter 137, 148, 151
Ausstellen **157**
Ausstellung 34, 106, 111, 121, 126, **128**, 130, 131, 161
Ausstellungskalender 123
Auswahl 130
Auswahlantwort 245, **246**
Auswertung 48, 50, 51, 58, 70, 110, 118, 125, 126, 131, 133, 142, 163, 166
Authenzität 119, 121
Automatisierung 113

Basismedien 172, 184
Basisunterrricht **105**, 106
Bedarfsdeckung 5, 6, 7
Bedeutung 209, 218
Bedeutungsschicht 219
Bedienen **157**, 184, 185
Bedienungsanleitung 157, 171, 172, **173**, 184
Bedingung 28
- organisatorische 232
- pädagogische 168
Bedingungsebene 24, 25
Befragung 33
Begegnung
- originale 49
- sachliche 136
- soziale 136
Begriffsbildung 50, 57, 58, 70
Begründbarkeit, didaktische 36
Behalten 52
Behaviorismus 180
Behindertenwerkstatt 16, 17
Behörde 105
Beinbekleidung 11
Bekleidung 4, 6, 173
Bekleidungsdesign 8, 9
Bekleidungsfertigung 5, 32
Bekleidungsgestaltung 8, 32
Bekleidungsindustrie 5, 111, 114, 118
Bekleidungsingenieur 4

Bekleidungskonstruktion 5, 32
Bekleidungstechnik 2, **5**, 19
Bekleidungstextilie 4, **6**, 111, 158
Benotung 243
Bereitstellen 52
Berliner Schule 21, 23, 24, 29
Beruf 110, 113
Berufsbildung 114
Berufsentscheidung 118
Berufsfeld 113
Berufsgruppe 113
Berufskunde 118
Berufslaufbahn 241
Berufswahl 81
Berufswahlentscheidung 112
Berufswelt 31, 118
Betrieb 8, 112, 113, 114, 115, 116, 117, **118**, 126, 167, 170
Betriebsbesichtigung **118**
Betriebserkundung 47, 106, **111**, 112, 113, 114, 115, 117, 118, 122, 157, 159
Betriebsmittel 113
Betriebsmitteleinsatz 57, 158
Betriebspädagogik 118
Betriebspraktikum **118**
Betriebstextilwirtschaft 6, **7**
Beurteilung 241, 267
Beurteilungsmaßstab 29
Beurteilungsverfahren 244, **267**, 268
Bewegung 156
Bewegungsstudie 56
Bewertung 241, 268
Bewertungsfähigkeit 82
Beziehung, soziale 147
Bildkarte 176
Bildsamkeit 42
Bildung **16**, 17, 18, 23, 34, 35, 166
Bildungsauftrag 110
Bildungsgehalt **218**
Bildungslehre 20
Bildungsplan 212
Bildungspolitik 156
Bildungsprozeß 207
Bildungsstufe 219
Bildungswert 119, 131, 172
Bildungswirksamkeit 48, 82, 184
Binnendifferenzierung 195, 208, 218
Binnengliederung 64, 82, 92
Biologie 174, 175
Bleicherei 3
Brauchtumskleidung 8
Buch 171, **175**
Bügeln 5

Chancengleichheit 105

Charakter, operativer 69
Chemie 174, 175
Chemiefaser 3
Chemiefaserindustrie 111, 113
Chemische Reinigung 111
Cliquenbildung 148, 151
Computer 179
Curriculum 36, 39, **212**, 213, 241
Curriculumforschung 28
Custos 123

Darbietung **163**, 181, 183
- vormachend-vorführende **163**, 164
- vortragend-erzählende **163**, 164
Darbietungsform 164
Darstellung, grafische 50, 58, 70, 125, 163
Deduktionshypothese 38
Deduktionsproblem 38, 40
Demonstration 58, 133
Demonstrationsmittel 174
Demonstrationsmodell 163, 174
Demonstrieren 155, **158**
Denkanstoß 165
Denken 34, 49, 64, 69, 112, 207
Denkleistung 165
Denkvorgang 182
Design 9, 113
Dreverhoffscher Rahmen 163, 174, 178
Dia 133, 171, 177
Didaktik 22, 23
- allgemeine **20**, 21, 22, 27, 163
- bildungstheoretische **20**
- informationstheoretische **20**
- kategoriale 20
- lerntheoretische **20**, 21, 23
- produktorientierte 23
- prozeßorientierte 23
- unterrichtstheoretische 21, 23
Dienstleistungsangebot 111, 158
Dienstleistungsbetrieb 32, 111
Differenzierter Unterricht **105**, 106, 159, 166
Differenzierung 50, 105, **107**, 108, 133, 134, 136, **167**, 183, 184, 266
Diskussion 82, 83, 92, 93, 158, **166**
Diskussionsgespräch 164
Diskussionsphase 83
Diskutieren 70, 118
Dochtwolle 175
Dominanzverhältnis 137, 152, 153, 154
Druckerei 32
Durchführung 57, 58, 69, 70, 117, 125

Eigenverantwortung 183, 184
Eignung 241
Eignungsmerkmal 243

Eindruck 65, 163
Einführung 82, 92
Einprägen 155, 168
Einrichtung textiltherapeutische 15, 109
Einsicht 218
Einstieg 133
Einüben 52
Einübung 70
Einzelarbeit 131, 132, **133**, 134, 136, 138, 167
Einzelprodukt 158
Element
- didaktisches 21, 22, 48, 134
- methodisches 46, 48, 134
Elementarbildung 112
Elementare **167**
Empathie 82
Endverhalten 28
Enkulturation 26, 119
Entlastung, soziale 180, 181
Entlohnung 113
Entscheidung 81, 82, 91, 92, 93, 94, 132
- methodische 24, 25
Entscheidungsalternative 92, 93, 94
Entscheidungsebene 24, 25
Entscheidungsfähigkeit 81, 91
Entscheidungsfindung 81, 91
Entscheidungsforschung 81
Entscheidungsmöglichkeit, alternative 91
Entscheidungsprozeß 81
Entscheidungssituation 49, 82
Entscheidungsverhalten 81
Entwerfen **157**
Entwicklungsgemäßheit **167**
Entwicklungspsychologe 110
Entwicklungsstand 167
- sachstruktureller 168
Entwurf 172, 173
Entwurfsmethode 173
Entwurfstechnik 157, 173
Epi 171, 177
Epidiaskop 177
Erarbeitung 133, **164**
Erarbeitungsform 164
Erfinden **158**
Erfolgsgesetz 180
Ergänzungsaufgabe 245, **250**
Ergebniskarte 83
Ergebnisphase 83
Erhalten **158**, 184, 185
Erhaltungsanleitung 157, 171, 172, **173**, 184
Erkenntnis 70, 71, 83
Erkunden 110, 114, **157**
Erkundung 106, **110**, 112, 115, 117, 122, 133, 159

Erkundungsaufgabe 111, 136, 157
Erkundungsauftrag 114, 116, 117, 122, 124
Erkundungsform 111, 116, 124
Erkundungsgegenstand 112
Erkundungssituation 69
Erkundungsstätte 167
Erlebnisprinzip **167**
Ertragsleistung 6
Erzeugnis 2
Erziehung 23, 33, 110, 241
- kompensatorische 244
Erziehungsbegriff 18
Erziehungsfeld 15, 21, 33
Erziehungsinstitution 15
Erziehungsmittel 23
Erziehungsplan 212
Erziehungswissenschaft 21, 22, 39
Ethnologe 10
Evaluation 24, 29, 244
Evaluationsebene 24, 25
Evaluationsmaßnahme 24
Evidenzurteil 267
Experiment 21, 46, 47, **68**, 69, **70**, 103, 136, 158, 159, 163, 194, 218
Experimentieren 68, 155, **158**, 159
Experte 170, 244
Expertenbefragung 126

Fachbezogenheit 193, 206
Fachbuch 175
Fachdidaktik 38, 39 40, 41, 42, 213
Fachhochschule 3, 8
Fachraumausstattung 169, 178
Fachstruktur 36, 37, 155
Fachsystematik 37
Fachwissenschaft 38, 39, 40, 41, 42, 218
Fachzeitschrift 175
Fadenerzeugung 32
Fadenlegen 173
Faktenanalyse 93
Faktor
- anthropologischer 156
- soziokultureller 156
Fall 91, 92, 93, 94
Fallmethode 47, 81, **91**, 92, 93, 94, **95**, 104, 166
- Case-Incident-Method 93
- Case-Problem-Method 93
- Case-Study-Method 93
Fallsituation 83
Fallstudie 91, 93
Falsifizierung 241
Faltschnitt 173
Familie 34, 82, 109, 110
Farbe 8, 209

Färbemaschine 3
Farbenlehre 177
Färberei 3, 8
Farbkreis 175
Farbstoffchemie 3
Farbstoffindustrie 111
Faser 157, 172, 174
Fasererkennung 242
Faseridentifizierung 242
Faserstoff 3
Faserstofflehre 3
Feind 151
Feinmotorik 109, 156
Feinziel **28**, 30, 116, 124, 186, 242
Feinzielformulierung 214
Feld, mediales 178
Fernsehen 171, 178
Fertigen **157**, 184, 185
Fertigprodukt 158
Fertigschnitt 172, 184
Fertigung 8, 22, 48, 57, 109, 174, 176, 194, 195, 206, 209
Fertigungsablauf 209, 218
Fertigungsanleitung 157, 171, 172, **173**, 184
Fertigungsaufgabe 47, **48**, 49, 50, **51**, 52, 102, 166
Fertigungsaufgabenstellung 48, 51
Fertigungslehre 177
Fertigungsplanung 57, 113
Fertigungsprinzip 50
Fertigungsprojekt 208, 209
Fertigungsprozeß 57, 157, 163, 183, 206
Fertigungstechnik 5, 32, 113
Fertigungstyp 32, **43**
Fertigungsverfahren 32, 113
Fertigungsvorbereitung 113
Fertigungsvorgang 57, 157, 174
Figurine 174
Film 133, 177, 220
Fläche, textile 173, 174, 242
Flächendesign 8
Flächenerzeugung 32
Flächengestaltung 194
Flanelltafel 171, **175**, 178
Fließfertigung 129
Folklore 194
Folie 58
Förderunterricht 105
Form 8, 9, 173, 209
Formalprinzip **167**
Formalstufe 45
Formalstufentheorie 45
Forscher 68
Forschung 16, 31, 169

Forschungsbeitrag 10
Forschungsergebnis 1, 3, 4, 5, 10, 16, 42, 45, 46
Forschungsgegenstand 1, 19
Forschungsgemeinschaft 5
Forschungsinteresse 2, 19
Forschungskuratorium 4
Forschungsrichtung 4
Forschungsschwerpunkt 5
Forschungsvorhaben 4
Frage 165, 221
Fragetechnik 165
Freizeit 31, **32**, 33, 34, 35, 36, 81, 82, 119, 241
Freizeitaktivität 14, 33
Freizeiterziehung 32
Freizeitgestaltung 16, 31, 33, 35, 36, 109, 119, 131, 178
Freizeitindustrie 33
Freizeitverhalten 14, 15, 33, 36
Führungsstil 14, 133, 137
Fundamentale **167**
Fundamentum 105
Funktion 209
- didaktische 46, 169, 172, 241
- soziale 12, 13
Funktionsmodell 171, 173, **174**, 175
Funktionsprinzip 174
Fußbekleidung 11

Garn 157, 172, 174, 242
Garnherstellung 242
Gebrauchseigenschaft 194, 242
Gebrauchsgegenstand 172
Gebrauchsgut 5, 6
Gebrauchswert 121
Gebrauchswerterhaltung 35, 173, 194
Gefühl 167
Gegenstand 171, **172**, 242
Geisteskultur 10
Gemüt 167
Generalisierungsphase 83
Gerät 8, 9, 12, 32, 112, 128, 158, 171, **172**, 173, 174, 209
Gerontologie 16
Gesamterziehung 18
Gesamtkultur 17
Gesamtunterricht 204
Geschlecht 20, 156
Geschlechtsrolle 110
Geschlechtsstereotyp 110
Geschlechtsunterschied 110
Gesetz 218
Gesellschaft 16, 17, 25, 31, 110, 120
Gesellschaftsstruktur 13

Gesellschaftssystem 110
Gespräch 93
Gesprächsform 164, **165**
Gesprächspartner 171
Gestalten 155, **157**, 184, 185
Gestaltung 109, 119, 176, 194, 195
Gestaltungsanleitung 157, 171, 172, **173**, 184
Gestaltungsaufgabe 64, 175
Gestaltungsidee 177
Gestaltungsmittel 8
Gestaltungspraxis 267
Gestaltungsprinzip 16, 157, 218
Gestaltungsprozeß 158
Gestaltungsübung 65
Gestaltungsversuch 65
Gewebe 174
Gießharzmodell 175
Gliederung 21, 45, 46, 47, 193
Gradieren 32
Grobziel **28**, 30, 115, 123, 186, 242
Grobzielebene 214
Großgliederung 92, 208, 218
Großgruppengespräch 158
Grundform 105, 106, 208
Grundlage, anthropologische 41, 42
Grundphänomen, menschliches 81
Grundprinzip 218
Gruppe 49, 114, 116, 122, 124, 137, 138, 141, 142, 151, 267
- kulturtragende 10
- soziale 26
Gruppenarbeit 57, 93, 131, 132, 136, **137**, 138, 142, 147, 162, 168, 176
- arbeitsgleiche 47, 70, **138**, **139**
- arbeitsteilige 47, 70, 125, **141**, 142, **143**
Gruppenauftrag 138, 142
Gruppenbildung 151
Gruppenergebnis 138, 142
Gruppengespräch 158, 166
Gruppenkohäsion 147
Gruppenmitglied 147
Gruppensprecher 70, 138, 142
Gruppierung 137, 267
Gruppierungsverfahren 132, 137, **147**, 162
Gütekriterium 243, 244
Güter **5**, 6

Haftmaterial 174
Hafttafel 171, **175**
Häkelsymbol 173, 175
Halbfertigprodukt 31, 158
Haltung 218
Hand 156
Handarbeitsheft 173

Handbekleidung 11
Handeln 7, 34, 65, 81, 137, 207
Handhaben **155**, 184, 185
Handlungsfähigkeit 37
Handlungsorientiertheit 112
Handlungsziel 207
Handnähen 194
Handschuh 7
Handwerk 12, 33
Handwerksbetrieb 32, 111
Hausaufgabe 132, **134**, 135, 136, 161, 176, 221, 242
Hausaufgabenstellung 134, 136
Hausaufgabenüberprüfung 135
Haustextilie **6**
Heimtextilie 4, 5, **6**
Helferarbeit 155
Helferdienst 137
Helfersystem 137
Herstellung 5, 6, 31, 50, 81
Heterogenität 167
Hilfsform, unterrichtliche 137
Hilfsfunktion 6
Hinweis 212
Hypothese 45, 68
Hypothesenbildung 51, 69
Hypothesenphase 49
Hut 7

Identifikation 49
Identität 17, 19
Identitätsdarstellung 82
Impuls 164, **165**, 221
– stummer 164, 165
– verbaler 164, 165
Individualisierung 133, **167**, 178
Individualität 167, 182
Individuallernen 167
Industrie 12, 17, 57, 91
Industrieangebot 111, 158
Industrieberuf 33
Industriebetrieb 32, 109, 111
Information 64, 83, 92, 93, 94, 110, 112, 117, 120, 125, 169, 170
Informationsblatt 175
Informationskarte 83
Informationsphase 83
Informationsträger 170, 173, 176
Informationsvermittler 170, 176, 178
Informationsvermittlung 170
Inhalt 46, 179, 218, 219
Inhaltsentscheidung 24, 25
Inhaltskomponente 28
Inhaltsstruktur 23, 138, 218, 219, 220
Inkubation 64

Institution 109, 118
– freizeitpädagogische 14
– textilerzieherische **15**
Integration 26, 52, 193, 206
Integrationsprinzip, didaktisches 36
Integrationsprozeß 16
Integrationswissenschaft 19
Integrierung 151
Intention 23
Intentionalität 20
Interaktion 82, 156, 168
Interaktionsprozeß 82
Interdependenz **21**, 23, 24, 48, 112, 163, 179
Interesse, erkenntnisleitendes 2
Interessenlage 156
Interessenmerkmal 243
Interpretationsobjektivität 268
Interviewtechnik 93, 117
Isolierter 137, 148, 151

Karte 171, **176**
Kauf 49
Kaufen **158**
Kind 81
Kindergarten 15
Kirchentextilie 172
Klappschnitt 173
Klasse 225
Klassenarbeit 242
Klassengespräch 158, 164, **166**
Klassenklima 148
Klassenstufe 138
Klassenunterricht 132, **133**, 136, 137, 138, 142, 178
Klassische 167
Kleiderverhalten 14, 15, 177
Kleidung 5, 9, 10, 11, 16, 17, 18, 31, 32, 93, 109, 110, 121, 128, 136, 176, 178, 195, 206, 207
Kleidungsstil 8
Kleidungsstück 172
Koedukation **167**
Koedukativer Textilunterricht 108, **110**, 159
Kollektionsgestaltung 32
Kommunikationsprozeß 92
Kompetenz 110, 120
– technische 35, 36
Konfiguration, soziometrische 147, 150
Konfliktanalyse 49, 51, 94
Konfliktsituation 82
Konfrontation 57, 92, 94, 110, 178
Konditionierung, operative 180
Konsequenz 94
Konstitution 109

Konstruieren **158**, 184, 185
Konstruktion 113, 209
Konstruktionsanleitung 157, 171, 172, **173**, 184
Konsum 7, **31**, 32, 34, 36, 81, 92, 112, 119, 176, 177, 194, 195, 207, 241
Konsumartikel 6
Konsumbereich 6
Konsumgut 6
Konsumgüterangebot 29, 36
Konsumgüterindustrie 118
Konsumtion 6
Konsumverhalten 14, 15
Kontrast 49
Kontrolle 57, 135, 136
Kontrollfrage 164, 165
Kontrollierbarkeit **21**, 23, 29, 241
Kontrollieren **158**, 159
Konzeption 20, 23, 24, 41, 46, 47, 48, 122, 123, **193**, 204, 206, 207, 214
Kooperation 137, 152, 154, **167**, 207, 208
Koordination 109
Koordinationsleiştung 109
Koordinationsstörung 109
Kopfbekleidung 11
Korkwandtafel 171, **175**
Korrekturaufgabe 252
Kosten 113, 158, 159
Kostensenkung 6
Kostenstudie 56, 159
Kostüm 11
Kostümdesign 8
Kostümkunde 177
Kraft 167
Kreativität 8, **65**
Kreativitätsförderung 65
Kreis, konzentrischer 195
Kreisgespräch 118, 125, 131, 158, 164, **166**
Kriterium 218, 243, 267, 268
Kultivierung 17, 35
Kultur **9**, 10, 16, 17, 26, 33, 34, 36, 109, 119, 128, 176, 194, 195, 241
– immaterielle 9, 10
– materielle 9, 17, 18
Kulturangebot 119
Kulturanstrengung 16
Kulturanthropologe 9, 10
Kulturanthropologie 10
Kulturentfremdung 17
Kulturfähigkeit 17, 18
Kulturgeschichte 2, **9**, 10, 11, 18, 19, 35, 128, 176, 195
Kulturgut 2, 11, 18, 131
Kulturhaushalt 17
Kulturhistoriker 10

Kulturkompetenz 17, 18, 35, 36
Kulturpolitik 156
Kulturschöpfung 10, 18
Kutursoziologe 10
Kulturtätigkeit 120
Kulturtechnik 34
Kulturtheorie 10
Kulturwelt 16, 33
Kulturwert 16
Kunstdidaktik 268
Kurslernen 193
Kurzantwortaufgabe 245, **251**
Kurzaufsatzantwort 245, **251**

Landkarte 171, **176**
Laufbild 171, **177**
Learning by doing 207
Leben 34, 112, 168, 207
Lebensbereich 34
Lebensbezug 120
Lebensnähe 134, 136, **168**
Lebenssituation 19, 28, 34, 41, 42, 52, 110, 119, 193, 206, 207
Lehrdarstellung 218, **221**
Lehrer 25, 105, 115, 1,16, 117, 123, 124, 125, 156, 170, 171, 241, 267
Lehreraktivität 163
Lehrerfrage 164, **165**
– Begründungsfrage (W-Frage) 164, 165
– echte 164, 165
– entwickelnde 164, 165
– Entscheidungsfrage 165
– Ergänzungsfrage 165
– Prüfungsfrage 164, 165
– Suggestivfrage 165
– Wiederholungsfrage 164, 165
Lehrerhilfe 69
Lehrform 163
Lehrgang 47, 114, 117, 125, **193**, 194, 195, 196, 206, 208, 211, 214
– fachsystematischer **194**, 195, **196**
– genetischer **195**, 196, **201**
– konzentrischer **195**, **203**
Lehrgangsform 194, 195
Lehrgangslernen 193, 206, 208
Lehrgespräch 166
Lehrkassette 174
Lehrplan 18, 20, 28, 31, 38, 40, 186, 212, 213, 214, 242
Lehrplandeterminante **39**, 40, 41
Lehrplanelement 40
Lehrplanentwurf 212
Lehrplanvorgabe 115, 123
Lehrprogramm 169, 176, **179**, 181, 183, 184

- lineares **181**, 182
- verzweigtes 181, **182**, 183
Lehrstrategie 183
Lehrtafel 171, **176**
Lehrverfahren 180
Lehrweise 163
Leistung 156, 241, 243
- mündliche 181
- textilpraktische 243, 244, **267**, 268
- textiltheoretische 243
Leistungsbereitschaft 105
Leistungsbeurteilug 267, 268
Leistungserhebung 243, 269
Leistungsfähigkeit 105, 109
Leistungsgruppe 106, **109**, 183
Leistungskontrolle 167, **168**
Leistungskontrollverfahren 213, 214
Leistungsmessung 243, 244
Leistungsmerkmal 243
Leistungssicherung **168**
Leistungsstand 48, 241
Leistungssteigerung 193, 206
Leistungsverhalten 137
Leistungsvermögen 105, 109, 136, 165, 214
Lehrangebot 105
Lernausgangslage 105
Lernbedingung 20, 24
Lernbehinderung 109
Lernbereitschaft 49, 105, 241
Lerneffektivität 20, 48, 114, 132, 172, 183, 184, 241
Lernen 23, 28, **155**, 207
- aktives 57, 120, 122, 133
- ästhetisches 121
- eigenverantwortliches 183
- einsichtiges 49, 182
- entdeckendes 49, 57, 120, 122
- erfindendes 49
- exemplarisches 48, 112, 193, 206
- gegenständliches 121
- historisches 121
- individualisierendes 133
- individuelles 182, 183
- optimales 45
- orientierendes 193, 206
- problemlösendes 49, 57, 120
- produktives 48, 49
- m. Programm 182
- projektorientiertes 193
- reproduktives 133
- schulisches 64, 65
- selbständiges 183
- selbsttätiges 133
- soziales 121, 168

Lernergebnis 118, 126, 212, 268
Lernfähigkeit 105
Lernfortschritt 241
Lerngruppe 105, 132, 214, 241
Lernhierarchie 46, 120
Lernhilfe 48, 49, 51, 65
Lerninhalt 20, 24, 28, **36**, 43, 166, 167, 168, 178, 181
Lerninhaltsentscheidung 212, 213
Lerninteresse 168
Lernkapazität 156
Lernleistung 105
Lernmaschine 179
Lernmodell, kybernetisches 180
Lernmotivation 48, 51, 136
Lernniveau 46, 49
Lernökonomie 183
Lernorganisationsentscheidung 212, 213
Lernort 105, 118, 126
Lernprozeß 20, 23, 45, 46, 47, 48, 50, 81, 120, 134, 155, 156, 163, 178, 180, 181, 182, 183, 184
Lernpsychologie 49
Lernschritt 51, 57, 64, 65, 69, 83, 94, 115, 116, 123, 124, 138, 142, 179, 180, 182, 194, 196, 209
Lernsituation 52, 121, 168, 207
Lernstrategie 183
- fachadäquate 168
Lernstufe 46, 50, 57, 65, 69, 83, 94, 115, 116, 123, 124, 138, 142, 195, 196, 209, 221
Lerntempo 105, 133, 134, 178, 180, 181, 183, 219
Lerntheorie 21, 180, 183
Lernübertragung 156
Lernverhalten 46, 93
Lernvermögen 20, 183, 195
Lernvoraussetzung 57, 58, 108, 133, 186
Lernvorgang 120
Lernweg 182
Lernziel 20, 23, 24, **28**, 29, 30, **34**, 35, 41, 43, 166, 168, 169, 175, 181, 206, 212, 213, 214, 219, 220, 221, 241, 243, 244
- affektives **29**, 30
- allgemeines 38
- fachspezifisch allgemeines 38, 41
- fächerübergreifendes 36
- fachspezifisches 38, 41
- kognitives **29**, 30
- psychomotorisches **29**, 30
- textilspezifisches 36
- verfahrensbezogenes 23
- verhaltensbezogenes 23
Lernzielanalyse 30, 31, 181, 244

Lernzielbeschreibung 28
Lernzieldimensionierung **29**, 31
Lernzielentscheidung 212, 213
Lernzielerhebung 38, 39
Lernzielfindung 20, 30, 31, 38, **40**, 41, 42
Lernzielforschung 36, 37, **38**, 44
Lernzielhierarchisierung **30**, 31
Lernzielklassifizierung **28**
Lernzielkontrolle 29, 117, 118, 176, 183, 212, 220, **241**
– Form d. **241**, 242
– Funktion d. , didaktische **241**
Lernzieloperationalisierung 21, **28**, 29
Lernzieltaxonomie 30, 31
Literaturangabe 218
Lösung, 50, 51, 64, 82, 83, 92
Lösungsidee 64
Lösungsversuch 50
Lösungsvorhaben 69, 70
Lückentext 186

Makrokultur 17, 18, 19
Marke 7
Markt 8
Marktangebot 35, 108, 133, 169, 175, 177
Maschine 8, 112, 157, 172, 173
Massenprodukt 158
Mastery learning 243
Material 8, 9, 12, 34, 36, 109, 119, 128, 157, 171, **172**, 176, 193, 194, 195, 209, 244
Materialanalyse 49, 51, 94
Materialbeschaffung 209
Materialkunde 176
Materialprinzip **168**
Materialprobe 176
Medien 21, 24, 46, 49, 57, 120, 122, 125, 128, 132, 136, 138, 142, 158, 163, 164, **169**, 178, 179, 181, 186, 191, 213, 220
– apersonale 170, 171, 178, 181
– audiovisuelle 171, **177**
– auditive 171, **176**
– Funktionsmerkmal v. 164, **178**, 181
– personale 170, 171
– technische 170, 171, 174, **176**
– visuelle 171, **177**
– vortechnische 170, 171, **172**, 174
Medienangebot 169
Mediendidaktik 169
Medieneinsatz **187**, 220
Medienklassifikation 169, **170**, 171
Medienkonstrukiton 220
Medienträger 169
Medienverbund **178**
Medienwahl 20, 25, 116, 124
Medium 2

Mehrdimensionalität 36, 119, 121
Mehrfachwahlantwort 245, **247**
Mehrkomponentenmodell 36, **37**
Messung 243
Meßverfahren 267, 268
Meßwert 243
Meßzahl 243
Methode 48, 68, 111
– d. Entscheidungsfindung 81, 91
– d. Lernzielfindung **38**, 40
– wissenschaftliche 1, 20
Methodenkonzeption 20
Methodenkult 23
Methodenpluralismus 206, 208
Methodenvielfalt 183
Methodenwahl 22
Methodik 20, 22, 23
Mieder 7
Mikrokultur 17, 18, 19
Mitschüler 170, 171
Mittel, bildnerisches 157
Mittler 169, 172, 175
Mode 7, 11, 19, 128, 178, 195, 207
Modedesign 8, 9, 32
Modeheft 173, 184
Modell 171, 172, **173**, 174
Modellentwurf 32
Modenschau 106, 128
Moderisiko 7
Modernisierung 158
Modernisierungsanleitung 173
Modestil 175
Motivation 33, 46, **48**, 49, 51, 122, 132, 147, 168, 175, 181, 220
Motivationserweckung 48
Motivationshilfe 48, 51, 177
Motivationshorizont 168
Motivationslage 186
Motivierung 134, 136, 166, **168**
Motopädagogik 16, 109
Modezeitschrift 111
Museum 109, 119, 120, 121, 122, 123, 124, 125, 126, 127, 129, 167, 170, 194
Museumsbesichtigung 126
Museumserkundung 22, 34, 47, 106, 111, **119**, 121, 122, 125, 126, 157, 159, 160
Museumsführer 123
Museumsobjekt 119, 120, 121, 122, 126
Museumspädagoge 123, 126
Museumspädagogik 126
Museumstätigkeit 119, 120, 121, 122
Muster 8, 10
Musterentwurf 8, 32, 184

Nähen 5

297

Naturfaser 3
Naturwissenschaft 68
Neigungsgruppe 106, **108**
Neuerarbeitung 69
Neuerwerb 156, 163
Norm 14, 15, 42, 81, 243
Normenerhaltung 26
Normenproblematik 40
Normvoraussetzung 38

Oberbekleidung 173
Objektaspekt 119
Objektebene 120
Objektivation 10
Objektivierung 178, 181, 268
Objektivität 243, 267, 269
Öffentlichkeit 34, 82
Operation, konkrete 49, 50, 58
Ordnungsaufgabe **249**
Organisation 137, 138
Organisationsschema 115, 116. 118, 123, 124, 125, 129, 131
Organisationsstruktur 24, **105**, 106
Organisationstyp 32, **43**
Orientteppich 194
Ornament 9
Ornamentik 10
Ort, didaktischer 48, 56, 57, 64, 68, 81, 91, 92, 111, 119, 128, 133, 136, 138, 141
Overheadprojektor 177

Paar 151, 152, 153, 154
Paarbildung 151
Pädagoge 45, 110
Pädagogik 20, 23
Papiermodell 175
Pappmodell 175
Partner 136, 137, 152, 154, 155, 183
Partnerarbeit 57, 93, 132, **136**, 137, 138, 147, 162, 168, 183
Partnergespräch 158, 166
Partnerhilfe 168
Passung **168**
Peer-group 14, 16, 82
Personalisation 26
Persönlichkeit, kreative 65
Persönlichkeitsmerkmal 243
Pflege 158
Pflegeanleitung 173
Pflichtveranstaltung 114
Phänomen 219
– d. Textilien **1**, 2, 19
Phantasie 167
Phase 21, 45, 46, 138, 142, 163
Philosophy of education 207

Physik 174, 175
Plakat 58, 220
Planen **158**
Planung 58, 69, 115, 123
– zeitliche 221
Planungsphase 49
Plastikteil 174
Position 241
Potenz 167
Präperation 64
Präsentationsmedien 170
Präsentationsmodus 179
Preisbildung 7
Preispolitik 7
Primat der Didaktik **23**
Prinzip
– ökonomisches 6, 113
– d. Programmierten Unterrichts **180**, 183
– d. Textilunterrichts **166**, 191, 207
– wissenschafts-genetisches 195
– wissenschafts-logisches 195
Prinzipmodell 171, 173, **174**
Problem 48, 49, 50, 69, 92, 93, 94, 133, 218, 219
Problemanalyse 92
Problembewußtsein 122
Problemerkenntnis 69, 93
Problemfindung 59
Problemgewinnung 69
Problemgrund 69
Problemlösen 46
Problemlösung 64, 69, 70
Problemlösungsprozeß 49, 50
Problemlösungsstrategie 93
Problemstellung 69
Produkt 3, 207
Produktdesign 8, 9
Produktdurchführung 209
Produktentwicklung 8
Produktfindung 209
Produktion 6, 7, 32, 34, 35, 112, 119, 207
Produktionsfaktor 113
Produktionsgut 5, 6
Produktionsprojekt 208, 209
Produktionssteigerung 57
Produktionstechnik 32
Produktkontrolle 209
Produktplanung 209
Produktionsstufe 49, 113
Programmart **181**
Programmentwicklung **186**
Programmentwurf 186
Programmierter Unterricht 20, **179**, 180, 181, 183, 194, 243
Programmschritt 181

Projekt 47, 204, 206, 207, 208
Projektidee 207
Projektlernen 206
Projektmethode 206
Projektorientierter Unterricht 50, **204**, 206, 207, 208, **209**, 211, 214
Protokollführung 93
Prozeß
- kreativer 64, 65
- kultureller 17
Prüfgerät 157, 172, 173
Psychologie 50
Puzzle 175
Puzzlemethode 173

Qualifikation 119
Qualifikationsmaßstab 241
Qualität 158

Rahmenbedingung
- gesellschaftliche 24
- schulische 24
- technisch-organisatorische 186
Rahmenprogramm 212
Rahmenrichtlinie 212
Rationalisieren **158**
Rationalisierung 55, 57, 113
Rationalität 81
Raummodell 174
Raumtextilie 10, 11, 12, 195
Realien 171, **172**
Realisationsmedien 170
Realmodell 171, 173, **174**
Redaktion 111
Reduktion 174
Referat 242
Reformpädagoge 206
Reichweite, didaktische 48, 183, 184
Reiz-Reaktionstheorie 180
Rekonstruktion 56, 58
Reliabilität 186, 243
Repräsentative 167
Reproduzierbarkeit 181
Richtlinie 212
Richtlinienentwurf 212
Richtziel **28**
Rohprogramm 186
Rohstoff 5, 6, 35, 194
Rohstoffgewinung 32
Rohstoffkunde 3, 32
Rolle 26, 81, 82, 110, 156
Rollenanforderung 82
Rollenbild 110
Rollendistanz 82
Rollenerwartung 81, 110

Rollengestaltung 81
Rollenkarte 83
Rollenspiel 47, **81**, 82, **83**, 91, 92, 103, 166, 177
Rollenspieler 83
Rollenspielphase 83
Rollenstereotyp 110
Rollenverhalten 81
Rundgespräch 118, 125, 131, 158, 164, **166**

Sache 218, 219
Sachkultur **9**, 10, 16, 18, 23, 36, 41, 42, 128
Sachlernen 137
Sachzusammenhang 218
Sammelaufgabe 136
Satzergänzung 186
Schallplatte 171, **177**
Schauveranstaltung 106, 128, 157
Schichtung, soziale 12, 13
Schmuckgegenstand 172
Schmuckgestaltung 209
Schnitt 158, 184
Schnittentwicklung 32
Schnittentwurf 173
Schnittgestaltung 194
Schnittgewinnung 173
Schnittkonstruktion 173, 194
Schnittschema 173, 184
Schnittechnik 5
Schuh 7
Schule 21, 25, 33, 34, 42, 65, 82, 91, 105, 110, 116, 118, 124, 126, 128, 129, 168, 207, 267
Schüler 25, 117, 125, 156, 175, 176
Schüleraktion 155
Schüleraktivität 46, 69, 81, 134, 180
Schülerantwort 165, 180, 182
Schülerbetreuung, individuelle 183, 184
Schülerarbeit 106, 128, 152, 175, 268
Schülerarbeitsbuch 175
Schülertätigkeit 180
Schülerversuch 50, 51
Schulaufbahn 241
Schulpädagogik 21, 118, 126
Schulwelt 33
Schutzfunktion 6
Schwierigkeit 49, 51, 122
Schwierigkeitsgrad 243, 244
Schwierigkeitsniveau 50
Selbständigkeit 46, 120, 137
Selstgestaltung 17, 18, 131
Selbsttätigkeit 46, 120, 133, 165, **168**
Selbstüberprüfung 244
Selbstunterricht 179
Selektion 243

299

Shaping of behavior 180
Simulationsspiel 81
Sinnschicht 219
Sinnzusammenhang 218
Situation 219
- entscheidungsbedürftige 91, 94
- textilspezifische 14, 37, 168
Situationsanalyse 49, 51, 64
Situationsbezogenheit 119
Sitzordnung 151
Sonderschule 109
Sortiment 7
Sozialform 20, 24, 46, 47, 57, 105, **132**, 133, 137, 138, 155, 167, 179, 183, 208, 220
Sozialgeschichte 12, 13, 34, 35
Sozialisation 16, 23, **26**, 33, 119, 137
Sozialisationsbegriff 26
Sozialisationsbezug 119
Sozialisationseffektivität 132
Sozialisationsfaktor 2
Sozialisierung **168**
Sozialleistung 136, 138
Soziallernen 137
Sozialpolitik 113
Sozialpsychologe 10
Sozialtest 132, 137, 147, **152**, 153
Sozialwissenschaft 68
Sozialverhalten 137
Soziogramm 147, 149, 150
Soziologie 26
Soziomatrix 147, 148
Soziometrie 147
Soziometrische Untersuchung 132, 137, **147**, 148
Spaltschnitt 173
Spezialwandfriestafel 171, **175**
Spiel 81, 175
Spielbedürfnis 81
9pielcharakter 81
Spielding 172
Spielgruppe 34
Spinnen **201**
Spinnerei 3
Spinnmaschine 3
Sprechen 155, **158**
Staat 42
Standortbestimmung, didaktische 56
Star 150, 151
Status 156
- soziokultureller 14
- soziometrischer 147, 148
Stehbild 171, **177**
Stern 150, 151
Sticken **196**

Stickerei 3, 8
Stickmustertuch 194
Stoffplan 212
Stoffverteilungsplan 214
Struktur 8
- d. Curriculum 39, 212, 213
- individuelle 167
- komplexe 193
- v. Lerninhalten 168
- v. Medien 169
- regionale 113
- sachlogische 57
- soziale 12, 13
- sozialer Beziehungen 147
- spezifische 46
Strukturbestimmung 36, 37
Strukturelement 155, 157, 159, 183
Strukturierung **168**
Strukturierungsprinzip 37
Strukturmodell 44
Strukturprinzip 174
Strumpf 7
Stufe 21, 45, 46, 50, 65, 70, 120, 182, 220
Stufentheorie 45
Stufung **45**, 50, 208
Stufungsmodell 45, 46, **47**, 64, 220
Stufungsprinzip 196
Stundenvorbereitung 28, 38, 214
Stundenziel 49
Styroporplatte 174, 175
Symbol 2, 10, 26
System
- kulturelles 16, 26, 119
- d. Lerninhalte 36
- d. Lernziele 34, 36
- d. Lernzielformulierung 36
- soziales 26
- Subsystem 16, 26

Tafel 49, 58, 171, **175**, 176, 178
Tafelbild 220
Tageslichtprojektor 177
Tapisserie 195
Tätigkeit 33, 34, 35, 36
Tätigkeitsaspekt 119
Tätigkeitsebene 120
Technik 8, 9, 17, 91, 119, 209, 218
Technische Textilie **6**
Teilaufgabe 141, 142
Teilleistung 268
Test 242
- formativer 244
- informeller **244**, 245, **253**
- kriterimsorientierter **243**, 244
- lernzielorientierter **243**, 244

- normorientierter **243**, 244
- standardisierter **244**
- summativer 243

Testergebnis 268
Testtheorie 243
Testverfahren 269
Text 120, 171, **175**
Textilarbeitsplan **214**, **215**, 217
Textilästhetik 2, **8**, 19
Textilausstellung 121, 128, 129, 131
Textilberuf 111, 113
Textilbetrieb 6, 32, 111, 112, 113
Textilchemie 32
Textilchemiker 4
Textildesign 8, 32
Textildidaktik 1, **21**, 22, 23, 24, 25, 27, 38, 46, 105, 155, 169, 186
- allgemeine 21
- spezielle 21, 22

Textileinzelhandel 111
Textilerziehung 15, 16, 17, 18, **19**, 105, 106
Textilerzeugung 3, 32
Textilerzeugende Industrie 111
Textilfläche 157, 172
Textilförderunterricht 106, 108, **109**, 159
Textilgesamtkultur 18
Textilgestaltung 8, 11, 12, 32, 195
Textilgroßhandel 111
Textilhandwerk 57, 109, 176
Textilhilfsmittel 3
Textilhilfsmittelindustrie 111
Textilien
- Definition d. 19
- Einteilung d. 6

Textilindustrie 57, 115, 118
Textilkonsument 14
Textilkultur 12, 13, 15, 16, 17, 35
Textilkulturfähigkeit 18
Textillehrer 22, 109, 134, 156, 186
Textillehrplan 40, 122, **212**, 214, 218
Textilmaschine 3, 4, 174
Textilmaschinenindustrie 111
Textilpädagogik 2, **15**, 19, 22, 26
Textilphysiologie 2, **4**, 19
Textilpraxis **34**, 36, 108, 133, 136, 184, 185, 241
Textilproduktion 113, 176, 195, 206
Textilpsychologie 2, **13**, 15, 19
Textilschule 15, 111
Textilsoziologie 2, **12**, 13, 19
Textilstunde 38, 166, **218**, **221**
Textiltechnik 11, 12, 34, 35, 46, 109, 130, 157, 163, 166, 173, 174, 195, 218
- flächenbildende 32, 57
- flächengliedernde 32, 57
- flächenverarbeitende 32, 57
- freizeitwerte 16, 33
- d. Gebrauchswerterhaltung 32
- historische 16, 108, 178

Textiltechniker 4
Textiltechnologie 2, **3**, 19, 36, 175, 177
Textiltheorie 184, 185
Textilunterricht **31**, 32, 33, 34, 35, 36, 57, **105**, 106, 118
Textilveranstaltung 105, 106, **110**, 131
Textilveredlung 3, 4, 32, 174, 177, 242
Textilveredlungsindustrie 113
Textilverkauf 179
Textilversand 111
Textilware 6, 194
Textilwirtschaft 2, **5**, 6, 7, 11, 12, 19, 176, 195
- Zweige d. 6, 7

Textilwissenschaft 1, 2, **19**, 20, 22, 24, 27, 39
Thema 213, 218
Thematik 20
Theorie, fachdidaktische 37
Tonband 171, **177**
Tonfilm 171, **177**
Tonfilmreihe 171, **177**
Tracht 11, 194
Transfer 50, 118, 122, 125, 155, 168
Transferlernen 14, 48
Transferphase 83
Transparent 171, 174, 177, 178
Trennschärfe 243, 244
Trickfilm 174
Tun 52, 69
Typische 167

Üben **155**, 168
Überforderung 136
Überlegung
- mediale 219, **220**
- methodische 219, **220**

Überprüfung 242, 243
Übertragung 52
Übung 48, 50, 117, 125, 176
Übungsprozeß 155, 156
Umgehen, handelndes **157**
Umordnungsaufgabe 245, **249**
Umwelt 34, 81, 109, 110, 119, 120
Umweltfaktor 168
Unterforderung 136
Unterricht 212
- fächerübergreifender 207
- handlungsorientierter 207
- i. Museum 126

Unterrichtsbeitrag 242

Unterrichtsdurchführung 24, 25, 38, **212**, 269
Unterrichtseinheit 122, 244
Unterrichtselement 166, 241
Unterrichtsforschung 22, 23
Unterrichtsgegenstand 218
Unterrichtsgespräch 158, 165, 166
Unterrichtskontrolle 24, 25, 29, **241**, 270
Unterrichtsmethode 34
Unterrichtsplanung 24, 25, 28, 29, 38, **212** 213, 241, 269
Unterrichtsprinzip 163, 208, 220
Unterrichtsprogramm 108, 122, 124, 194
Unterrichtsstunde 166, 169, 208
Unterrichtstechnologie 20
Unterrichtsverfahren 21, 22, 24, 32, 45, 46, 47, **48**, 50, 56, 57, 68, 81, 91, 102, 111, 114, 119, 132, 155, 159, 167, 179, 208, 212, 213
Unterrichtsverlauf 219, **221**
Unterrichtsvorbereitung, schriftliche 218
Untersuchungsansatz
– bildungspolitischer 40, 41, **42**
– bildungstheoretischer 40, 41, **42**
– curriculumtheoretischer **40**, 41
– hermeneutisch-vergleichender 38, 40, **41**
– wissenschaftstheoretischer 40, 41, **42**
Urphänomen 218
Urteilsfähigkeit 82

Validität 186, 243
Variabilität **21**, 23, 49
Veranstaltung 46, 47, 131, 167, 208
Verarbeitung 133
Verbalien 171, **175**
Verbalisierung 50, 58, 70, **168**
Verbalismus 167
Verbrauch 6
Verbraucherberatungsstätte 111
Verbrauchererziehung 32, 172, 183, 184
Verbraucherschutzmaßnahme 32, 194
Verbraucherverhalten 29, 35, 36, 93
Verfahren
– analytisches 91
– deduktives **38**
– induktives **38**, 40
Verfahrenstechnik 8, 32, 112
Verfahrenstypus 48
Vergessener 137, 148
Vergleich 209, 267
Verhalten
– künftiges 243
– motiviertes 13, 14
– rezeptives 163
– d. Textillehrers 156
– textilspezifisches 13, 14

Verhaltensänderung 155
Verhaltensbereich 243
Verhaltensdimension 29, 30
Verhaltenskomponente 28, 29
Verifikation 64
Verifizierung 241
Verkaufsausstellung 106, 129, 157
Verlaufsform 48, 56
Vermittlungsform 24, **163**, 164, 166, 178, 191, 208, 220
Vermutung 49, 51, 58, 68, 69
Verstärkung 135, 180
Versuch 219
Versuchsanordnung 69
Versuchsphase 64
Versuchsplanung 148
Vertiefung 58, 122
Volkshochschule 15, 111
Volkstextilkunst 195
Volkstextilwirtschaft 6, 7
Vorarbeit 133
Voraussetzung 24
– anthropogene **20**, 168, 179, 219
– sozial-kulturelle **20**, 168, 179, 186, 219
Vorbereitung 116, 124, 126, 134
Vorbereitungsphase 83
Vorführen 163
Vorführung 133, 163, 242
Vorhaben 204
Vormachen 163
Vorplanung
– technisch-organisatorische 220
– d. Textilausstellung 129
Vorstellung 218
Vortrag 93, 133

Wahl, soziometrische 147, 148, 149, 151
Wahlaufgabe 245, **252**
Wandbild 171, **176**
Wandel 34
– d. Rollenbildes 110
– sozialer 31, 81, 114
– technischer 114
Wandkarte 171, **176**
Wandtafel 171, **175**
Ware 2, 17
Warenkunde 32
Warten **157**, 184, 185
Wartungsanleitung 171, 172, **173**, 184
Wäscherei 111
Weberei 3, 8, 32, 195
Weiterführung 133
Welttextilwirtschaft 6, 7
Werk 209
Werkdidaktik 268
Werkgerät 157, 172

Werkpraxis 268
Werkprobe 174, 176, 178, 242
Werkstatt 15, 109, 111
Werkstoff 32, 113
Werkstück 267, 268
Werkzeug 9, 32, 128, 157, 172, 173, 174, 175
Wert 42, 209
Wertbegriff 218
Werteinstellung 9
Wertentscheidung 41, 42
Werthaltung 16, 17
Wertsteigerung 55
Wertvorstellung 14, 26
Wettbewerb 106, **131**, 161
Wiederholen 155, 168
Wiederholung 178, 181, 242, 244
Wirkerei 3, 32
Wirklichkeit 48, 92, 110, 111, 119
Wirklichkeitserfahrung 119
Wirtschaft 109, 112
Wirtschaftlichkeit 55
Wirtschaftsbranche 113
Wirtschaftsgeschichte 34, 35
Wirtschaftskreislauf 113
Wirtschaftssystem 113
Wirtschaftswelt 32, 57, 111, 112, 206
Wissen 82

Wissenschaftlichkeit **169**
Wissenssoziologie 10
Wohnen 207
Wohnform 10
Wohnraumtextilie 158
Wohntextilie 111
Wohnung 5, 16, 17, 18, 32, 93, 109, 110, 121, 136, 207
Wortkarte 176

Zeit 158, 159
Zeitaufwand 186, 268
Zeitrichtwert 213, 214
Zeitstudie 56, 159
Zensur 241, 268
Ziel 15, 46, 169, 179
Zielanalyse 49, 51
Zielentscheidung 24, 25
Zielorientiertheit 114, 118, 126
Zielorientierung **169**
Zielverhalten 180
Zugang 219
Zuneigung 137
Zuordnungsaufgabe 245, **249**
Zusammenarbeit 136, 152, 153, 154, 155
Zusatzform 105, 106, 208
Zuschneiden 5